# この本の特長と使い方

## 問題回数ギガ増しドリル!

算数　国語　理科　社会　英語

1年間で学習する内容が，この1冊でたっぷり学べます。

## キリトリ式プリント!

1回分を1枚ずつ切りとって使えるので，
学習しやすく，達成感も得られます。

## マルつけはスマホでサクッと!

その場でサクッと，赤字解答入り誌面が見られます。

くわしくはp.2へ

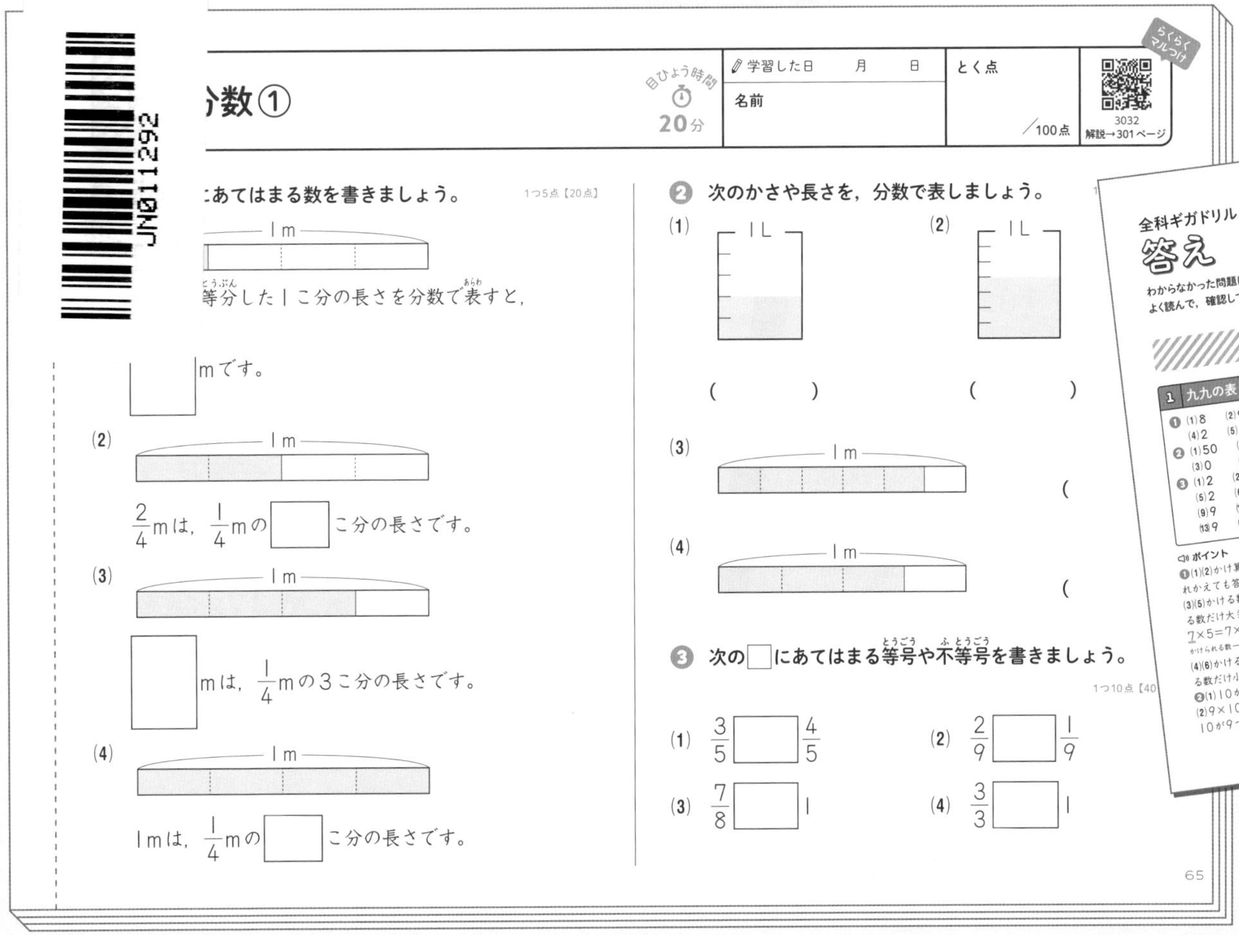


## もう1回チャレンジできる!

裏面には，表面と同じ問題を掲載。
解きなおしや復習がしっかりできます。

裏面

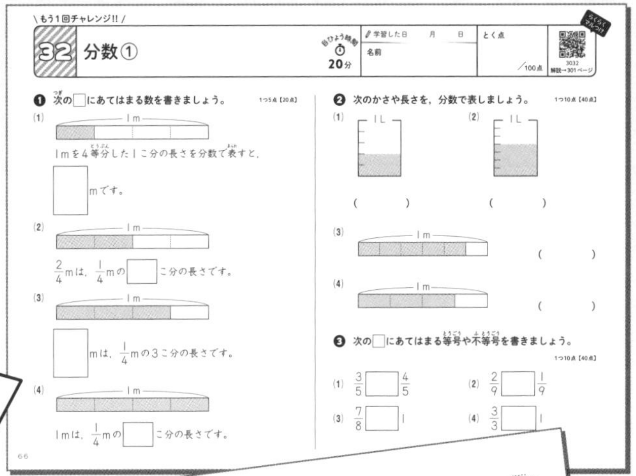


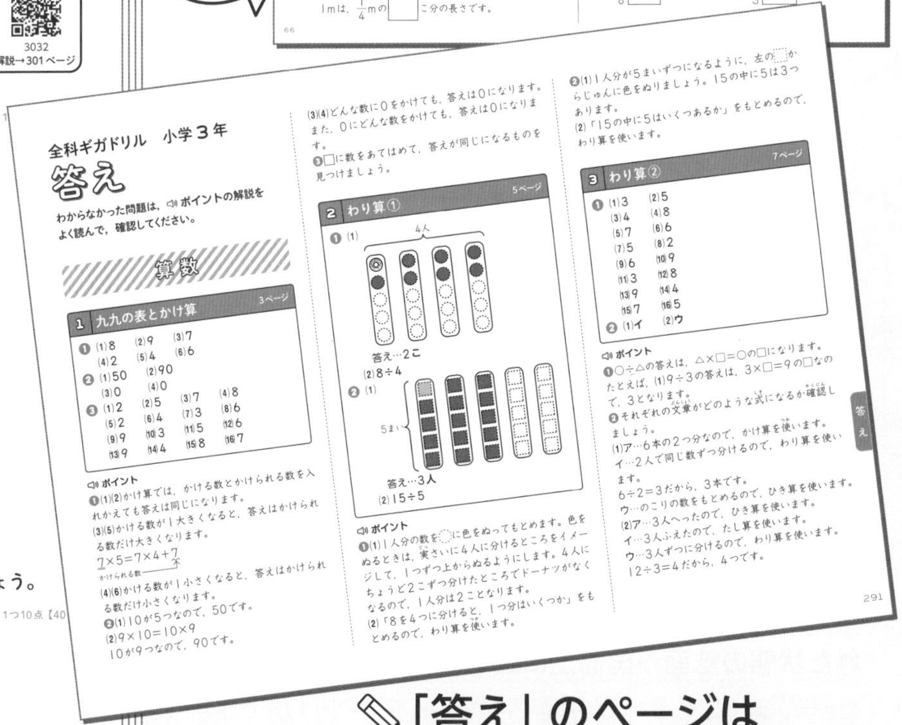


## 「答え」のページはていねいな解説つき!

解き方がわかるポイントがついています。

# スマホでサクッと！
# らくらくマルつけシステム

「答え」のページを
見なくても！
その場でスピーディーに！

2 アルファベット（小文字）
目ひょう時間 20分
学習した日 月 日
名前
とく点
/100点
らくらくマルつけ
解説→307ページ
❶ 音声を聞いて，読まれたアルファベットを○でかこみましょう。
1つ10点【40点】
英語音声はこちらから！
♪3-02
❷ 音声を聞いて，読まれたアルファベットと手をむすぶ
かきましょう。
(1) a q (2) e u
❸ 音声を聞い
てゴールま
スタート
英語


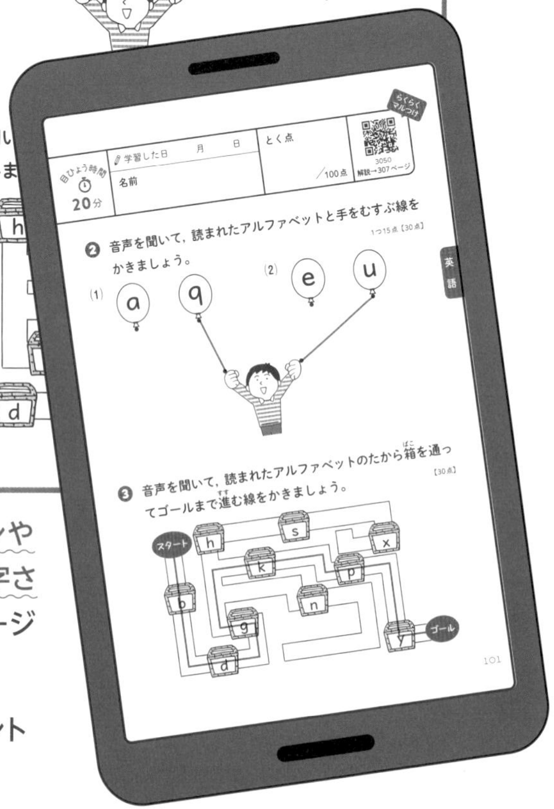


- 問題ページ右上のQRコードを，お手持ちのスマートフォンやタブレットで読みとってください。そのページの解答が印字された状態の誌面が画面上に表示されるので，「答え」のページを確認しなくても，その場ですばやくマルつけができます。
- くわしい解説が必要な場合は，「答え」のページの🔈ポイントをご確認ください。

# 英語音声も
# スマホでらくらく！

以下の３通りの方法で，カンタンに再生することができます。

## ① スマートフォン・タブレットで手軽に再生！

誌面のQRコードをスマートフォンなどで読みとり，表示されるURLにアクセスすると，メニュー画面が表示されます。▶ボタンで再生を開始してください。

## ② 無料リスニングアプリで便利に再生！

無料アプリ「シグマプレーヤー２」でも聞くことができます。音声を「はやい」「ふつう」「ゆっくり」の３段階の速度にできます。

**SigmaPlayer2**
リスニングアプリ（音声再生用）
SigmaPlayer2
無料アプリで文英堂の参考書・問題集の音声を聞くことができます。音声の速度を３段階に調整できます。

App Store, Google Playで「シグマプレーヤー」を検索！

●通信料は別途必要です。動作環境は弊社ホームページをご覧ください。●App StoreはApple Inc.のサービスマークです。●Google PlayはGoogle LLCの商標です。

## ③ パソコンでも再生できる！

文英堂Webサイトから，MP3ファイルを一括ダウンロードすれば，スマートフォンやタブレットがなくても，パソコンで音声を聞くことができます。
文英堂Webサイト　www.bun-eido.co.jp

●音声および「らくらくマルつけシステム」は無料でご利用いただけますが，通信料金はお客様のご負担となります。●すべての機器での動作を保証するものではありません。●やむを得ずサービス内容に予告なく変更が生じる場合があります。●QRコードは㈱デンソーウェーブの登録商標です。

# 1 九九の表(ひょう)とかけ算

目ひょう時間 20分

| 学習した日 月 日 | とく点 |
|---|---|
| 名前 | ／100点 |

らくらくマルつけ

3001 解説→291ページ



❶ 次(つぎ)の□にあてはまる数を書きましょう。 1つ4点【24点】

(1) 3×8=□×3

(2) 9×6=6×□

(3) 7×5=7×4+□

(4) 2×8=2×9−□

(5) 6×□=6×3+6

(6) 8×□=8×7−8

❷ 次のかけ算をしましょう。 1つ3点【12点】

(1) 10×5=

(2) 9×10=

(3) 4×0=

(4) 0×7=

❸ 次の□にあてはまる数を書きましょう。 1つ4点【64点】

(1) 6×□=12

(2) □×9=45

(3) 3×□=21

(4) □×1=8

(5) □×3=6

(6) 9×□=36

(7) □×5=15

(8) 7×□=42

(9) 8×□=72

(10) 4×□=12

(11) 5×□=25

(12) □×4=24

(13) □×7=63

(14) □×2=8

(15) 6×□=48

(16) □×7=49

# 1 九九の表とかけ算

目ひょう時間 20分

学習した日　月　日

名前

とく点　／100点

3001 解説→291ページ

らくらくマルつけ

❶ 次の□にあてはまる数を書きましょう。 1つ4点【24点】

(1) 3×8=□×3

(2) 9×6=6×□

(3) 7×5=7×4+□

(4) 2×8=2×9−□

(5) 6×□=6×3+6

(6) 8×□=8×7−8

❷ 次のかけ算をしましょう。 1つ3点【12点】

(1) 10×5=

(2) 9×10=

(3) 4×0=

(4) 0×7=

❸ 次の□にあてはまる数を書きましょう。 1つ4点【64点】

(1) 6×□=12

(2) □×9=45

(3) 3×□=21

(4) □×1=8

(5) □×3=6

(6) 9×□=36

(7) □×5=15

(8) 7×□=42

(9) 8×□=72

(10) 4×□=12

(11) 5×□=25

(12) □×4=24

(13) □×7=63

(14) □×2=8

(15) 6×□=48

(16) □×7=49

# 2 わり算①

目ひょう時間 20分

学習した日　　月　　日

名前

とく点　　／100点

3002
解説→291ページ

らくらくマルつけ



❶ ドーナツが８こあります。４人で同じ数ずつ分けると，１人分は何こになるか，もとめます。次の問いに答えましょう。【50点】

(1) ◯に色をぬって，答えをもとめましょう。（全部できて30点）

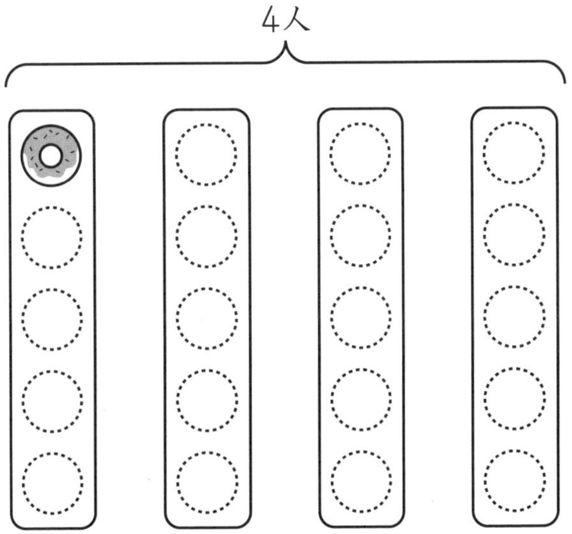


答え(　　　　　)

(2) 答えをもとめる式を書きましょう。（20点）

(　　　　　)

❷ おり紙が１５まいあります。１人に５まいずつ分けると，何人に分けられるか，もとめます。次の問いに答えましょう。【50点】

(1) □に色をぬって，答えをもとめましょう。（全部できて30点）

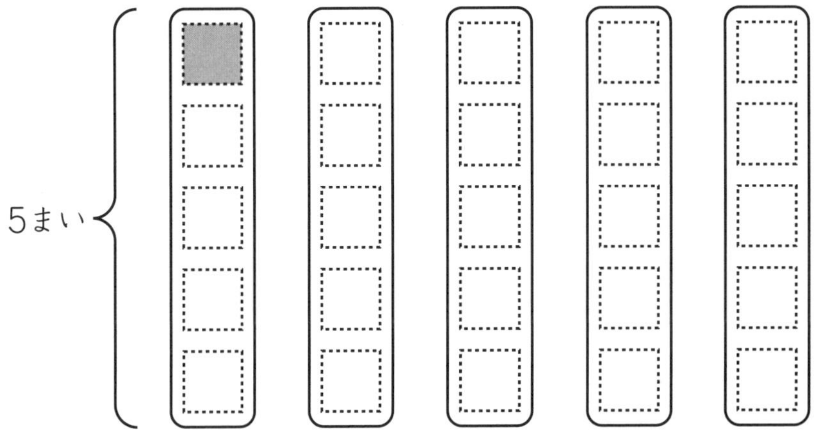


答え(　　　　　)

(2) 答えをもとめる式を書きましょう。（20点）

(　　　　　)

＼もう１回チャレンジ!!／

# 2 わり算①

目ひょう時間 20分

学習した日　　月　　日

名前

とく点　　／100点

3002
解説→291ページ

らくらくマルつけ

❶ ドーナツが８こあります。４人で同じ数ずつ分けると，１人分は何こになるか，もとめます。次の問いに答えましょう。【50点】

(1) ◯に色をぬって，答えをもとめましょう。（全部できて30点）

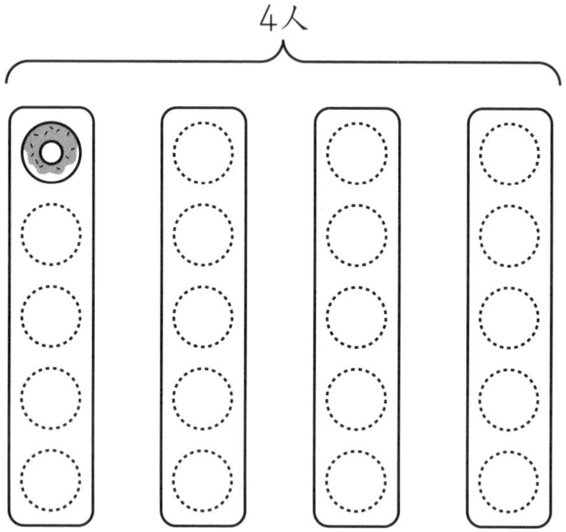


答え(　　　　　)

(2) 答えをもとめる式を書きましょう。（20点）

(　　　　　)

❷ おり紙が１５まいあります。１人に５まいずつ分けると，何人に分けられるか，もとめます。次の問いに答えましょう。【50点】

(1) □に色をぬって，答えをもとめましょう。（全部できて30点）

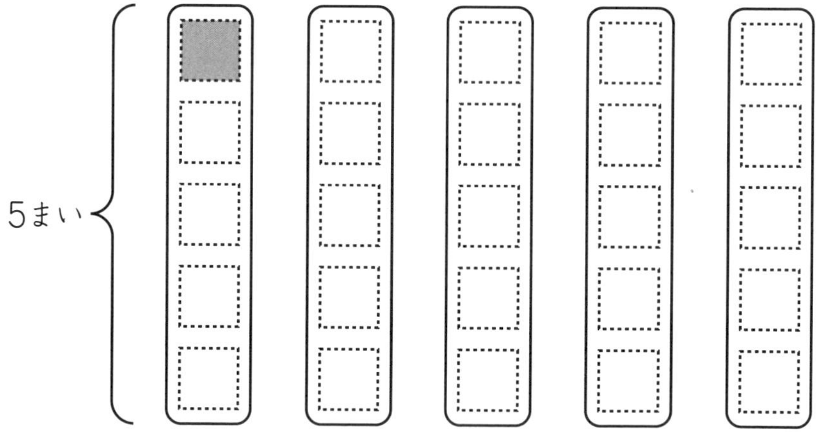


答え(　　　　　)

(2) 答えをもとめる式を書きましょう。（20点）

(　　　　　)

# 3 わり算②

目ひょう時間 20分

学習した日　月　日

名前

とく点　／100点

3003
解説→291ページ

らくらくマルつけ

❶ 次の計算をしましょう。　1つ5点【80点】

(1) 9÷3=　　(2) 25÷5=

(3) 32÷8=　　(4) 16÷2=

(5) 42÷6=　　(6) 48÷8=

(7) 35÷7=　　(8) 10÷5=

(9) 24÷4=　　(10) 54÷6=

(11) 18÷6=　　(12) 56÷7=

(13) 81÷9=　　(14) 16÷4=

(15) 14÷2=　　(16) 45÷9=

❷ 答えをもとめる式が次のようになる文章をあとからえらび，記号を書きましょう。　1つ10点【20点】

(1) 6÷2

(　　　)

ア　1箱6本入りのえん筆が2箱あります。えん筆は，全部で何本ありますか。

イ　6本のえん筆を2人で同じ数ずつ分けると，1人分は何本になりますか。

ウ　6本のえん筆があります。2本あげると，のこりは何本になりますか。

(2) 12÷3

(　　　)

ア　12人の子どもが遊んでいます。3人帰ると，何人になりますか。

イ　12人の子どもが遊んでいます。あとから3人来ました。何人になりましたか。

ウ　12人の子どもが，3人ずつグループに分かれました。グループはいくつできましたか。

算数

# 3 わり算②

目ひょう時間 20分

学習した日　　月　　日

名前

とく点　　／100点

3003
解説→291ページ

らくらくマルつけ

## ❶ 次の計算をしましょう。 1つ5点【80点】

(1) 9÷3＝

(2) 25÷5＝

(3) 32÷8＝

(4) 16÷2＝

(5) 42÷6＝

(6) 48÷8＝

(7) 35÷7＝

(8) 10÷5＝

(9) 24÷4＝

(10) 54÷6＝

(11) 18÷6＝

(12) 56÷7＝

(13) 81÷9＝

(14) 16÷4＝

(15) 14÷2＝

(16) 45÷9＝

## ❷ 答えをもとめる式が次のようになる文章をあとからえらび，記号を書きましょう。 1つ10点【20点】

(1) 6÷2

(　　　)

ア　1箱6本入りのえん筆が2箱あります。えん筆は，全部で何本ありますか。

イ　6本のえん筆を2人で同じ数ずつ分けると，1人分は何本になりますか。

ウ　6本のえん筆があります。2本あげると，のこりは何本になりますか。

(2) 12÷3

(　　　)

ア　12人の子どもが遊んでいます。3人帰ると，何人になりますか。

イ　12人の子どもが遊んでいます。あとから3人来ました。何人になりましたか。

ウ　12人の子どもが，3人ずつグループに分かれました。グループはいくつできましたか。

# 4 わり算③

目ひょう時間 20分

学習した日　　月　　日

名前

とく点　　／100点

らくらくマルつけ

3004
解説→292ページ



**1** 次(つぎ)の計算をしましょう。　1つ5点【50点】

(1) 3÷1＝

(2) 0÷6＝

(3) 7÷7＝

(4) 9÷1＝

(5) 0÷5＝

(6) 2÷2＝

(7) 20÷2＝

(8) 0÷4＝

(9) 8÷1＝

(10) 60÷6＝

**2** 5このケーキを，5人で同じ数ずつ分けます。1人分は何こになりますか。　【全部できて10点】

(式(しき))

答え(　　　　)

**3** ふくろに入っているあめを，9人で同じ数ずつ分けます。あめの数が次のとき，1人分はそれぞれ何こになりますか。　【20点】

(1) 36こ入っているとき　(全部できて10点)

(式)

答え(　　　　)

(2) 1こも入っていないとき　(全部できて10点)

(式)

答え(　　　　)

**4** 30まいのクッキーを何人かの子どもで同じ数ずつ分けます。分ける子どもの数が次のとき，1人分はそれぞれ何まいになりますか。　【20点】

(1) 6人で分けるとき　(全部できて10点)

(式)

答え(　　　　)

(2) 3人で分けるとき　(全部できて10点)

(式)

答え(　　　　)

＼もう１回チャレンジ!!／

# 4 わり算③

目ひょう時間 20分

学習した日　月　日

名前

とく点　／100点

3004 解説→292ページ

らくらくマルつけ

❶ 次(つぎ)の計算をしましょう。　1つ5点【50点】

(1) 3÷1＝　(2) 0÷6＝

(3) 7÷7＝　(4) 9÷1＝

(5) 0÷5＝　(6) 2÷2＝

(7) 20÷2＝　(8) 0÷4＝

(9) 8÷1＝　(10) 60÷6＝

❷ 5このケーキを，5人で同じ数ずつ分けます。１人分は何こになりますか。　【全部できて10点】

(式(しき))

答え(　　　)

❸ ふくろに入っているあめを，９人で同じ数ずつ分けます。あめの数が次のとき，１人分はそれぞれ何こになりますか。　【20点】

(1) 36こ入っているとき　(全部できて10点)

(式)

答え(　　　)

(2) １こも入っていないとき　(全部できて10点)

(式)

答え(　　　)

❹ 30まいのクッキーを何人かの子どもで同じ数ずつ分けます。分ける子どもの数が次のとき，１人分はそれぞれ何まいになりますか。　【20点】

(1) ６人で分けるとき　(全部できて10点)

(式)

答え(　　　)

(2) ３人で分けるとき　(全部できて10点)

(式)

答え(　　　)

# 5 わり算④

目ひょう時間 20分

学習した日　月　日
名前
とく点　／100点
らくらくマルつけ 3005
解説→292ページ



**1** 次(つぎ)の計算をしましょう。　1つ5点【70点】

(1) 60÷3＝　　(2) 80÷2＝

(3) 44÷4＝　　(4) 93÷3＝

(5) 26÷2＝　　(6) 55÷5＝

(7) 88÷4＝　　(8) 64÷2＝

(9) 36÷3＝　　(10) 99÷9＝

(11) 48÷2＝　　(12) 82÷2＝

(13) 66÷6＝　　(14) 84÷4＝

**2** 40本の花を同じ数ずつのたばにして，花たばを2つつくります。1たばに使(つか)う花は何本ですか。　【全部できて10点】

(式(しき))

答え(　　　　)

**3** 69まいのカードを，3人で同じ数ずつ分けます。1人分は何まいになりますか。　【全部できて10点】

(式)

答え(　　　　)

**4** 77ページある本を，1日に7ページずつ読みます。何日で読み終(お)わりますか。　【全部できて10点】

(式)

答え(　　　　)

＼もう１回チャレンジ!!／

# 5 わり算④

目ひょう時間 20分

学習した日　月　日

名前

とく点　／100点

3005
解説→292ページ

らくらくマルつけ

❶ 次(つぎ)の計算をしましょう。　1つ5点【70点】

(1) 60÷3＝

(2) 80÷2＝

(3) 44÷4＝

(4) 93÷3＝

(5) 26÷2＝

(6) 55÷5＝

(7) 88÷4＝

(8) 64÷2＝

(9) 36÷3＝

(10) 99÷9＝

(11) 48÷2＝

(12) 82÷2＝

(13) 66÷6＝

(14) 84÷4＝

❷ 40本の花を同じ数ずつのたばにして，花たばを２つつくります。１たばに使(つか)う花は何本ですか。　【全部できて10点】

(式(しき))

答え(　　　　　)

❸ 69まいのカードを，３人で同じ数ずつ分けます。１人分は何まいになりますか。　【全部できて10点】

(式)

答え(　　　　　)

❹ 77ページある本を，１日に７ページずつ読みます。何日で読み終(お)わりますか。　【全部できて10点】

(式)

答え(　　　　　)

# 6 たし算の筆算

目ひょう時間 20分

学習した日　月　日

名前

とく点　／100点

らくらくマルつけ

3006
解説→292ページ

**1** 次の筆算をしましょう。　1つ5点【60点】

(1)
$$\begin{array}{r} 417 \\ +352 \\ \hline \end{array}$$

(2)
$$\begin{array}{r} 335 \\ +641 \\ \hline \end{array}$$

(3)
$$\begin{array}{r} 206 \\ +283 \\ \hline \end{array}$$

(4)
$$\begin{array}{r} 127 \\ +463 \\ \hline \end{array}$$

(5)
$$\begin{array}{r} 592 \\ +114 \\ \hline \end{array}$$

(6)
$$\begin{array}{r} 865 \\ +\ \ 71 \\ \hline \end{array}$$

(7)
$$\begin{array}{r} 643 \\ +195 \\ \hline \end{array}$$

(8)
$$\begin{array}{r} 138 \\ +497 \\ \hline \end{array}$$

(9)
$$\begin{array}{r} 54 \\ +756 \\ \hline \end{array}$$

(10)
$$\begin{array}{r} 723 \\ +839 \\ \hline \end{array}$$

(11)
$$\begin{array}{r} 356 \\ +677 \\ \hline \end{array}$$

(12)
$$\begin{array}{r} 698 \\ +502 \\ \hline \end{array}$$

**2** 375円のケーキと188円のプリンを買いました。代金はいくらですか。　【全部できて12点】

(式)

答え(　　　　　　　)

**3** プールに，大人が96人，子どもが216人います。合わせて何人いますか。　【全部できて14点】

(式)

答え(　　　　　　　)

**4** ある店でパンが，きのうは457こ売れました。今日は，きのうより，173こ多く売れました。今日は何こ売れましたか。　【全部できて14点】

(式)

答え(　　　　　　　)

# 6 たし算の筆算

目ひょう時間 20分

| 学習した日　月　日 | とく点 | 3006 |
| --- | --- | --- |
| 名前 | ／100点 | 解説→292ページ |

らくらくマルつけ

❶ 次の筆算をしましょう。　1つ5点【60点】

(1) $\begin{array}{r} 417 \\ +352 \\ \hline \end{array}$　(2) $\begin{array}{r} 335 \\ +641 \\ \hline \end{array}$　(3) $\begin{array}{r} 206 \\ +283 \\ \hline \end{array}$

(4) $\begin{array}{r} 127 \\ +463 \\ \hline \end{array}$　(5) $\begin{array}{r} 592 \\ +114 \\ \hline \end{array}$　(6) $\begin{array}{r} 865 \\ +\ \ 71 \\ \hline \end{array}$

(7) $\begin{array}{r} 643 \\ +195 \\ \hline \end{array}$　(8) $\begin{array}{r} 138 \\ +497 \\ \hline \end{array}$　(9) $\begin{array}{r} 54 \\ +756 \\ \hline \end{array}$

(10) $\begin{array}{r} 723 \\ +839 \\ \hline \end{array}$　(11) $\begin{array}{r} 356 \\ +677 \\ \hline \end{array}$　(12) $\begin{array}{r} 698 \\ +502 \\ \hline \end{array}$

❷ 375円のケーキと188円のプリンを買いました。代金はいくらですか。　【全部できて12点】

(式)

答え(　　　　　)

❸ プールに，大人が96人，子どもが216人います。合わせて何人いますか。　【全部できて14点】

(式)

答え(　　　　　)

❹ ある店でパンが，きのうは457こ売れました。今日は，きのうより，173こ多く売れました。今日は何こ売れましたか。　【全部できて14点】

(式)

答え(　　　　　)

# 7 ひき算の筆算

目ひょう時間 20分

学習した日　月　日

名前

とく点

／100点

3007
解説→293ページ

らくらくマルつけ

算数

❶ 次の筆算をしましょう。　1つ5点【60点】

(1) $\begin{array}{r} 583 \\ -152 \\ \hline \end{array}$　(2) $\begin{array}{r} 628 \\ -314 \\ \hline \end{array}$　(3) $\begin{array}{r} 946 \\ -245 \\ \hline \end{array}$

(4) $\begin{array}{r} 451 \\ -246 \\ \hline \end{array}$　(5) $\begin{array}{r} 790 \\ -438 \\ \hline \end{array}$　(6) $\begin{array}{r} 859 \\ -\ \ 63 \\ \hline \end{array}$

(7) $\begin{array}{r} 400 \\ -329 \\ \hline \end{array}$　(8) $\begin{array}{r} 902 \\ -\ \ \ \ 4 \\ \hline \end{array}$　(9) $\begin{array}{r} 563 \\ -278 \\ \hline \end{array}$

(10) $\begin{array}{r} 315 \\ -187 \\ \hline \end{array}$　(11) $\begin{array}{r} 671 \\ -196 \\ \hline \end{array}$　(12) $\begin{array}{r} 724 \\ -655 \\ \hline \end{array}$

❷ 680円の本を買って，1000円さつを1まい出すと，おつりは何円ですか。　【全部できて12点】

(式)

答え(　　　　　)

❸ 青いおり紙が157まい，赤いおり紙が234まいあります。どちらが何まい多いですか。　【全部できて14点】

(式)

答え(　　　　)おり紙が(　　　　)まい多い

❹ 520人乗れるひこうきに，395人乗っています。あと何人乗れますか。　【全部できて14点】

(式)

答え(　　　　　)

＼もう1回チャレンジ!!／

# 7 ひき算の筆算（ひっさん）

目ひょう時間 20分

学習した日　月　日

名前

とく点　／100点

3007 解説→293ページ

らくらくマルつけ

❶ 次（つぎ）の筆算（ひっさん）をしましょう。 1つ5点【60点】

(1)
```
  583
- 152
```

(2)
```
  628
- 314
```

(3)
```
  946
- 245
```

(4)
```
  451
- 246
```

(5)
```
  790
- 438
```

(6)
```
  859
-  63
```

(7)
```
  400
- 329
```

(8)
```
  902
-   4
```

(9)
```
  563
- 278
```

(10)
```
  315
- 187
```

(11)
```
  671
- 196
```

(12)
```
  724
- 655
```

❷ 680円の本を買って，1000円さつを1まい出すと，おつりは何円ですか。 【全部できて12点】

(式（しき）)

答え(　　　　　)

❸ 青いおり紙が157まい，赤いおり紙が234まいあります。どちらが何まい多いですか。 【全部できて14点】

(式)

答え(　　　　)おり紙が(　　　　)まい多い

❹ 520人乗（の）れるひこうきに，395人乗っています。あと何人乗れますか。 【全部できて14点】

(式)

答え(　　　　　)

# 8 大きい数の筆算

目ひょう時間 20分

学習した日　月　日

名前

とく点　／100点

3008 解説→293ページ

らくらくマルつけ



**1** 次の筆算をしましょう。 1つ5点【40点】

(1)
```
  2451
+3678
```

(2)
```
  6097
+1534
```

(3)
```
  4829
+  571
```

(4)
```
   375
+9186
```

(5)
```
  5731
-2610
```

(6)
```
  9062
-1375
```

(7)
```
  8459
-  792
```

(8)
```
  7000
-6458
```

**2** 2950円のぼうしと528円のハンカチを買うと，代金はいくらですか。 【全部できて20点】

(式)

答え(　　　　　　)

**3** ある動物園の土曜日の入園者数は3569人，日曜日の入園者数は4120人でした。このとき，次の問いに答えましょう。 【40点】

(1) 入園者数は合わせて何人ですか。 (全部できて20点)

(式)

答え(　　　　　　)

(2) 入園者数のちがいは何人ですか。 (全部できて20点)

(式)

答え(　　　　　　)

＼もう１回チャレンジ!!／

# 8 大きい数の筆算

目ひょう時間 20分

学習した日　月　日

名前

とく点

／100点

3008
解説→293ページ

らくらくマルつけ

❶ 次の筆算をしましょう。　1つ5点【40点】

(1)
```
  2451
+3678
```

(2)
```
  6097
+1534
```

(3)
```
  4829
+  571
```

(4)
```
    375
+9186
```

(5)
```
  5731
−2610
```

(6)
```
  9062
−1375
```

(7)
```
  8459
−  792
```

(8)
```
  7000
−6458
```

❷ 2950円のぼうしと528円のハンカチを買うと，代金はいくらですか。　【全部できて20点】

(式)

答え(　　　　　　)

❸ ある動物園の土曜日の入園者数は3569人，日曜日の入園者数は4120人でした。このとき，次の問いに答えましょう。　【40点】

(1) 入園者数は合わせて何人ですか。　(全部できて20点)

(式)

答え(　　　　　　)

(2) 入園者数のちがいは何人ですか。　(全部できて20点)

(式)

答え(　　　　　　)

# 9 時こくと時間①

目ひょう時間 20分

| 学習した日　　月　　日 | とく点 |
|---|---|
| 名前 | ／100点 |

らくらくマルつけ 3009 解説→293ページ



**❶ 今の時こくは10時40分です。次の問いに答えましょう。** 【50点】

(1) 30分後の時こくをもとめます。

① 次の図の□にあてはまる数を書きましょう。 （全部できて15点）

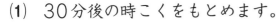

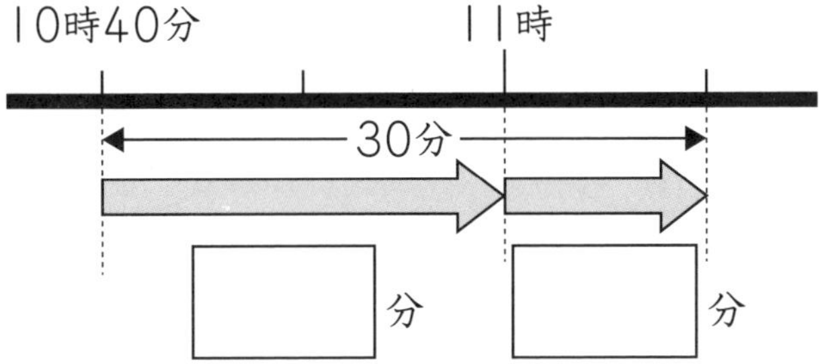


② 30分後の時こくは何時何分ですか。 （10点）

（　　　　　　）

(2) 50分前の時こくをもとめます。

① 次の図の□にあてはまる数を書きましょう。 （全部できて15点）

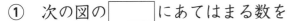

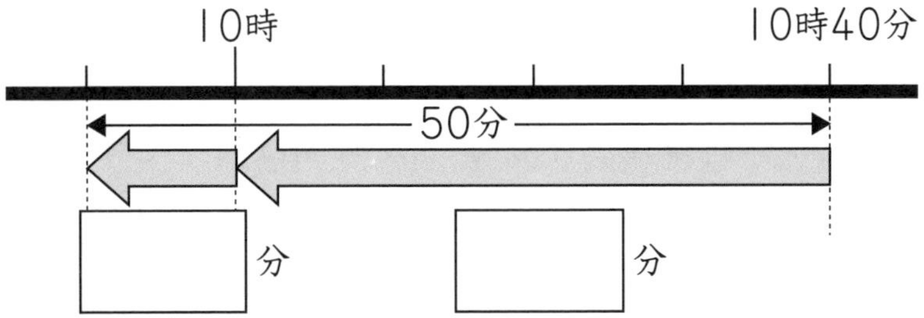


② 50分前の時こくは何時何分ですか。 （10点）

（　　　　　　）

**❷ 2時30分に家を出て，3時15分に野球場に着きました。このとき，家から野球場まで，かかった時間をもとめます。次の問いに答えましょう。** 【25点】

家を出た時こく

着いた時こく

(1) 次の図の□にあてはまる数を書きましょう。 （全部できて15点）

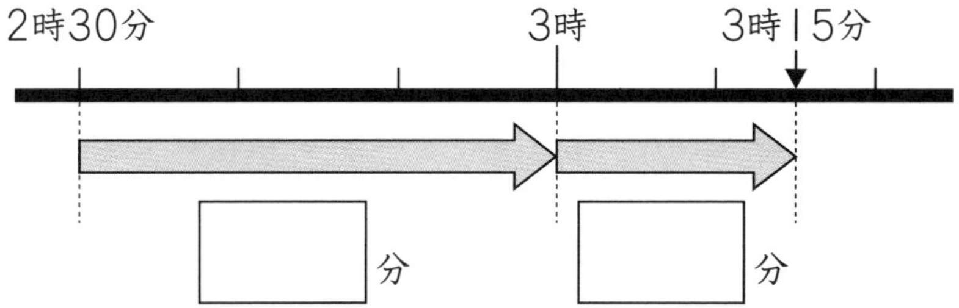


(2) 家から野球場までかかった時間は何分ですか。 （10点）

（　　　　　　）

**❸ 7時55分から8時25分までの時間は何分ですか。** 【25点】

（　　　　　　）

\ もう1回チャレンジ!! /

# 9 時こくと時間①

目ひょう時間 20分

学習した日　月　日

名前

とく点　/100点

3009 解説→293ページ

らくらくマルつけ

**❶ 今の時こくは10時40分です。次の問いに答えましょう。**【50点】

(1) 30分後の時こくをもとめます。

① 次の図の□にあてはまる数を書きましょう。（全部できて15点）

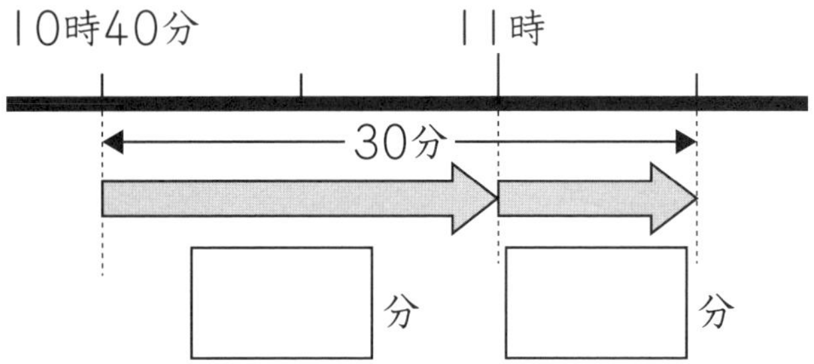


② 30分後の時こくは何時何分ですか。（10点）

(　　　　　)

(2) 50分前の時こくをもとめます。

① 次の図の□にあてはまる数を書きましょう。（全部できて15点）

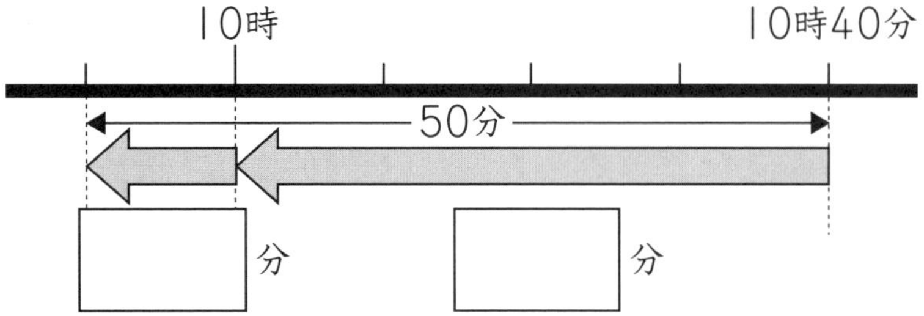


② 50分前の時こくは何時何分ですか。（10点）

(　　　　　)

**❷ 2時30分に家を出て，3時15分に野球場に着きました。このとき，家から野球場まで，かかった時間をもとめます。次の問いに答えましょう。**【25点】

家を出た時こく

着いた時こく

(1) 次の図の□にあてはまる数を書きましょう。（全部できて15点）

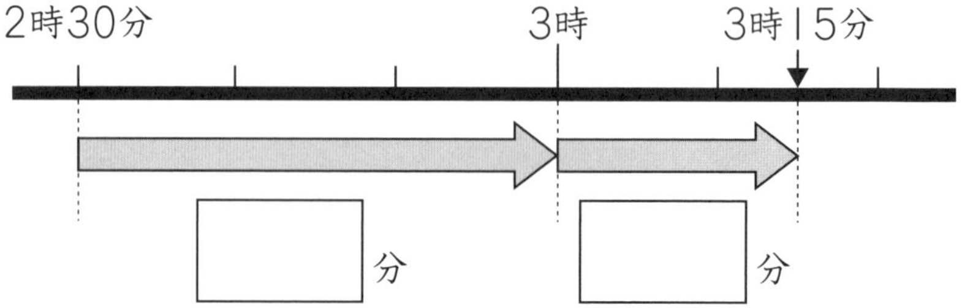


(2) 家から野球場までかかった時間は何分ですか。（10点）

(　　　　　)

**❸ 7時55分から8時25分までの時間は何分ですか。**【25点】

(　　　　　)

# 10 時こくと時間②

目ひょう時間 20分

学習した日　月　日
名前
とく点　／100点
らくらくマルつけ 3010
解説→294ページ



**1** 次(つぎ)の□にあてはまる数を書きましょう。【64点】

(1) 1時間20分＝□分 (8点)

(2) 95分＝□時間□分 (全部できて8点)

(3) 2分＝□秒(びょう) (8点)

(4) 70秒＝□分□秒 (全部できて8点)

(5) 2時間15分＝□分 (8点)

(6) 1分45秒＝□秒 (8点)

(7) 150分＝□時間□分 (全部できて8点)

(8) 3分40秒＝□秒 (8点)

**2** みおさんは9時20分に家を出て，80分後におばさんの家に着(つ)きました。おばさんの家に着いたのは何時何分ですか。【12点】

(　　　　　)

**3** 次の(　)にあてはまる時間のたんいを書きましょう。 1つ6点【24点】

(1) 学校の昼休みの時間　20(　　　)

(2) 遠足に出発(しゅっぱつ)してからもどってくるまでの時間　5(　　　)

(3) 校庭(こうてい)を1しゅう走るのにかかる時間　40(　　　)

(4) ラジオ体そうの時間　3(　　　)

# 10 時こくと時間②

目ひょう時間 20分

学習した日　　月　　日

名前

とく点　　／100点

3010
解説→294ページ

らくらくマルつけ

**❶ 次の□にあてはまる数を書きましょう。** 【64点】

(1) １時間20分＝□分 (8点)

(2) 95分＝□時間□分 (全部できて8点)

(3) ２分＝□秒 (8点)

(4) 70秒＝□分□秒 (全部できて8点)

(5) ２時間15分＝□分 (8点)

(6) １分45秒＝□秒 (8点)

(7) 150分＝□時間□分 (全部できて8点)

(8) ３分40秒＝□秒 (8点)

**❷ みおさんは９時20分に家を出て，80分後におばさんの家に着きました。おばさんの家に着いたのは何時何分ですか。** 【12点】

(　　　　　　)

**❸ 次の(　)にあてはまる時間のたんいを書きましょう。** 1つ6点【24点】

(1) 学校の昼休みの時間　20(　　　)

(2) 遠足に出発してからもどってくるまでの時間　5(　　　)

(3) 校庭を１しゅう走るのにかかる時間　40(　　　)

(4) ラジオ体そうの時間　3(　　　)

# 11 長さ①

目ひょう時間 20分

✎学習した日　　月　　日

名前

とく点

／100点

らくらくマルつけ

3011
解説→294ページ



**❶ 次のまきじゃくで，①〜④の目もりをよみましょう。**

1つ5点【20点】

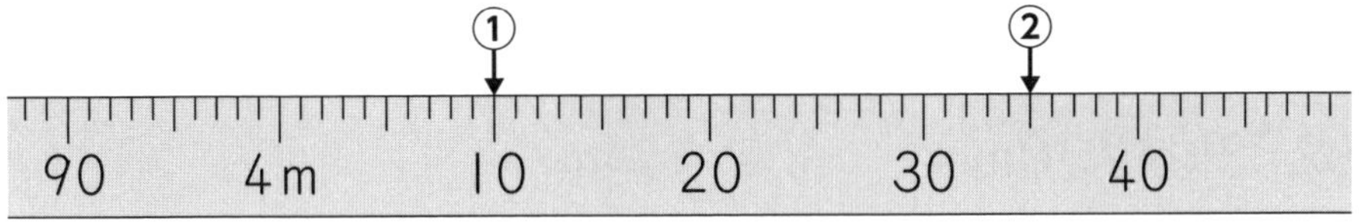


①（　　　　　　　）　②（　　　　　　　）

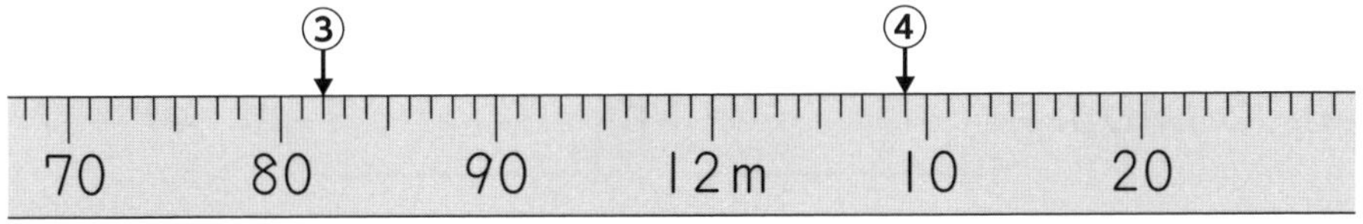


③（　　　　　　　）　④（　　　　　　　）

**❷ 次の長さをはかるには，「ものさし」と「まきじゃく」のどちらを使えばよいですか。**

1つ5点【20点】

(1) ろうかの長さ（　　　　　　　）

(2) ノートの横の長さ（　　　　　　　）

(3) ジュースのかんのまわりの長さ（　　　　　　　）

(4) えん筆の長さ（　　　　　　　）

**❸ 次の□にあてはまる数を書きましょう。**

【40点】

(1) 2km＝□m（8点）

(2) 3km900m＝□m（8点）

(3) 5000m＝□km（8点）

(4) 6700m＝□km□m（全部できて8点）

(5) 8050m＝□km□m（全部できて8点）

**❹ 次の（　）にあてはまる，長さのたんいを書きましょう。**

1つ5点【20点】

(1) ノートのあつさ　7（　　　）

(2) 東京タワーの高さ　333（　　　）

(3) 湖のまわりの長さ　8（　　　）

(4) はがきのたての長さ　15（　　　）

# 11 長さ①

目ひょう時間 20分

学習した日　月　日

名前

とく点　／100点

3011
解説→294ページ

らくらくマルつけ

**❶ 次(つぎ)のまきじゃくで，①～④の目もりをよみましょう。** 1つ5点【20点】

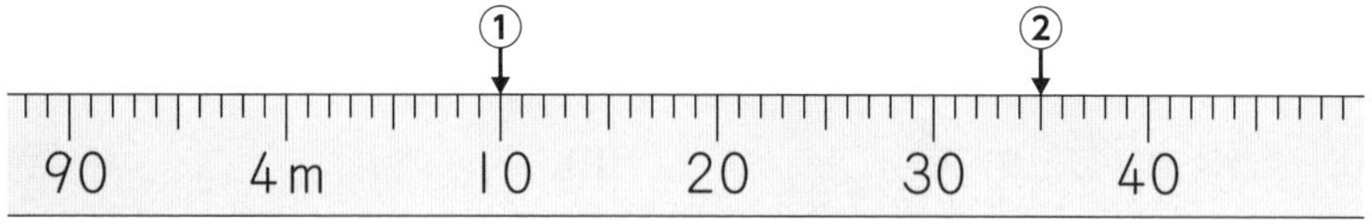


①（　　　　　）②（　　　　　）

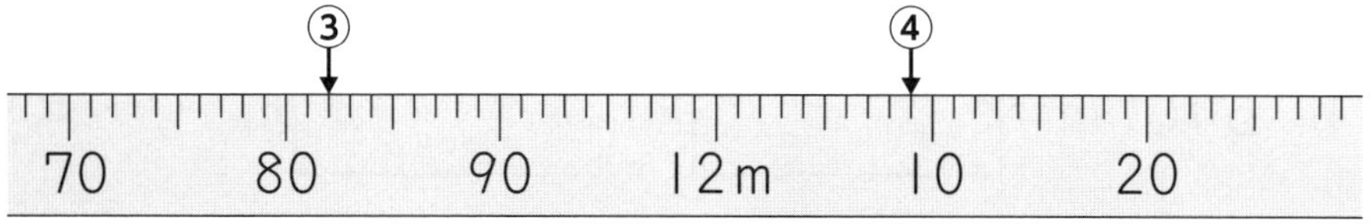


③（　　　　　）④（　　　　　）

**❷ 次の長さをはかるには，「ものさし」と「まきじゃく」のどちらを使(つか)えばよいですか。** 1つ5点【20点】

(1) ろうかの長さ（　　　　　）

(2) ノートの横(よこ)の長さ（　　　　　）

(3) ジュースのかんのまわりの長さ（　　　　　）

(4) えん筆(ぴつ)の長さ（　　　　　）

**❸ 次の□にあてはまる数を書きましょう。** 【40点】

(1) 2km＝□m （8点）

(2) 3km900m＝□m （8点）

(3) 5000m＝□km （8点）

(4) 6700m＝□km□m （全部できて8点）

(5) 8050m＝□km□m （全部できて8点）

**❹ 次の（　）にあてはまる，長さのたんいを書きましょう。** 1つ5点【20点】

(1) ノートのあつさ　7（　　　）

(2) 東京(とうきょう)タワーの高さ　333（　　　）

(3) 湖(みずうみ)のまわりの長さ　8（　　　）

(4) はがきのたての長さ　15（　　　）

目ひょう時間 20分

学習した日　月　日

名前

とく点　／100点

3012 解説→294ページ

らくらくマルつけ

算数

❶ 次(つぎ)の絵地図を見て，答えましょう。【30点】

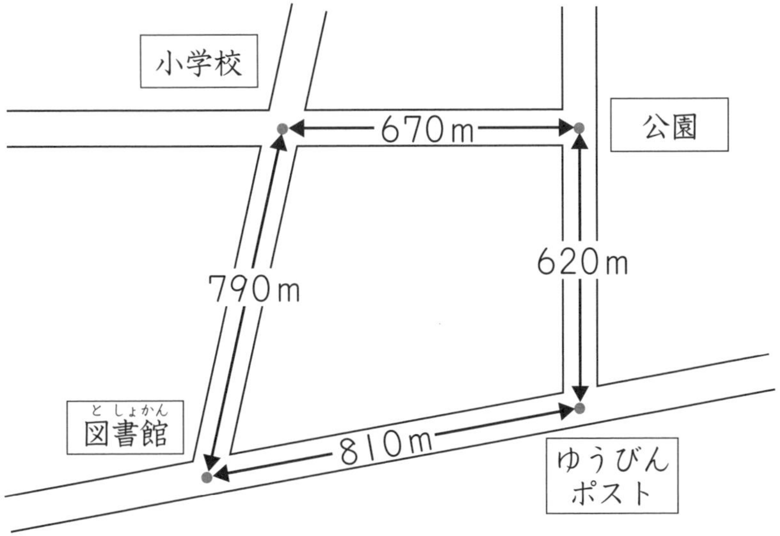


(1) 図書館からゆうびんポストの前を通って，公園まで行くときの道のりは何mですか。（全部できて15点）

(式(しき))

答え(　　　　　　)

(2) 図書館から小学校の前を通って，公園まで行くときの道のりは何km何mですか。（全部できて15点）

(式)

答え(　　　　　　)

❷ 次の□にあてはまる数を書きましょう。【70点】

(1) 1km200m＋500m＝□km□m（全部できて10点）

(2) 800m＋700m＝□km□m（全部できて10点）

(3) 1km250m＋1km800m＝□km□m（全部できて10点）

(4) 1km－300m＝□m（10点）

(5) 3km600m－1km500m＝□km□m（全部できて10点）

(6) 1km500m－600m＝□m（10点）

(7) 2km80m－320m＝□km□m（全部できて10点）

# 12 長さ②

目ひょう時間 20分

学習した日　月　日

名前

とく点　／100点

3012
解説→294ページ

らくらくマルつけ

❶ 次(つぎ)の絵地図を見て，答えましょう。【30点】

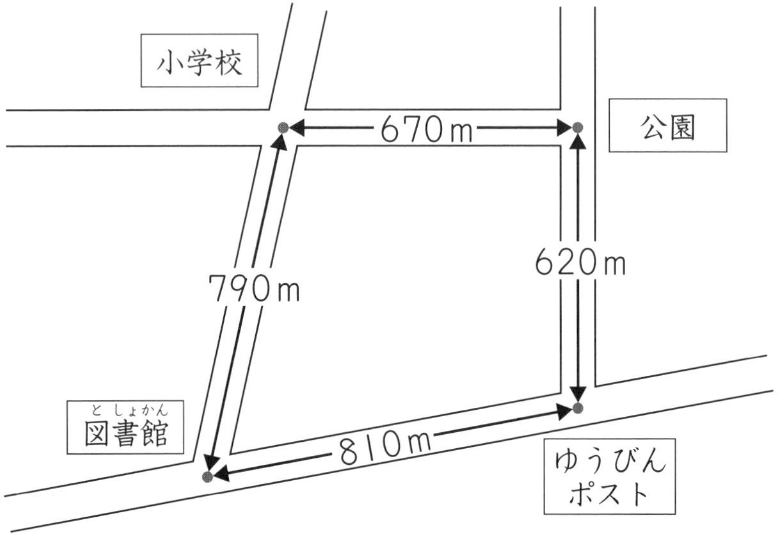


(1) 図書館からゆうびんポストの前を通って，公園まで行くときの道のりは何mですか。(全部できて15点)

(式(しき))

答え(　　　　　　　　)

(2) 図書館から小学校の前を通って，公園まで行くときの道のりは何km何mですか。(全部できて15点)

(式)

答え(　　　　　　　　)

❷ 次の□にあてはまる数を書きましょう。【70点】

(1) 1km200m＋500m＝□km□m　(全部できて10点)

(2) 800m＋700m＝□km□m　(全部できて10点)

(3) 1km250m＋1km800m＝□km□m　(全部できて10点)

(4) 1km－300m＝□m　(10点)

(5) 3km600m－1km500m＝□km□m　(全部できて10点)

(6) 1km500m－600m＝□m　(10点)

(7) 2km80m－320m＝□km□m　(全部できて10点)

# 13 暗算（あんざん）

目ひょう時間 20分

学習した日　　月　　日

名前

とく点　　／100点

3013
解説→295ページ



**1** 54＋27の暗算（あんざん）のしかたを，次（つぎ）のように考えました。
□にあてはまる数を書きましょう。　1つ2点【10点】

54　＋　27

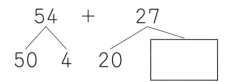

50　4　20　□

50＋　20　＝□

4＋□＝□

合わせて，　□

**2** 暗算で計算しましょう。　1つ5点【40点】

(1) 45＋31＝　　(2) 22＋68＝

(3) 79＋19＝　　(4) 37＋35＝

(5) 58＋26＝　　(6) 13＋49＝

(7) 66＋27＝　　(8) 49＋25＝

**3** 93－36の暗算のしかたを，次のように考えました。
□にあてはまる数を書きましょう。　1つ2点【10点】

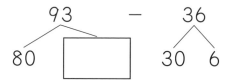

93　－　36

80　□　30　6

80　－30＝□

□－　6＝□

合わせて，　□

**4** 暗算で計算しましょう。　1つ5点【40点】

(1) 95－34＝　　(2) 91－63＝

(3) 70－16＝　　(4) 83－59＝

(5) 56－18＝　　(6) 48－16＝

(7) 64－25＝　　(8) 100－3＝

# 13 暗算

目ひょう時間 20分

学習した日　　月　　日

名前

とく点　　／100点

らくらくマルつけ

3013
解説→295ページ

**1** 54＋27の暗算のしかたを，次のように考えました。
□にあてはまる数を書きましょう。　1つ2点【10点】

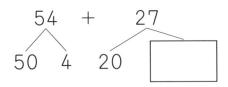

54　＋　27
50　4　20　□

50＋　20　＝□

4＋□＝□

合わせて，　□

**2** 暗算で計算しましょう。　1つ5点【40点】

(1) 45＋31＝

(2) 22＋68＝

(3) 79＋19＝

(4) 37＋35＝

(5) 58＋26＝

(6) 13＋49＝

(7) 66＋27＝

(8) 49＋25＝

**3** 93－36の暗算のしかたを，次のように考えました。
□にあてはまる数を書きましょう。　1つ2点【10点】

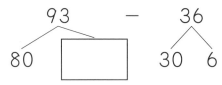

93　－　36
80　□　30　6

80　－30＝□

□－　6＝□

合わせて，　□

**4** 暗算で計算しましょう。　1つ5点【40点】

(1) 95－34＝

(2) 91－63＝

(3) 70－16＝

(4) 83－59＝

(5) 56－18＝

(6) 48－16＝

(7) 64－25＝

(8) 100－3＝

# 14 あまりのあるわり算①

目ひょう時間 20分

学習した日　　月　　日
名前
とく点　　／100点
3014
解説→295ページ
らくらくマルつけ



**❶ 11このチョコレートを1人に3こずつ分けると，何人に分けられて，何こあまるかを考えます。次(つぎ)の□にあてはまる数を書きましょう。** 1つ4点【24点】

1人に分けると，3×1＝　3　→　8　こあまる。
2人に分けると，3×2＝　6　→　5　こあまる。
3人に分けると，3×3＝□→□こあまる。
4人に分けると，3×4＝□→□こたりない。

答え　□人に分けられて，□こあまる

**❷ 次の計算をしましょう。** 1つ9点【36点】

(1)　9÷2＝

(2)　14÷6＝

(3)　27÷4＝

(4)　50÷9＝

**❸ 71mのリボンがあります。このリボンから，8mのリボンは何本とれて，何mあまりますか。** 【全部できて20点】

(式(しき))

答え(　　　)本とれて，(　　　)mあまる

**❹ 画用紙が47まいあります。6人で同じ数ずつ分けると，1人分は何まいになって，何まいあまりますか。** 【全部できて20点】

(式)

答え　1人分は(　　　)まいになって，
(　　　)まいあまる

# 14 あまりのあるわり算①

目ひょう時間 20分

学習した日　月　日

名前

とく点　／100点

3014 解説→295ページ

らくらくマルつけ

❶ 11このチョコレートを1人に3こずつ分けると，何人に分けられて，何こあまるかを考えます。次の□にあてはまる数を書きましょう。　1つ4点【24点】

1人に分けると，3×1＝　3　→　8　こあまる。

2人に分けると，3×2＝　6　→　5　こあまる。

3人に分けると，3×3＝□→□こあまる。

4人に分けると，3×4＝□→□こたりない。

答え □人に分けられて，□こあまる

❷ 次の計算をしましょう。　1つ9点【36点】

(1) 9÷2＝

(2) 14÷6＝

(3) 27÷4＝

(4) 50÷9＝

❸ 71mのリボンがあります。このリボンから，8mのリボンは何本とれて，何mあまりますか。　【全部できて20点】

(式)

答え(　　　)本とれて，(　　　)mあまる

❹ 画用紙が47まいあります。6人で同じ数ずつ分けると，1人分は何まいになって，何まいあまりますか。

【全部できて20点】

(式)

答え 1人分は(　　　)まいになって，
(　　　)まいあまる

# あまりのあるわり算②

目ひょう時間 20分

学習した日　月　日

名前

とく点　／100点

3015
解説→295ページ

らくらくマルつけ

算数

**1** 16÷3の計算をして，その答えを次のようにたしかめました。□にあてはまる数を書きましょう。　1つ2点【10点】

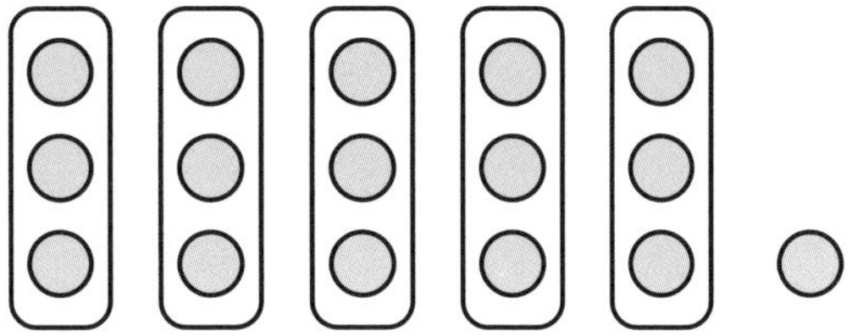

16÷3＝□あまり□

（たしかめ）3×□＋□＝□

**2** 次の計算の答えが正しいときは〇を，まちがっていれば正しい答えを書きましょう。　1つ10点【40点】

(1) 19÷7＝2あまり5　（　　　）

(2) 23÷3＝8あまり1　（　　　）

(3) 40÷9＝4あまり2　（　　　）

(4) 50÷7＝6あまり8　（　　　）

**3** くじ引きのけんが32まいあります。5まいで1回くじを引けます。くじを何回ひけますか。　【全部できて10点】

（式）

答え（　　　）

**4** 46題の計算問題があります。1日に6題ずつといていくと，何日でとき終わりますか。　【全部できて20点】

（式）

答え（　　　）

**5** ボールが67こあります。1つの箱に，ボールが8こまで入ります。全部のボールを入れるには，箱は何箱あればよいですか。　【全部できて20点】

（式）

答え（　　　）

＼もう１回チャレンジ!!／

# 15 あまりのあるわり算②

目ひょう時間 20分

学習した日　　月　　日

名前

とく点　　／100点

らくらくマルつけ

3015
解説→295ページ

❶ 16÷3の計算をして，その答えを次のようにたしかめました。□にあてはまる数を書きましょう。　1つ2点【10点】

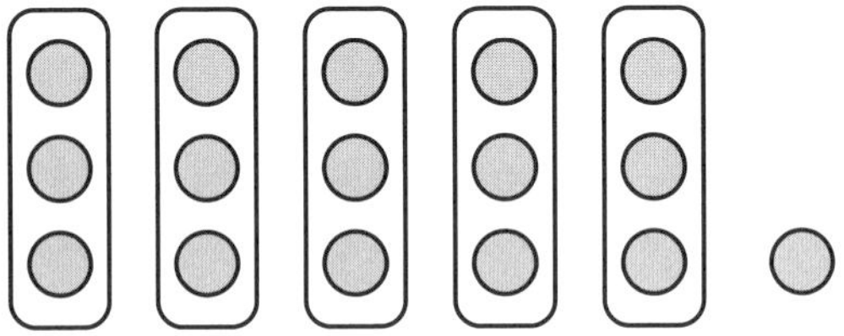

16÷3＝□あまり□

（たしかめ）3×□＋□＝□

❷ 次の計算の答えが正しいときは○を，まちがっていれば正しい答えを書きましょう。　1つ10点【40点】

(1) 19÷7＝2あまり5　（　　　　）

(2) 23÷3＝8あまり1　（　　　　）

(3) 40÷9＝4あまり2　（　　　　）

(4) 50÷7＝6あまり8　（　　　　）

❸ くじ引きのけんが32まいあります。5まいで1回くじを引けます。くじを何回ひけますか。　【全部できて10点】

（式）

答え（　　　　）

❹ 46題の計算問題があります。1日に6題ずつといていくと，何日でとき終わりますか。　【全部できて20点】

（式）

答え（　　　　）

❺ ボールが67こあります。1つの箱に，ボールが8こまで入ります。全部のボールを入れるには，箱は何箱あればよいですか。　【全部できて20点】

（式）

答え（　　　　）

# 16 大きい数①

目ひょう時間 20分

学習した日　月　日

名前

とく点　／100点

3016
解説→296ページ

らくらくマルつけ

**1 次の数を漢字で書きましょう。** 1つ6点【24点】

(1) 37500

(　　　　　　)

(2) 680391

(　　　　　　)

(3) 4092000

(　　　　　　)

(4) 83100670

(　　　　　　)

**2 次の数を数字で書きましょう。** 1つ7点【28点】

(1) 五十万八千

(　　　　　　)

(2) 二百六万九千四十三

(　　　　　　)

(3) 七千万二百

(　　　　　　)

(4) 四千八百三万五十九

(　　　　　　)

**3 次の□にあてはまる数を書きましょう。** 【16点】

(1) 63840は，一万を□こ，千を□こ，百を□こ，十を□こ合わせた数です。

(全部できて8点)

(2) 90532000は，千万を□こ，十万を□こ，一万を□こ，千を□こ合わせた数です。

(全部できて8点)

**4 次の数を数字で書きましょう。** 1つ8点【32点】

(1) 十万を7こ，一万を9こ，百を1こ合わせた数

(　　　　　　)

(2) 千万を2こ，百万を5こ，千を6こ合わせた数

(　　　　　　)

(3) 1000を47こ集めた数

(　　　　　　)

(4) 1000を300こ集めた数

(　　　　　　)

算数

# 16 大きい数①

目ひょう時間 20分

学習した日　月　日

名前

とく点　／100点

3016
解説→296ページ

らくらくマルつけ

❶ 次(つぎ)の数を漢字(かんじ)で書きましょう。　1つ6点【24点】

(1) 37500
(　　　　)

(2) 680391
(　　　　)

(3) 4092000
(　　　　)

(4) 83100670
(　　　　)

❷ 次の数を数字で書きましょう。　1つ7点【28点】

(1) 五十万八千
(　　　　)

(2) 二百六万九千四十三
(　　　　)

(3) 七千万二百
(　　　　)

(4) 四千八百三万五十九
(　　　　)

❸ 次の□にあてはまる数を書きましょう。　【16点】

(1) 63840は，一万を□こ，千を□こ，百を□こ，十を□こ合わせた数です。
（全部できて8点）

(2) 90532000は，千万を□こ，十万を□こ，一万を□こ，千を□こ合わせた数です。
（全部できて8点）

❹ 次の数を数字で書きましょう。　1つ8点【32点】

(1) 十万を7こ，一万を9こ，百を1こ合わせた数
(　　　　)

(2) 千万を2こ，百万を5こ，千を6こ合わせた数
(　　　　)

(3) 1000を47こ集(あつ)めた数
(　　　　)

(4) 1000を300こ集めた数
(　　　　)

# 17 大きい数②

目ひょう時間 20分

学習した日　月　日
名前
とく点　／100点

らくらくマルつけ
3017
解説→296ページ



**1** 次の数直線で，□にあてはまる数を書きましょう。 1つ6点【48点】

(1)

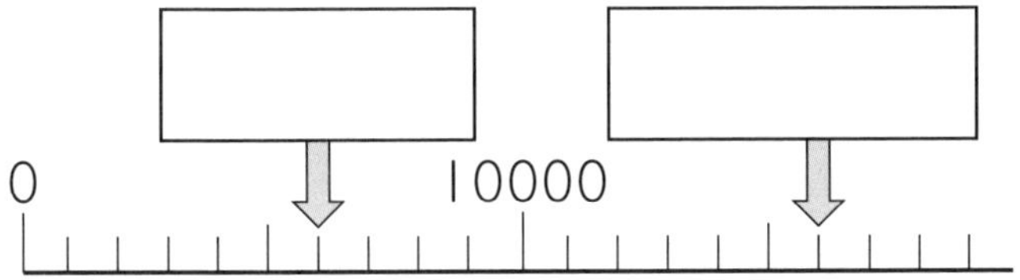


(2)

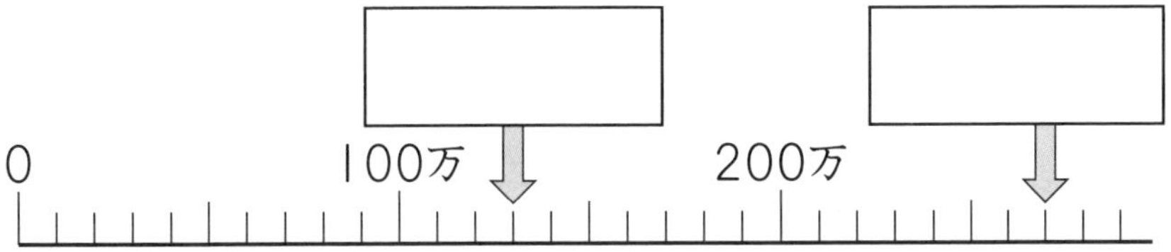


(3)

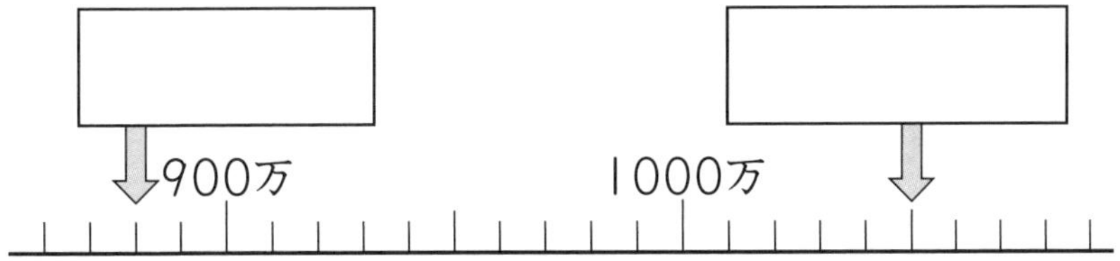


(4)

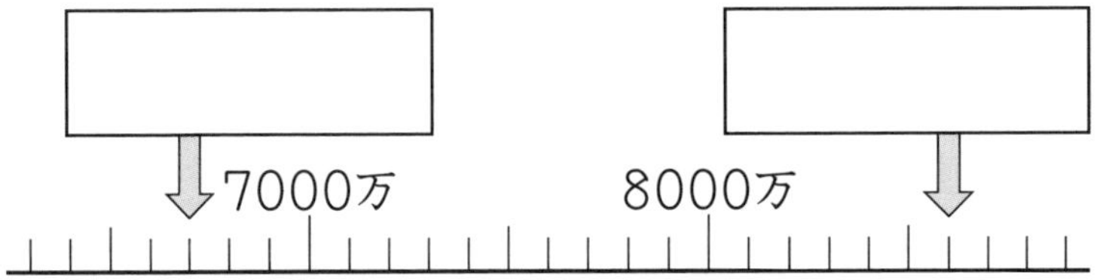


**2** 次の□にあてはまる不等号を書きましょう。 1つ7点【28点】

(1) 39100 □ 38700

(2) 725490 □ 725500

(3) 6013万 □ 5926万

(4) 9900万 □ 1億

**3** 48000について，次の□にあてはまる数を書きましょう。 1つ8点【24点】

(1) 40000と □ を合わせた数です。

(2) 50000より □ 小さい数です。

(3) 1000を □ こ集めた数です。

# 17 大きい数②

目ひょう時間 20分

学習した日　月　日

名前

とく点　／100点

らくらくマルつけ

3017 解説→296ページ

❶ 次の数直線で，□にあてはまる数を書きましょう。　1つ6点【48点】

(1)

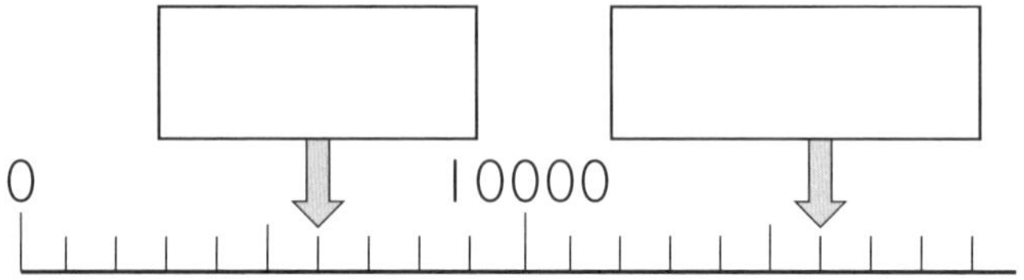


(2)

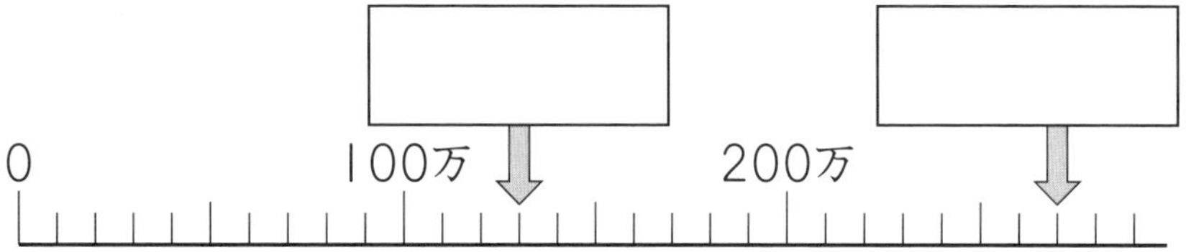


(3)

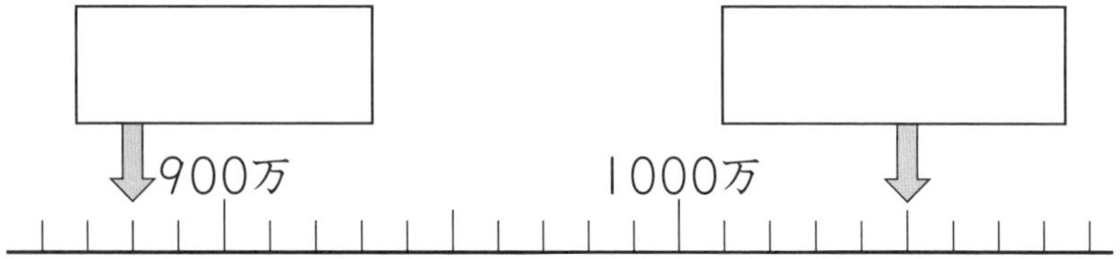


(4)

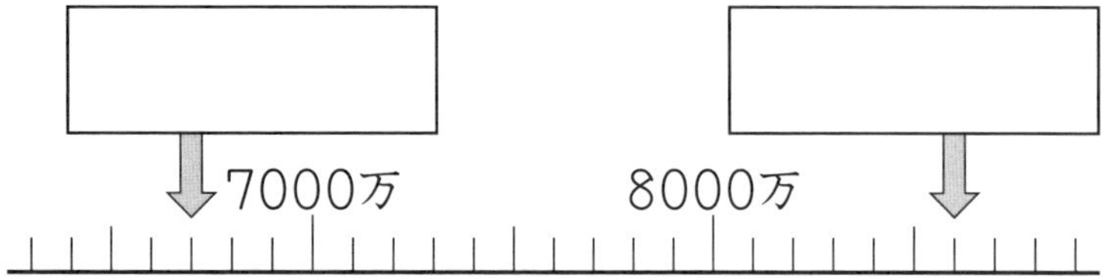


❷ 次の□にあてはまる不等号を書きましょう。　1つ7点【28点】

(1) 39100 □ 38700

(2) 725490 □ 725500

(3) 6013万 □ 5926万

(4) 9900万 □ 1億

❸ 48000について，次の□にあてはまる数を書きましょう。　1つ8点【24点】

(1) 40000と □ を合わせた数です。

(2) 50000より □ 小さい数です。

(3) 1000を □ こ集めた数です。

# 18 大きい数③

目ひょう時間 20分

学習した日　　月　　日
名前
とく点　　／100点

3018
解説→296ページ

らくらくマルつけ

**❶ 次(つぎ)の数を書きましょう。** 1つ8点【40点】

(1) 53を10倍(ばい)した数　(　　　　　)

(2) 280を10でわった数　(　　　　　)

(3) 40を100倍した数　(　　　　　)

(4) 170を1000倍した数　(　　　　　)

(5) 6000を10でわった数　(　　　　　)

**❷ 次の計算をしましょう。** 1つ7点【28点】

(1) 3000＋8000＝

(2) 42000－15000＝

(3) 60万＋70万＝

(4) 900万－530万＝

**❸ 40万円のバイクと270万円の自動車(じどうしゃ)を買います。代金(だいきん)はいくらですか。** 【全部できて16点】

(式(しき))

答え(　　　　　)

**❹ 電子レンジが90000円，オーブンレンジが130000円で売られています。どちらが何円高いですか。** 【全部できて16点】

(式)

答え（　　　　　）が
（　　　　　）円高い

算数

# 18 大きい数③

目ひょう時間 20分

学習した日　　月　　日

名前

とく点　　／100点

3018 解説→296ページ

らくらくマルつけ

❶ 次(つぎ)の数を書きましょう。　1つ8点【40点】

(1) 53を10倍(ばい)した数　(　　　)

(2) 280を10でわった数　(　　　)

(3) 40を100倍した数　(　　　)

(4) 170を1000倍した数　(　　　)

(5) 6000を10でわった数　(　　　)

❷ 次の計算をしましょう。　1つ7点【28点】

(1) 3000＋8000＝

(2) 42000−15000＝

(3) 60万＋70万＝

(4) 900万−530万＝

❸ 40万円のバイクと270万円の自動車(じどうしゃ)を買います。代金(だいきん)はいくらですか。　【全部できて16点】

(式(しき))

答え(　　　)

❹ 電子レンジが90000円，オーブンレンジが130000円で売られています。どちらが何円高いですか。

【全部できて16点】

(式)

答え(　　　)が

(　　　)円高い

# 19 1けたの数をかけるかけ算①

目ひょう時間 20分

学習した日　　月　　日

名前

とく点　　／100点

3019
解説→297ページ

らくらくマルつけ



❶ 20×4の計算のしかたについて，あとの□にあてはまる数を書きましょう。　1つ3点【12点】

20は10の□こ分だから，

20×4は，10が□×4＝□(こ分)

20×4＝□

❷ 500×2の計算のしかたについて，あとの□にあてはまる数を書きましょう。　1つ3点【12点】

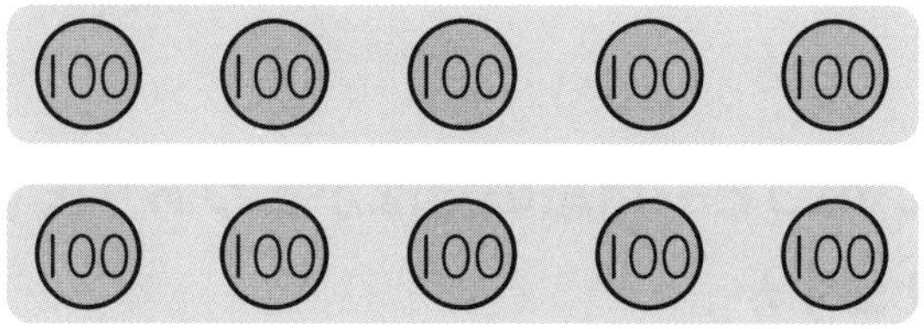


500は100の□こ分だから，

500×2は，100が□×2＝□(こ分)

500×2＝□

❸ 次(つぎ)の計算をしましょう。　1つ6点【36点】

(1) 30×2＝　　(2) 90×6＝

(3) 50×7＝　　(4) 400×3＝

(5) 700×9＝　　(6) 800×5＝

❹ 60円のえん筆(ぴつ)を8本買います。代金(だいきん)はいくらですか。　【全部できて20点】

(式(しき))

答え(　　　　　)

❺ 300まいのコピー用紙のたばが5つあります。全部(ぜんぶ)で何まいありますか。　【全部できて20点】

(式)

答え(　　　　　)

＼もう1回チャレンジ!!／

# 19 1けたの数をかけるかけ算①

目ひょう時間 20分

| 学習した日　月　日 | とく点 | らくらくマルつけ 3019 |
| --- | --- | --- |
| 名前 | ／100点 | 解説→297ページ |

❶ 20×4の計算のしかたについて，あとの□にあてはまる数を書きましょう。　1つ3点【12点】

20は10の□こ分だから，

20×4は，10が□×4＝□(こ分)

20×4＝□

❷ 500×2の計算のしかたについて，あとの□にあてはまる数を書きましょう。　1つ3点【12点】

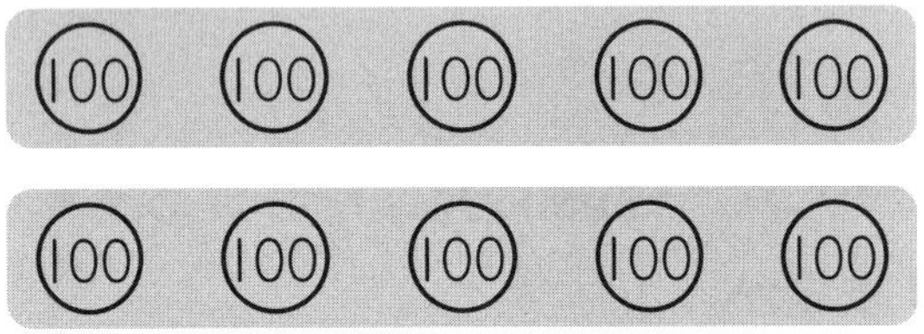


500は100の□こ分だから，

500×2は，100が□×2＝□(こ分)

500×2＝□

❸ 次の計算をしましょう。　1つ6点【36点】

(1) 30×2＝　　(2) 90×6＝

(3) 50×7＝　　(4) 400×3＝

(5) 700×9＝　　(6) 800×5＝

❹ 60円のえん筆を8本買います。代金はいくらですか。　【全部できて20点】

(式)

答え(　　　　　)

❺ 300まいのコピー用紙のたばが5つあります。全部で何まいありますか。　【全部できて20点】

(式)

答え(　　　　　)

# 20 1けたの数をかけるかけ算②

目ひょう時間 20分

学習した日　月　日
名前
とく点　／100点

3020
解説→297ページ

らくらくマルつけ

**1** 次の筆算をしましょう。　1つ5点【60点】

(1) $21 \times 3$

(2) $14 \times 2$

(3) $30 \times 3$

(4) $42 \times 2$

(5) $12 \times 4$

(6) $11 \times 6$

(7) $20 \times 4$

(8) $44 \times 2$

(9) $31 \times 2$

(10) $12 \times 2$

(11) $11 \times 9$

(12) $33 \times 2$

**2** 11人のサッカーのチームが8つあります。全部で何人いますか。　【全部できて12点】

(式)

答え(　　　　)

**3** 1ふくろ32こ入りのあめが3ふくろあります。あめは全部で何こありますか。　【全部できて14点】

(式)

答え(　　　　)

**4** 21cmのテープを4本ならべると，全体の長さは何cmになりますか。　【全部できて14点】

(式)

答え(　　　　)

算数

\ もう１回チャレンジ!! /

# 20 １けたの数をかけるかけ算②

目ひょう時間 20分

学習した日　　月　　日

名前

とく点

／100点

らくらくマルつけ

3020

解説→297ページ

**❶** 次の筆算をしましょう。　1つ5点【60点】

(1) 21 × 3

(2) 14 × 2

(3) 30 × 3

(4) 42 × 2

(5) 12 × 4

(6) 11 × 6

(7) 20 × 4

(8) 44 × 2

(9) 31 × 2

(10) 12 × 2

(11) 11 × 9

(12) 33 × 2

**❷** 11人のサッカーのチームが８つあります。全部で何人いますか。　【全部できて12点】

(式)

答え(　　　　　)

**❸** １ふくろ32こ入りのあめが３ふくろあります。あめは全部で何こありますか。　【全部できて14点】

(式)

答え(　　　　　)

**❹** 21cmのテープを４本ならべると，全体の長さは何cmになりますか。　【全部できて14点】

(式)

答え(　　　　　)

| 21 | 1けたの数をかけるかけ算③ | 目ひょう時間 20分 | 学習した日　月　日<br>名前 | とく点<br>／100点 | 3021<br>解説→297ページ |
|---|---|---|---|---|---|

らくらくマルつけ

算数

**1** 次の筆算をしましょう。 1つ5点【60点】

(1) 13×4

(2) 27×3

(3) 48×2

(4) 25×2

(5) 19×5

(6) 37×2

(7) 92×3

(8) 61×7

(9) 42×5

(10) 73×8

(11) 26×6

(12) 95×4

**2** 3つの水とうに，24dLずつジュースが入っています。ジュースは全部で何dLありますか。 【全部できて12点】

(式)

答え(　　　　　)

**3** 1こ82円のおかしを4こ買うと，代金はいくらですか。

【全部できて14点】

(式)

答え(　　　　　)

**4** 1日に16ページずつ本を読みます。7日で何ページ読むことになりますか。 【全部できて14点】

(式)

答え(　　　　　)

# 21 １けたの数をかけるかけ算③

目ひょう時間 20分

学習した日　　月　　日

名前

とく点　　／100点

3021
解説→297ページ

らくらくマルつけ

**❶** 次(つぎ)の筆算(ひっさん)をしましょう。　1つ5点【60点】

(1) $\begin{array}{r} 13 \\ \times\ \ 4 \\ \hline \end{array}$

(2) $\begin{array}{r} 27 \\ \times\ \ 3 \\ \hline \end{array}$

(3) $\begin{array}{r} 48 \\ \times\ \ 2 \\ \hline \end{array}$

(4) $\begin{array}{r} 25 \\ \times\ \ 2 \\ \hline \end{array}$

(5) $\begin{array}{r} 19 \\ \times\ \ 5 \\ \hline \end{array}$

(6) $\begin{array}{r} 37 \\ \times\ \ 2 \\ \hline \end{array}$

(7) $\begin{array}{r} 92 \\ \times\ \ 3 \\ \hline \end{array}$

(8) $\begin{array}{r} 61 \\ \times\ \ 7 \\ \hline \end{array}$

(9) $\begin{array}{r} 42 \\ \times\ \ 5 \\ \hline \end{array}$

(10) $\begin{array}{r} 73 \\ \times\ \ 8 \\ \hline \end{array}$

(11) $\begin{array}{r} 26 \\ \times\ \ 6 \\ \hline \end{array}$

(12) $\begin{array}{r} 95 \\ \times\ \ 4 \\ \hline \end{array}$

**❷** 3つの水とうに，24dLずつジュースが入っています。ジュースは全部(ぜんぶ)で何dLありますか。　【全部できて12点】

(式(しき))

答え(　　　　　)

**❸** １こ82円のおかしを４こ買うと，代金(だいきん)はいくらですか。　【全部できて14点】

(式)

答え(　　　　　)

**❹** １日に16ページずつ本を読みます。７日で何ページ読むことになりますか。　【全部できて14点】

(式)

答え(　　　　　)

# 22 1けたの数をかけるかけ算④

目ひょう時間 20分

学習した日　月　日

名前

とく点　／100点

らくらくマルつけ

3022
解説→298ページ

**1** 次の筆算をしましょう。　1つ5点【60点】

(1) $\begin{array}{r} 213 \\ \times\ \ 3 \\ \hline \end{array}$　(2) $\begin{array}{r} 420 \\ \times\ \ 2 \\ \hline \end{array}$　(3) $\begin{array}{r} 115 \\ \times\ \ 6 \\ \hline \end{array}$

(4) $\begin{array}{r} 462 \\ \times\ \ 2 \\ \hline \end{array}$　(5) $\begin{array}{r} 157 \\ \times\ \ 5 \\ \hline \end{array}$　(6) $\begin{array}{r} 329 \\ \times\ \ 3 \\ \hline \end{array}$

(7) $\begin{array}{r} 816 \\ \times\ \ 4 \\ \hline \end{array}$　(8) $\begin{array}{r} 273 \\ \times\ \ 9 \\ \hline \end{array}$　(9) $\begin{array}{r} 504 \\ \times\ \ 8 \\ \hline \end{array}$

(10) $\begin{array}{r} 792 \\ \times\ \ 6 \\ \hline \end{array}$　(11) $\begin{array}{r} 325 \\ \times\ \ 4 \\ \hline \end{array}$　(12) $\begin{array}{r} 988 \\ \times\ \ 7 \\ \hline \end{array}$

**2** 1パック147円の牛にゅうを5パック買います。代金はいくらですか。　【全部できて12点】

(式)

答え(　　　　　　)

**3** ある動物園の大人の入園りょうは1人620円です。大人8人では，入園りょうの合計はいくらですか。【全部できて14点】

(式)

答え(　　　　　　)

**4** 595人乗れる船が3せきあります。全部で何人乗れますか。　【全部できて14点】

(式)

答え(　　　　　　)

算数

＼もう１回チャレンジ!!／

# 22 １けたの数をかけるかけ算④

目ひょう時間 20分

学習した日　月　日

名前

とく点　／100点

3022
解説→298ページ

らくらくマルつけ

❶ 次(つぎ)の筆算(ひっさん)をしましょう。　1つ5点【60点】

(1)
$$\begin{array}{r} 213 \\ \times\ \ 3 \\ \hline \end{array}$$

(2)
$$\begin{array}{r} 420 \\ \times\ \ 2 \\ \hline \end{array}$$

(3)
$$\begin{array}{r} 115 \\ \times\ \ 6 \\ \hline \end{array}$$

(4)
$$\begin{array}{r} 462 \\ \times\ \ 2 \\ \hline \end{array}$$

(5)
$$\begin{array}{r} 157 \\ \times\ \ 5 \\ \hline \end{array}$$

(6)
$$\begin{array}{r} 329 \\ \times\ \ 3 \\ \hline \end{array}$$

(7)
$$\begin{array}{r} 816 \\ \times\ \ 4 \\ \hline \end{array}$$

(8)
$$\begin{array}{r} 273 \\ \times\ \ 9 \\ \hline \end{array}$$

(9)
$$\begin{array}{r} 504 \\ \times\ \ 8 \\ \hline \end{array}$$

(10)
$$\begin{array}{r} 792 \\ \times\ \ 6 \\ \hline \end{array}$$

(11)
$$\begin{array}{r} 325 \\ \times\ \ 4 \\ \hline \end{array}$$

(12)
$$\begin{array}{r} 988 \\ \times\ \ 7 \\ \hline \end{array}$$

❷ １パック147円の牛にゅうを５パック買います。代金(だいきん)はいくらですか。　【全部できて12点】

(式(しき))

答え(　　　　　)

❸ ある動物園(どうぶつえん)の大人(おとな)の入園りょうは１人620円です。大人８人では，入園りょうの合計はいくらですか。【全部できて14点】

(式)

答え(　　　　　)

❹ 595人乗(の)れる船が３せきあります。全部(ぜんぶ)で何人乗れますか。　【全部できて14点】

(式)

答え(　　　　　)

# 23 かけ算のきまり

目ひょう時間 20分

学習した日　　月　　日

名前

とく点　　／100点

3023 解説→298ページ

らくらくマルつけ

**❶ 1こ80円のおかしが，1箱に3こ入っています。このおかしの箱を2箱買ったときの代金を，次の2通りの式でもとめます。□にあてはまる数を書きましょう。**

1つ4点【16点】

・1箱が何円になるかを，先にもとめる式

(□×□)×2＝480

・おかしの数を先にもとめる式

80×(□×□)＝480

答え　480円

**❷ 次の□にあてはまる数を書きましょう。**　【20点】

(1) 3×5×2＝(3×5)×2　（全部できて10点）

＝□×2

＝□

(2) 3×5×2＝3×(5×2)　（全部できて10点）

＝3×□

＝□

**❸ 次の計算をしましょう。**　1つ8点【64点】

(1) 6×4×2＝

(2) 70×3×3＝

(3) 45×5×2＝

(4) 90×2×4＝

(5) 2×5×53＝

(6) 800×2×2＝

(7) 3×2×600＝

(8) 900×2×3＝

算数

＼もう1回チャレンジ!!／

# 23 かけ算のきまり

目ひょう時間 20分

学習した日　月　日

名前

とく点　／100点

3023
解説→298ページ

らくらくマルつけ

❶ 1こ80円のおかしが，1箱に3こ入っています。このおかしの箱を2箱買ったときの代金を，次の2通りの式でもとめます。□にあてはまる数を書きましょう。

1つ4点【16点】

・1箱が何円になるかを，先にもとめる式

(□×□)×2＝480

・おかしの数を先にもとめる式

80×(□×□)＝480

答え　480円

❷ 次の□にあてはまる数を書きましょう。【20点】

(1) 3×5×2＝(3×5)×2　(全部できて10点)

＝□×2

＝□

(2) 3×5×2＝3×(5×2)　(全部できて10点)

＝3×□

＝□

❸ 次の計算をしましょう。　1つ8点【64点】

(1) 6×4×2＝

(2) 70×3×3＝

(3) 45×5×2＝

(4) 90×2×4＝

(5) 2×5×53＝

(6) 800×2×2＝

(7) 3×2×600＝

(8) 900×2×3＝

# 24 倍の計算

目ひょう時間 20分

学習した日　　月　　日

名前

とく点　　／100点

3024 解説→298ページ

らくらくマルつけ

**1** 赤のテープの長さは8mです。青のテープの長さは，赤のテープの長さの3倍です。青のテープの長さは何mですか。

【全部できて25点】

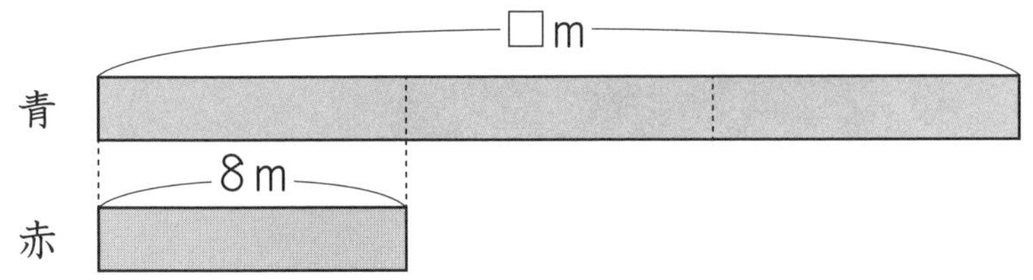


(式)

答え(　　　　　)

**2** 赤のテープの長さは8m，白のテープの長さは32mです。白のテープの長さは，赤のテープの長さの何倍ですか。

【全部できて25点】

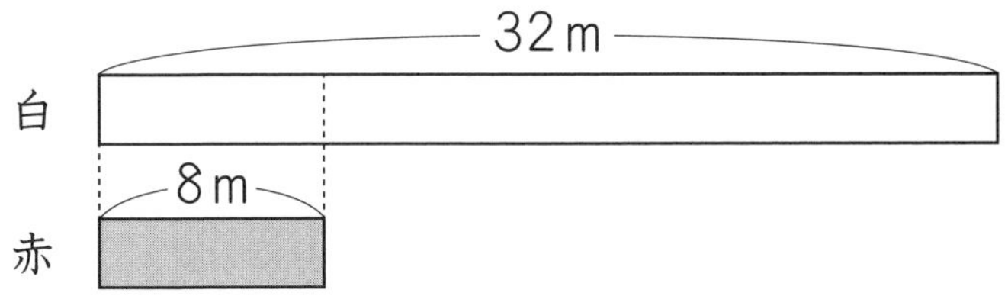


(式)

答え(　　　　　)

**3** 緑のテープの長さはピンクのテープの長さの6倍で，54mです。ピンクのテープの長さは何mですか。

【全部できて25点】

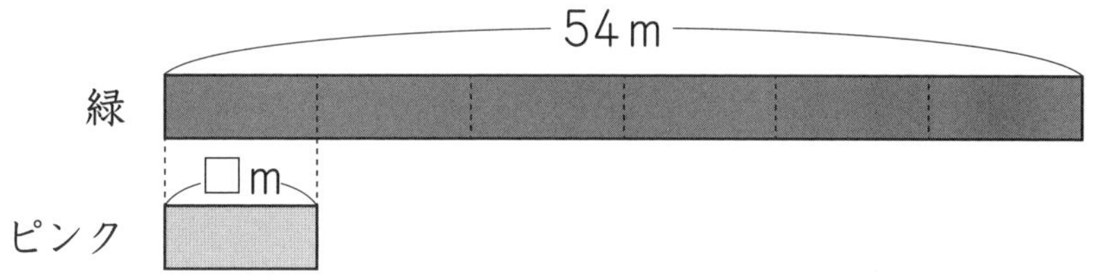


(式)

答え(　　　　　)

**4** 赤のテープの長さは8mです。黄のテープの長さは赤のテープの長さの2倍，むらさきのテープの長さは黄のテープの長さの3倍です。むらさきのテープの長さは何mですか。

【全部できて25点】

(式)

答え(　　　　　)

算数

# 24 倍の計算

目ひょう時間 20分

学習した日　　月　　日

名前

とく点　　／100点

らくらくマルつけ

3024

解説→298ページ

**❶** 赤のテープの長さは8mです。青のテープの長さは，赤のテープの長さの3倍です。青のテープの長さは何mですか。

【全部できて25点】

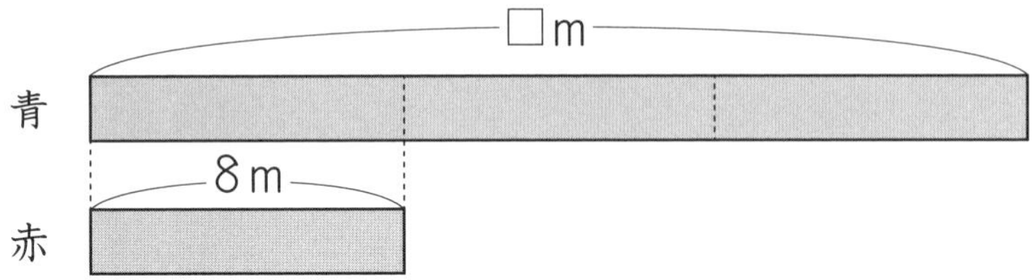


(式)

答え(　　　　　)

**❷** 赤のテープの長さは8m，白のテープの長さは32mです。白のテープの長さは，赤のテープの長さの何倍ですか。

【全部できて25点】

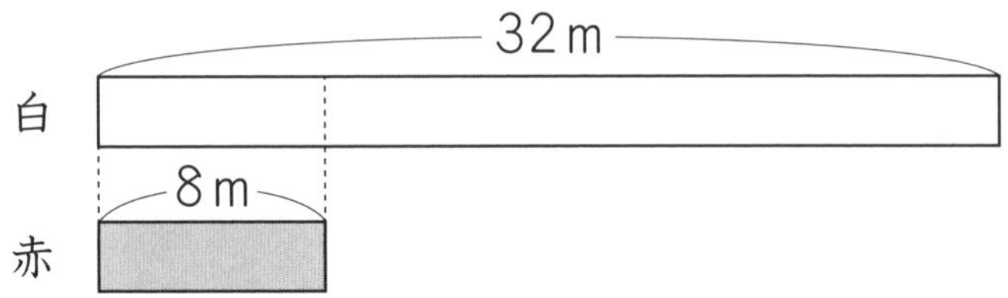


(式)

答え(　　　　　)

**❸** 緑のテープの長さはピンクのテープの長さの6倍で，54mです。ピンクのテープの長さは何mですか。

【全部できて25点】

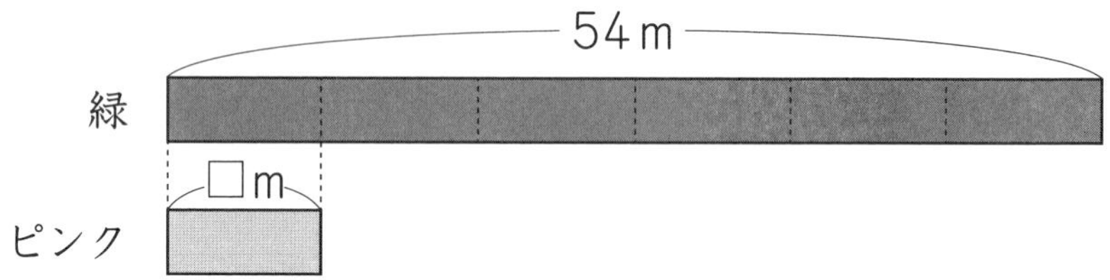


(式)

答え(　　　　　)

**❹** 赤のテープの長さは8mです。黄のテープの長さは赤のテープの長さの2倍，むらさきのテープの長さは黄のテープの長さの3倍です。むらさきのテープの長さは何mですか。

【全部できて25点】

(式)

答え(　　　　　)

# 重さ①

(おも)

目ひょう時間 20分

学習した日　月　日

名前

とく点　／100点

3025
解説→299ページ

らくらくマルつけ



**1** はりがさしている目もりは何gですか。　1つ10点【40点】

(1)

(　　　　)

(2)

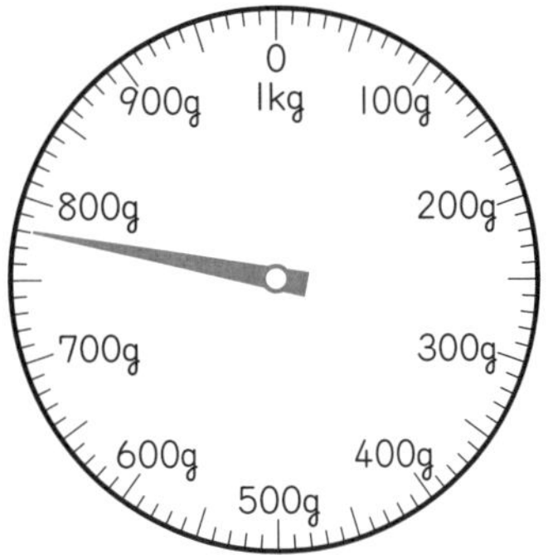


(　　　　)

(3)

(　　　　)

(4)

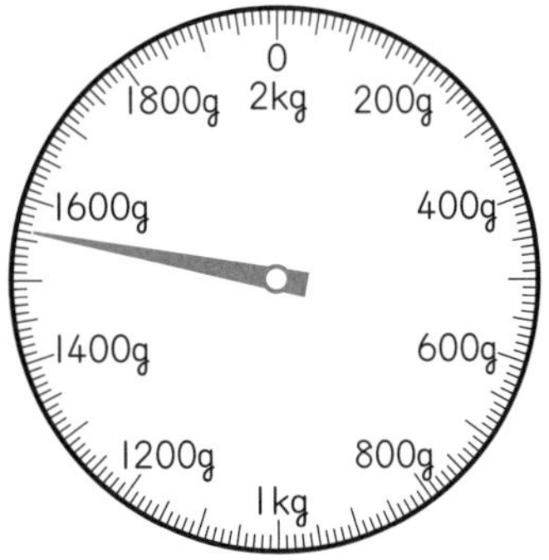


(　　　　)

**2** 次(つぎ)の□にあてはまる数を書きましょう。　【40点】

(1) 2kg500g=□g　(10点)

(2) 6kg30g=□g　(10点)

(3) 4000g=□kg　(10点)

(4) 8170g=□kg□g　(全部できて10点)

**3** はりがさしている目もりは何gですか。また，何kg何gですか。　【20点】

□g　(10点)

□kg□g　(全部できて10点)

# 25 重さ①

目ひょう時間 20分

学習した日　　月　　日

名前

とく点　　／100点

3025
解説→299ページ

らくらくマルつけ

**❶ はりがさしている目もりは何gですか。** 1つ10点【40点】

(1)

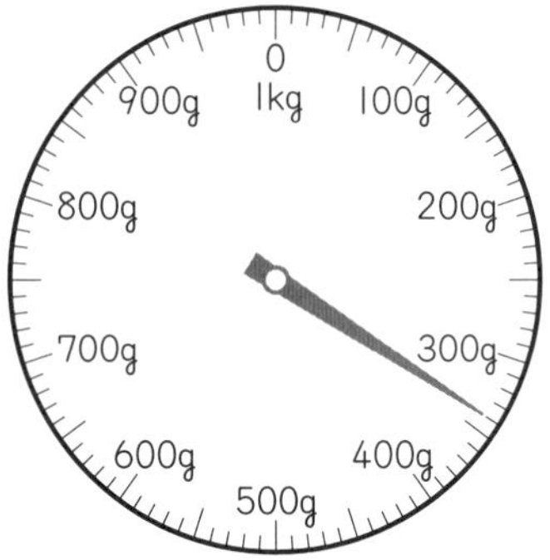


(　　　　　　)

(2)

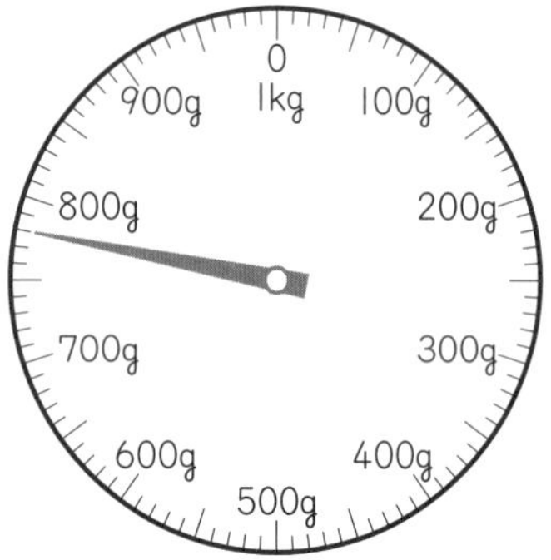


(　　　　　　)

(3)

(　　　　　　)

(4)

(　　　　　　)

**❷ 次(つぎ)の□にあてはまる数を書きましょう。** 【40点】

(1) 2kg500g=□g (10点)

(2) 6kg30g=□g (10点)

(3) 4000g=□kg (10点)

(4) 8170g=□kg□g (全部できて10点)

**❸ はりがさしている目もりは何gですか。また，何kg何gですか。** 【20点】

□g (10点)

□kg□g (全部できて10点)

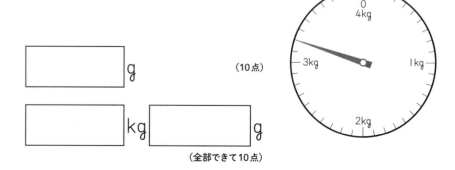

26 重さ②

目ひょう時間 20分

学習した日　月　日

名前

とく点　／100点

3026 解説→299ページ

らくらくマルつけ

算数

**1** 次の□にあてはまる数を書きましょう。【30点】

(1) 400g＋300g＝□g（6点）

(2) 900g＋600g＝□kg□g（全部できて6点）

(3) 1kg500g＋800g＝□kg□g（全部できて6点）

(4) 800g－200g＝□g（6点）

(5) 1kg300g－400g＝□g（6点）

**2** 次の□にあてはまる数を書きましょう。1つ6点【18点】

(1) 3t＝□kg

(2) 2t70kg＝□kg

(3) 5000kg＝□t

**3** 次の(　)にあてはまる重さのたんいを書きましょう。1つ6点【24点】

(1) ニワトリのたまご1この重さ………………60(　　)

(2) 自転車1台の重さ………………………………15(　　)

(3) サッカーボール1この重さ……………350(　　)

(4) シロナガスクジラの体重……………………150(　　)

**4** 700gのバットと500gのグラブがあります。合わせた重さは何kg何gですか。【全部できて14点】

(式)

答え(　　　　)

**5** 700gのかごにりんごを何こか入れて重さをはかったところ，1kg600gありました。りんごの重さは全部で何gですか。【全部できて14点】

(式)

答え(　　　　)

＼もう１回チャレンジ!! ／

# 26 重さ②

目ひょう時間 20分

学習した日　月　日

名前

とく点　／100点

らくらくマルつけ

3026
解説→299ページ

❶ 次の□にあてはまる数を書きましょう。【30点】

(1) 400g＋300g＝□g (6点)

(2) 900g＋600g＝□kg□g (全部できて6点)

(3) 1kg500g＋800g＝□kg□g (全部できて6点)

(4) 800g－200g＝□g (6点)

(5) 1kg300g－400g＝□g (6点)

❷ 次の□にあてはまる数を書きましょう。1つ6点【18点】

(1) 3t＝□kg

(2) 2t70kg＝□kg

(3) 5000kg＝□t

❸ 次の(　)にあてはまる重さのたんいを書きましょう。1つ6点【24点】

(1) ニワトリのたまご１こ の重さ……60(　　)

(2) 自転車１台の重さ……15(　　)

(3) サッカーボール１こ の重さ……350(　　)

(4) シロナガスクジラの体重……150(　　)

❹ 700gのバットと500gのグラブがあります。合わせた重さは何kg何gですか。【全部できて14点】

(式)

答え(　　　　)

❺ 700gのかごにりんごを何こか入れて重さをはかったところ，1kg600gありました。りんごの重さは全部で何gですか。【全部できて14点】

(式)

答え(　　　　)

# 27 円と球①

目ひょう時間 20分

学習した日　　月　　日

名前

とく点　　／100点

らくらくマルつけ

3027 解説→299ページ

**1 右の図を見て，次の□にあてはまることばを書きましょう。** 1つ10点【30点】

(1) ㋐を円の□といいます。

(2) ㋑を円の□といいます。

(3) ㋒を円の□といいます。

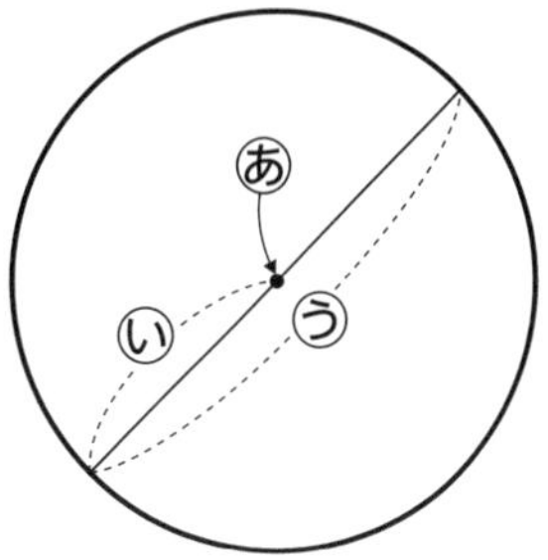


**2 次の□にあてはまる数を書きましょう。** 1つ10点【30点】

(1) 円の直径は，半径の□倍です。

(2) 半径4cmの円の直径は，□cmです。

(3) 直径18cmの円の半径は，□cmです。

**3 次の□にあてはまる数やことばを書きましょう。** 1つ10点【20点】

(1) 球のどこを切っても，切り口の形はいつも□になります。

(2) 半径7cmの球の直径は，□cmです。

**4 次の図のように，箱に同じ大きさの6このボールがぴったりと入っています。あとの問いに答えましょう。** 1つ10点【20点】

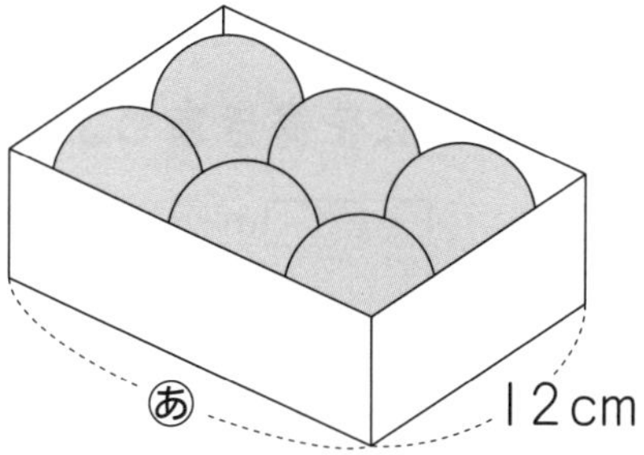


(1) ボールの直径は何cmですか。　（　　　　）

(2) ㋐の長さは何cmですか。　（　　　　）

# 27 円と球(きゅう)①

目ひょう時間 20分

学習した日　月　日

名前

とく点　／100点

3027 解説→299ページ

らくらくマルつけ

**❶ 右の図を見て，次(つぎ)の□にあてはまることばを書きましょう。**　1つ10点【30点】

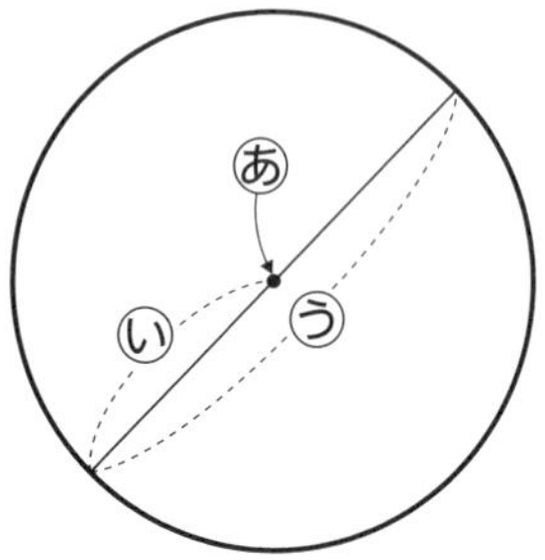


(1) ㋐を円の□といいます。

(2) ㋑を円の□といいます。

(3) ㋒を円の□といいます。

**❷ 次の□にあてはまる数を書きましょう。**　1つ10点【30点】

(1) 円の直径(ちょっけい)は，半径(はんけい)の□倍(ばい)です。

(2) 半径4cmの円の直径は，□cmです。

(3) 直径18cmの円の半径は，□cmです。

**❸ 次の□にあてはまる数やことばを書きましょう。**　1つ10点【20点】

(1) 球(きゅう)のどこを切っても，切り口の形はいつも□になります。

(2) 半径7cmの球の直径は，□cmです。

**❹ 次の図のように，箱(はこ)に同じ大きさの6このボールがぴったりと入っています。あとの問(と)いに答えましょう。**　1つ10点【20点】

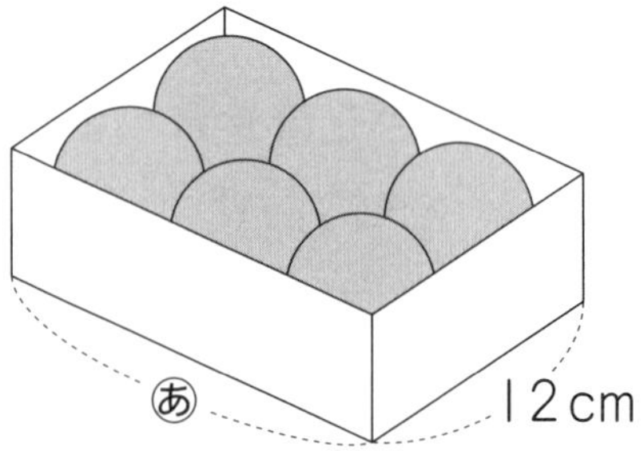


(1) ボールの直径は何cmですか。　(　　　)

(2) ㋐の長さは何cmですか。　(　　　)

# 28 円と球②

目ひょう時間 20分

学習した日　月　日
名前
とく点　／100点

3028
解説→300ページ

らくらくマルつけ

**❶ 次の円をかきましょう。** 1つ20点【40点】

(1) 半径が2cmの円

(2) 直径が6cmの円

**❷ 右に，左と同じ形をかきましょう。** 【30点】

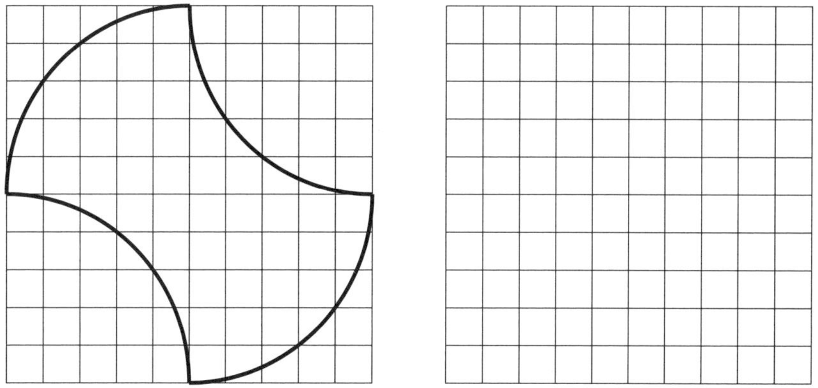

**❸ 次のあ，いのどちらが長いですか。コンパスで，下のあ，いに長さを写しとってくらべましょう。**

【全部できて30点】

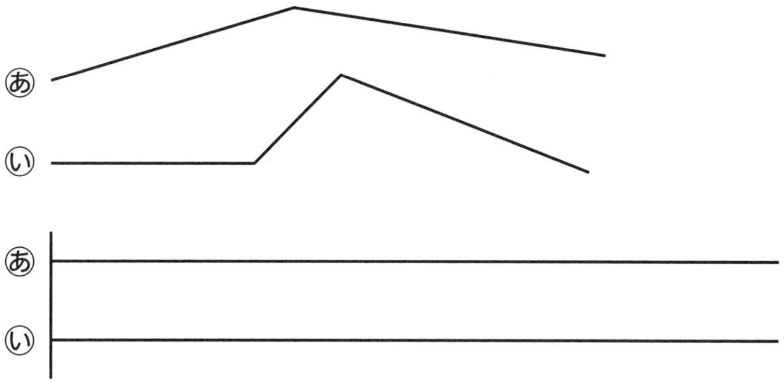


(　　　)のほうが長い。

算数

# 28 円と球②

目ひょう時間 20分

学習した日　　月　　日

名前

とく点　　/100点

3028
解説→300ページ

らくらくマルつけ

## ❶ 次の円をかきましょう。 1つ20点【40点】

(1) 半径が2cmの円

(2) 直径が6cmの円

## ❷ 右に，左と同じ形をかきましょう。 【30点】

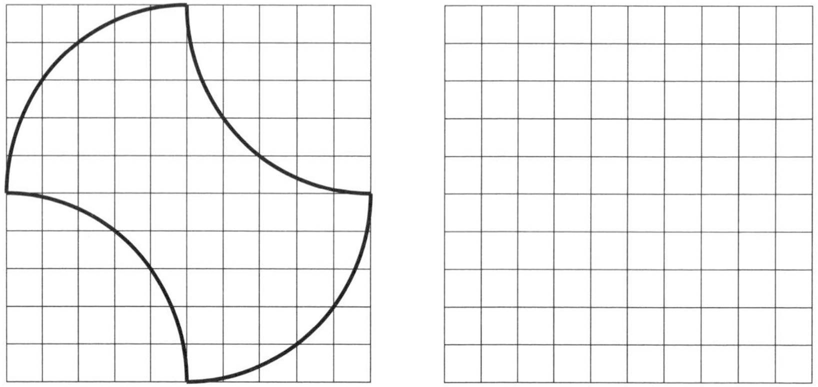

## ❸ 次のあ，いのどちらが長いですか。コンパスで，下のあ，いに長さを写しとってくらべましょう。

【全部できて30点】

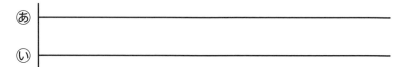

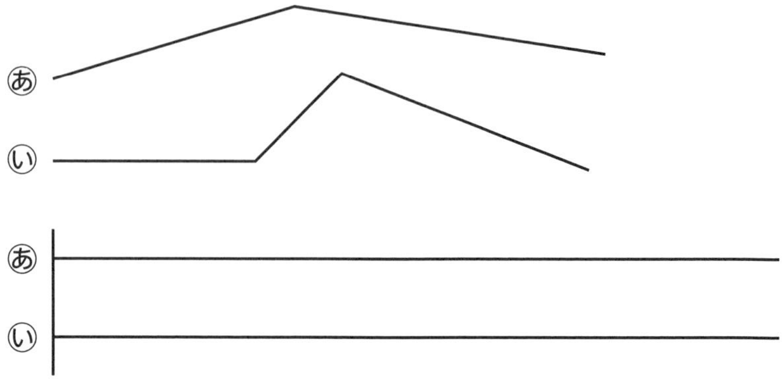


(　　　)のほうが長い。

# 29 小数①

目ひょう時間 20分

学習した日　　月　　日

名前

とく点　　／100点

らくらくマルつけ　3029　解説→300ページ



**❶ 次(つぎ)の □ にあてはまる数を書きましょう。** 1つ2点【6点】

1Lを10等分(とうぶん)した1こ分のかさを小数で表(あらわ)すと，

□ Lです。

右の図の水のかさは，

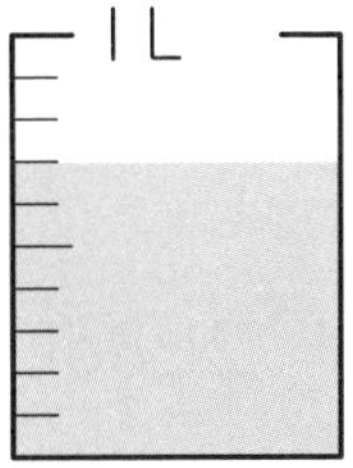


0.1Lを □ こ集(あつ)めたかさだから，

□ Lです。

**❷ 次のかさや長さを，小数で表しましょう。** 1つ7点【14点】

(1)

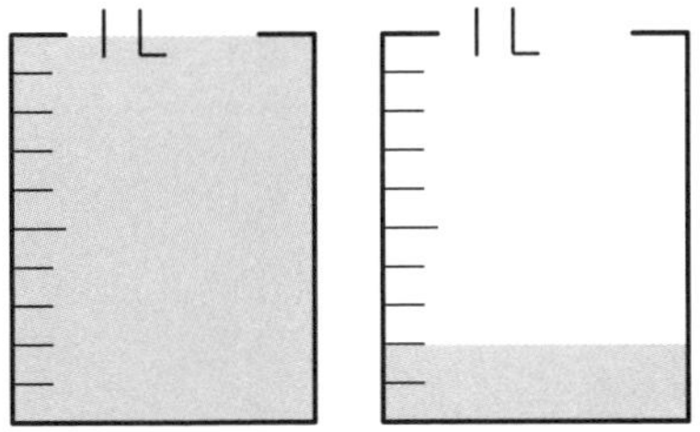


□ L

(2)

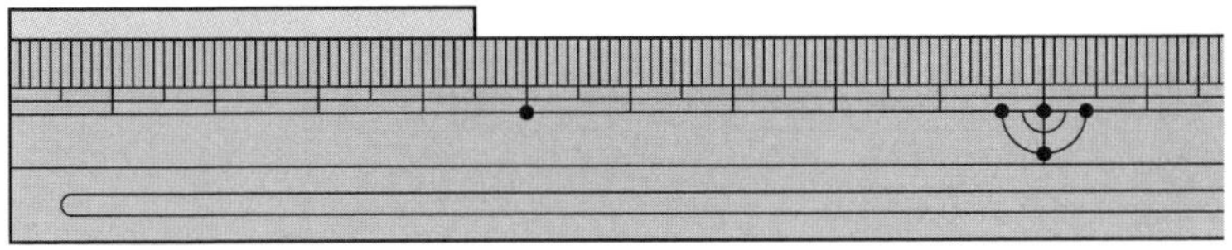

□ cm

**❸ 次の □ にあてはまる数を書きましょう。** 【80点】

(1) 0.3L＝ □ dL　(10点)

(2) 6dL＝ □ L　(10点)

(3) 2L8dL＝ □ L　(10点)

(4) 1.9L＝ □ L □ dL　(全部できて10点)

(5) 7mm＝ □ cm　(10点)

(6) 5cm4mm＝ □ cm　(10点)

(7) 9.2cm＝ □ cm □ mm　(全部できて10点)

(8) 30cm6mm＝ □ cm　(10点)

# 29 小数①

目ひょう時間 20分

学習した日　月　日

名前

とく点　／100点

3029
解説→300ページ

らくらくマルつけ

**❶ 次の□にあてはまる数を書きましょう。** 1つ2点【6点】

1Lを10等分した1こ分のかさを小数で表すと，

□Lです。

右の図の水のかさは，

0.1Lを□こ集めたかさだから，

□Lです。

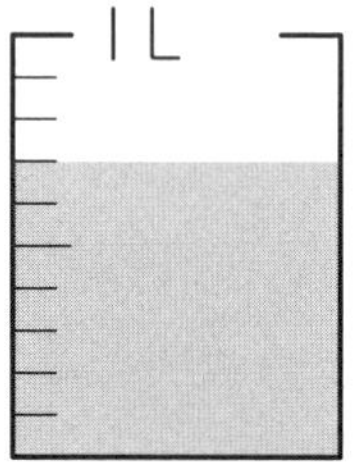


**❷ 次のかさや長さを，小数で表しましょう。** 1つ7点【14点】

(1)

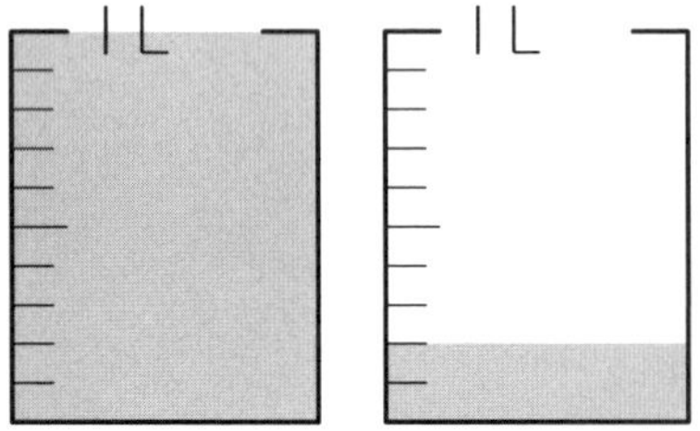


□L

(2)

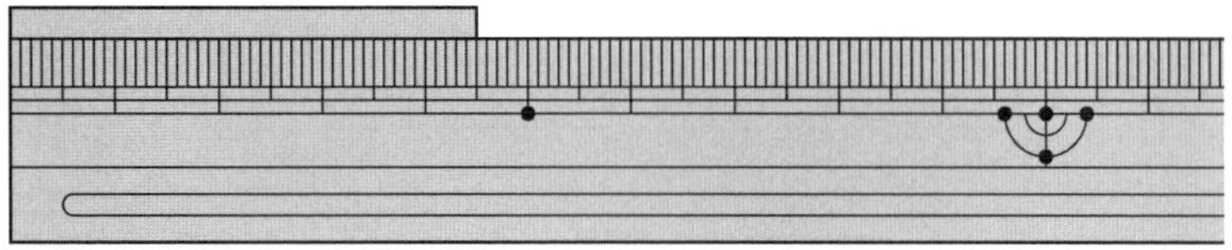

□cm

**❸ 次の□にあてはまる数を書きましょう。** 【80点】

(1) 0.3L＝□dL （10点）

(2) 6dL＝□L （10点）

(3) 2L8dL＝□L （10点）

(4) 1.9L＝□L□dL （全部できて10点）

(5) 7mm＝□cm （10点）

(6) 5cm4mm＝□cm （10点）

(7) 9.2cm＝□cm□mm （全部できて10点）

(8) 30cm6mm＝□cm （10点）

# 30 小数②

目ひょう時間 20分

学習した日　　月　　日

名前

とく点　　／100点

3030
解説→300ページ

らくらくマルつけ



**❶ 次の数直線で，㋐～㋓が表す小数を書きましょう。**　1つ6点【24点】

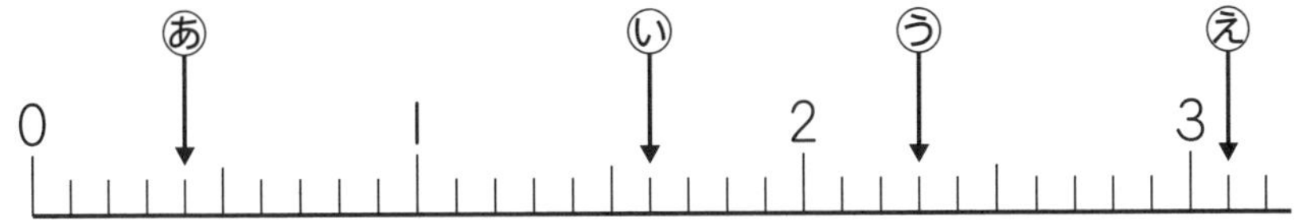


㋐（　　　　）　㋑（　　　　）

㋒（　　　　）　㋓（　　　　）

**❷ 下の数直線で，次の㋐，㋑の数を表す目もりに，↑をかきましょう。**　1つ6点【12点】

㋐　3.5　　　　㋑　4.8

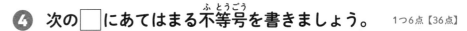

**❸ 次の□にあてはまる数を書きましょう。**　【28点】

(1) 3.8は，1を□こ，0.1を□こ合わせた数です。　（全部できて7点）

(2) 5.7は0.1を□こ集めた数です。　（7点）

(3) 0.1を16こ集めた数は□です。　（7点）

(4) 0.1を90こ集めた数は□です。　（7点）

**❹ 次の□にあてはまる不等号を書きましょう。**　1つ6点【36点】

(1) 0.4□0.3　　(2) 0.9□1.1

(3) 6.7□7.2　　(4) 1□0.8

(5) 3□3.5　　(6) 0.1□0

# 30 小数②

目ひょう時間 20分

学習した日　　月　　日
名前

とく点　　／100点

3030
解説→300ページ

らくらくマルつけ

**❶ 次の数直線で，㋐～㋓が表す小数を書きましょう。**　1つ6点【24点】

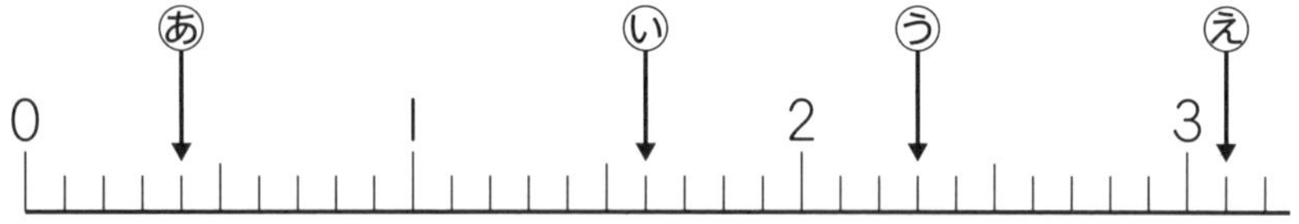


㋐（　　　　）　㋑（　　　　）

㋒（　　　　）　㋓（　　　　）

**❷ 下の数直線で，次の㋐，㋑の数を表す目もりに，↑をかきましょう。**　1つ6点【12点】

㋐　3.5　　　　㋑　4.8

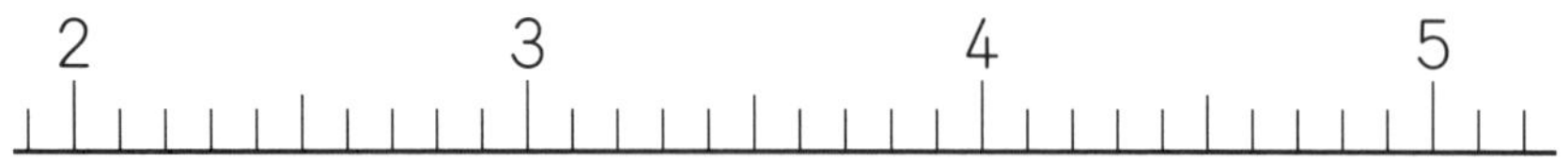


**❸ 次の□にあてはまる数を書きましょう。**　【28点】

(1) 3.8は，1を□こ，0.1を□こ合わせた数です。　(全部できて7点)

(2) 5.7は0.1を□こ集めた数です。　(7点)

(3) 0.1を16こ集めた数は□です。　(7点)

(4) 0.1を90こ集めた数は□です。　(7点)

**❹ 次の□にあてはまる不等号を書きましょう。**　1つ6点【36点】

(1) 0.4□0.3　　(2) 0.9□1.1

(3) 6.7□7.2　　(4) 1□0.8

(5) 3□3.5　　(6) 0.1□0

# 31 小数③

目ひょう時間 20分

学習した日　月　日

名前

とく点　／100点

3031
解説→301ページ

らくらくマルつけ

❶ 0.6＋0.3の計算のしかたについて，次の□にあてはまる数を書きましょう。　1つ2点【8点】

0.6は0.1の6こ分，

0.3は0.1の□こ分です。

0.1が(□＋□)こなので，

0.6＋0.3＝□

❷ 次の計算をしましょう。　1つ7点【28点】

(1) 0.5＋0.9＝

(2) 1.2＋0.4＝

(3) 1.6－0.8＝

(4) 5.7－2＝

❸ 次の筆算をしましょう。　1つ8点【32点】

(1)
$$\begin{array}{r} 2.8 \\ +\ 1.5 \\ \hline \end{array}$$

(2)
$$\begin{array}{r} 3.6 \\ +\ 5.4 \\ \hline \end{array}$$

(3)
$$\begin{array}{r} 9.7 \\ -\ 3.8 \\ \hline \end{array}$$

(4)
$$\begin{array}{r} 7.1 \\ -\ 6.3 \\ \hline \end{array}$$

❹ お米が2.4kgあります。5kg買ってきました。お米は全部で何kgになりましたか。　【全部できて16点】

(式)

答え(　　　　)

❺ ジュースが1.5Lあります。そのうち，0.6L飲みました。ジュースは何Lのこっていますか。　【全部できて16点】

(式)

答え(　　　　)

算数

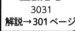

# 31 小数③

目ひょう時間 20分

学習した日　月　日

名前

とく点　／100点

3031 解説→301ページ

らくらくマルつけ

❶ 0.6＋0.3の計算のしかたについて，次の□にあてはまる数を書きましょう。 1つ2点【8点】

0.6は0.1の6こ分，

0.3は0.1の□こ分です。

0.1が(□＋□)こなので，

0.6＋0.3＝□

❷ 次の計算をしましょう。 1つ7点【28点】

(1) 0.5＋0.9＝

(2) 1.2＋0.4＝

(3) 1.6－0.8＝

(4) 5.7－2＝

❸ 次の筆算をしましょう。 1つ8点【32点】

(1)
```
  2.8
+ 1.5
-----
```

(2)
```
  3.6
+ 5.4
-----
```

(3)
```
  9.7
- 3.8
-----
```

(4)
```
  7.1
- 6.3
-----
```

❹ お米が2.4kgあります。5kg買ってきました。お米は全部で何kgになりましたか。 【全部できて16点】

(式)

答え(　　　　)

❺ ジュースが1.5Lあります。そのうち，0.6L飲みました。ジュースは何Lのこっていますか。 【全部できて16点】

(式)

答え(　　　　)

# 32 分数①

目ひょう時間 20分

学習した日　月　日
名前
とく点　／100点

らくらくマルつけ
3032
解説→301ページ

## ❶ 次の□にあてはまる数を書きましょう。　1つ5点【20点】

(1)

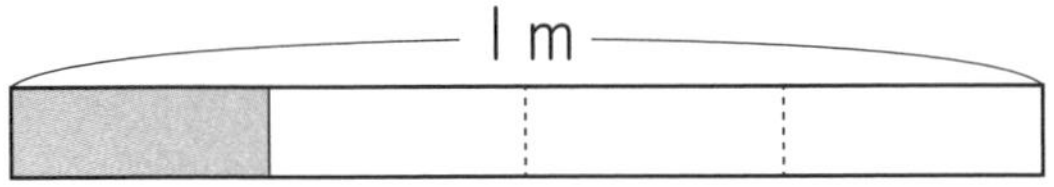

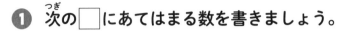

1mを4等分した1こ分の長さを分数で表すと，

□mです。

(2)

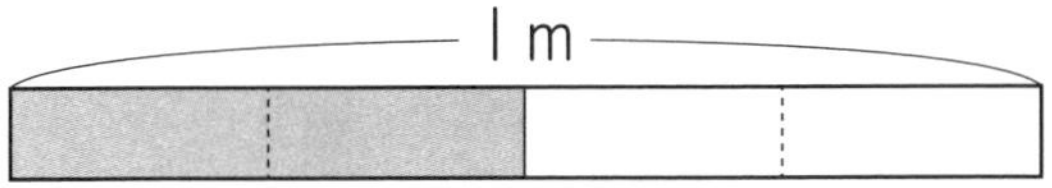


$\frac{2}{4}$mは，$\frac{1}{4}$mの□こ分の長さです。

(3)

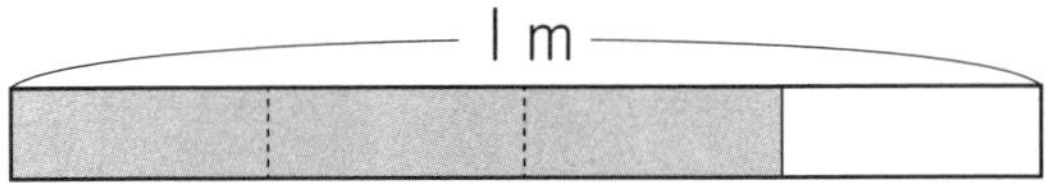


□mは，$\frac{1}{4}$mの3こ分の長さです。

(4)

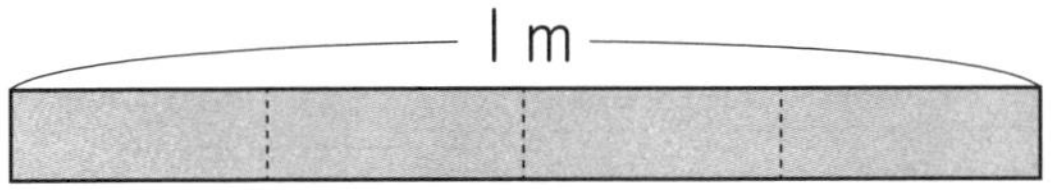


1mは，$\frac{1}{4}$mの□こ分の長さです。

## ❷ 次のかさや長さを，分数で表しましょう。　1つ10点【40点】

(1)

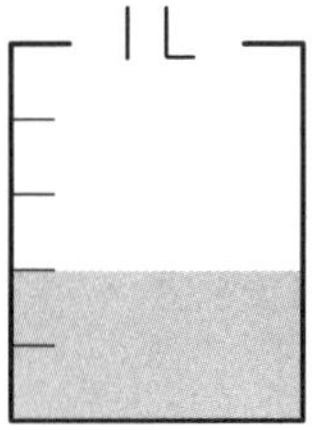


(　　　)

(2)

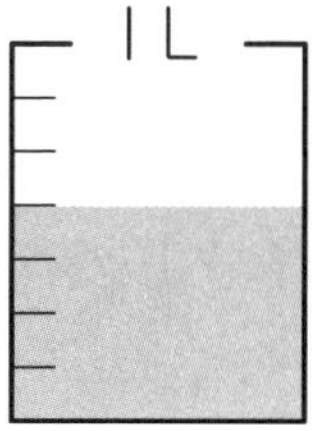


(　　　)

(3)

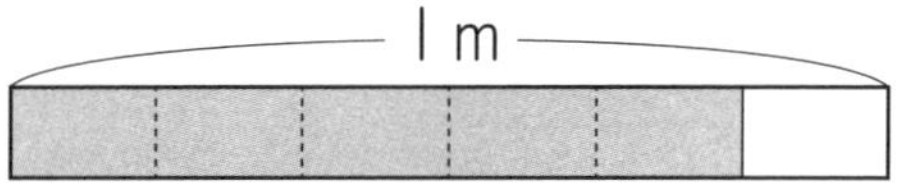


(　　　)

(4)

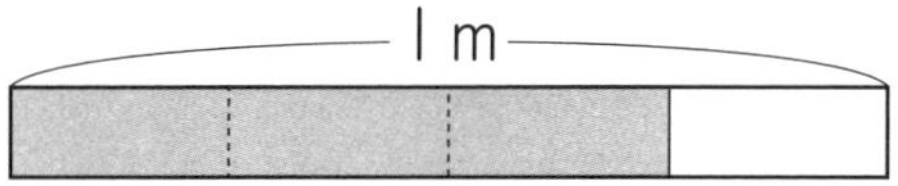


(　　　)

## ❸ 次の□にあてはまる等号や不等号を書きましょう。

1つ10点【40点】

(1) $\frac{3}{5}$ □ $\frac{4}{5}$　　(2) $\frac{2}{9}$ □ $\frac{1}{9}$

(3) $\frac{7}{8}$ □ 1　　(4) $\frac{3}{3}$ □ 1

# 32 分数①

目ひょう時間 20分

学習した日　　月　　日

名前

とく点　　／100点

らくらくマルつけ

3032 解説→301ページ

**❶ 次の□にあてはまる数を書きましょう。** 1つ5点【20点】

(1)

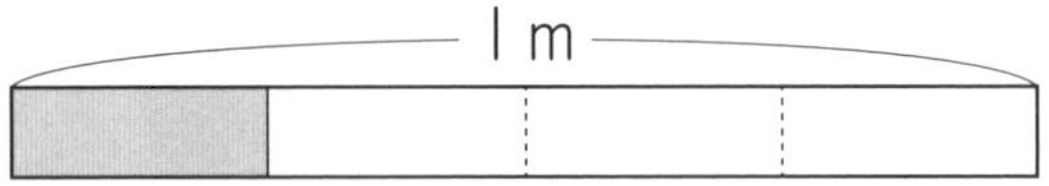


1mを4等分した1こ分の長さを分数で表すと，

□mです。

(2)

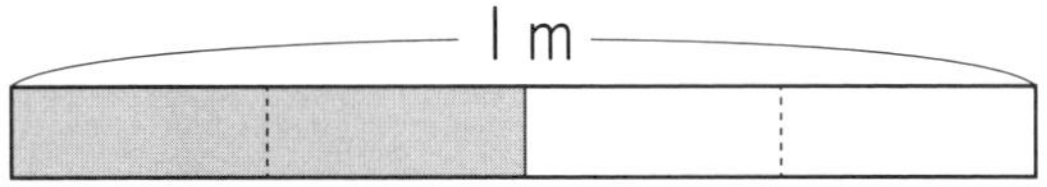


$\frac{2}{4}$mは，$\frac{1}{4}$mの□こ分の長さです。

(3)

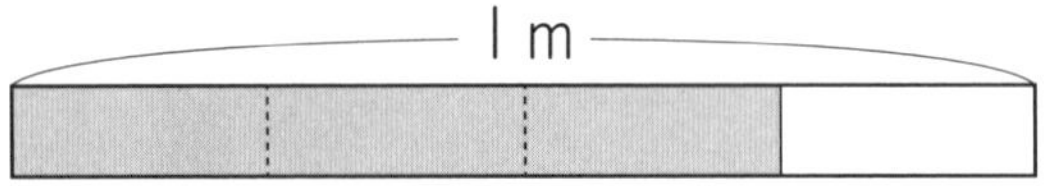


□mは，$\frac{1}{4}$mの3こ分の長さです。

(4)

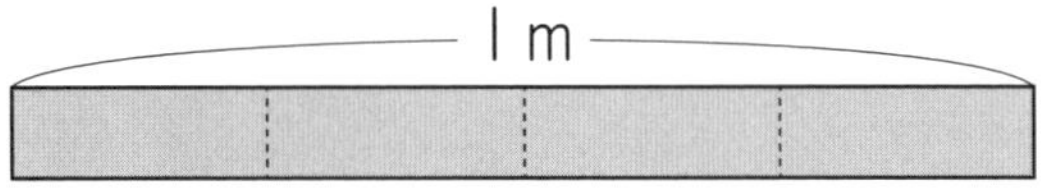


1mは，$\frac{1}{4}$mの□こ分の長さです。

**❷ 次のかさや長さを，分数で表しましょう。** 1つ10点【40点】

(1)

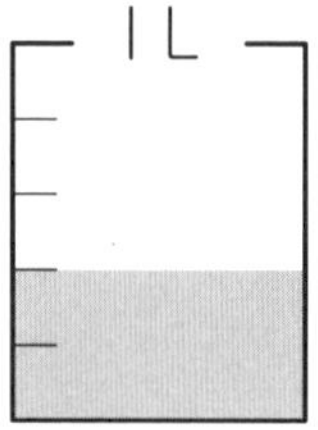


(　　　　)

(2)

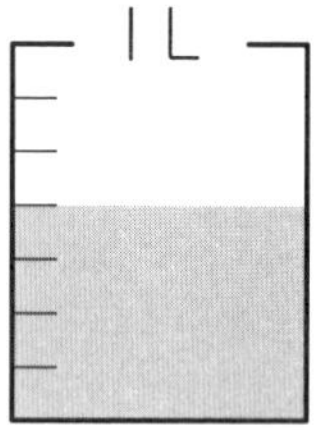


(　　　　)

(3)

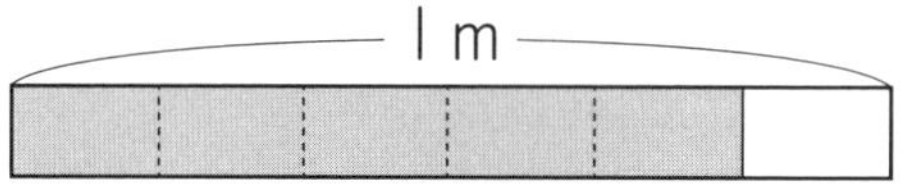


(　　　　)

(4)

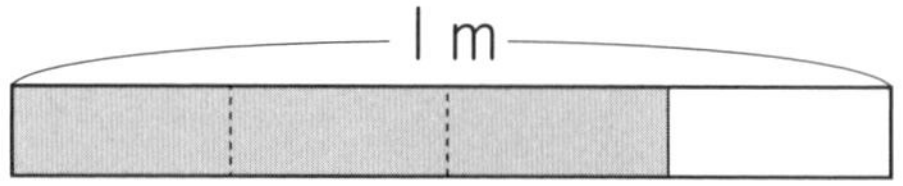


(　　　　)

**❸ 次の□にあてはまる等号や不等号を書きましょう。** 1つ10点【40点】

(1) $\frac{3}{5}$ □ $\frac{4}{5}$

(2) $\frac{2}{9}$ □ $\frac{1}{9}$

(3) $\frac{7}{8}$ □ 1

(4) $\frac{3}{3}$ □ 1

# 33 分数②

目ひょう時間 20分

学習した日　月　日

名前

とく点　／100点

らくらくマルつけ 3033

解説→301ページ

**1** 次(つぎ)の計算をしましょう。　1つ5点【60点】

(1) $\frac{1}{4}+\frac{2}{4}=$

(2) $\frac{4}{8}+\frac{3}{8}=$

(3) $\frac{1}{5}+\frac{1}{5}=$

(4) $\frac{2}{6}+\frac{3}{6}=$

(5) $\frac{2}{3}+\frac{1}{3}=$

(6) $\frac{7}{9}+\frac{2}{9}=$

(7) $\frac{5}{6}-\frac{4}{6}=$

(8) $\frac{6}{7}-\frac{2}{7}=$

(9) $\frac{3}{9}-\frac{1}{9}=$

(10) $\frac{8}{10}-\frac{5}{10}=$

(11) $1-\frac{1}{4}=$

(12) $1-\frac{3}{8}=$

**2** $\frac{3}{9}$kgのりんごと$\frac{2}{9}$kgのももがあります。合わせて何kgですか。　【全部できて12点】

(式(しき))

答え(　　　　)

**3** ペンキが，大きいかんに$\frac{7}{10}$L，小さいかんに$\frac{3}{10}$L入っています。合わせて何Lありますか。　【全部できて14点】

(式)

答え(　　　　)

**4** 1mのリボンから，$\frac{2}{5}$m切り取(と)りました。のこりのリボンの長さは何mですか。　【全部できて14点】

(式)

答え(　　　　)

# 33 分数②

目ひょう時間 20分

学習した日　　月　　日

名前

とく点　　／100点

3033
解説→301ページ

らくらくマルつけ

❶ 次(つぎ)の計算をしましょう。　1つ5点【60点】

(1) $\frac{1}{4}+\frac{2}{4}=$

(2) $\frac{4}{8}+\frac{3}{8}=$

(3) $\frac{1}{5}+\frac{1}{5}=$

(4) $\frac{2}{6}+\frac{3}{6}=$

(5) $\frac{2}{3}+\frac{1}{3}=$

(6) $\frac{7}{9}+\frac{2}{9}=$

(7) $\frac{5}{6}-\frac{4}{6}=$

(8) $\frac{6}{7}-\frac{2}{7}=$

(9) $\frac{3}{9}-\frac{1}{9}=$

(10) $\frac{8}{10}-\frac{5}{10}=$

(11) $1-\frac{1}{4}=$

(12) $1-\frac{3}{8}=$

❷ $\frac{3}{9}$kgのりんごと$\frac{2}{9}$kgのももがあります。合わせて何kgですか。　【全部できて12点】

(式(しき))

答え(　　　　)

❸ ペンキが，大きいかんに$\frac{7}{10}$L，小さいかんに$\frac{3}{10}$L入っています。合わせて何Lありますか。　【全部できて14点】

(式)

答え(　　　　)

❹ 1mのリボンから，$\frac{2}{5}$m切り取(と)りました。のこりのリボンの長さは何mですか。　【全部できて14点】

(式)

答え(　　　　)

# 34 分数③

目ひょう時間 20分

学習した日　　月　　日

名前

とく点　　／100点

3034
解説→302ページ

らくらくマルつけ

## ❶ 次の□にあてはまる分数や小数を書きましょう。

1つ6点【24点】

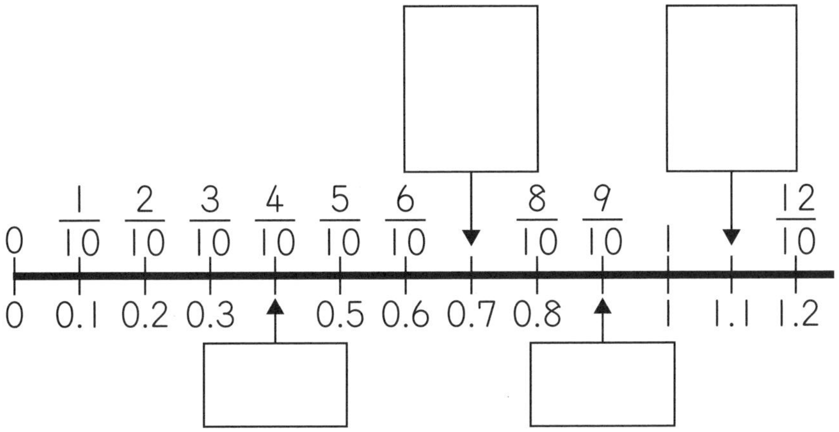


## ❷ 次の分数を小数に，小数を分数に直しましょう。

1つ6点【24点】

(1) $\frac{2}{10}$　（　　　）

(2) $\frac{8}{10}$　（　　　）

(3) 0.3　（　　　）

(4) 0.5　（　　　）

## ❸ 次の□にあてはまる等号や不等号を書きましょう。

1つ6点【36点】

(1) $\frac{5}{10}$ □ 0.6

(2) $\frac{9}{10}$ □ 1

(3) 0.4 □ $\frac{4}{10}$

(4) $\frac{7}{10}$ □ 0.5

(5) $\frac{8}{10}$ □ 1.1

(6) $\frac{12}{10}$ □ 0.9

## ❹ 次の数を，左から小さいじゅんにならべましょう。【16点】

(1) $\frac{5}{4}$，1，$\frac{1}{4}$　（全部できて8点）

（　　→　　→　　）

(2) $\frac{16}{10}$，2，$\frac{7}{10}$，1.4　（全部できて8点）

（　　→　　→　　→　　）

算数

# 34 分数③

目ひょう時間 20分

学習した日　月　日

名前

とく点　／100点

3034
解説→302ページ

らくらくマルつけ

❶ 次(つぎ)の□にあてはまる分数や小数を書きましょう。

1つ6点【24点】

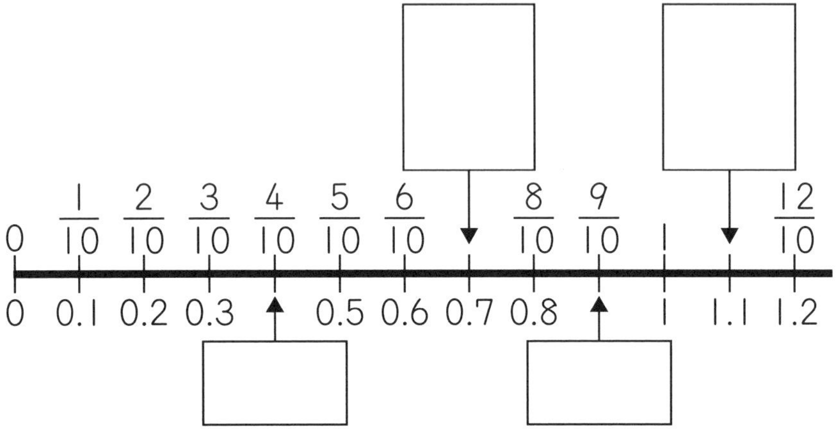


❷ 次の分数を小数に，小数を分数に直しましょう。

1つ6点【24点】

(1) $\frac{2}{10}$　(　　　)

(2) $\frac{8}{10}$　(　　　)

(3) 0.3　(　　　)

(4) 0.5　(　　　)

❸ 次の□にあてはまる等号(とうごう)や不等号(ふとうごう)を書きましょう。

1つ6点【36点】

(1) $\frac{5}{10}$ □ 0.6

(2) $\frac{9}{10}$ □ 1

(3) 0.4 □ $\frac{4}{10}$

(4) $\frac{7}{10}$ □ 0.5

(5) $\frac{8}{10}$ □ 1.1

(6) $\frac{12}{10}$ □ 0.9

❹ 次の数を，左から小さいじゅんにならべましょう。【16点】

(1) $\frac{5}{4}$, 1, $\frac{1}{4}$　（全部できて8点）

(　　→　　→　　)

(2) $\frac{16}{10}$, 2, $\frac{7}{10}$, 1.4　（全部できて8点）

(　　→　　→　　→　　)

# 35 三角形と角①

目ひょう時間 20分

学習した日　　月　　日
名前
とく点　　／100点

らくらくマルつけ
3035
解説→302ページ



**1 次の㋐～㋕の三角形について，あとの問いに答えましょう。**　1つ20点【40点】

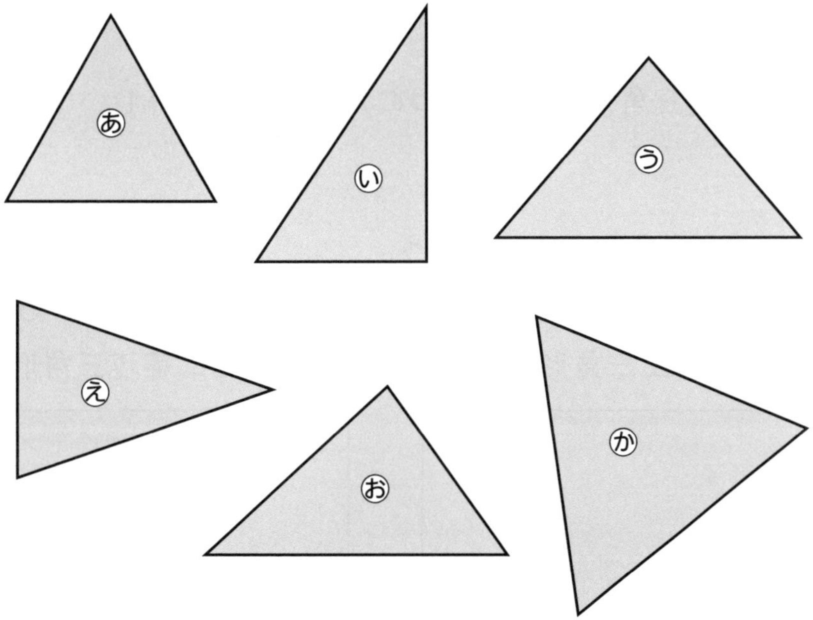


(1) 正三角形をすべてえらび，記号で書きましょう。

(　　　　　　　　　　)

(2) 二等辺三角形をすべてえらび，記号で書きましょう。

(　　　　　　　　　　)

**2 次の□にあてはまる数を書きましょう。**　1つ10点【20点】

(1) 正三角形の□つの角の大きさは等しいです。

(2) 二等辺三角形の□つの角の大きさは等しいです。

**3 次の三角形をかきましょう。**　1つ20点【40点】

(1) 1辺の長さが4cmの正三角形

(2) 辺の長さが3cm，5cm，5cmの二等辺三角形

# 35 三角形と角①

目ひょう時間 20分

学習した日　　月　　日

名前

とく点　　／100点

3035
解説→302ページ

らくらくマルつけ

❶ 次のあ〜かの三角形について，あとの問いに答えましょう。　1つ20点【40点】

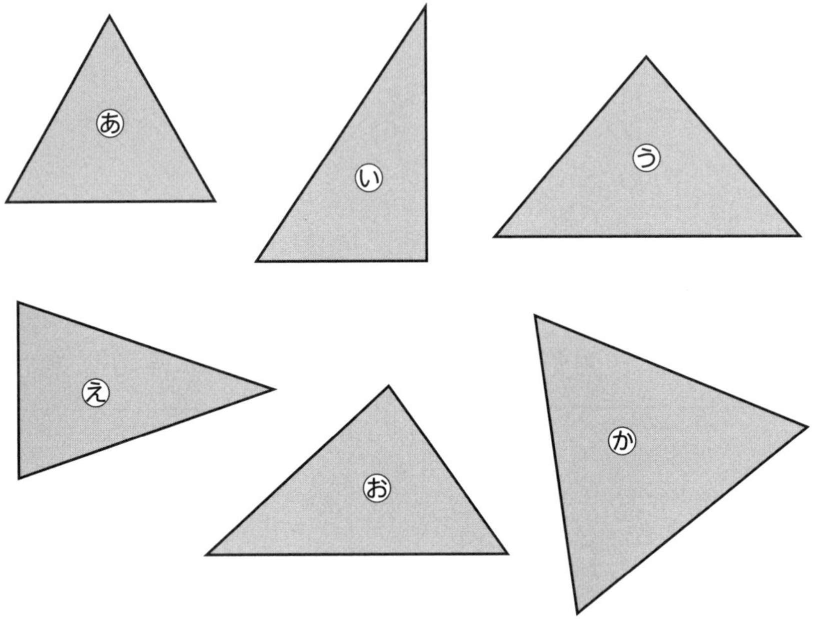


(1) 正三角形をすべてえらび，記号で書きましょう。

(　　　　　　　)

(2) 二等辺三角形をすべてえらび，記号で書きましょう。

(　　　　　　　)

❷ 次の□にあてはまる数を書きましょう。　1つ10点【20点】

(1) 正三角形の□つの角の大きさは等しいです。

(2) 二等辺三角形の□つの角の大きさは等しいです。

❸ 次の三角形をかきましょう。　1つ20点【40点】

(1) １辺の長さが4cmの正三角形

(2) 辺の長さが3cm，5cm，5cmの二等辺三角形

# 36 三角形と角②

目ひょう時間 20分

学習した日　月　日

名前

とく点　／100点

らくらくマルつけ

3036
解説→302ページ



**1** 次(つぎ)のあ〜えの角の大きさをくらべて，左から小さいじゅんにならべましょう。【全部できて20点】

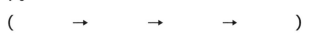

(　　→　　→　　→　　)

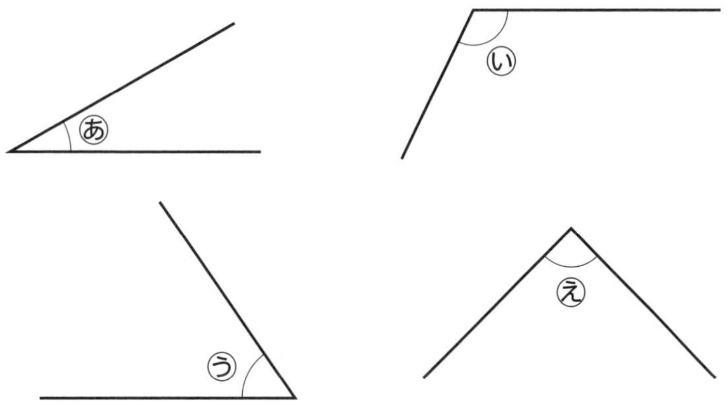


**2** 次の三角じょうぎのあ〜かの角のうち，いちばん小さい角はどれですか。【20点】

(　　　)

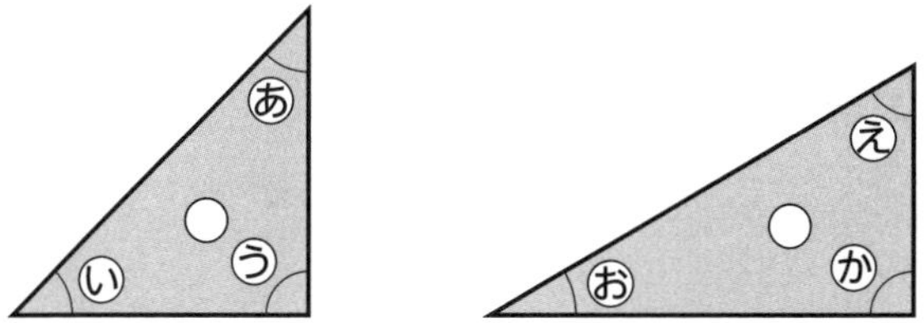


**3** 次のように，同じ三角じょうぎを2まいならべます。何という三角形ができますか。1つ20点【40点】

(1)

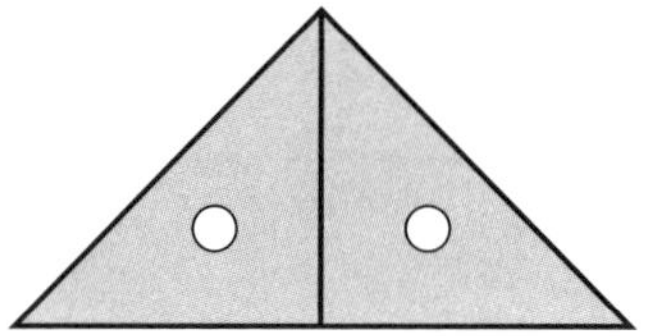

(　　　　　)

(2)

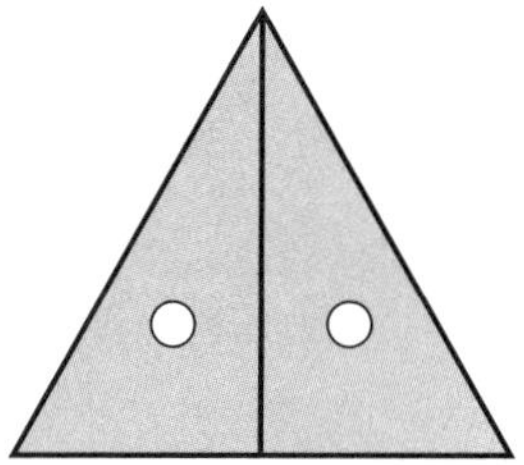

(　　　　　)

**4** 右の図のように，紙を2つにおって点線のところで切ります。広げた形が正三角形になるのは，アウの長さが何cmのときですか。【20点】

(　　　　　)

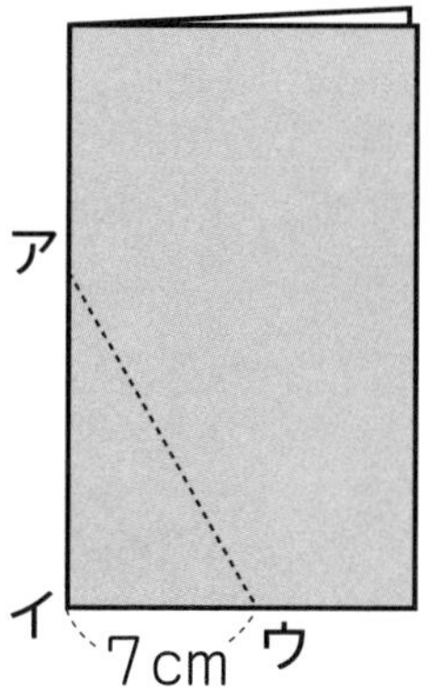

# 36 三角形と角②

目ひょう時間 20分

学習した日　　月　　日

名前

とく点　　／100点

3036
解説→302ページ

らくらくマルつけ

❶ 次(つぎ)のあ～えの角の大きさをくらべて，左から小さいじゅんにならべましょう。【全部できて20点】

（　　→　　→　　→　　）

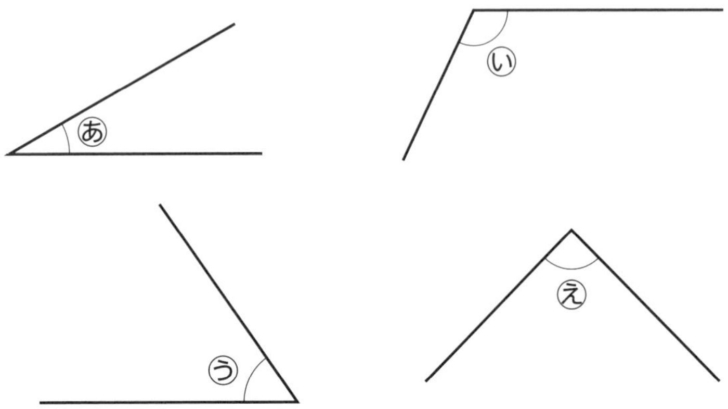


❷ 次の三角じょうぎのあ～かの角のうち，いちばん小さい角はどれですか。【20点】

（　　）

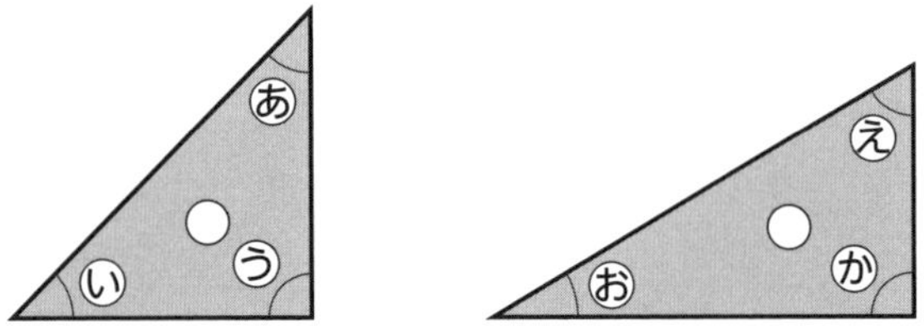


❸ 次のように，同じ三角じょうぎを２まいならべます。何という三角形ができますか。1つ20点【40点】

(1)

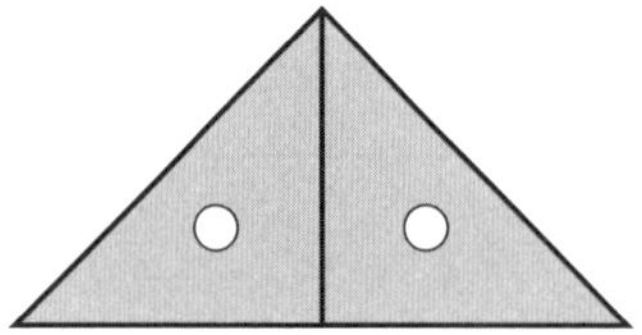

（　　）

(2)

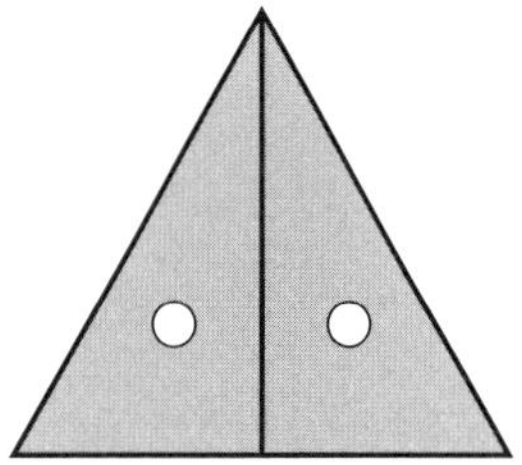

（　　）

❹ 右の図のように，紙を２つにおって点線のところで切ります。広げた形が正三角形になるのは，アウの長さが何cmのときですか。【20点】

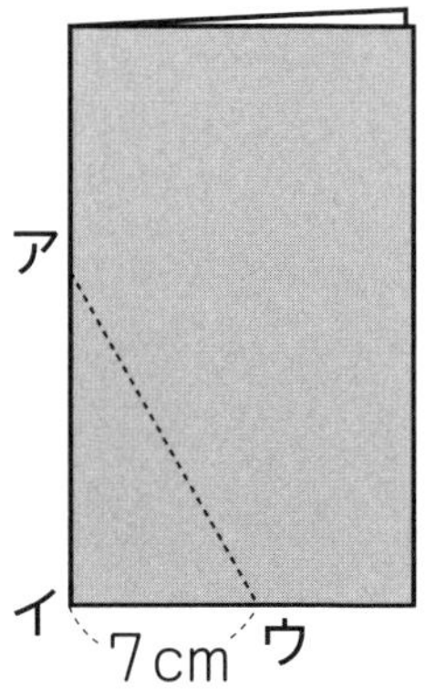


（　　）

# 37 2けたの数をかけるかけ算①

目ひょう時間 20分

| 学習した日　月　日 | とく点 | らくらくマルつけ |
|---|---|---|
| 名前 | ／100点 | 3037 解説→303ページ |

**1** 3×20の計算のしかたについて，あとの□にあてはまる数を書きましょう。　1つ4点【12点】

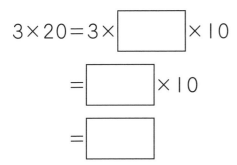

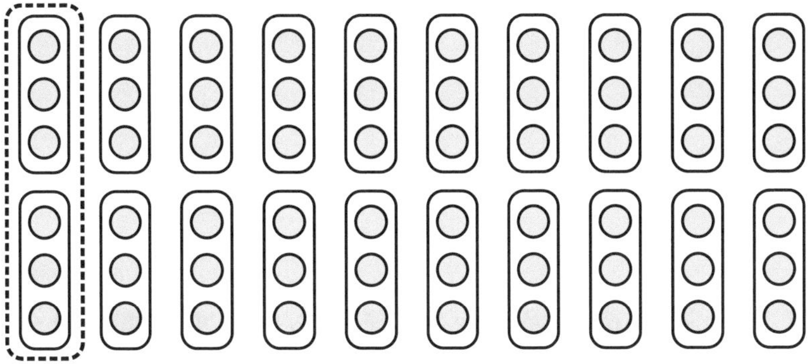

3×20＝3×□×10

＝□×10

＝□

**2** 次(つぎ)の計算をしましょう。　1つ6点【36点】

(1) 4×70＝

(2) 9×60＝

(3) 8×50＝

(4) 13×30＝

(5) 24×40＝

(6) 70×80＝

**3** 5円玉が40まいあります。全部(ぜんぶ)でいくらですか。　【全部できて16点】

(式(しき))

答え(　　　　)

**4** 1まい34gの画用紙が20まいあります。重(おも)さは全部で何gですか。　【全部できて18点】

(式)

答え(　　　　)

**5** 1こ90円のパンを30こ買います。代金(だいきん)はいくらですか。　【全部できて18点】

(式)

答え(　　　　)

# 37 2けたの数をかけるかけ算①

目ひょう時間 20分

学習した日　　月　　日

名前

とく点　　／100点

3037
解説→303ページ

らくらくマルつけ

**❶** 3×20の計算のしかたについて，あとの□にあてはまる数を書きましょう。　1つ4点【12点】

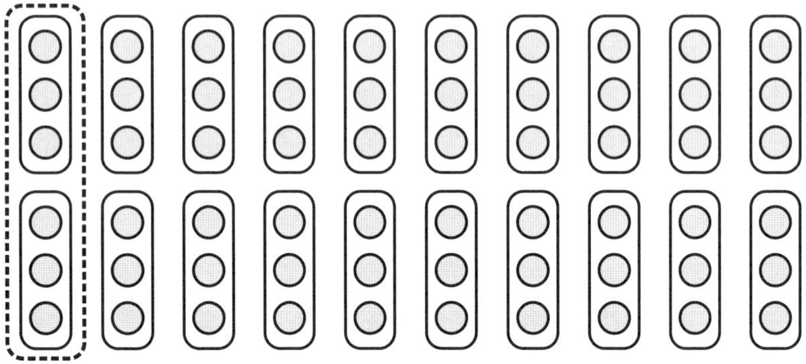

3×20＝3×□×10

　　　＝□×10

　　　＝□

**❷** 次の計算をしましょう。　1つ6点【36点】

(1) 4×70＝　　(2) 9×60＝

(3) 8×50＝　　(4) 13×30＝

(5) 24×40＝　　(6) 70×80＝

**❸** 5円玉が40まいあります。全部でいくらですか。　【全部できて16点】

(式)

答え(　　　　)

**❹** 1まい34gの画用紙が20まいあります。重さは全部で何gですか。　【全部できて18点】

(式)

答え(　　　　)

**❺** 1こ90円のパンを30こ買います。代金はいくらですか。　【全部できて18点】

(式)

答え(　　　　)

# 38 2けたの数をかけるかけ算②

目ひょう時間 20分

学習した日　月　日
名前
とく点　／100点

らくらくマルつけ 3038

解説→303ページ



**1** 次(つぎ)の筆算(ひっさん)をしましょう。　1つ6点【54点】

(1) $\begin{array}{r} 21 \\ \times 32 \\ \hline \end{array}$　(2) $\begin{array}{r} 54 \\ \times 11 \\ \hline \end{array}$　(3) $\begin{array}{r} 13 \\ \times 23 \\ \hline \end{array}$

(4) $\begin{array}{r} 42 \\ \times 12 \\ \hline \end{array}$　(5) $\begin{array}{r} 12 \\ \times 78 \\ \hline \end{array}$　(6) $\begin{array}{r} 25 \\ \times 31 \\ \hline \end{array}$

(7) $\begin{array}{r} 16 \\ \times 45 \\ \hline \end{array}$　(8) $\begin{array}{r} 30 \\ \times 32 \\ \hline \end{array}$　(9) $\begin{array}{r} 29 \\ \times 13 \\ \hline \end{array}$

**2** 24まい入りのおり紙が12ふくろあります。おり紙は全(ぜん)部(ぶ)で何まいありますか。　【全部できて14点】

(式(しき))

答え(　　　　　)

**3** 15dL入りのお茶が26本あります。お茶は全部で何dLありますか。　【全部できて16点】

(式)

答え(　　　　　)

**4** 全校(ぜんこう)じ童(どう)が1列(れつ)に18人ずつならんだら，ちょうど34列できました。全校じ童は何人ですか。　【全部できて16点】

(式)

答え(　　　　　)

# 38 2けたの数をかけるかけ算②

目ひょう時間 20分

学習した日　月　日

名前

とく点　／100点

3038
解説→303ページ

らくらくマルつけ

**1** 次(つぎ)の筆算(ひっさん)をしましょう。　1つ6点【54点】

(1)
$$\begin{array}{r} 21 \\ \times\ 32 \\ \hline \end{array}$$

(2)
$$\begin{array}{r} 54 \\ \times\ 11 \\ \hline \end{array}$$

(3)
$$\begin{array}{r} 13 \\ \times\ 23 \\ \hline \end{array}$$

(4)
$$\begin{array}{r} 42 \\ \times\ 12 \\ \hline \end{array}$$

(5)
$$\begin{array}{r} 12 \\ \times\ 78 \\ \hline \end{array}$$

(6)
$$\begin{array}{r} 25 \\ \times\ 31 \\ \hline \end{array}$$

(7)
$$\begin{array}{r} 16 \\ \times\ 45 \\ \hline \end{array}$$

(8)
$$\begin{array}{r} 30 \\ \times\ 32 \\ \hline \end{array}$$

(9)
$$\begin{array}{r} 29 \\ \times\ 13 \\ \hline \end{array}$$

**2** 24まい入りのおり紙が12ふくろあります。おり紙は全部(ぜんぶ)で何まいありますか。　【全部できて14点】

(式(しき))

答え(　　　　　)

**3** 15dL入りのお茶が26本あります。お茶は全部で何dLありますか。　【全部できて16点】

(式)

答え(　　　　　)

**4** 全校(ぜんこう)じ童(どう)が1列(れつ)に18人ずつならんだら，ちょうど34列できました。全校じ童は何人ですか。　【全部できて16点】

(式)

答え(　　　　　)

# 39 2けたの数をかけるかけ算③

目ひょう時間 20分

学習した日　月　日
名前
とく点　／100点

3039
解説→303ページ

らくらくマルつけ

算数

**1** 次の筆算をしましょう。　1つ6点【54点】

(1) $\begin{array}{r} 46 \\ \times 27 \\ \hline \end{array}$　(2) $\begin{array}{r} 39 \\ \times 58 \\ \hline \end{array}$　(3) $\begin{array}{r} 72 \\ \times 63 \\ \hline \end{array}$

(4) $\begin{array}{r} 28 \\ \times 34 \\ \hline \end{array}$　(5) $\begin{array}{r} 91 \\ \times 71 \\ \hline \end{array}$　(6) $\begin{array}{r} 60 \\ \times 46 \\ \hline \end{array}$

(7) $\begin{array}{r} 24 \\ \times 85 \\ \hline \end{array}$　(8) $\begin{array}{r} 53 \\ \times 59 \\ \hline \end{array}$　(9) $\begin{array}{r} 87 \\ \times 72 \\ \hline \end{array}$

**2** トランプのカードが１箱に54まいずつ入っています。28箱では，カードは全部で何まいですか。【全部できて14点】

(式)

答え(　　　　　　)

**3** ノートを１さつつくるのに，紙を32まい使います。15さつつくるのに，紙を何まい使いますか。【全部できて16点】

(式)

答え(　　　　　　)

**4** １こ63円のあめを97こ買います。代金はいくらですか。【全部できて16点】

(式)

答え(　　　　　　)

\ もう1回チャレンジ!! /

# 39 2けたの数をかけるかけ算③

目ひょう時間 20分

学習した日　月　日

名前

とく点　／100点

3039 解説→303ページ

らくらくマルつけ

❶ 次(つぎ)の筆算(ひっさん)をしましょう。 1つ6点【54点】

(1) $\begin{array}{r} 46 \\ \times 27 \\ \hline \end{array}$　(2) $\begin{array}{r} 39 \\ \times 58 \\ \hline \end{array}$　(3) $\begin{array}{r} 72 \\ \times 63 \\ \hline \end{array}$

(4) $\begin{array}{r} 28 \\ \times 34 \\ \hline \end{array}$　(5) $\begin{array}{r} 91 \\ \times 71 \\ \hline \end{array}$　(6) $\begin{array}{r} 60 \\ \times 46 \\ \hline \end{array}$

(7) $\begin{array}{r} 24 \\ \times 85 \\ \hline \end{array}$　(8) $\begin{array}{r} 53 \\ \times 59 \\ \hline \end{array}$　(9) $\begin{array}{r} 87 \\ \times 72 \\ \hline \end{array}$

❷ トランプのカードが１箱(はこ)に54まいずつ入っています。28箱では，カードは全部(ぜんぶ)で何まいですか。 【全部できて14点】

(式(しき))

答え(　　　　　)

❸ ノートを１さつつくるのに，紙を32まい使(つか)います。15さつつくるのに，紙を何まい使いますか。 【全部できて16点】

(式)

答え(　　　　　)

❹ １こ63円のあめを97こ買います。代金(だいきん)はいくらですか。 【全部できて16点】

(式)

答え(　　　　　)

# 40 2けたの数をかけるかけ算④

目ひょう時間 20分

学習した日　月　日

名前

とく点　／100点

らくらくマルつけ 3040

解説→304ページ



**1** 次の筆算をしましょう。　1つ6点【54点】

(1)
$$\begin{array}{r} 143 \\ \times\ \ 12 \\ \hline \end{array}$$

(2)
$$\begin{array}{r} 261 \\ \times\ \ 23 \\ \hline \end{array}$$

(3)
$$\begin{array}{r} 382 \\ \times\ \ 34 \\ \hline \end{array}$$

(4)
$$\begin{array}{r} 724 \\ \times\ \ 49 \\ \hline \end{array}$$

(5)
$$\begin{array}{r} 635 \\ \times\ \ 18 \\ \hline \end{array}$$

(6)
$$\begin{array}{r} 258 \\ \times\ \ 96 \\ \hline \end{array}$$

(7)
$$\begin{array}{r} 579 \\ \times\ \ 52 \\ \hline \end{array}$$

(8)
$$\begin{array}{r} 406 \\ \times\ \ 37 \\ \hline \end{array}$$

(9)
$$\begin{array}{r} 805 \\ \times\ \ 60 \\ \hline \end{array}$$

**2** 129gの野球ボールが36こあります。全部で何gですか。　【全部できて14点】

(式)

答え(　　　　　　)

**3** 1日に275mLずつ牛にゅうを飲みます。14日間では，何mLの牛にゅうを飲みますか。　【全部できて16点】

(式)

答え(　　　　　　)

**4** 1本363円のバラを50本買います。代金はいくらですか。　【全部できて16点】

(式)

答え(　　　　　　)

# 40 ２けたの数をかけるかけ算④

目ひょう時間 20分

学習した日　月　日

名前

とく点　／100点

3040
解説→304ページ

らくらくマルつけ

**1** 次の筆算をしましょう。　1つ6点【54点】

(1)
$$\begin{array}{r} 143 \\ \times\ 12 \\ \hline \end{array}$$

(2)
$$\begin{array}{r} 261 \\ \times\ 23 \\ \hline \end{array}$$

(3)
$$\begin{array}{r} 382 \\ \times\ 34 \\ \hline \end{array}$$

(4)
$$\begin{array}{r} 724 \\ \times\ 49 \\ \hline \end{array}$$

(5)
$$\begin{array}{r} 635 \\ \times\ 18 \\ \hline \end{array}$$

(6)
$$\begin{array}{r} 258 \\ \times\ 96 \\ \hline \end{array}$$

(7)
$$\begin{array}{r} 579 \\ \times\ 52 \\ \hline \end{array}$$

(8)
$$\begin{array}{r} 406 \\ \times\ 37 \\ \hline \end{array}$$

(9)
$$\begin{array}{r} 805 \\ \times\ 60 \\ \hline \end{array}$$

**2** 129gの野球ボールが36こあります。全部で何gですか。

【全部できて14点】

(式)

答え(　　　　　)

**3** 1日に275mLずつ牛にゅうを飲みます。14日間では，何mLの牛にゅうを飲みますか。　【全部できて16点】

(式)

答え(　　　　　)

**4** 1本363円のバラを50本買います。代金はいくらですか。　【全部できて16点】

(式)

答え(　　　　　)

# 41 □を使った式

目ひょう時間 20分

学習した日　月　日

名前

とく点　／100点

3041 解説→304ページ

らくらくマルつけ



**❶ ゆいさんはシールを13まい持っています。あとから何まいかもらったので，全部で21まいになりました。このとき，次の問いに答えましょう。**　1つ14点【28点】

(1) もらったシールの数を□まいとして，たし算の式に表しましょう。

(　　　　　　)

(2) (1)の式の□にあてはまる数をもとめましょう。

(　　　)

**❷ 公園で何人かの子どもが遊んでいます。9人帰ったので，28人になりました。このとき，次の問いに答えましょう。**　1つ14点【28点】

(1) はじめに遊んでいた子どもの数を□人として，ひき算の式に表しましょう。

(　　　　　　)

(2) (1)の式の□にあてはまる数をもとめましょう。

(　　　)

**❸ チョコレートが同じ数ずつ入っている箱が4箱あります。チョコレートは全部で48こあります。このとき，次の問いに答えましょう。**　1つ14点【28点】

(1) 1箱に入っているチョコレートの数を□ことして，かけ算の式に表しましょう。

(　　　　　　)

(2) (1)の式の□にあてはまる数をもとめましょう。

(　　　)

**❹ みかんが何こかあります。1人に3こずつ分けたら，9人に分けられました。わからない数を□として表した式を次からえらび，記号で書きましょう。**　【16点】

(　　　)

ア　3＋□＝9　　イ　□－3＝9

ウ　3×□＝9　　エ　9÷□＝3

オ　□÷3＝9

# 41 □を使った式

目ひょう時間 20分

学習した日　　月　　日

名前

とく点　　／100点

3041
解説→304ページ

らくらくマルつけ

**❶ ゆいさんはシールを13まい持っています。あとから何まいかもらったので，全部で21まいになりました。このとき，次の問いに答えましょう。** 1つ14点【28点】

(1) もらったシールの数を□まいとして，たし算の式に表しましょう。

(　　　　　　　　)

(2) (1)の式の□にあてはまる数をもとめましょう。

(　　　　)

**❷ 公園で何人かの子どもが遊んでいます。9人帰ったので，28人になりました。このとき，次の問いに答えましょう。** 1つ14点【28点】

(1) はじめに遊んでいた子どもの数を□人として，ひき算の式に表しましょう。

(　　　　　　　　)

(2) (1)の式の□にあてはまる数をもとめましょう。

(　　　　)

**❸ チョコレートが同じ数ずつ入っている箱が4箱あります。チョコレートは全部で48こあります。このとき，次の問いに答えましょう。** 1つ14点【28点】

(1) 1箱に入っているチョコレートの数を□こととして，かけ算の式に表しましょう。

(　　　　　　　　)

(2) (1)の式の□にあてはまる数をもとめましょう。

(　　　　)

**❹ みかんが何こかあります。1人に3こずつ分けたら，9人に分けられました。わからない数を□として表した式を次からえらび，記号で書きましょう。** 【16点】

(　　　　)

ア　3＋□＝9　　イ　□－3＝9

ウ　3×□＝9　　エ　9÷□＝3

オ　□÷3＝9

# 42 表とグラフ①

目ひょう時間 20分

学習した日　月　日

名前

とく点　／100点

らくらくマルつけ 3042
解説→304ページ



**1** 3年1組の35人に，すきな教科を聞きました。あとの問いに答えましょう。

| | | | | |
|---|---|---|---|---|
| 音楽 | 体育 | 国語 | 算数 | 理科 |
| 算数 | 音楽 | 社会 | 図画工作 | 音楽 |
| 図画工作 | 国語 | 図画工作 | 体育 | 図画工作 |
| 理科 | 算数 | 体育 | 算数 | 国語 |
| 算数 | 図画工作 | 音楽 | 音楽 | 理科 |
| 図画工作 | 体育 | 算数 | 図画工作 | 体育 |
| 体育 | 図画工作 | 図画工作 | 算数 | 図画工作 |

(1) 右の表に，「正」の字を書いて整理しましょう。 (全部できて30点)

| | |
|---|---|
| 算数 | |
| 図画工作 | |
| 音楽 | |
| 体育 | |
| その他 | |

(2) 右の表に，数字を書きましょう。 (全部できて30点)

| 教科 | 人数(人) |
|---|---|
| 算数 | |
| 図画工作 | |
| 音楽 | |
| 体育 | |
| その他 | |
| 合計 | |

(3) 人数が多いじゅんにならべかえました。ぼうグラフをかきましょう。 (全部できて40点)

すきな教科と人数

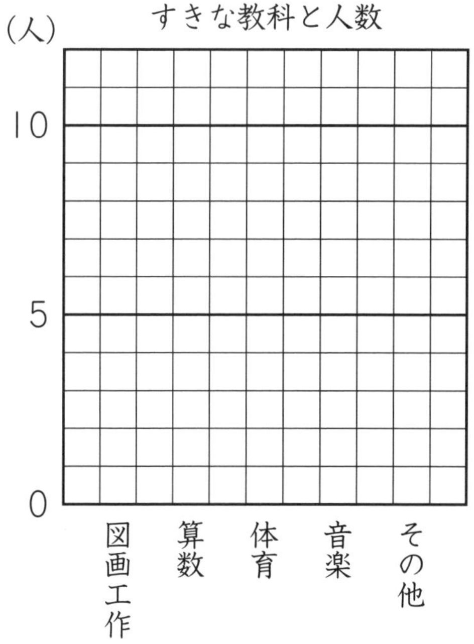

# 42 表とグラフ①

目ひょう時間 20分

学習した日　月　日

名前

とく点　／100点

3042 解説→304ページ

❶ 3年1組の35人に，すきな教科を聞きました。あとの問いに答えましょう。

| | | | | |
|---|---|---|---|---|
| 音楽 | 体育 | 国語 | 算数 | 理科 |
| 算数 | 音楽 | 社会 | 図画工作 | 音楽 |
| 図画工作 | 国語 | 図画工作 | 体育 | 図画工作 |
| 理科 | 算数 | 体育 | 算数 | 国語 |
| 算数 | 図画工作 | 音楽 | 音楽 | 理科 |
| 図画工作 | 体育 | 算数 | 図画工作 | 体育 |
| 体育 | 図画工作 | 図画工作 | 算数 | 図画工作 |

(1) 右の表に，「正」の字を書いて整理しましょう。 (全部できて30点)

| | |
|---|---|
| 算数 | |
| 図画工作 | |
| 音楽 | |
| 体育 | |
| その他 | |

(2) 右の表に，数字を書きましょう。 (全部できて30点)

| 教科 | 人数(人) |
|---|---|
| 算数 | |
| 図画工作 | |
| 音楽 | |
| 体育 | |
| その他 | |
| 合計 | |

(3) 人数が多いじゅんにならべかえました。ぼうグラフをかきましょう。 (全部できて40点)

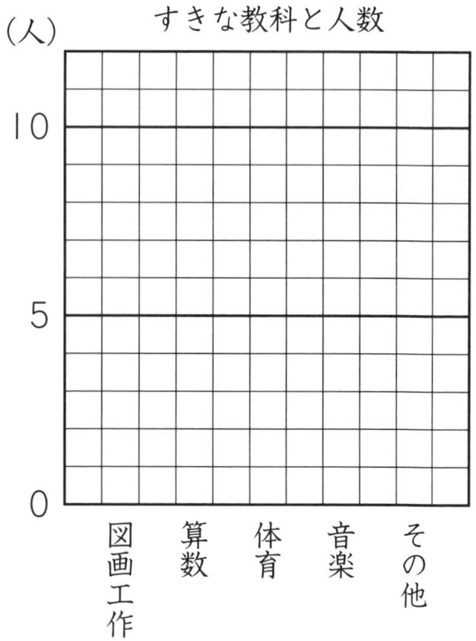

# 43 表とグラフ②

目ひょう時間 20分

| 学習した日　月　日 | とく点 |
| --- | --- |
| 名前 | ／100点 |

3043 解説→305ページ



**1** 次のぼうグラフで，１目もりが表している大きさと，ぼうが表している大きさを答えましょう。 1つ10点【40点】

(1)

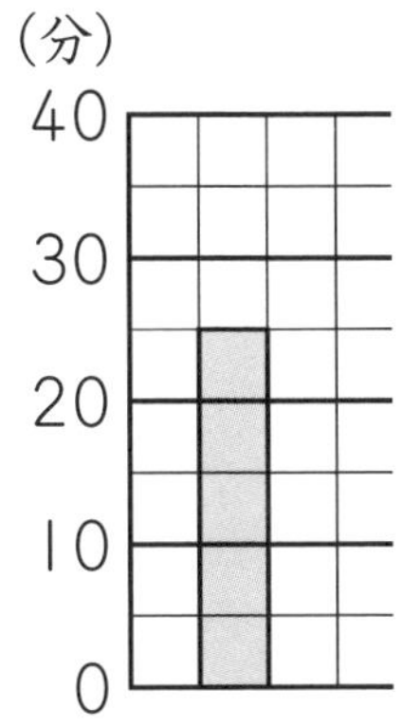


１目もりの大きさ
(　　　　　)

ぼうが表している大きさ
(　　　　　)

(2)

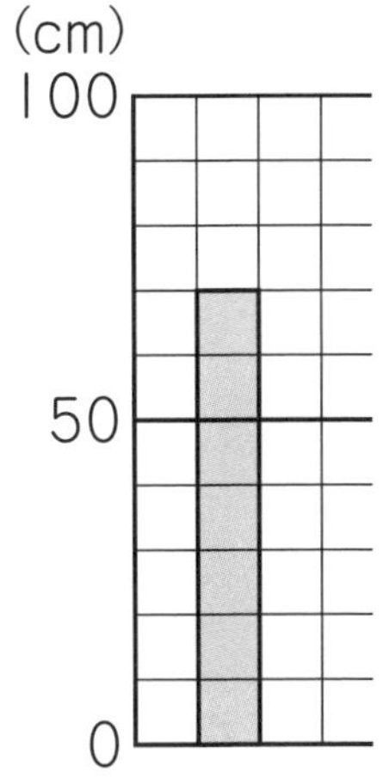


１目もりの大きさ
(　　　　　)

ぼうが表している大きさ
(　　　　　)

**2** 次のぼうグラフは，月曜日から金曜日までの５日間に，自動はん売きで売れたジュースの本数を表したものです。あとの問いに答えましょう。 1つ20点【60点】

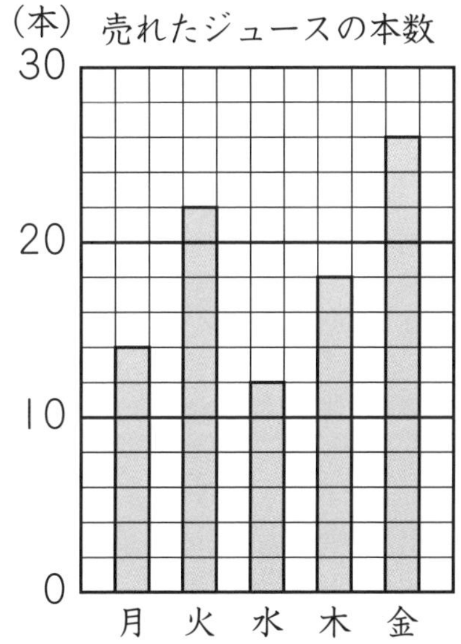


(1) グラフの１目もりは，何本を表していますか。
(　　　　　)

(2) 金曜日は水曜日より何本多いですか。
(　　　　　)

(3) ５日間に売れたジュースは全部で何本ですか。
(　　　　　)

# 43 表とグラフ②

目ひょう時間 20分

学習した日　月　日

名前

とく点　／100点

3043
解説→305ページ

らくらくマルつけ

❶ 次のぼうグラフで，１目もりが表している大きさと，ぼうが表している大きさを答えましょう。　1つ10点【40点】

(1)

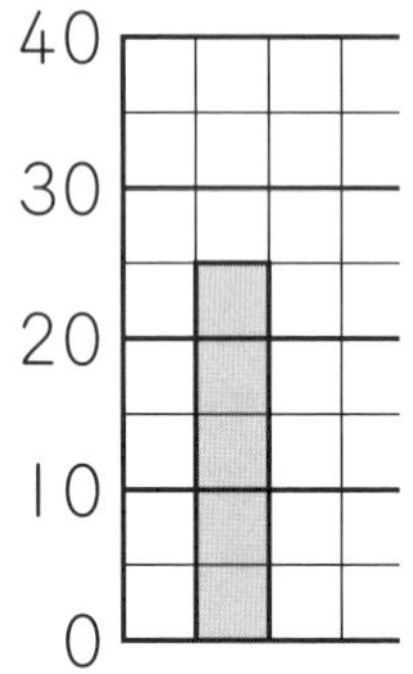


１目もりの大きさ
(　　　　　)

ぼうが表している大きさ
(　　　　　)

(2)

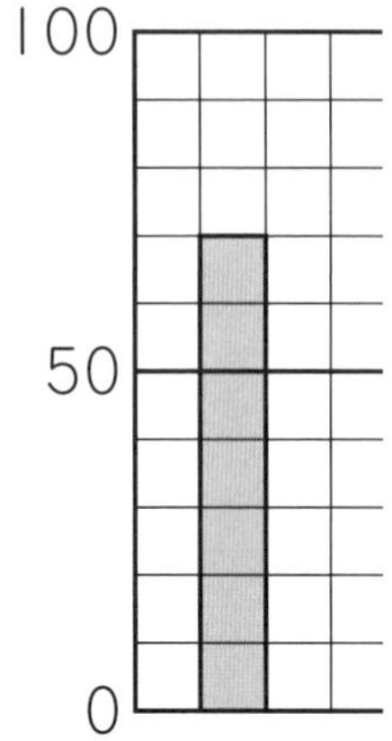


１目もりの大きさ
(　　　　　)

ぼうが表している大きさ
(　　　　　)

❷ 次のぼうグラフは，月曜日から金曜日までの５日間に，自動はん売きで売れたジュースの本数を表したものです。あとの問いに答えましょう。　1つ20点【60点】

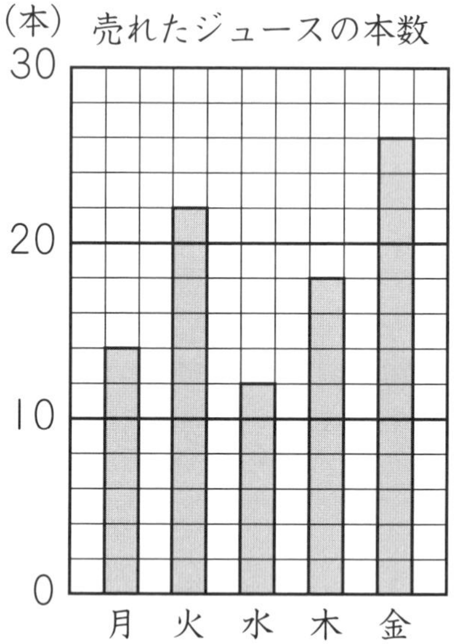


(1) グラフの１目もりは，何本を表していますか。
(　　　　　)

(2) 金曜日は水曜日より何本多いですか。
(　　　　　)

(3) ５日間に売れたジュースは全部で何本ですか。
(　　　　　)

# 44 表とグラフ③

目ひょう時間 20分

学習した日 月 日

名前

とく点 /100点

3044 解説→305ページ

らくらくマルつけ



**❶ 次の表は，3年1組から3組の人に，すきなきゅう食を答えてもらい，そのけっかをまとめたものです。あとの問いに答えましょう。** 1つ20点【40点】

すきなきゅう食調べ(3年1組～3組) (人)

| 組 / メニュー | 1組 | 2組 | 3組 | 合計 |
|---|---|---|---|---|
| カレーライス | 10 | 8 | 9 | 27 |
| フルーツポンチ | 5 | 9 | 4 | 18 |
| あげパン | 7 | 4 | 6 | 17 |
| からあげ | 3 | 6 | 7 | 16 |
| その他 | 7 | 5 | 5 | 17 |
| 合計 | 32 | 32 | 31 | 95 |

(1) 3組で「からあげ」と答えた人は何人ですか。

( )

(2) 3年生で，「カレーライス」と答えた人は，「フルーツポンチ」と答えた人より，何人多いですか。

( )

**❷ 次の表は，3年1組から3組の人の生まれたきせつと人数をまとめたものです。次の表を，下の表にまとめましょう。** 【全部できて60点】

生まれたきせつ調べ(1組)

| きせつ | 人数(人) |
|---|---|
| 春 | 8 |
| 夏 | 9 |
| 秋 | 10 |
| 冬 | 5 |
| 合計 | 32 |

生まれたきせつ調べ(2組)

| きせつ | 人数(人) |
|---|---|
| 春 | 9 |
| 夏 | 6 |
| 秋 | 8 |
| 冬 | 9 |
| 合計 | 32 |

生まれたきせつ調べ(3組)

| きせつ | 人数(人) |
|---|---|
| 春 | 9 |
| 夏 | 8 |
| 秋 | 7 |
| 冬 | 7 |
| 合計 | 31 |

↓

生まれたきせつ調べ(1組～3組) (人)

| 組 / きせつ | 1組 | 2組 | 3組 | 合計 |
|---|---|---|---|---|
| 春 | | | | |
| 夏 | | | | |
| 秋 | | | | |
| 冬 | | | | |
| 合計 | | | | |

# 44 表とグラフ③

目ひょう時間 20分

学習した日　月　日
名前
とく点　／100点

らくらくマルつけ
3044
解説→305ページ

❶ 次の表は，3年１組から３組の人に，すきなきゅう食を答えてもらい，そのけっかをまとめたものです。あとの問いに答えましょう。　1つ20点【40点】

すきなきゅう食調べ(3年１組〜３組)　(人)

| 組／メニュー | １組 | ２組 | ３組 | 合計 |
|---|---|---|---|---|
| カレーライス | 10 | 8 | 9 | 27 |
| フルーツポンチ | 5 | 9 | 4 | 18 |
| あげパン | 7 | 4 | 6 | 17 |
| からあげ | 3 | 6 | 7 | 16 |
| その他 | 7 | 5 | 5 | 17 |
| 合計 | 32 | 32 | 31 | 95 |

(1) ３組で「からあげ」と答えた人は何人ですか。

(　　　　)

(2) ３年生で，「カレーライス」と答えた人は，「フルーツポンチ」と答えた人より，何人多いですか。

(　　　　)

❷ 次の表は，3年１組から３組の人の生まれたきせつと人数をまとめたものです。次の表を，下の表にまとめましょう。　【全部できて60点】

生まれたきせつ調べ(１組)

| きせつ | 人数(人) |
|---|---|
| 春 | 8 |
| 夏 | 9 |
| 秋 | 10 |
| 冬 | 5 |
| 合計 | 32 |

生まれたきせつ調べ(２組)

| きせつ | 人数(人) |
|---|---|
| 春 | 9 |
| 夏 | 6 |
| 秋 | 8 |
| 冬 | 9 |
| 合計 | 32 |

生まれたきせつ調べ(３組)

| きせつ | 人数(人) |
|---|---|
| 春 | 9 |
| 夏 | 8 |
| 秋 | 7 |
| 冬 | 7 |
| 合計 | 31 |

↓

生まれたきせつ調べ(１組〜３組)　(人)

| 組／きせつ | １組 | ２組 | ３組 | 合計 |
|---|---|---|---|---|
| 春 | | | | |
| 夏 | | | | |
| 秋 | | | | |
| 冬 | | | | |
| 合計 | | | | |

# 45 まとめのテスト❶

目ひょう時間 20分

学習した日　月　日
名前
とく点　／100点

らくらくマルつけ 3045
解説→305ページ

## ❶ 次の計算をしましょう。　1つ5点【40点】

(1) 10×3＝　(2) 8×0＝

(3) 28÷4＝　(4) 36÷6＝

(5) 0÷5＝　(6) 70÷7＝

(7) 40÷2＝　(8) 93÷3＝

## ❷ 次の筆算をしましょう。　1つ5点【30点】

(1)
```
  708
+ 194
```
(2)
```
  541
+ 672
```
(3)
```
  479
- 135
```
(4)
```
  852
- 763
```
(5)
```
  3185
+ 2739
```
(6)
```
  6407
- 1588
```

## ❸ 次の□にあてはまる数を書きましょう。　【30点】

(1) 9時30分の40分後の時こくは,

□時□分です。　（全部できて5点）

(2) 7時45分から8時20分までの時間は,

□分です。　（5点）

(3) 105分＝□時間□分　（全部できて5点）

(4) 6km20m＝□m　（5点）

(5) 950m＋850m＝□km□m　（全部できて5点）

(6) 4km100m－1km700m＝□km□m　（全部できて5点）

算数

＼もう１回チャレンジ!! ／

# 45 まとめのテスト❶

目ひょう時間 20分

学習した日　月　日

名前

とく点　／100点

3045
解説→305ページ

らくらくマルつけ

❶ 次(つぎ)の計算をしましょう。　1つ5点【40点】

(1) 10×3＝

(2) 8×0＝

(3) 28÷4＝

(4) 36÷6＝

(5) 0÷5＝

(6) 70÷7＝

(7) 40÷2＝

(8) 93÷3＝

❷ 次の筆算(ひっさん)をしましょう。　1つ5点【30点】

(1) 708＋194

(2) 541＋672

(3) 479－135

(4) 852－763

(5) 3185＋2739

(6) 6407－1588

❸ 次の□にあてはまる数を書きましょう。　【30点】

(1) 9時30分の40分後の時こくは，

□時□分です。　(全部できて5点)

(2) 7時45分から8時20分までの時間は，

□分です。　(5点)

(3) 105分＝□時間□分　(全部できて5点)

(4) 6km20m＝□m　(5点)

(5) 950m＋850m＝□km□m　(全部できて5点)

(6) 4km100m－1km700m＝□km□m

(全部できて5点)

# 46 まとめのテスト❷

目ひょう時間 20分

学習した日　月　日

名前

とく点　／100点

らくらくマルつけ 3046 解説→306ページ

算数

❶ 次(つぎ)の計算をしましょう。　1つ6点【36点】

(1) 35＋47＝　　(2) 92－14＝

(3) 17÷3＝

(4) 45÷6＝

(5) 80×5＝　　(6) 200×9＝

❷ 次の［　　］にあてはまる数を書きましょう。　1つ6点【24点】

(1) 千万を7こ，十万を2こ，百を5こ合わせた数は，

［　　　　］です。

(2) 40000は，1000を［　　　　］こ集(あつ)めた数です。

(3) 63を100倍(ばい)した数は，［　　　　］です。

(4) 9000を10でわった数は，［　　　　］です。

❸ 次の筆算(ひっさん)をしましょう。　1つ6点【18点】

(1)

$$\begin{array}{r} 26 \\ \times\quad 3 \\ \hline \end{array}$$

(2)

$$\begin{array}{r} 138 \\ \times\quad 7 \\ \hline \end{array}$$

(3)

$$\begin{array}{r} 795 \\ \times\quad 4 \\ \hline \end{array}$$

❹ 1本78円のペンが，1ふくろに5本入っています。このふくろを2ふくろ買ったときの代金(だいきん)はいくらですか。

【全部できて10点】

(式(しき))

答え(　　　　　)

❺ ゆいさんはカードを12まい持(も)っています。つばささんが持っているカードのまい数は，ゆいさんのまい数の4倍です。つばささんが持っているカードは何まいですか。

【全部できて12点】

(式)

答え(　　　　　)

# 46 まとめのテスト❷

目ひょう時間 20分

学習した日　月　日
名前
とく点　／100点
3046 解説→306ページ
らくらくマルつけ

❶ 次(つぎ)の計算をしましょう。　1つ6点【36点】

(1) 35＋47＝　(2) 92－14＝

(3) 17÷3＝

(4) 45÷6＝

(5) 80×5＝　(6) 200×9＝

❷ 次の[　　]にあてはまる数を書きましょう。　1つ6点【24点】

(1) 千万を7こ，十万を2こ，百を5こ合わせた数は，[　　　　]です。

(2) 40000は，1000を[　　　　]こ集(あつ)めた数です。

(3) 63を100倍(ばい)した数は，[　　　　]です。

(4) 9000を10でわった数は，[　　　　]です。

❸ 次の筆算(ひっさん)をしましょう。　1つ6点【18点】

(1)
```
  2 6
×   3
```
(2)
```
  1 3 8
×     7
```
(3)
```
  7 9 5
×     4
```

❹ 1本78円のペンが，1ふくろに5本入っています。このふくろを2ふくろ買ったときの代金(だいきん)はいくらですか。

【全部できて10点】

(式(しき))

答え(　　　　　)

❺ ゆいさんはカードを12まい持(も)っています。つばささんが持っているカードのまい数は，ゆいさんのまい数の4倍です。つばささんが持っているカードは何まいですか。

【全部できて12点】

(式)

答え(　　　　　)

# 47 まとめのテスト③

目ひょう時間 20分

学習した日　月　日

名前

とく点　／100点

らくらくマルつけ 3047
解説→306ページ



**1** はりがさしている目もりは何gですか。また，何kg何gですか。【16点】

[　　　]g　（8点）

[　　　]kg[　　　]g　（全部できて8点）

**2** 次（つぎ）の[　　]にあてはまる数を書きましょう。【16点】

(1) 3.2cm＝[　　　]cm[　　　]mm　（全部できて8点）

(2) 1L8dL＝[　　　]L　（8点）

**3** 右の図のように，箱（はこ）に同じ大きさの4このボールがぴったりと入っています。ボールの半径（はんけい）は何cmですか。【10点】

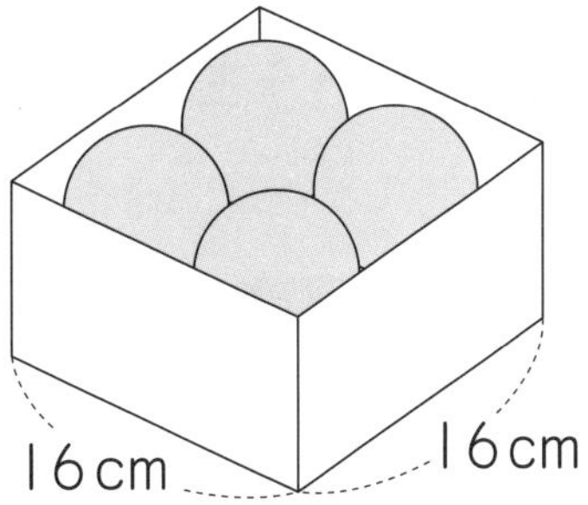


（　　　）

**4** 次の計算をしましょう。　1つ8点【32点】

(1) $3.2+2.9=$　　(2) $8.4-7.6=$

(3) $\frac{3}{5}+\frac{2}{5}=$　　(4) $\frac{7}{9}-\frac{2}{9}=$

**5** 次の数を，左から小さいじゅんにならべましょう。【全部できて10点】

0.9，$\frac{1}{10}$，1，0.3，$\frac{7}{10}$

（　　→　　→　　→　　→　　）

**6** 右の三角形で，アイとアウの長さは等（ひと）しいです。次の問（と）いに答えましょう。【16点】

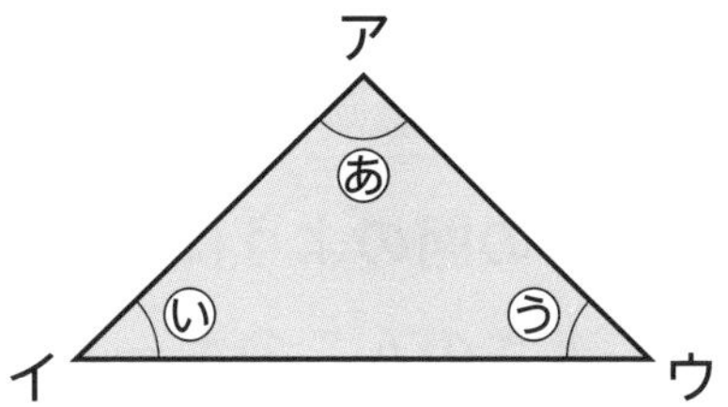


(1) 何という三角形ですか。（8点）

（　　　　　）

(2) 大きさの等しい角はどれとどれですか。（全部できて8点）

（　　）と（　　）

# 47 まとめのテスト❸

目ひょう時間 20分

学習した日　　月　　日

名前

とく点　　／100点

3047
解説→306ページ

らくらくマルつけ

❶ はりがさしている目もりは何gですか。また，何kg何gですか。【16点】

□g（8点）

□kg□g（全部できて8点）

❷ 次(つぎ)の□にあてはまる数を書きましょう。【16点】

(1) 3.2cm＝□cm□mm（全部できて8点）

(2) 1L8dL＝□L（8点）

❸ 右の図のように，箱(はこ)に同じ大きさの4このボールがぴったりと入っています。ボールの半径(はんけい)は何cmですか。【10点】

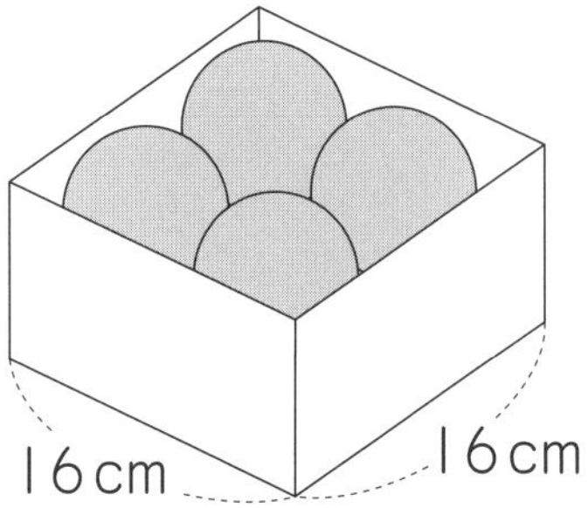


（　　　）

❹ 次の計算をしましょう。1つ8点【32点】

(1) $3.2+2.9=$

(2) $8.4-7.6=$

(3) $\frac{3}{5}+\frac{2}{5}=$

(4) $\frac{7}{9}-\frac{2}{9}=$

❺ 次の数を，左から小さいじゅんにならべましょう。【全部できて10点】

$0.9, \quad \frac{1}{10}, \quad 1, \quad 0.3, \quad \frac{7}{10}$

（　　→　　→　　→　　→　　）

❻ 右の三角形で，アイとアウの長さは等(ひと)しいです。次の問(と)いに答えましょう。【16点】

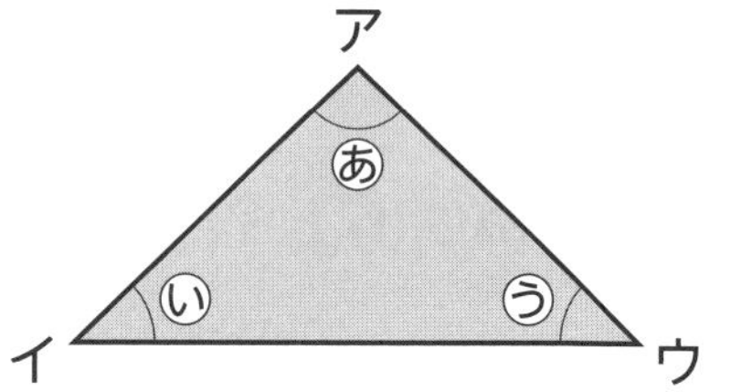


(1) 何という三角形ですか。（8点）

（　　　）

(2) 大きさの等しい角はどれとどれですか。（全部できて8点）

（　　）と（　　）

# 48 まとめのテスト④

目ひょう時間 20分

学習した日　　月　　日

名前

とく点　　／100点

らくらくマルつけ 3048

解説→306ページ

算数

❶ 次の筆算をしましょう。　1つ10点【30点】

(1)
```
  13
×32
```

(2)
```
  74
×59
```

(3)
```
 625
×  48
```

❷ 24cmのリボンを60本つくります。リボンは全部で何m何cmいりますか。　【全部できて20点】

(式)

答え(　　　　　　)

❸ クッキーが26まいあります。何まいか食べたら，のこりは15まいになりました。次の問いに答えましょう。　1つ10点【20点】

(1) 食べたクッキーの数を□まいとして，式に表しましょう。

(　　　　　　)

(2) 食べたクッキーは何まいですか。

(　　　　　　)

❹ 次のぼうグラフは，月曜日から金曜日までの５日間に，みさきさんが家で勉強をした時間を表したものです。あとの問いに答えましょう。　1つ10点【30点】

家で勉強をした時間

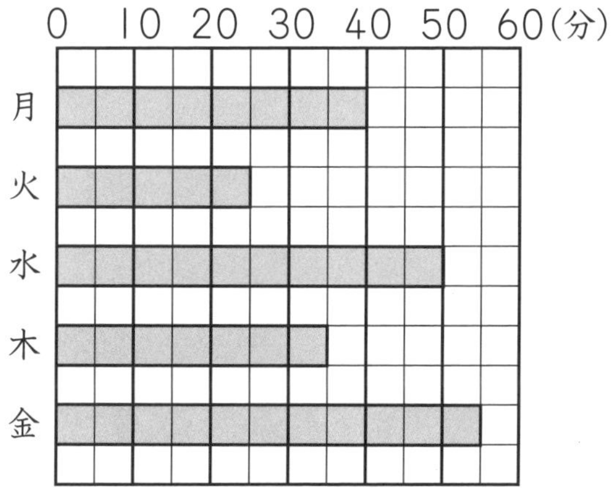


(1) グラフの１目もりは，何分を表していますか。

(　　　　　　)

(2) 木曜日は水曜日より何分短いですか。

(　　　　　　)

(3) ５日間に勉強をした時間は合わせて何時間何分ですか。

(　　　　　　)

# 48 まとめのテスト❹

目ひょう時間 20分

学習した日　　月　　日

名前

とく点　　／100点

3048
解説→306ページ

らくらくマルつけ

❶ 次の筆算をしましょう。　1つ10点【30点】

(1)
　１３
×３２

(2)
　７４
×５９

(3)
６２５
×　４８

❷ 24cmのリボンを60本つくります。リボンは全部で何m何cmいりますか。　【全部できて20点】

(式)

答え(　　　　　　　　)

❸ クッキーが26まいあります。何まいか食べたら，のこりは15まいになりました。次の問いに答えましょう。　1つ10点【20点】

(1) 食べたクッキーの数を□まいとして，式に表しましょう。

(　　　　　　　　)

(2) 食べたクッキーは何まいですか。

(　　　　　　　　)

❹ 次のぼうグラフは，月曜日から金曜日までの５日間に，みさきさんが家で勉強をした時間を表したものです。あとの問いに答えましょう。　1つ10点【30点】

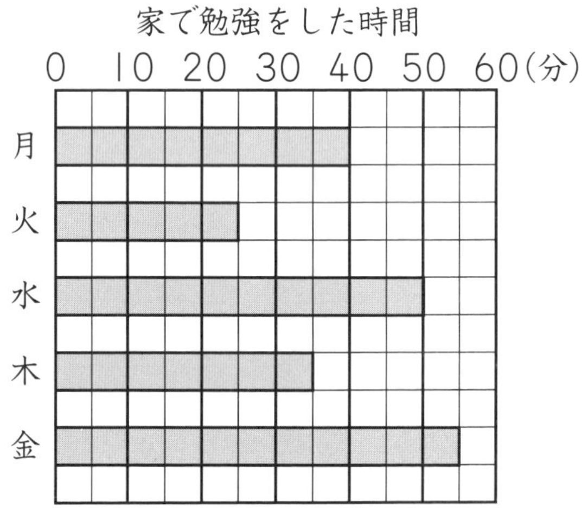


(1) グラフの１目もりは，何分を表していますか。

(　　　　　　　　)

(2) 木曜日は水曜日より何分短いですか。

(　　　　　　　　)

(3) ５日間に勉強をした時間は合わせて何時間何分ですか。

(　　　　　　　　)

# 1 アルファベット（大文字）

目ひょう時間 20分

| 学習した日　月　日 | とく点 |
| --- | --- |
| 名前 | ／100点 |

らくらくマルつけ

3049
解説→307ページ

**❶** 音声を聞いて，読まれたアルファベットを○でかこみましょう。　1つ10点【40点】

英語音声はこちらから！
♪3-01

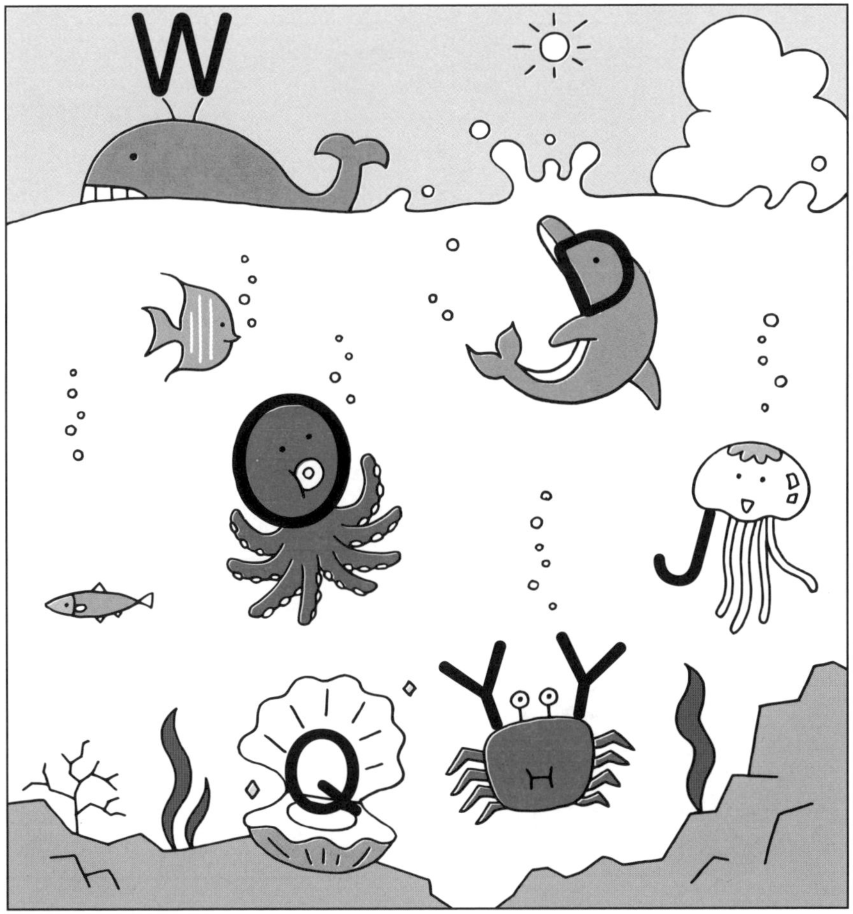


**❷** 音声を聞いて，読まれたアルファベットを○でかこみましょう。また，全部（ぜんぶ）のアルファベットをなぞって書きましょう。　【30点】

(1)　（全部できて 15 点）

F　G　H　I

(2)　（全部できて 15 点）

W　X　Y　Z

**❸** 音声を聞いて，読まれたアルファベットを○でかこみましょう。　1つ3点【30点】

| | | | | |
| --- | --- | --- | --- | --- |
| C | D | S | M | A |
| V | J | Z | B | R |
| F | O | ★ | P | U |
| T | L | X | G | I |
| E | Q | H | N | K |

英語

＼もう1回チャレンジ!!／

# 1 アルファベット（大文字）

目ひょう時間 20分

学習した日　　月　　日

名前

とく点　　／100点

3049 解説→307ページ

らくらくマルつけ

❶ 音声を聞いて，読まれたアルファベットを○でかこみましょう。　1つ10点【40点】

英語音声はこちらから！ ♪3-01

❷ 音声を聞いて，読まれたアルファベットを○でかこみましょう。また，全部（ぜんぶ）のアルファベットをなぞって書きましょう。　【30点】

(1)　（全部できて15点）

F　G　H　I

(2)　（全部できて15点）

W　X　Y　Z

❸ 音声を聞いて，読まれたアルファベットを○でかこみましょう。　1つ3点【30点】

| | | | | |
|---|---|---|---|---|
| C | D | S | M | A |
| V | J | Z | B | R |
| F | O | ★ | P | U |
| T | L | X | G | I |
| E | Q | H | N | K |

# 2 アルファベット（小文字）

目ひょう時間 20分

学習した日　　月　　日

名前

とく点　　／100点

3050
解説→307ページ

らくらくマルつけ

**❶** 音声を聞いて，読まれたアルファベットを○でかこみましょう。　1つ10点【40点】

英語音声はこちらから！
♪3-02

**❷** 音声を聞いて，読まれたアルファベットと手をむすぶ線をかきましょう。　1つ15点【30点】

(1)

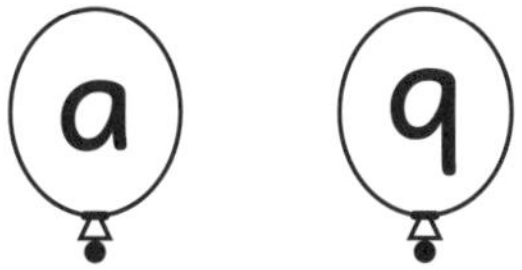


(2)

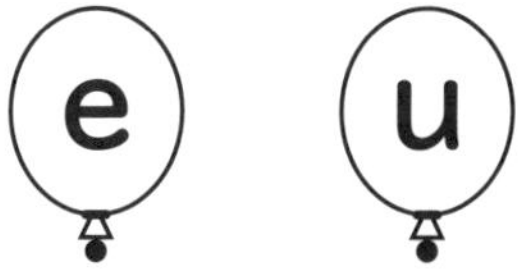

**❸** 音声を聞いて，読まれたアルファベットのたから箱（ばこ）を通ってゴールまで進（すす）む線をかきましょう。　【30点】

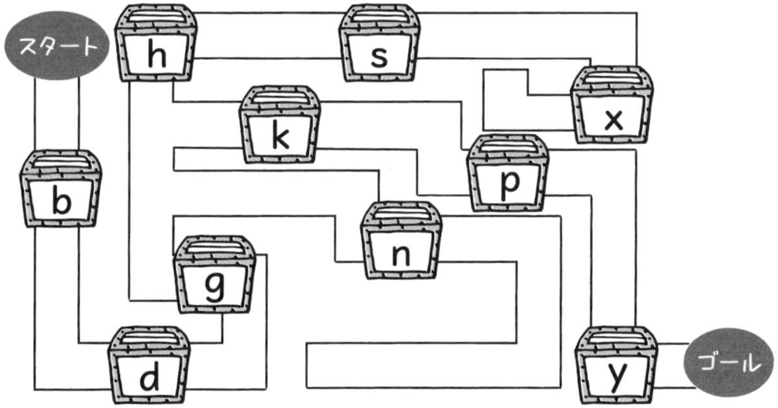


英語

\ もう1回チャレンジ!! /

# 2 アルファベット（小文字）

目ひょう時間 20分

学習した日　月　日

名前

とく点　／100点

3050 解説→307ページ

らくらくマルつけ

**❶** 音声を聞いて，読まれたアルファベットを○でかこみましょう。 1つ10点【40点】

英語音声はこちらから！ ♪3-02

**❷** 音声を聞いて，読まれたアルファベットと手をむすぶ線をかきましょう。 1つ15点【30点】

(1)　(2)

**❸** 音声を聞いて，読まれたアルファベットのたから箱（ばこ）を通ってゴールまで進（すす）む線をかきましょう。 【30点】

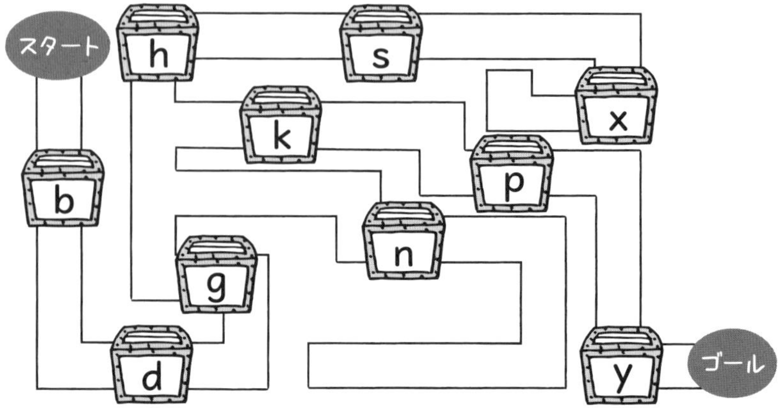

# 3 あいさつをしよう

目ひょう時間 20分

学習した日　月　日

名前

とく点　／100点

3051
解説→307ページ

らくらくマルつけ

**❶** 音声を聞いて，読まれた英語と合う絵をあとからそれぞれえらび，記号で書きましょう。　1つ10点【20点】

英語音声はこちらから！　♪3-03

(1)（　　　）　(2)（　　　）

ア

イ

**❷** 音声を聞いて，読まれた英語に合う絵をえらび，記号を○でかこみましょう。　1つ10点【20点】

(1)

ア

イ

(2)

ア

イ

**❸** 音声を聞いて，次の絵の中にあるふきだしに合う日本語を，あとからそれぞれえらび，記号で書きましょう。　1つ15点【60点】

(1)

（　　　）

(2)

（　　　）

(3)

（　　　）

(4)

（　　　）

ア　わたしはおなかがすいています。
イ　さようなら。
ウ　調子はどうですか。
エ　わたしはアメリカ出身です。

英語

# ③ あいさつをしよう

目ひょう時間 ⏱ **20**分

✐ 学習した日　　月　　日

名前

とく点　　／100点

3051
解説→307ページ

---

❶ 音声を聞いて，読まれた英語と合う絵をあとからそれぞれえらび，記号で書きましょう。

1つ10点【20点】

英語音声はこちらから！

♪3-03

(1) (　　　　) (2) (　　　　)

こんにちは。

ア

また会いましょう。

イ

---

❷ 音声を聞いて，読まれた英語に合う絵をえらび，記号を○でかこみましょう。

1つ10点【20点】

(1)

ア　　イ

(2)

ア　　イ

---

❸ 音声を聞いて，次の絵の中にあるふきだしに合う日本語を，あとからそれぞれえらび，記号で書きましょう。

1つ15点【60点】

(1) How are you?

(　　　　)

(2) I'm from America.

(　　　　)

(3)

Goodbye.
(　　　　)

(4)

I'm hungry.
(　　　　)

ア　わたしはおなかがすいています。

イ　さようなら。

ウ　調子はどうですか。

エ　わたしはアメリカ出身です。

# 4 数をたずねよう

目ひょう時間 20分

学習した日　　月　　日

名前

とく点　　／100点

らくらくマルつけ

3052
解説→308ページ

❶ 音声を聞いて，読まれた英語(えいご)の数だけ左から色をぬりましょう。　1つ8点【24点】

英語音声はこちらから！
♪3-04

(1)

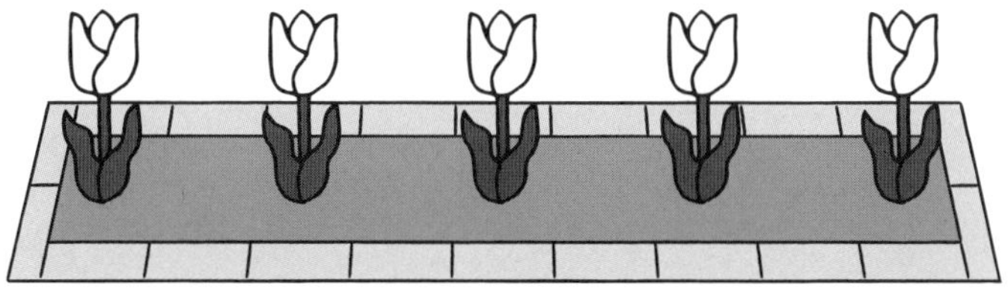

(2)

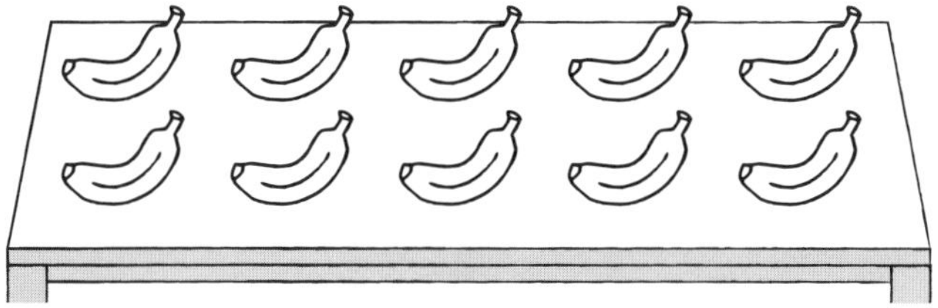

(3)

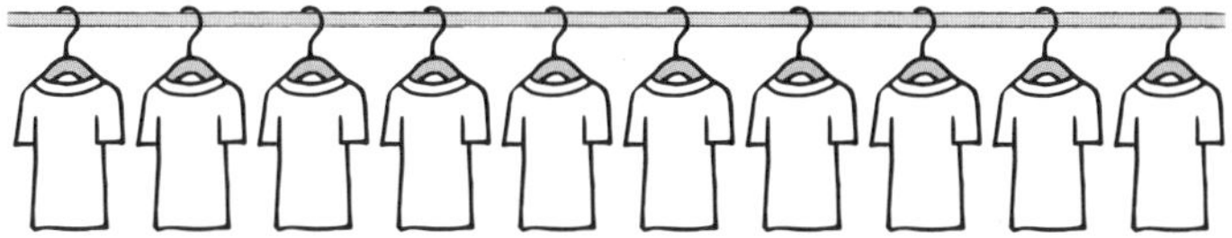

❷ 音声を聞いて，読まれた英語に合う絵をえらび，記号(きごう)を〇でかこみましょう。　1つ8点【16点】

(1)

ア

イ

(2)

ア

イ

❸ 音声を聞いて，読まれた数字を〇でかこみましょう。

1つ15点【60点】

| | | |
|---|---|---|
| 11 | 12 | 13 |
| 14 | 15 | 16 |
| 17 | 18 | 19 |

# 4 数をたずねよう

目ひょう時間 20分

学習した日　　月　　日

名前

とく点　　／100点

らくらくマルつけ

3052
解説→308ページ

❶ 音声を聞いて，読まれた英語の数だけ左から色をぬりましょう。　1つ8点【24点】

英語音声はこちらから！
♪3-04

(1)

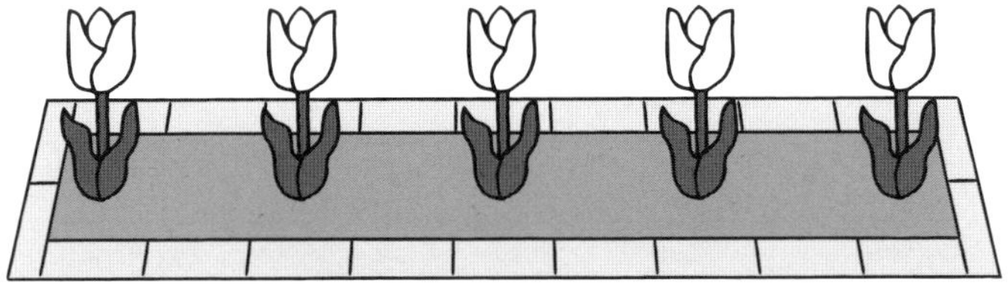

(2)

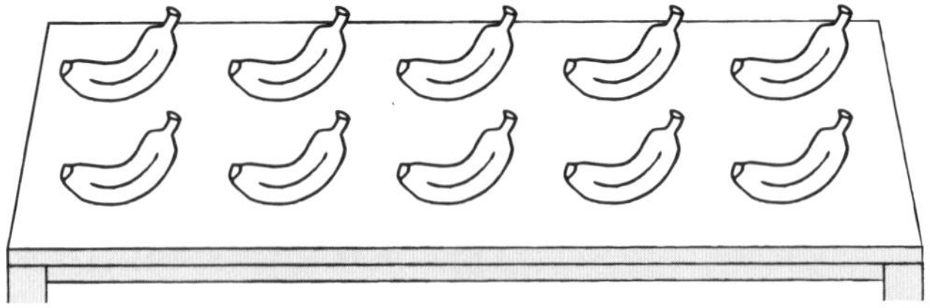

(3)

❷ 音声を聞いて，読まれた英語に合う絵をえらび，記号を○でかこみましょう。　1つ8点【16点】

(1)

ア

イ

(2)

ア

イ

❸ 音声を聞いて，読まれた数字を○でかこみましょう。

1つ15点【60点】

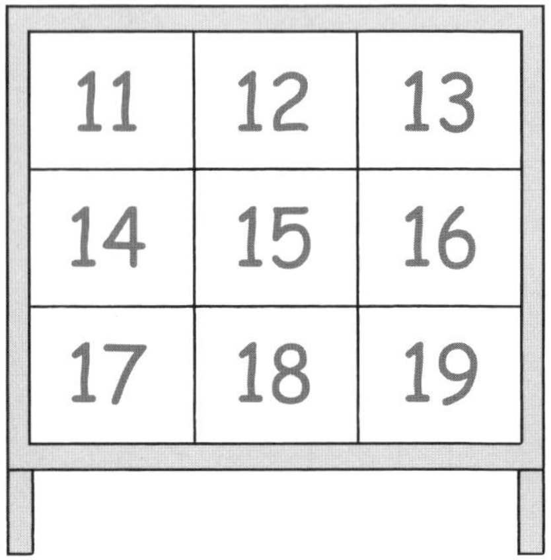

# 5 すきなものをつたえよう

目ひょう時間 20分

学習した日　月　日

名前

とく点　／100点

らくらくマルつけ

3053
解説→308ページ

英語

❶ 音声を聞いて，読まれた英語(えいご)と合う絵をえらび，点と点を線でむすびましょう。 1つ10点【20点】

英語音声はこちらから！
♪3-05

(1) ●

● 

● 

(2) ●

● 

● 

❷ 音声を聞いて，英語をなぞって書きましょう。 1つ10点【20点】

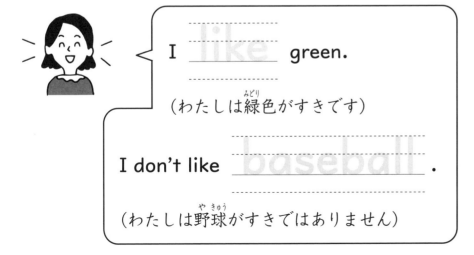

I like green.

（わたしは緑(みどり)色がすきです）

I don't like baseball.

（わたしは野球(やきゅう)がすきではありません）

❸ 音声を聞いて，メグとジョンがすきなものを，あとからそれぞれえらび，表(ひょう)をかんせいさせましょう。 1つ10点【40点】

| | (1) メグ | (2) ジョン |
|---|---|---|
| |  |  |
| 色 | ① | ① |
| スポーツ | ② | ② |

むらさき色　黄色　サッカー　ドッジボール

❹ 音声を聞いて，次(つぎ)の人物(じんぶつ)がすきなものをえらび，記号(きごう)を○でかこみましょう。 1つ10点【20点】

(1)

ア

イ

(2)

ア

イ

# 5 すきなものをつたえよう

目ひょう時間 20分

学習した日　　月　　日

名前

とく点　　／100点

3053
解説→308ページ

らくらくマルつけ

**❶** 音声を聞いて，読まれた英語(えいご)と合う絵をえらび，点と点を線でむすびましょう。　1つ10点【20点】

英語音声はこちらから！
♪3-05

(1) •

• 

• 

(2) •

• 

• 

**❷** 音声を聞いて，英語をなぞって書きましょう。　1つ10点【20点】

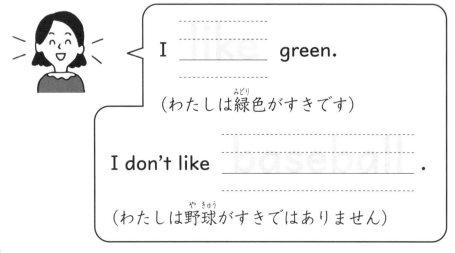

I like green.

（わたしは緑(みどり)色がすきです）

I don't like baseball .

（わたしは野球(やきゅう)がすきではありません）

**❸** 音声を聞いて，メグとジョンがすきなものを，あとからそれぞれえらび，表(ひょう)をかんせいさせましょう。　1つ10点【40点】

| | (1) メグ | (2) ジョン |
|---|---|---|
| 色 | ① | ① |
| スポーツ | ② | ② |

むらさき色　　黄色　　サッカー　　ドッジボール

**❹** 音声を聞いて，次(つぎ)の人物(じんぶつ)がすきなものをえらび，記号(きごう)を○でかこみましょう。　1つ10点【20点】

(1)

ア

イ

(2)

ア

イ

# 6 これは何？

目ひょう時間 20分

学習した日　　月　　日

名前

とく点　　／100点

らくらくマルつけ

3054
解説→308ページ

**1** 音声を聞いて，読まれた英語（えいご）と合う絵を○でかこみましょう。　1つ10点【20点】

英語音声はこちらから！
♪3-06

(1)

(2)

**2** 音声を聞いて，読まれた英語と合う絵をえらび，点と点を線でむすびましょう。　1つ10点【30点】

(1)　(2)　(3)

**3** 音声を聞いて，英語をなぞって書きましょう。　【10点】

What's this?

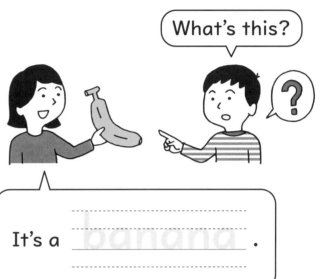

It's a banana.

**4** 音声を聞いて，読まれた英語が絵と合っていれば○，ちがっていれば×を書きましょう。　1つ20点【40点】

(1)

(　　)

(2)

(　　)

英語

# 6 これは何？

目ひょう時間 20分

学習した日　月　日

名前

とく点　／100点

らくらくマルつけ

3054

解説→308ページ

❶ 音声を聞いて，読まれた英語（えいご）と合う絵を〇でかこみましょう。　1つ10点【20点】

英語音声はこちらから！

♪3-06

(1)

(2)

❷ 音声を聞いて，読まれた英語と合う絵をえらび，点と点を線でむすびましょう。　1つ10点【30点】

(1)・　(2)・　(3)・

❸ 音声を聞いて，英語をなぞって書きましょう。　【10点】

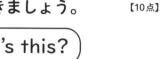

It's a ________ .

❹ 音声を聞いて，読まれた英語が絵と合っていれば〇，ちがっていれば×を書きましょう。　1つ20点【40点】

(1)

(　　)

(2)

(　　)

# 7 あなたはだれ？

目ひょう時間 20分

学習した日　　月　　日

名前

とく点　　／100点

3055
解説→309ページ

らくらくマルつけ

英語

**❶** 音声を聞いて，読まれた英語（えいご）が絵と合っていれば○，ちがっていれば×を書きましょう。　1つ5点【15点】

英語音声はこちらから！　♪3-07

(1)

(　　)

(2)

(　　)

(3)

(　　)

**❷** 音声を聞いて，英語をなぞって書きましょう。　1つ10点【20点】

(1)

Who are you?

(あなたはだれですか)

(2)

I'm a tiger.

(ぼくはトラです)

**❸** 音声を聞いて，かくれている動物（どうぶつ）を，あとからそれぞれえらび，記号（きごう）で書きましょう。　1つ20点【40点】

(1)

(　　)

(2)

(　　)

ア　ゾウ　　イ　パンダ　　ウ　ヒツジ

**❹** 音声を聞いて，「？」に入る絵をあとからえらび，記号で書きましょう。　【25点】

(　　)

ア

イ

ウ

# 7 あなたはだれ？

目ひょう時間 20分

学習した日　　月　　日

名前

とく点　　／100点

らくらくマルつけ

3055
解説→309ページ

**1** 音声を聞いて，読まれた英語(えいご)が絵と合っていれば○，ちがっていれば×を書きましょう。　1つ5点【15点】

英語音声はこちらから！
♪3-07

(1)

(　　)

(2)

(　　)

(3)

(　　)

**2** 音声を聞いて，英語をなぞって書きましょう。　1つ10点【20点】

(1)

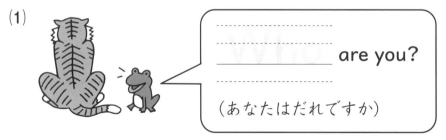

Who are you?
(あなたはだれですか)

(2)

I'm a tiger.
(ぼくはトラです)

**3** 音声を聞いて，かくれている動物(どうぶつ)を，あとからそれぞれえらび，記号(きごう)で書きましょう。　1つ20点【40点】

(1)

(　　)

(2)

(　　)

ア　ゾウ　　イ　パンダ　　ウ　ヒツジ

**4** 音声を聞いて，「？」に入る絵をあとからえらび，記号で書きましょう。　【25点】

I'm a bear.

(　　)

ア

イ

ウ

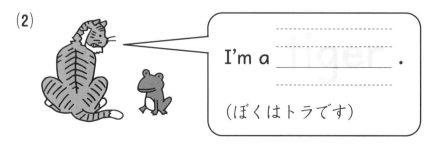

# 8 まとめのテスト

目ひょう時間 20分

学習した日　月　日

名前

とく点　／100点

3056 解説→309ページ

らくらくマルつけ



**❶ 音声を聞いて，読まれたアルファベットをなぞって書きましょう。** 1つ7点【14点】

英語音声はこちらから！ ♪3-08

(1) M　S

(2) d　v

**❷ 音声を聞いて，読まれた英語の数だけ左から色をぬりましょう。** 1つ10点【20点】

(1)

(2)

**❸ 音声を聞いて，読まれた英語と合う絵をえらび，〇をつけましょう。** 1つ12点【24点】

(1)

(　　)

(　　)

(2)

(　　)

(　　)

**❹ 音声を聞いて，メモの（　）にあてはまる日本語を，あとからそれぞれえらび，書きましょう。** 1つ14点【42点】

メモ

(1) （　　　　）出身

(2) （　　　　）がすき

(3) （　　　　）がすきではない

京都　黄色　バレーボール　東京

# 8 まとめのテスト

目ひょう時間 20分

学習した日　　月　　日

名前

とく点　　／100点

3056
解説→309ページ

らくらくマルつけ

❶ 音声を聞いて，読まれたアルファベットをなぞって書きましょう。　1つ7点【14点】

英語音声はこちらから！
♪3-08

(1)

(2)

❷ 音声を聞いて，読まれた英語(えいご)の数だけ左から色をぬりましょう。　1つ10点【20点】

(1)

(2)

❸ 音声を聞いて，読まれた英語と合う絵をえらび，○をつけましょう。　1つ12点【24点】

(1)

(　　　)

(　　　)

(2)

(　　　)

(　　　)

❹ 音声を聞いて，メモの（　　）にあてはまる日本語を，あとからそれぞれえらび，書きましょう。　1つ14点【42点】

メモ
(1)（　　　　　）出身(しゅっしん)
(2)（　　　　　　　　　　）がすき
(3)（　　　　　　　　　　）がすきではない

| | | | |
|---|---|---|---|
| 京都(きょうと) | 黄色 | バレーボール | 東京 |

# 1 しぜんのかんさつ

目ひょう時間 20分

学習した日　　月　　日

名前

とく点　　／100点

3057
解説→310ページ

らくらくマルつけ

**❶ 生きものをかんさつするために，虫めがねを使(つか)いました。次(つぎ)の問(と)いに答えましょう。**　1つ10点【50点】

(1) 虫めがねを正しく使うと，かんさつするものはどのように見えますか。次からえらび，記号(きごう)で書きましょう。　(　　)

ア　大きく見える。　　イ　小さく見える。

ウ　明るく見える。　　エ　さかさまに見える。

(2) 虫めがねを使って，動(うご)かすことのできるものをかんさつするとき，何を動かしますか。次からえらび，記号で書きましょう。　(　　)

ア　頭を動かす。　　イ　虫めがねを動かす。

ウ　かんさつするものを動かす。

(3) 次の文中の①・②にあてはまることばを，それぞれ書きましょう。　①(　　)　②(　　)

> (　①　) をいためるので，虫めがねで (　②　) を見てはいけない。

(4) 生きもののかんさつについて，次のうち正しいほうの番号を書きましょう。　(　　)

① どんな生きものもさわって調(しら)べる。

② きけんな生きものにはさわらない。

**❷ 植物(しょくぶつ)をかんさつカードに記ろくしました。次の問いに答えましょう。**　1つ10点【50点】

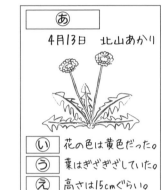

あ

4月13日　北山あかり

い　花の色は黄色だった。

う　葉はぎざぎざしていた。

え　高さは15cmぐらい。

(1) かんさつカードの あ には何を記ろくしますか。次からえらび，記号で書きましょう。　(　　)

ア　服(ふく)そう

イ　次の日の天気

ウ　気づいたこと

エ　かんさつしたものの名前

(2) かんさつカードの い，う，え にあてはまるものを，次からそれぞれえらび，記号で書きましょう。

い(　　)　う(　　)　え(　　)

ア　形　　イ　色　　ウ　大きさ

(3) 生きもののすがたについて，次のうち正しいほうの番号を書きましょう。　(　　)

① 生きものの形や色，大きさなどのすがたにはちがいがある。

② 生きものの形や色，大きさなどのすがたはどれも同じである。

理科

# 1 しぜんのかんさつ

目ひょう時間 20分

学習した日　　月　　日

名前

とく点　　／100点

らくらくマルつけ 3057

解説→310ページ

**❶ 生きものをかんさつするために，虫めがねを使いました。次の問いに答えましょう。**　1つ10点【50点】

(1) 虫めがねを正しく使うと，かんさつするものはどのように見えますか。次からえらび，記号で書きましょう。　(　　　)

ア　大きく見える。　　イ　小さく見える。

ウ　明るく見える。　　エ　さかさまに見える。

(2) 虫めがねを使って，動かすことのできるものをかんさつするとき，何を動かしますか。次からえらび，記号で書きましょう。　(　　　)

ア　頭を動かす。　　イ　虫めがねを動かす。

ウ　かんさつするものを動かす。

(3) 次の文中の①・②にあてはまることばを，それぞれ書きましょう。　①(　　　)　②(　　　)

| |
|---|
| （ ① ）をいためるので，虫めがねで（ ② ）を見てはいけない。 |

(4) 生きもののかんさつについて，次のうち正しいほうの番号を書きましょう。　(　　　)

① どんな生きものもさわって調べる。

② きけんな生きものにはさわらない。

**❷ 植物をかんさつカードに記ろくしました。次の問いに答えましょう。**　1つ10点【50点】

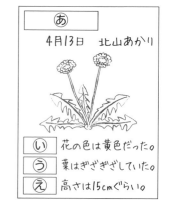

あ

4月13日　北山あかり

い　花の色は黄色だった。

う　葉はぎざぎざしていた。

え　高さは15cmぐらい。

(1) かんさつカードの あ には何を記ろくしますか。次からえらび，記号で書きましょう。　(　　　)

ア　服そう

イ　次の日の天気

ウ　気づいたこと

エ　かんさつしたものの名前

(2) かんさつカードの い，う，え にあてはまるものを，次からそれぞれえらび，記号で書きましょう。

い(　　　)　う(　　　)　え(　　　)

ア　形　　イ　色　　ウ　大きさ

(3) 生きもののすがたについて，次のうち正しいほうの番号を書きましょう。　(　　　)

① 生きものの形や色，大きさなどのすがたにはちがいがある。

② 生きものの形や色，大きさなどのすがたはどれも同じである。

# 2 たねまき

目ひょう時間 20分

学習した日　　月　　日

名前

とく点　　／100点

3058 解説→310ページ



**❶ いろいろな植物のたねを，かんさつしました。あとの問いに答えましょう。** 1つ10点【50点】

あ

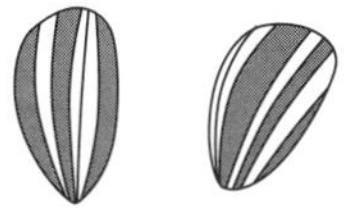

い

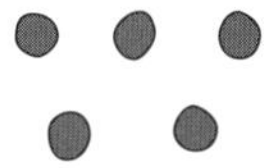

(1) あ，いは，どの植物のたねですか。次からそれぞれえらび，記号で書きましょう。

あ (　　　) い (　　　)

ア　アサガオ　　イ　ヒマワリ
ウ　マリーゴールド　　エ　ホウセンカ

(2) ホウセンカとヒマワリのたねはどのようにまけばよいですか。次からそれぞれえらび，記号で書きましょう。

ホウセンカ (　　　) ヒマワリ (　　　)

ア　ちょくせつまいて，土を少しかける。
イ　指であなを開けてたねをまき，土をかける。

(3) たねをまいたあとの世話のしかたについて，次のうち正しいほうの番号を書きましょう。 (　　　)

① 土がかわかないよう，水をやる。
② 土を日光に当てて，かわかす。

**❷ ホウセンカのたねをまくと，めが出てきました。次の問いに答えましょう。** 1つ10点【20点】

(1) たねをまいて，さいしょに出てきた葉を何といいますか。 (　　　)

(2) ホウセンカのさいしょに出てきた葉は何まいありますか。 (　　　) まい

**❸ 右の図は，ヒマワリのたねをまいてしばらくしたころのようすです。次の問いに答えましょう。** 【30点】

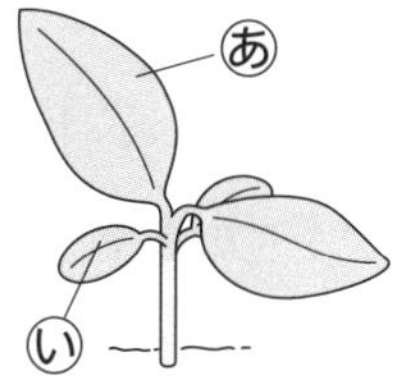


(1) 図のあ，いのうち，はじめに出てきた葉はどちらですか。 (10点) (　　　)

(2) 図のあ，いのうち，このあと数がふえていくのはどちらですか。 (10点) (　　　)

(3) ヒマワリの育つじゅんにならべかえ，記号で書きましょう。

(全部できて10点) (　　　→　　　→　　　)

ア

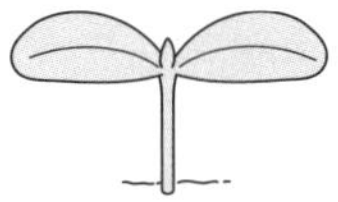

イ

ウ

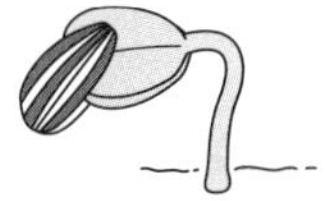

# 2　たねまき

目ひょう時間 20分

学習した日　　月　　日

名前

とく点　　／100点

3058
解説→310ページ

らくらくマルつけ

**❶ いろいろな植物(しょくぶつ)のたねを，かんさつしました。あとの問(と)いに答えましょう。**　1つ10点【50点】

あ

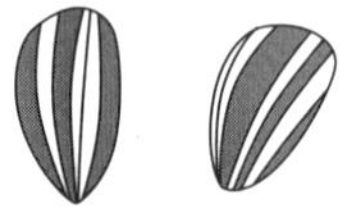

い

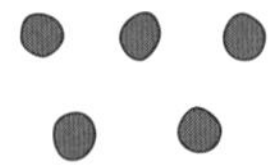

(1)　あ，いは，どの植物のたねですか。次(つぎ)からそれぞれえらび，記号(きごう)で書きましょう。

あ（　　　）　い（　　　）

ア　アサガオ　　イ　ヒマワリ
ウ　マリーゴールド　　エ　ホウセンカ

(2)　ホウセンカとヒマワリのたねはどのようにまけばよいですか。次からそれぞれえらび，記号で書きましょう。

ホウセンカ（　　　）　ヒマワリ（　　　）

ア　ちょくせつまいて，土を少しかける。
イ　指(ゆび)であなを開(あ)けてたねをまき，土をかける。

(3)　たねをまいたあとの世話(せわ)のしかたについて，次のうち正しいほうの番号を書きましょう。（　　　）

①　土がかわかないよう，水をやる。
②　土を日光に当てて，かわかす。

**❷ ホウセンカのたねをまくと，めが出てきました。次の問いに答えましょう。**　1つ10点【20点】

(1)　たねをまいて，さいしょに出てきた葉(は)を何といいますか。（　　　）

(2)　ホウセンカのさいしょに出てきた葉は何まいありますか。（　　　）まい

**❸ 右の図は，ヒマワリのたねをまいてしばらくしたころのようすです。次の問いに答えましょう。**　【30点】

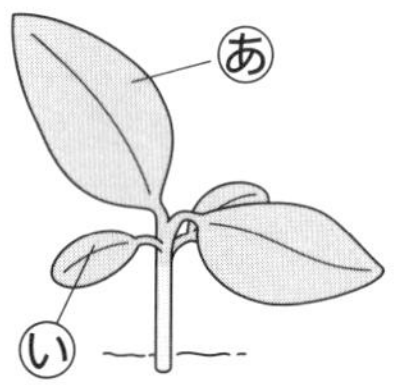


(1)　図のあ，いのうち，はじめに出てきた葉はどちらですか。（10点）（　　　）

(2)　図のあ，いのうち，このあと数がふえていくのはどちらですか。（10点）（　　　）

(3)　ヒマワリの育(そだ)つじゅんにならべかえ，記号で書きましょう。

（全部できて10点）（　　→　　→　　）

ア

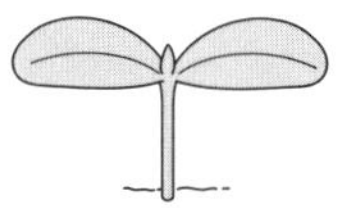

イ

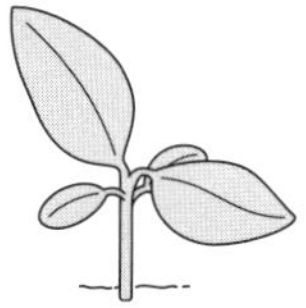

ウ

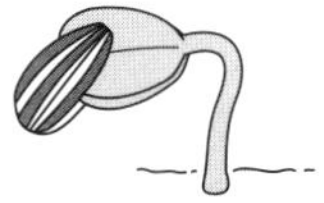

3

# チョウの育ち方と体のつくり①

目ひょう時間 20分

学習した日　月　日

名前

とく点　／100点

3059
解説→310ページ

らくらくマルつけ

**1 モンシロチョウのたまごを見つけました。次の問いに答えましょう。**

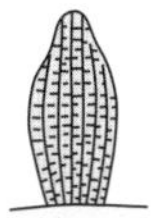

1つ10点【50点】

(1) たまごは，何の葉にうみつけられていましたか。次からえらび，記号で書きましょう。（　　）

ア　キャベツ　　イ　ミカン　　ウ　サンショウ

(2) たまごの大きさはどのくらいですか。次からえらび，記号で書きましょう。（　　）

ア　1mm　　イ　5mm　　ウ　1cm　　エ　5cm

(3) たまごの色は何色ですか。次からえらび，記号で書きましょう。（　　）

ア　赤色　　イ　青色　　ウ　黄色　　エ　緑色

(4) しばらくすると，たまごから細長い虫が出てきました。この細長いチョウの子どもを何といいますか。

（　　　　）

(5) たまごからかえったモンシロチョウの子どもが食べたものを，次からえらび，記号で書きましょう。

（　　）

ア　葉だけを食べ始めた。

イ　たまごのからを食べてから，葉を食べ始めた。

ウ　葉を食べてから，たまごのからを食べ始めた。

**2 ふたにあなをあけたカップの中でモンシロチョウのよう虫を育てます。次の問いに答えましょう。**

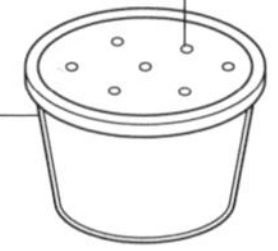


1つ10点【50点】

(1) よう虫の育て方として，正しいものには○，まちがっているものには×を書きましょう。

① 葉をとりかえるときは，よう虫にさわらないよう，葉につけたままよう虫を動かす。（　　）

② 太陽の光の当たるところにおく。（　　）

③ えさの葉がしおれたりかれたりする前に，新しい葉にとりかえる。（　　）

(2) カップの中に入れるとよいものを，次からえらび，記号で書きましょう。（　　）

ア　花　　イ　水でぬらした紙

ウ　土　　エ　ほかの生きもの

(3) えさには何の葉をあげますか。次からえらび，記号で書きましょう。（　　）

ア　キャベツ　　イ　ミカン

ウ　サンショウ　　エ　ホウレンソウ

＼もう１回チャレンジ!! ／

# 3 チョウの育(そだ)ち方と体のつくり①

目ひょう時間 20分

学習した日　月　日

名前

とく点　／100点

らくらくマルつけ

3059 解説→310ページ

**❶ モンシロチョウのたまごを見つけました。次(つぎ)の問(と)いに答えましょう。**

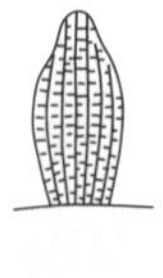

1つ10点【50点】

(1) たまごは，何の葉(は)にうみつけられていましたか。次からえらび，記号(きごう)で書きましょう。　(　　　)

ア　キャベツ　　イ　ミカン　　ウ　サンショウ

(2) たまごの大きさはどのくらいですか。次からえらび，記号で書きましょう。　(　　　)

ア　1mm　　イ　5mm　　ウ　1cm　　エ　5cm

(3) たまごの色は何色ですか。次からえらび，記号で書きましょう。　(　　　)

ア　赤色　　イ　青色　　ウ　黄色　　エ　緑(みどり)色

(4) しばらくすると，たまごから細長い虫が出てきました。この細長いチョウの子どもを何といいますか。

(　　　　　)

(5) たまごからかえったモンシロチョウの子どもが食べたものを，次からえらび，記号で書きましょう。

(　　　)

ア　葉だけを食べ始(はじ)めた。

イ　たまごのからを食べてから，葉を食べ始めた。

ウ　葉を食べてから，たまごのからを食べ始めた。

**❷ ふたにあなをあけたカップの中でモンシロチョウのよう虫(ちゅう)を育(そだ)てます。次の問いに答えましょう。**

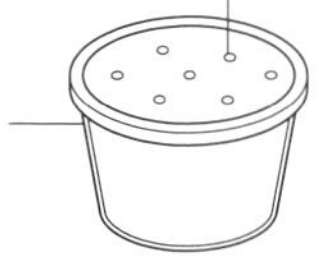


1つ10点【50点】

(1) よう虫の育て方として，正しいものには○，まちがっているものには×を書きましょう。

① 葉をとりかえるときは，よう虫にさわらないよう，葉につけたままよう虫を動(うご)かす。　(　　　)

② 太陽(たいよう)の光の当たるところにおく。　(　　　)

③ えさの葉がしおれたりかれたりする前に，新しい葉にとりかえる。　(　　　)

(2) カップの中に入れるとよいものを，次からえらび，記号で書きましょう。　(　　　)

ア　花　　イ　水でぬらした紙

ウ　土　　エ　ほかの生きもの

(3) えさには何の葉をあげますか。次からえらび，記号で書きましょう。　(　　　)

ア　キャベツ　　イ　ミカン

ウ　サンショウ　　エ　ホウレンソウ

# 4 チョウの育ち方と体のつくり②

目ひょう時間 20分

学習した日　月　日
名前
とく点　／100点

3060
解説→311ページ

**1 キャベツの葉についたモンシロチョウのたまごをカップに入れて育てると，やがて，よう虫が出てきました。よう虫は動いて，葉を食べ始めました。次の問いに答えましょう。**

1つ10点【40点】

(1) よう虫の体の大きさはどのようになりましたか。次からえらび，記号で書きましょう。（　　）

ア　体の大きさはずっとかわらなかった。
イ　皮をぬがずに大きくなった。
ウ　皮を１回だけぬいで大きくなった。
エ　くり返し皮をぬいで大きくなった。

(2) よう虫はやがて，右の図のようなすがたになりました。このすがたを何といいますか。（　　　　）

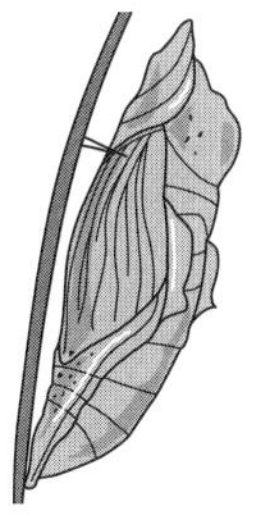

(3) 図のすがたのときのようすを，次からえらび，記号で書きましょう。（　　）

ア　よう虫のときとかわらなかった。
イ　葉は食べるが，動かなくなった。
ウ　動くが，葉を食べなくなった。
エ　動かなくなって，葉も食べなくなった。

(4) 図のすがたのあと，モンシロチョウはどうなりましたか。次からえらび，記号で書きましょう。（　　）

ア　図のすがたのまま動き出した。
イ　よう虫の体にかわってから出てきた。
ウ　せい虫の体にかわってから出てきた。

**2 右の図は，モンシロチョウのせい虫の体のつくりを表しています。次の問いに答えましょう。**

1つ10点【60点】

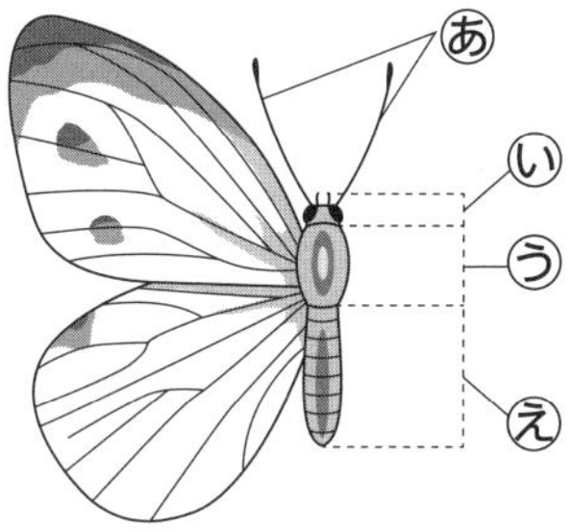


(1) 図のあのつくりを何といいますか。（　　　　）

(2) 図のい～えの部分をそれぞれ何といいますか。

い（　　　　）
う（　　　　）
え（　　　　）

(3) モンシロチョウのせい虫のあしは，い～えのどの部分についていますか。（　　）

(4) モンシロチョウのせい虫には，あしが何本ついていますか。（　　）本

理科

# 4 チョウの育ち方と体のつくり②

目ひょう時間 20分

| 学習した日　　月　　日 | とく点 | |
|---|---|---|
| 名前 | ／100点 | 3060 解説→311ページ |

らくらくマルつけ

**❶ キャベツの葉についたモンシロチョウのたまごをカップに入れて育てると，やがて，よう虫が出てきました。よう虫は動いて，葉を食べ始めました。次の問いに答えましょう。**

1つ10点【40点】

(1) よう虫の体の大きさはどのようになりましたか。次からえらび，記号で書きましょう。　(　　　)

ア　体の大きさはずっとかわらなかった。

イ　皮をぬがずに大きくなった。

ウ　皮を１回だけぬいで大きくなった。

エ　くり返し皮をぬいで大きくなった。

(2) よう虫はやがて，右の図のようなすがたになりました。このすがたを何といいますか。　(　　　　　)

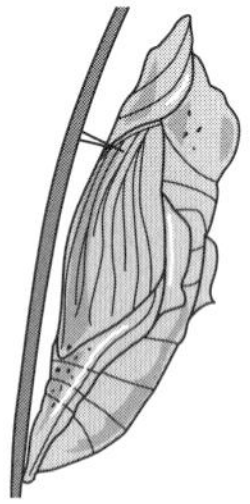

(3) 図のすがたのときのようすを，次からえらび，記号で書きましょう。(　　　)

ア　よう虫のときとかわらなかった。

イ　葉は食べるが，動かなくなった。

ウ　動くが，葉を食べなくなった。

エ　動かなくなって，葉も食べなくなった。

(4) 図のすがたのあと，モンシロチョウはどうなりましたか。次からえらび，記号で書きましょう。　(　　　)

ア　図のすがたのまま動き出した。

イ　よう虫の体にかわってから出てきた。

ウ　せい虫の体にかわってから出てきた。

**❷ 右の図は，モンシロチョウのせい虫の体のつくりを表しています。次の問いに答えましょう。**

1つ10点【60点】

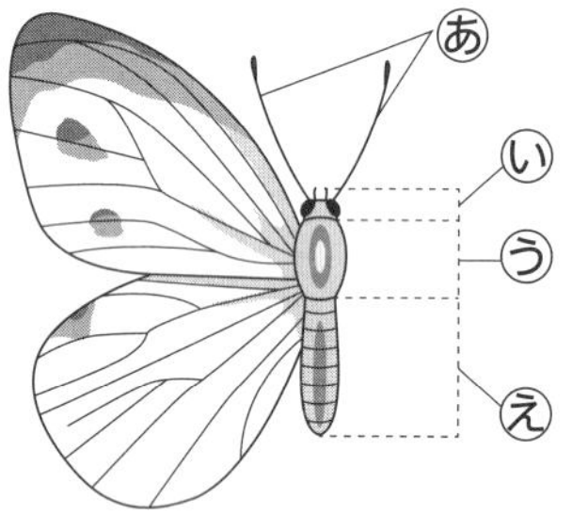


(1) 図のあのつくりを何といいますか。　(　　　　　)

(2) 図のい～えの部分をそれぞれ何といいますか。

い (　　　　　)

う (　　　　　)

え (　　　　　)

(3) モンシロチョウのせい虫のあしは，い～えのどの部分についていますか。　(　　　)

(4) モンシロチョウのせい虫には，あしが何本ついていますか。　(　　　)本

# 5 こん虫の育ち方と体のつくり①

目ひょう時間 20分

学習した日　月　日

名前

とく点　／100点

3061 解説→311ページ

らくらくマルつけ

**❶ 右の図は，トンボのせい虫の体のつくりを表しています。次の問いに答えましょう。** 1つ10点【50点】

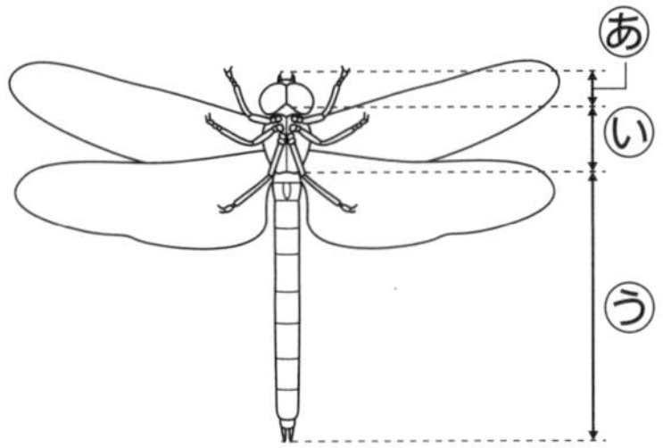


(1) 図のあ～うの部分をそれぞれ何といいますか。

あ（　　　　　）

い（　　　　　）

う（　　　　　）

(2) トンボのせい虫の体について，まちがっているものはどれですか。次からえらび，記号で書きましょう。

（　　　）

ア　あに目と口がある。

イ　いにしょっ角がついている。

ウ　いに4まいのはねがついている。

エ　うにいくつかのふしがある。

(3) トンボのように，体があ～うの3つに分かれ，いにあしが6本ある虫を何といいますか。

（　　　　　）

**❷ あ～えの生きものの体のつくりを調べました。あとの問いに答えましょう。** 【50点】

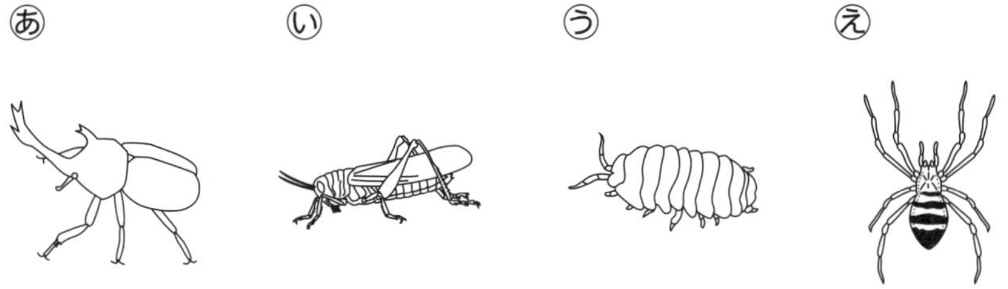


(1) あの生きもののあしは何本ありますか。

(10点)（　　　）本

(2) あの生きものの体はいくつに分かれていますか。

(10点)（　　　）つ

(3) いの生きものの体について，正しいものには○，まちがっているものには×を書きましょう。

① 頭にしょっ角と目がある。

(10点)（　　　）

② はらに，あしとはねがついている。

(10点)（　　　）

(4) あ～えの生きもののうち，こん虫であるものはどれですか。すべてえらび，記号で書きましょう。

(全部できて10点)（　　　）

理科

＼もう1回チャレンジ!!／

# 5 こん虫の育ち方と体のつくり①

目ひょう時間 20分

学習した日　月　日

名前

とく点　／100点

3061 解説→311ページ

らくらくマルつけ

**❶ 右の図は，トンボのせい虫の体のつくりを表しています。次の問いに答えましょう。** 1つ10点【50点】

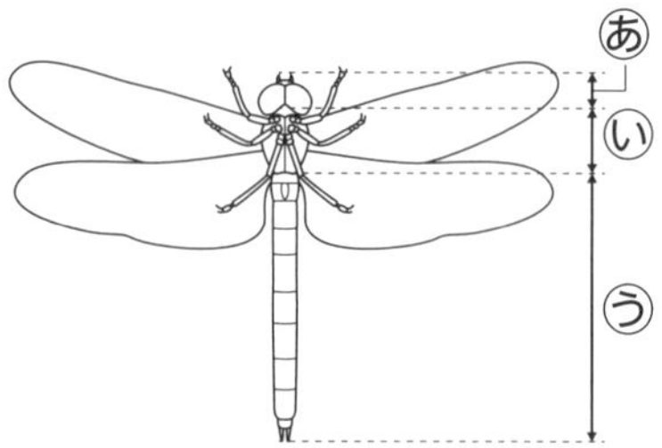


(1) 図のあ〜うの部分をそれぞれ何といいますか。

あ（　　　　）

い（　　　　）

う（　　　　）

(2) トンボのせい虫の体について，まちがっているものはどれですか。次からえらび，記号で書きましょう。

（　　　）

ア　あに目と口がある。

イ　いにしょっ角がついている。

ウ　いに4まいのはねがついている。

エ　うにいくつかのふしがある。

(3) トンボのように，体があ〜うの3つに分かれ，いにあしが6本ある虫を何といいますか。

（　　　　）

**❷ あ〜えの生きものの体のつくりを調べました。あとの問いに答えましょう。** 【50点】

あ

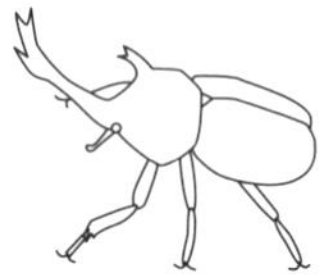

い

う

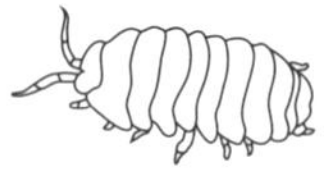

え

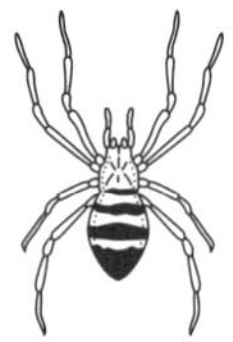

(1) あの生きもののあしは何本ありますか。

(10点)（　　　）本

(2) あの生きものの体はいくつに分かれていますか。

(10点)（　　　）つ

(3) いの生きものの体について，正しいものには○，まちがっているものには×を書きましょう。

① 頭にしょっ角と目がある。

(10点)（　　）

② はらに，あしとはねがついている。

(10点)（　　）

(4) あ〜えの生きもののうち，こん虫であるものはどれですか。すべてえらび，記号で書きましょう。

(全部できて10点)（　　　）

# 6 こん虫の育ち方と体のつくり②

目ひょう時間 20分

学習した日　　月　　日

名前

とく点

／100点

3062
解説→311ページ

らくらくマルつけ

**1 トンボのよう虫をかって，育ち方を調べました。次の問いに答えましょう。** 1つ10点【20点】

(1) トンボのよう虫はどこでくらしていますか。次からえらび，記号で書きましょう。（　　）

ア　土の中　　イ　葉の上　　ウ　水の中

(2) トンボのよう虫はどのようなじゅんじょで育ちますか。次からえらび，記号で書きましょう。（　　）

ア　よう虫→せい虫

イ　よう虫→さなぎ→せい虫

ウ　よう虫→せい虫→さなぎ

**2 カブトムシのよう虫をかって，育ち方を調べました。次の問いに答えましょう。** 1つ10点【50点】

(1) カブトムシのよう虫はどれですか。次からえらび，記号で書きましょう。（　　）

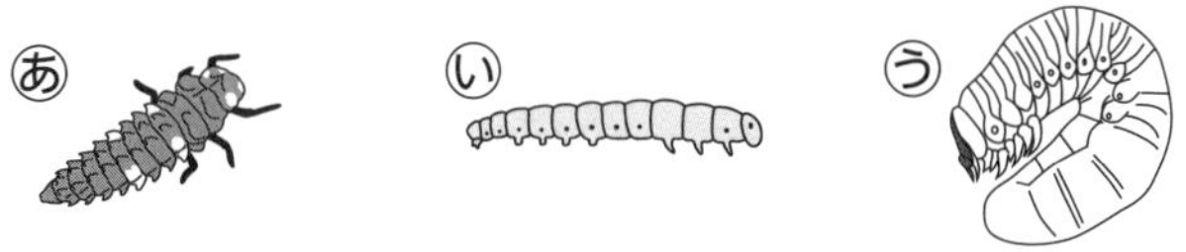


(2) カブトムシのよう虫はどこでくらしていますか。次からえらび，記号で書きましょう。（　　）

ア　土の中　　イ　葉の上　　ウ　水の中

(3) カブトムシのよう虫は，大きくなるときに皮をぬぎますか。ぬぎませんか。（　　）

(4) カブトムシは育つと，よう虫の次に何になりますか。

（　　）

(5) カブトムシと同じ育ち方をする生きものはどれですか。次からえらび，記号で書きましょう。（　　）

ア　モンシロチョウ　　イ　トンボ

ウ　バッタ　　エ　セミ

**3 こん虫がすみかにしている場所を調べました。次の問いに答えましょう。** 1つ10点【30点】

(1) こん虫はどんな場所をすみかにしていますか。次から2つえらび，記号で書きましょう。（　　）（　　）

ア　食べもののある場所

イ　目立つ場所

ウ　かくれることができる場所

(2) バッタがすみかにしている場所はどこですか。次からえらび，記号で書きましょう。（　　）

ア　石の下　　イ　草むら　　ウ　木のみき

# 6 こん虫の育ち方と体のつくり②

目ひょう時間 20分

学習した日　　月　　日
名前
とく点　　／100点

3062
解説→311ページ

らくらくマルつけ

**❶ トンボのよう虫をかって，育ち方を調べました。次の問いに答えましょう。** 1つ10点【20点】

(1) トンボのよう虫はどこでくらしていますか。次からえらび，記号で書きましょう。（　　　）

ア　土の中　　イ　葉の上　　ウ　水の中

(2) トンボのよう虫はどのようなじゅんじょで育ちますか。次からえらび，記号で書きましょう。（　　　）

ア　よう虫→せい虫

イ　よう虫→さなぎ→せい虫

ウ　よう虫→せい虫→さなぎ

**❷ カブトムシのよう虫をかって，育ち方を調べました。次の問いに答えましょう。** 1つ10点【50点】

(1) カブトムシのよう虫はどれですか。次からえらび，記号で書きましょう。（　　　）

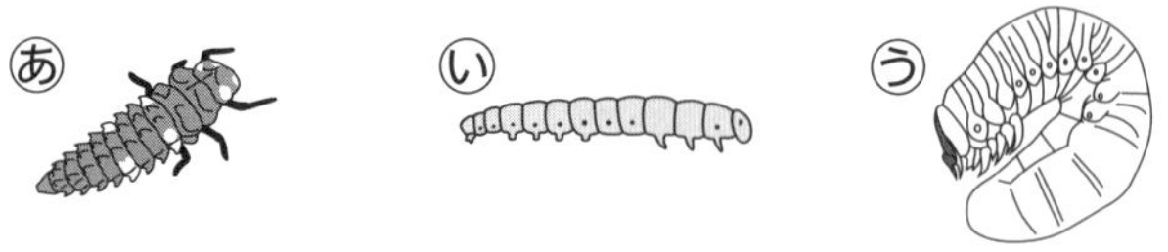


(2) カブトムシのよう虫はどこでくらしていますか。次からえらび，記号で書きましょう。（　　　）

ア　土の中　　イ　葉の上　　ウ　水の中

(3) カブトムシのよう虫は，大きくなるときに皮をぬぎますか。ぬぎませんか。（　　　　　）

(4) カブトムシは育つと，よう虫の次に何になりますか。（　　　　　）

(5) カブトムシと同じ育ち方をする生きものはどれですか。次からえらび，記号で書きましょう。（　　　）

ア　モンシロチョウ　　イ　トンボ

ウ　バッタ　　エ　セミ

**❸ こん虫がすみかにしている場所を調べました。次の問いに答えましょう。** 1つ10点【30点】

(1) こん虫はどんな場所をすみかにしていますか。次から２つえらび，記号で書きましょう。（　　　）（　　　）

ア　食べもののある場所

イ　目立つ場所

ウ　かくれることができる場所

(2) バッタがすみかにしている場所はどこですか。次からえらび，記号で書きましょう。（　　　）

ア　石の下　　イ　草むら　　ウ　木のみき

# 7 植物の育ちとつくり

目ひょう時間 20分

| 学習した日　月　日 | とく点 |
|---|---|
| 名前 | ／100点 |

らくらくマルつけ
3063
解説→312ページ

**❶ ホウセンカの葉が数まい出てから，しばらくかんさつしました。次の問いに答えましょう。**

1つ10点【40点】

(1) ホウセンカの高さはどうなりましたか。次からえらび，記号で書きましょう。（　　）

ア　高くなった。　　イ　ひくくなった。

ウ　かわらなかった。

(2) ホウセンカの葉の数はどうなりましたか。次からえらび，記号で書きましょう。（　　）

ア　へった。　　イ　かわらなかった。

ウ　ふえた。

(3) ホウセンカのくきの太さはどうなりましたか。次からえらび，記号で書きましょう。（　　）

ア　太くなった。　　イ　かわらなかった。

ウ　細くなった。

(4) 葉の形はヒマワリとくらべるとどうですか。次からえらび，記号で書きましょう。（　　）

ア　同じである。　　イ　ちがっている。

**❷ 右の図は，ある植物の体のつくりを表しています。次の問いに答えましょう。**

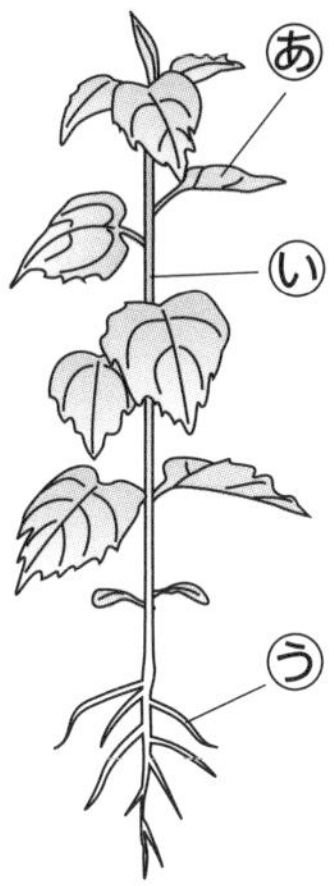

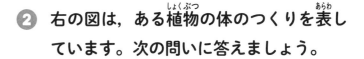

1つ10点【50点】

(1) 図のあ～うの部分のうち，土の中に広がっている部分はどこですか。（　　）

(2) 図のあ～うの部分をそれぞれ何といいますか。

あ（　　　　）

い（　　　　）

う（　　　　）

(3) 植物の体は，どれもあ～うの部分からできているといえますか。（　　　　）

**❸ 植物を花だんに植えかえるために，ビニルポットから出しました。このとき，植物はどのようにして植えますか。次からえらび，記号で書きましょう。**【10点】

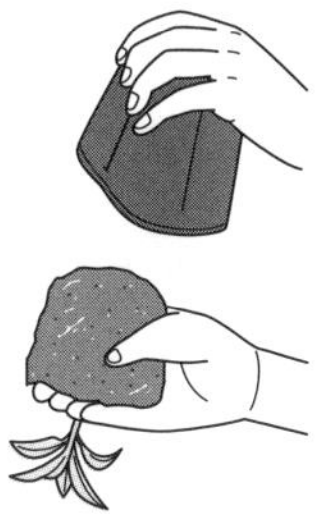

（　　）

ア　土を水であらい落としてから植える。

イ　土がついたまま植える。

理科

# 7 植物の育ちとつくり

目ひょう時間 20分

学習した日　月　日

名前

とく点　／100点

らくらくマルつけ

3063
解説→312ページ

**❶ ホウセンカの葉が数まい出てから，しばらくかんさつしました。次の問いに答えましょう。**

1つ10点【40点】

(1) ホウセンカの高さはどうなりましたか。次からえらび，記号で書きましょう。（　　）

ア　高くなった。　イ　ひくくなった。

ウ　かわらなかった。

(2) ホウセンカの葉の数はどうなりましたか。次からえらび，記号で書きましょう。（　　）

ア　へった。　イ　かわらなかった。

ウ　ふえた。

(3) ホウセンカのくきの太さはどうなりましたか。次からえらび，記号で書きましょう。（　　）

ア　太くなった。　イ　かわらなかった。

ウ　細くなった。

(4) 葉の形はヒマワリとくらべるとどうですか。次からえらび，記号で書きましょう。（　　）

ア　同じである。　イ　ちがっている。

**❷ 右の図は，ある植物の体のつくりを表しています。次の問いに答えましょう。**

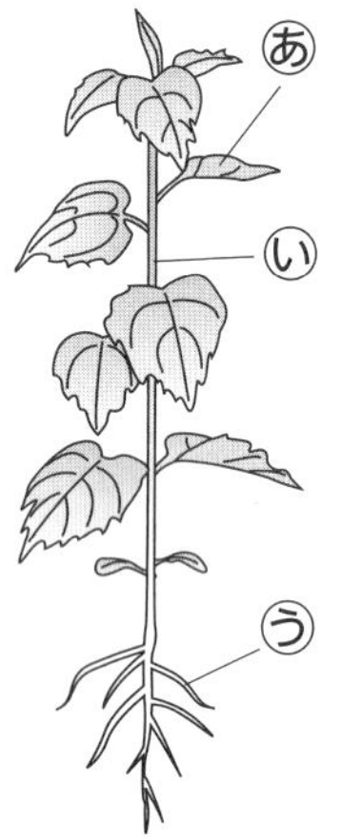


1つ10点【50点】

(1) 図のあ～うの部分のうち，土の中に広がっている部分はどこですか。（　　）

(2) 図のあ～うの部分をそれぞれ何といいますか。

あ（　　　）

い（　　　）

う（　　　）

(3) 植物の体は，どれもあ～うの部分からできているといえますか。（　　　）

**❸ 植物を花だんに植えかえるために，ビニルポットから出しました。このとき，植物はどのようにして植えますか。次からえらび，記号で書きましょう。** 【10点】

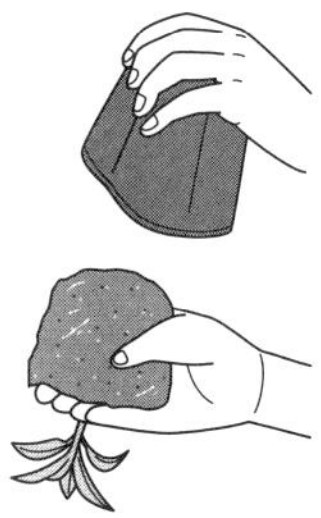

（　　）

ア　土を水であらい落としてから植える。

イ　土がついたまま植える。

# 8 風のはたらき

目ひょう時間 20分

| 学習した日　　月　　日 | とく点 | 3064 |
|---|---|---|
| 名前 | ／100点 | 解説→312ページ |

らくらくマルつけ

**❶ 右の図のような車をつくり，うちわであおぎ，車を動かしました。次の問いに答えましょう。**

1つ10点【40点】

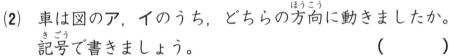

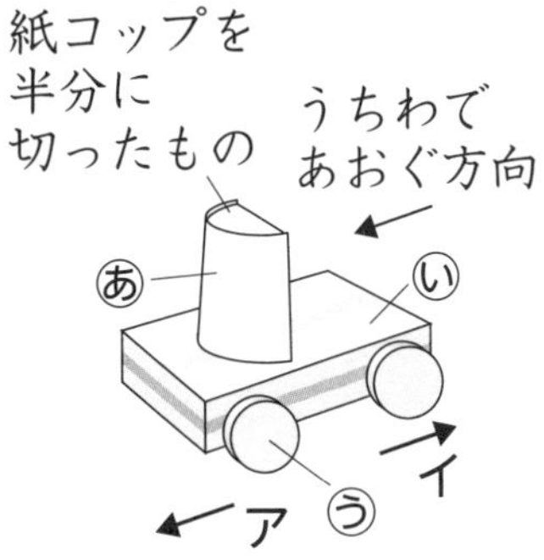


(1) あおいでいるうちわの前に手をかざすと，かざした手に手ごたえはありましたか。　（　　　　）

(2) 車は図のア，イのうち，どちらの方向に動きましたか。記号で書きましょう。　（　　）

(3) 車を動かしたのは何の力ですか。　（　　）

(4) 図のあ～うのうち，(3)を受けて車を動かすはたらきをした部分はどこですか。記号で書きましょう。　（　　）

**❷ 右の図のように，車に送風きで弱い風と強い風をそれぞれ当て，→の方向に車を動かしました。次の問いに答えましょう。**

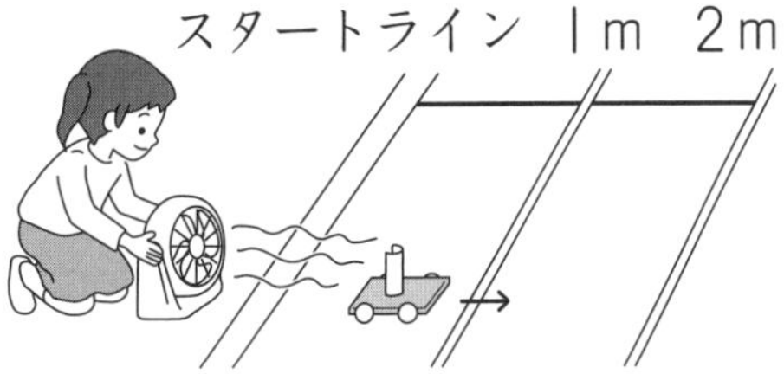


1つ10点【30点】

(1) 弱い風と強い風を当てたときで，車の進むきょりはかわりましたか。　（　　　　）

(2) 風のはたらきについて，正しいものには○，まちがっているものには×を書きましょう。

① 風にはものを動かす力がある。　（　　）

② 風が弱いほど，車はよく進む。　（　　）

**❸ 身のまわりには，風の力で動いているものがたくさんあります。次の問いに答えましょう。**

1つ15点【30点】

(1) 右の図のそうちでは，風の力でプロペラを回して電気をつくっています。これを何発電といいますか。　（　　　）発電

(2) 風の力で動いているものとしてまちがっているものはどれですか。次からえらび，記号で書きましょう。　（　　）

ア　ヨット　　イ　ふうりん
ウ　水車　　エ　こいのぼり

理科

# 8 風のはたらき

目ひょう時間 20分

学習した日　　月　　日

名前

とく点　　／100点

3064
解説→312ページ

らくらくマルつけ

**❶ 右の図のような車をつくり，うちわであおぎ，車を動かしました。次の問いに答えましょう。**

1つ10点【40点】

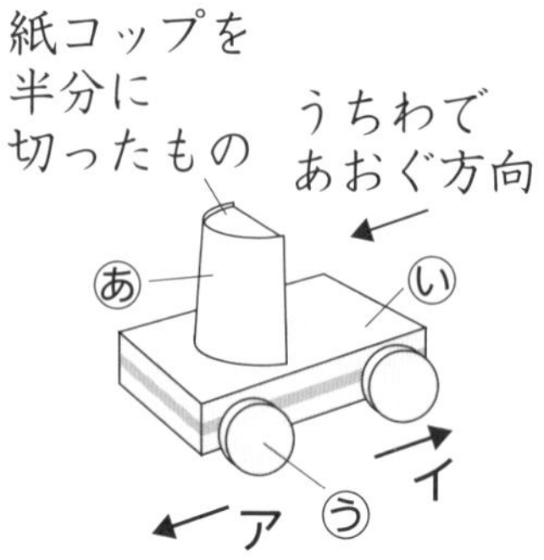


(1) あおいでいるうちわの前に手をかざすと，かざした手に手ごたえはありましたか。　(　　　　　)

(2) 車は図のア，イのうち，どちらの方向に動きましたか。記号で書きましょう。　(　　　)

(3) 車を動かしたのは何の力ですか。　(　　　)

(4) 図のあ～うのうち，(3)を受けて車を動かすはたらきをした部分はどこですか。記号で書きましょう。　(　　　)

**❷ 右の図のように，車に送風きで弱い風と強い風をそれぞれ当て，→の方向に車を動かしました。次の問いに答えましょう。**

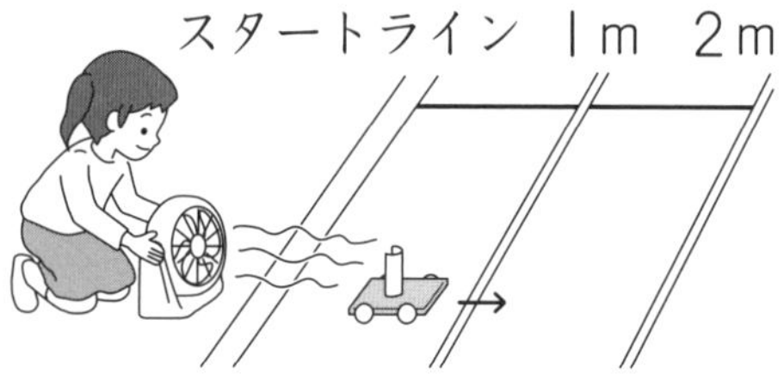


1つ10点【30点】

(1) 弱い風と強い風を当てたときで，車の進むきょりはかわりましたか。　(　　　　　)

(2) 風のはたらきについて，正しいものには○，まちがっているものには×を書きましょう。

① 風にはものを動かす力がある。　(　　　)

② 風が弱いほど，車はよく進む。　(　　　)

**❸ 身のまわりには，風の力で動いているものがたくさんあります。次の問いに答えましょう。**

1つ15点【30点】

(1) 右の図のそうちでは，風の力でプロペラを回して電気をつくっています。これを何発電といいますか。　(　　　　)発電

(2) 風の力で動いているものとしてまちがっているものはどれですか。次からえらび，記号で書きましょう。　(　　　)

ア　ヨット　　イ　ふうりん
ウ　水車　　エ　こいのぼり

# 9 ゴムのはたらき

目ひょう時間 20分

学習した日　月　日

名前

とく点　／100点

3065
解説→312ページ

らくらくマルつけ

**1** 右の図のように，わゴムのついた車を←の方向に引いて手でおさえて，しばらくしてから，手をはなしました。次の問いに答えましょう。

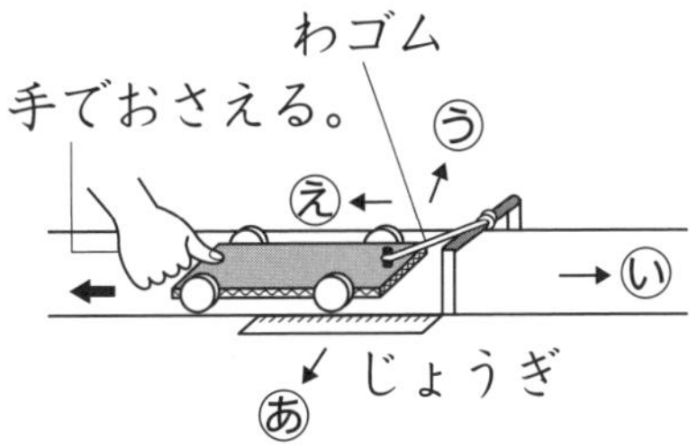


1つ10点【60点】

(1) わゴムのついた車を引くと，手ごたえはありましたか。
（　　　　　）

(2) 車をおさえた手をはなすと，わゴムはもとにもどりましたか。（　　　　　）

(3) 車をおさえた手をはなすと，車は図のあ～えのどの方向に動きましたか。（　　）

(4) 車は何のはたらきによって動きましたか。
（　　　　　）

(5) わゴムを長くのばしたときと短くのばしたときで，車の進むきょりはどうなりますか。次からそれぞれえらび，記号で書きましょう。

長くのばしたとき（　　）

短くのばしたとき（　　）

ア　長くなる。　　イ　短くなる。

**2** 右の図のように，わゴム（1本）のついた車を引いて手でおさえ，手をはなして車を→の方向に動かしました。表は，わゴムを10cmのばしたときと20cmのばしたときの車の進んだきょりを表しています。次の問いに答えましょう。

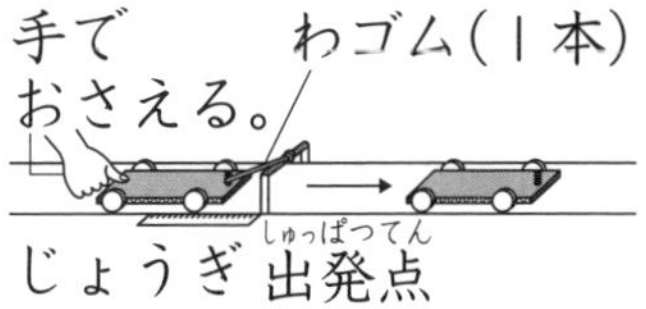


| | 10cm | 20cm |
|---|---|---|
| 1回目 | 2m10cm | 5m90cm |
| 2回目 | 1m90cm | 6m10cm |
| 3回目 | 2m20cm | 6m10cm |

1つ10点【40点】

(1) わゴムを長くのばすと，車の進むきょりはどうなりましたか。
（　　　　　）

(2) わゴムののばす長さを15cmにすると，車の進むきょりは何mくらいになりますか。次からえらび，記号で書きましょう。（　　）

ア　2m　　イ　4m　　ウ　6m　　エ　8m

(3) わゴムを①，②のようにかえると，車の進むきょりはそれぞれどうなりますか。

① 2本にする。（　　　　　）

② 細いものにする。（　　　　　）

理科

# 9 ゴムのはたらき

目ひょう時間 20分

学習した日　　月　　日

名前

とく点　　／100点

らくらくマルつけ　3065　解説→312ページ

**❶ 右の図のように，わゴムのついた車を←の方向に引いて手でおさえて，しばらくしてから，手をはなしました。次の問いに答えましょう。**

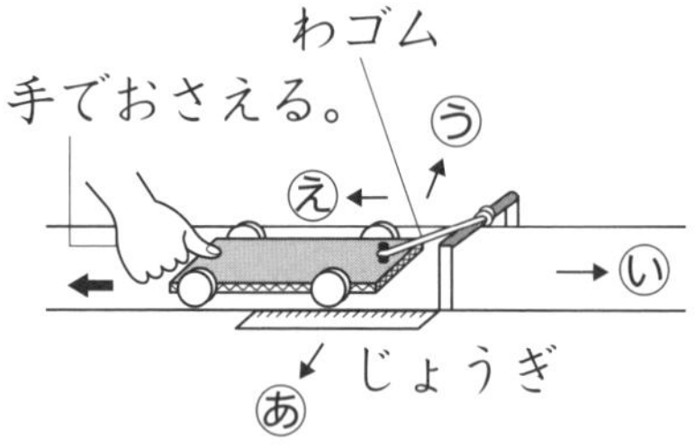


1つ10点【60点】

(1) わゴムのついた車を引くと，手ごたえはありましたか。
（　　　　　　）

(2) 車をおさえた手をはなすと，わゴムはもとにもどりましたか。（　　　　　　）

(3) 車をおさえた手をはなすと，車は図のあ～えのどの方向に動きましたか。（　　　）

(4) 車は何のはたらきによって動きましたか。
（　　　　　　）

(5) わゴムを長くのばしたときと短くのばしたときで，車の進むきょりはどうなりますか。次からそれぞれえらび，記号で書きましょう。

長くのばしたとき（　　　）

短くのばしたとき（　　　）

ア　長くなる。　　イ　短くなる。

**❷ 右の図のように，わゴム（１本）のついた車を引いて手でおさえ，手をはなして車を→の方向に動かしました。表は，わゴムを10cmのばしたときと20cmのばしたときの車の進んだきょりを表しています。次の問いに答えましょう。**

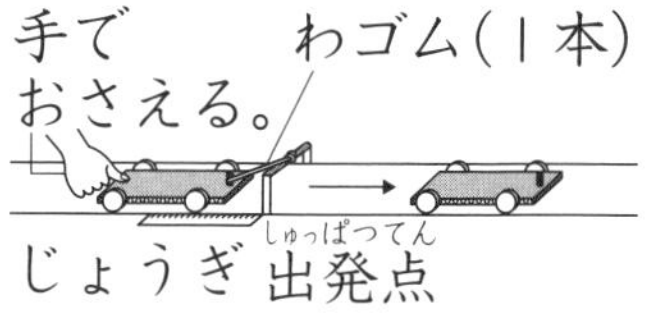


| | 10cm | 20cm |
|---|---|---|
| １回目 | 2m10cm | 5m90cm |
| ２回目 | 1m90cm | 6m10cm |
| ３回目 | 2m20cm | 6m10cm |

1つ10点【40点】

(1) わゴムを長くのばすと，車の進むきょりはどうなりましたか。

（　　　　　　）

(2) わゴムののばす長さを15cmにすると，車の進むきょりは何mくらいになりますか。次からえらび，記号で書きましょう。（　　　）

ア　2m　　イ　4m　　ウ　6m　　エ　8m

(3) わゴムを①，②のようにかえると，車の進むきょりはそれぞれどうなりますか。

①　２本にする。（　　　　　　）

②　細いものにする。（　　　　　　）

# 10 花のかんさつ

目ひょう時間 20分

学習した日　月　日

名前

とく点　／100点

3066
解説→313ページ

らくらくマルつけ

**❶ 春にたねをまいたホウセンカを夏になるまでかんさつしました。次の問いに答えましょう。** 1つ10点【40点】

(1) ホウセンカの高さは，春から夏にかけてどうなりましたか。次からえらび，記号で書きましょう。（　　）

ア　高くなった。　　イ　かわらなかった。

(2) ホウセンカの葉の数はどうなりましたか。次からえらび，記号で書きましょう。（　　）

ア　へった。　　イ　かわらなかった。

ウ　ふえた。

(3) 夏になると，ホウセンカはどうなりましたか。次からえらび，記号で書きましょう。（　　）

ア　つぼみができて，花がさいた。

イ　花がさいて，つぼみになった。

(4) ホウセンカはどのような花をさかせましたか。次からえらび，記号で書きましょう。（　　）

ア

イ

ウ

**❷ 春にたねをまいたヒマワリとホウセンカを夏になるまでかんさつすると，花がさきました。次の問いに答えましょう。** 1つ12点【60点】

(1) 夏になると，ヒマワリとホウセンカの高さはどちらが高くなりましたか。（　　　　）

(2) 夏になると，ヒマワリの葉はどうなりましたか。次からえらび，記号で書きましょう。（　　）

ア　数がふえた。　　イ　数がへった。

ウ　かれてきた。　　エ　かわらなかった。

(3) 夏になると，ヒマワリのくきの太さはどうなりましたか。次からえらび，記号で書きましょう。

（　　）

ア　細くなった。　　イ　太くなった。

ウ　かわらなかった。

(4) ヒマワリとホウセンカの花は何色ですか。次からそれぞれえらび，記号で書きましょう。

ヒマワリ（　　）

ホウセンカ（　　）

ア　赤色　　イ　青色

ウ　黄色　　エ　緑色

＼もう1回チャレンジ!!／

# 10 花のかんさつ

目ひょう時間 20分

学習した日　　月　　日

名前

とく点　　／100点

3066 解説→313ページ

**❶ 春にたねをまいたホウセンカを夏になるまでかんさつしました。次の問いに答えましょう。** 1つ10点【40点】

(1) ホウセンカの高さは，春から夏にかけてどうなりましたか。次からえらび，記号で書きましょう。　(　　)

ア　高くなった。　　イ　かわらなかった。

(2) ホウセンカの葉の数はどうなりましたか。次からえらび，記号で書きましょう。　(　　)

ア　へった。　　イ　かわらなかった。

ウ　ふえた。

(3) 夏になると，ホウセンカはどうなりましたか。次からえらび，記号で書きましょう。　(　　)

ア　つぼみができて，花がさいた。

イ　花がさいて，つぼみになった。

(4) ホウセンカはどのような花をさかせましたか。次からえらび，記号で書きましょう。　(　　)

ア  イ  ウ 

**❷ 春にたねをまいたヒマワリとホウセンカを夏になるまでかんさつすると，花がさきました。次の問いに答えましょう。** 1つ12点【60点】

(1) 夏になると，ヒマワリとホウセンカの高さはどちらが高くなりましたか。　(　　　　)

(2) 夏になると，ヒマワリの葉はどうなりましたか。次からえらび，記号で書きましょう。　(　　)

ア　数がふえた。　　イ　数がへった。

ウ　かれてきた。　　エ　かわらなかった。

(3) 夏になると，ヒマワリのくきの太さはどうなりましたか。次からえらび，記号で書きましょう。　(　　)

ア　細くなった。　　イ　太くなった。

ウ　かわらなかった。

(4) ヒマワリとホウセンカの花は何色ですか。次からそれぞれえらび，記号で書きましょう。

ヒマワリ (　　)

ホウセンカ (　　)

ア　赤色　　イ　青色

ウ　黄色　　エ　緑色

# 11 植物の一生

目ひょう時間 20分

学習した日　　月　　日

名前

とく点　　／100点

らくらくマルつけ
3067
解説→313ページ

**❶ 花のさいているホウセンカを秋までかんさつすると，実ができました。次の問いに答えましょう。**

1つ10点【50点】

(1) 花がさいてから実ができるまでの間に，ホウセンカの高さはどうなりましたか。次からえらび，記号で書きましょう。　(　　　)

ア　2倍い上高くなった。　イ　ひくくなった。

ウ　やや高くなった。

(2) ホウセンカの葉の色はどうなりましたか。次からえらび，記号で書きましょう。　(　　　)

ア　こい緑色になった。　イ　黄色っぽくなった。

(3) ホウセンカはどのような実をつけましたか。次からえらび，記号で書きましょう。　(　　　)

ア 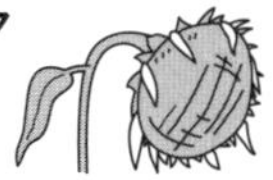

イ 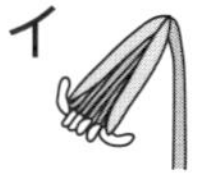

ウ 

(4) ホウセンカの実はどこにできましたか。次からえらび，記号で書きましょう。　(　　　)

ア　花がさいていたところ

イ　葉の先

(5) 実の中には何ができていますか。　(　　　)

**❷ たねをまいて，植物の一生をかんさつしました。あ～えを植物の育つじゅんにならべかえ，1番目と3番目をそれぞれ記号で書きましょう。**

1つ10点【20点】

1番目 (　　　)

3番目 (　　　)

あ　つぼみができて，花がさく。

い　実ができて，かれる。

う　子葉が出る。

え　葉の数がふえ，草たけが高くなる。

**❸ 春にヒマワリのたねをまいて，かれるまでかんさつしました。次の問いに答えましょう。**

1つ10点【30点】

(1) たねからさいしょに出た葉を何といいますか。

(　　　)

(2) 夏になると，花がさく前に何ができますか。

(　　　)

(3) 秋になると，花がさいていたところにやがて何ができますか。　(　　　)

理科

# 11 植物の一生

目ひょう時間 20分

学習した日　月　日
名前
とく点　／100点
3067 解説→313ページ
らくらくマルつけ

**❶ 花のさいているホウセンカを秋までかんさつすると，実ができました。次の問いに答えましょう。**

1つ10点【50点】

(1) 花がさいてから実ができるまでの間に，ホウセンカの高さはどうなりましたか。次からえらび，記号で書きましょう。（　　）

ア　2倍い上高くなった。　イ　ひくくなった。

ウ　やや高くなった。

(2) ホウセンカの葉の色はどうなりましたか。次からえらび，記号で書きましょう。（　　）

ア　こい緑色になった。　イ　黄色っぽくなった。

(3) ホウセンカはどのような実をつけましたか。次からえらび，記号で書きましょう。（　　）

ア 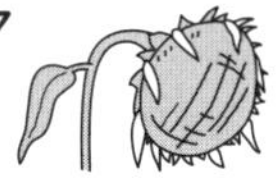

イ 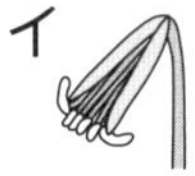

ウ 

(4) ホウセンカの実はどこにできましたか。次からえらび，記号で書きましょう。（　　）

ア　花がさいていたところ

イ　葉の先

(5) 実の中には何ができていますか。（　　）

**❷ たねをまいて，植物の一生をかんさつしました。あ～えを植物の育つじゅんにならべかえ，１番目と３番目をそれぞれ記号で書きましょう。**

1つ10点【20点】

１番目（　　）

３番目（　　）

あ　つぼみができて，花がさく。

い　実ができて，かれる。

う　子葉が出る。

え　葉の数がふえ，草たけが高くなる。

**❸ 春にヒマワリのたねをまいて，かれるまでかんさつしました。次の問いに答えましょう。**

1つ10点【30点】

(1) たねからさいしょに出た葉を何といいますか。

（　　）

(2) 夏になると，花がさく前に何ができますか。

（　　）

(3) 秋になると，花がさいていたところにやがて何ができますか。（　　）

# 12 太陽とかげ①

目ひょう時間 20分

学習した日　　月　　日

名前

とく点　　／100点

らくらくマルつけ

3068
解説→313ページ

**1 図は，かげのでき方を調べたときのようすです。次の問いに答えましょう。**

1つ10点【60点】

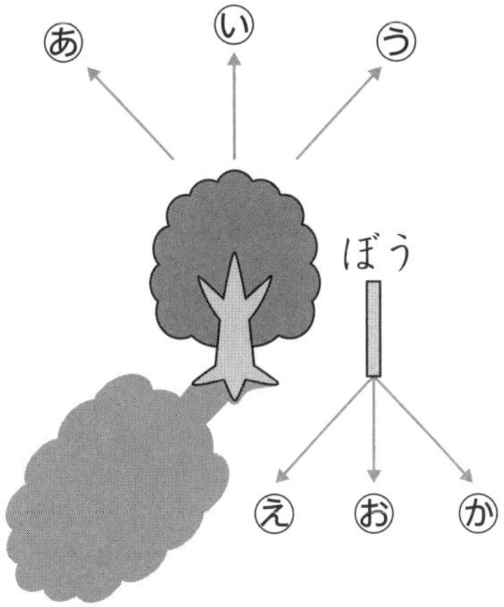


(1) 図で，太陽が見える向きは，あ～うのどれですか。記号で書きましょう。

(　　　)

(2) 太陽を見るときには，何という道具を使いますか。

(　　　　　　　　　)

(3) (2)の道具を使うのはなぜですか。次からえらび，記号で書きましょう。　(　　　)

ア　太陽をくわしくかんさつするため。

イ　太陽を直せつ見ると，目をいためるから。

ウ　太陽の向きがわかりやすいから。

(4) かげは，何をさえぎるものがあるとできますか。

(　　　　　)

(5) 木のとなりに立てたぼうのかげはどこにできますか。図のえ～かからえらび，記号で書きましょう。

(　　　)

(6) かげのでき方について，正しいものはどれですか。次からえらび，記号で書きましょう。

(　　　)

ア　かげの向きは，太陽のいちとかんけいがない。

イ　かげは，太陽と同じがわにできる。

ウ　かげは，太陽の反対がわにできる。

**2 かげふみをして遊びました。次の問いに答えましょう。**

1つ10点【40点】

(1) かげふみで遊ぶときは，どのような天気がよいですか。次からえらび，記号で書きましょう。

(　　　)

ア　晴れ　　イ　くもり　　ウ　雨

(2) かげふみで遊ぶときのにげ方について，次の文中の①～③にあてはまることばを，それぞれ書きましょう。

①(　　　　)　②(　　　　)　③(　　　　)

> 太陽と（　①　）がわににげると，自分の（　②　）にかげができるので，（　③　）から追いかけてくるおににつかまりにくくなる。

理科

# 12 太陽とかげ①

目ひょう時間 20分

学習した日　　月　　日

名前

とく点　　／100点

3068
解説→313ページ

らくらくマルつけ

❶ 図は，かげのでき方を調べたときのようすです。次の問いに答えましょう。

1つ10点【60点】

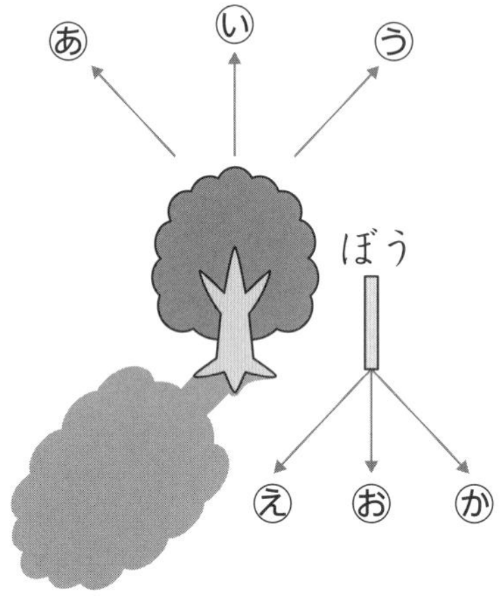


(1) 図で，太陽が見える向きは，あ～うのどれですか。記号で書きましょう。

(　　　)

(2) 太陽を見るときには，何という道具を使いますか。

(　　　　　　　　　　)

(3) (2)の道具を使うのはなぜですか。次からえらび，記号で書きましょう。　(　　　)

ア　太陽をくわしくかんさつするため。

イ　太陽を直せつ見ると，目をいためるから。

ウ　太陽の向きがわかりやすいから。

(4) かげは，何をさえぎるものがあるとできますか。

(　　　　　　　)

(5) 木のとなりに立てたぼうのかげはどこにできますか。図のえ～かからえらび，記号で書きましょう。

(　　　)

(6) かげのでき方について，正しいものはどれですか。次からえらび，記号で書きましょう。

(　　　)

ア　かげの向きは，太陽のいちとかんけいがない。

イ　かげは，太陽と同じがわにできる。

ウ　かげは，太陽の反対がわにできる。

❷ かげふみをして遊びました。次の問いに答えましょう。

1つ10点【40点】

(1) かげふみで遊ぶときは，どのような天気がよいですか。次からえらび，記号で書きましょう。

(　　　)

ア　晴れ　　イ　くもり　　ウ　雨

(2) かげふみで遊ぶときのにげ方について，次の文中の①～③にあてはまることばを，それぞれ書きましょう。

①(　　　　)　②(　　　　)　③(　　　　)

> 太陽と(　①　)がわににげると，自分の(　②　)にかげができるので，(　③　)から追いかけてくるおににつかまりにくくなる。

# 13 太陽とかげ②

目ひょう時間 20分

学習した日　　月　　日
名前
とく点　　／100点

らくらくマルつけ
3069
解説→314ページ

**❶ 太陽のいちと地面に立てたぼうのかげの向きを調べました。右の図は，午前10時，正午，午後2時の太陽のいちとかげのようすを表したものです。次の問いに答えましょう。**

1つ10点【60点】

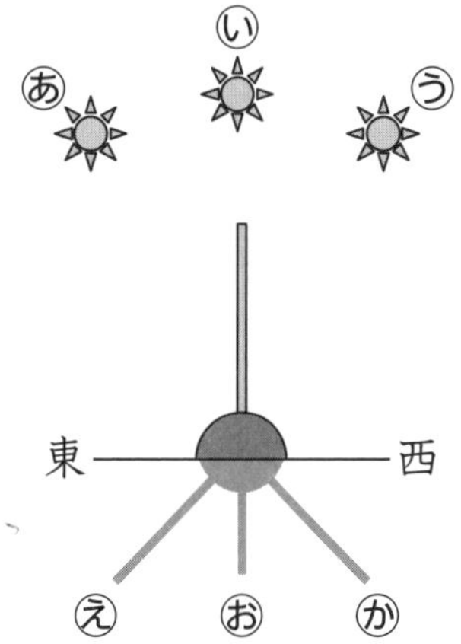


(1) 午前10時の太陽のいちは，図のあ〜うのどれですか。記号で書きましょう。　（　　）

(2) 図のえのかげは，何時のかげを表していますか。次からえらび，記号で書きましょう。　（　　）

ア　午前10時　　イ　正午　　ウ　午後2時

(3) 太陽のいちについて，次の文中の①〜③にあてはまる東西南北のほうい をそれぞれ書きましょう。

①（　　）②（　　）③（　　）

> 太陽のいちは，（ ① ）から（ ② ），そして，そのあとに（ ③ ）へとかわる。

(4) 時間がたつとかげの向きがかわるのはなぜですか。次の文中の（　）にあてはまることばを書きましょう。

（　　）

> 時間がたつとかげの向きがかわるのは，（　）のいちがかわるから。

**❷ 右の図は，ほういを調べる道具です。次の問いに答えましょう。**

1つ10点【40点】

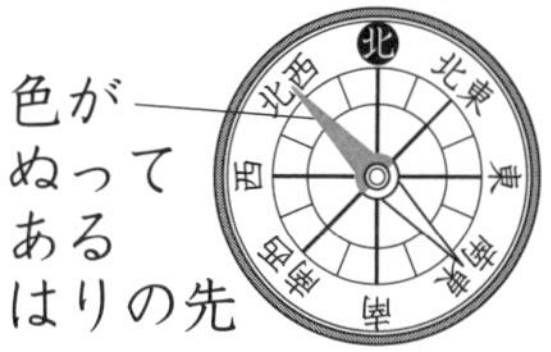


(1) 図の道具を何といいますか。

（　　）

(2) 色がぬってあるはりの先は，どのほういをさしますか。

（　　）

(3) 図の道具の使い方の文として，正しいものには○，まちがっているものには×を書きましょう。

① はりが自由に動くよう水平に持ち，はりの動きが止まるまで待つ。　（　　）

② 色がぬってあるはりの先と文字ばんの「南」の向きを合わせる。　（　　）

理科

# 13 太陽とかげ②

目ひょう時間 20分

学習した日　　月　　日

名前

とく点　　／100点

3069 解説→314ページ

らくらくマルつけ

❶ 太陽のいちと地面に立てたぼうのかげの向きを調べました。右の図は，午前10時，正午，午後2時の太陽のいちとかげのようすを表したものです。次の問いに答えましょう。

1つ10点【60点】

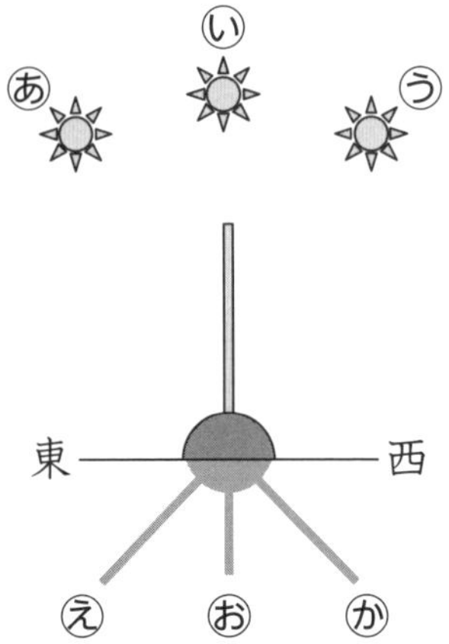


(1) 午前10時の太陽のいちは，図のあ～うのどれですか。記号で書きましょう。　　(　　　)

(2) 図のえのかげは，何時のかげを表していますか。次からえらび，記号で書きましょう。

(　　　)

ア　午前10時　　イ　正午　　ウ　午後2時

(3) 太陽のいちについて，次の文中の①～③にあてはまる東西南北のほういをそれぞれ書きましょう。

①(　　　)　②(　　　)　③(　　　)

> 太陽のいちは，（　①　）から（　②　），そして，そのあとに（　③　）へとかわる。

(4) 時間がたつとかげの向きがかわるのはなぜですか。次の文中の（　　）にあてはまることばを書きましょう。

(　　　　)

> 時間がたつとかげの向きがかわるのは，（　　）のいちがかわるから。

❷ 右の図は，ほういを調べる道具です。次の問いに答えましょう。

1つ10点【40点】

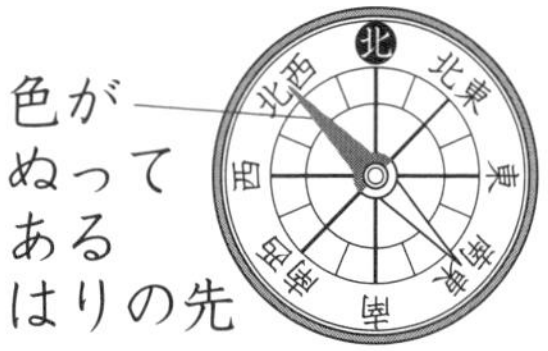


(1) 図の道具を何といいますか。

(　　　　　　)

(2) 色がぬってあるはりの先は，どのほういをさしますか。

(　　　)

(3) 図の道具の使い方の文として，正しいものには○，まちがっているものには×を書きましょう。

① はりが自由に動くよう水平に持ち，はりの動きが止まるまで待つ。　　(　　　)

② 色がぬってあるはりの先と文字ばんの「南」の向きを合わせる。　　(　　　)

# 14 太陽の光と温度①

目ひょう時間 20分

学習した日　　月　　日

名前

とく点　　／100点

3070
解説→314ページ

らくらくマルつけ

**❶ 日なたと日かげの地面のようすを調べました。次の問いに答えましょう。**

1つ10点【20点】

(1) 地面の明るさはどうなっていましたか。次からえらび，記号で書きましょう。　(　　　)

ア　日なたと日かげの明るさは同じ。

イ　日なたより日かげのほうが明るい。

ウ　日なたより日かげのほうが暗い。

(2) 地面のしめり気はどうなっていましたか。次からえらび，記号で書きましょう。　(　　　)

ア　日なたと日かげのしめり気は同じ。

イ　日なたより日かげのほうがしめっている。

ウ　日なたより日かげのほうがかわいている。

**❷ 温度計の使い方について，次の問いに答えましょう。**

1つ10点【20点】

(1) 温度計の目もりを読むとき，目のいちをどこにして読めばよいですか。図のあ～うからえらび，記号で書きましょう。

(　　　)

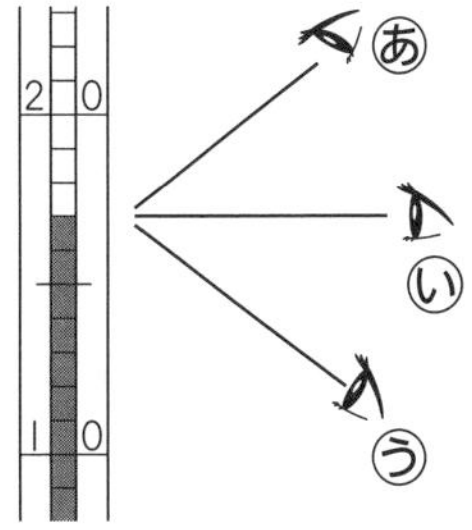


(2) 地面の温度の調べ方としてよいものはどれですか。次からえらび，記号で書きましょう。

(　　　)

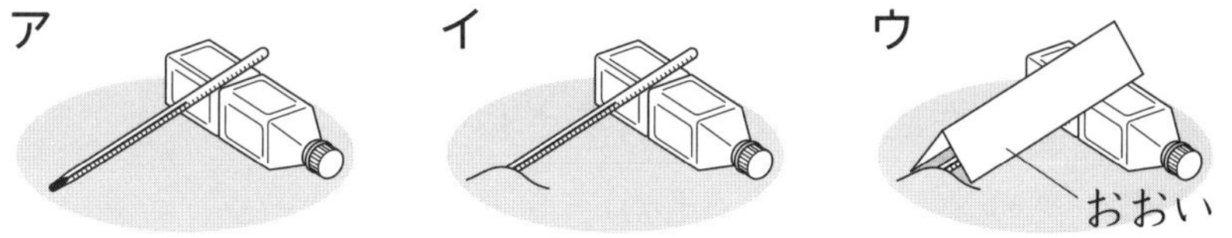


**❸ 晴れた日の午前9時と正午に，日なたと日かげの地面の温度を調べました。図のあ～えは温度計の目もりのようすです。次の問いに答えましょう。**

1つ10点【60点】

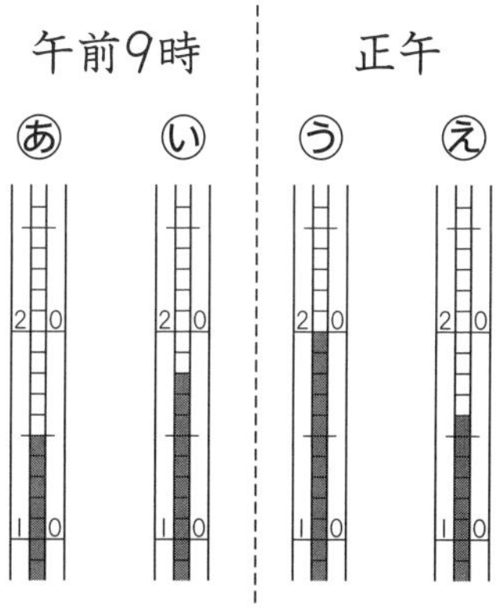


(1) 図のあ～えは，それぞれ何℃ですか。

あ (　　　) ℃　い (　　　) ℃

う (　　　) ℃　え (　　　) ℃

(2) 午前9時と正午に，日なたの地面の温度を調べた温度計は，図のあ～えのどれですか。記号で書きましょう。

午前9時 (　　　)　正午 (　　　)

理科

# 14 太陽の光と温度①

目ひょう時間 20分

学習した日　月　日

名前

とく点　／100点

3070 解説→314ページ

らくらくマルつけ

**❶ 日なたと日かげの地面のようすを調べました。次の問いに答えましょう。**　1つ10点【20点】

(1) 地面の明るさはどうなっていましたか。次からえらび，記号で書きましょう。　(　　　)

ア　日なたと日かげの明るさは同じ。

イ　日なたより日かげのほうが明るい。

ウ　日なたより日かげのほうが暗い。

(2) 地面のしめり気はどうなっていましたか。次からえらび，記号で書きましょう。　(　　　)

ア　日なたと日かげのしめり気は同じ。

イ　日なたより日かげのほうがしめっている。

ウ　日なたより日かげのほうがかわいている。

**❷ 温度計の使い方について，次の問いに答えましょう。**　1つ10点【20点】

(1) 温度計の目もりを読むとき，目のいちをどこにして読めばよいですか。図のあ～うからえらび，記号で書きましょう。

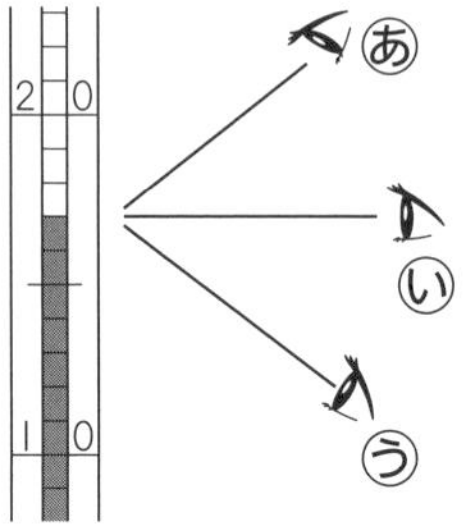


(　　　)

(2) 地面の温度の調べ方としてよいものはどれですか。次からえらび，記号で書きましょう。

(　　　)

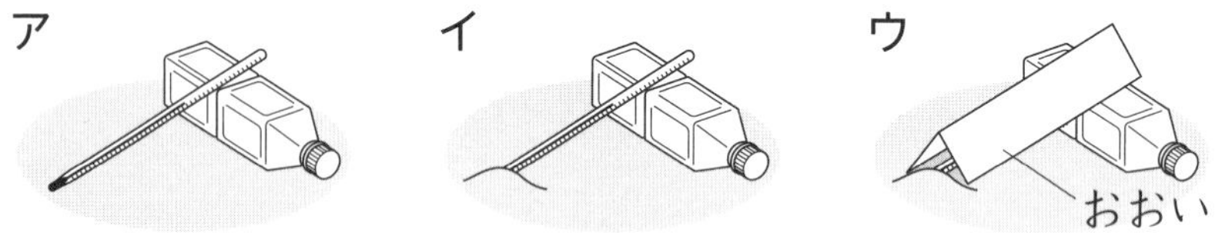


**❸ 晴れた日の午前９時と正午に，日なたと日かげの地面の温度を調べました。図のあ～えは温度計の目もりのようすです。次の問いに答えましょう。**　1つ10点【60点】

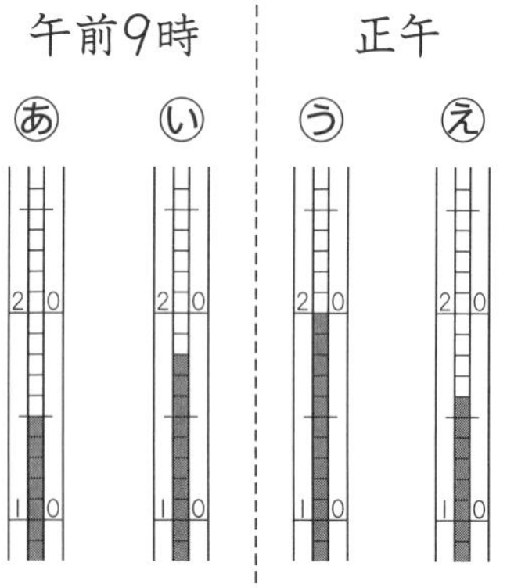


(1) 図のあ～えは，それぞれ何℃ですか。

あ (　　　) ℃　い (　　　) ℃

う (　　　) ℃　え (　　　) ℃

(2) 午前９時と正午に，日なたの地面の温度を調べた温度計は，図のあ～えのどれですか。記号で書きましょう。

午前９時 (　　　)　正午 (　　　)

# 15 太陽の光と温度②

目ひょう時間 20分

学習した日　月　日

名前

とく点　／100点

3071
解説→314ページ

らくらくマルつけ

**❶ 図のように，３まいのかがみに日光を当て，はね返った光をかべに集めました。次の問いに答えましょう。**

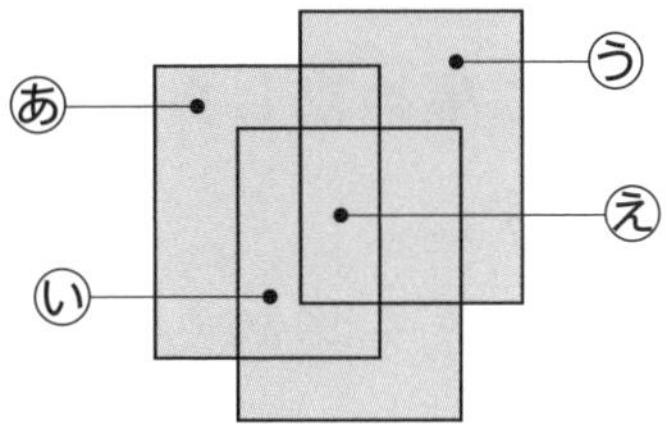


1つ10点【60点】

(1) はね返した日光は，どのように進みますか。

(　　　　　　　　　)

(2) 図のあ～えの部分のうち，１番目に明るい部分と２番目に明るい部分を，それぞれ記号で書きましょう。

１番目に明るい（　　）

２番目に明るい（　　）

(3) 図のあ～えの部分の温度を調べると，いの部分は28℃でした。ほかの部分のけっかについて，正しいものには○，まちがっているものには×を書きましょう。

① うの部分は28℃より高くなる。（　　）

② えの部分は28℃より高くなる。（　　）

③ あ～えの部分はすべて28℃になる。（　　）

**❷ 図のように，虫めがねで日光を黒い紙に集めました。次の問いに答えましょう。**

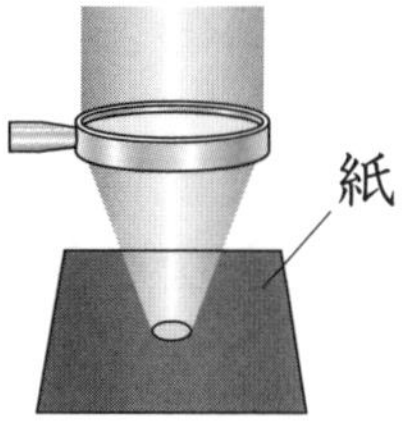


1つ10点【40点】

(1) 日光を集めた部分の明るさは，ほかとくらべてどうなりましたか。次からえらび，記号で書きましょう。（　　）

ア　かわらなかった。　　イ　明るくなった。

ウ　暗くなった。

(2) 日光を集めた部分のあたたかさは，ほかとくらべてどうなりましたか。次からえらび，記号で書きましょう。（　　）

ア　かわらなかった。　　イ　つめたくなった。

ウ　あたたかくなった。

(3) 次の文中の①・②にあてはまることばを，それぞれ書きましょう。

①（　　　　）　②（　　　　）

> 虫めがねを紙から遠ざけて，日光を集めた部分が小さくなるようにすると，日光を集めた部分が小さくなるほど，日光を集めた部分の明るさは（　①　）なり，あたたかさは（　②　）なる。

理科

# 15 太陽の光と温度②

目ひょう時間 20分

学習した日　月　日
名前
とく点　／100点
3071
解説→314ページ

らくらくマルつけ

**❶ 図のように，３まいのかがみに日光を当て，はね返った光をかべに集めました。次の問いに答えましょう。**

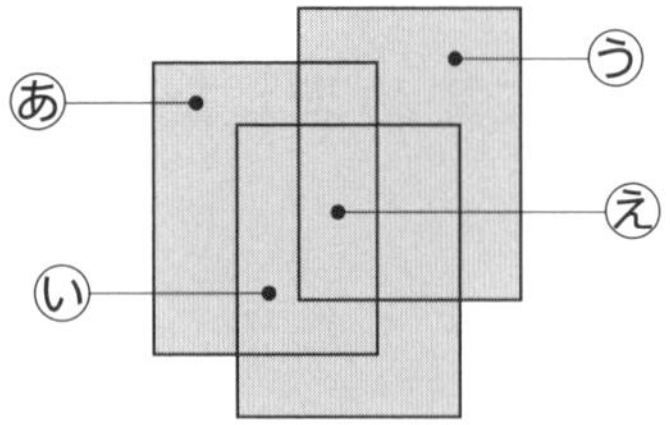


1つ10点【60点】

(1) はね返した日光は，どのように進みますか。

（　　　　　　　　　　　）

(2) 図のあ～えの部分のうち，１番目に明るい部分と２番目に明るい部分を，それぞれ記号で書きましょう。

１番目に明るい（　　　）

２番目に明るい（　　　）

(3) 図のあ～えの部分の温度を調べると，いの部分は28℃でした。ほかの部分のけっかについて，正しいものには○，まちがっているものには×を書きましょう。

① うの部分は28℃より高くなる。（　　　）

② えの部分は28℃より高くなる。（　　　）

③ あ～えの部分はすべて28℃になる。（　　　）

**❷ 図のように，虫めがねで日光を黒い紙に集めました。次の問いに答えましょう。**

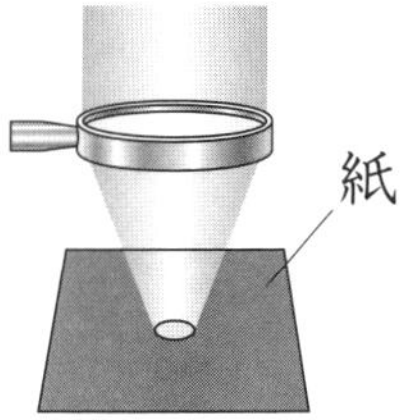


1つ10点【40点】

(1) 日光を集めた部分の明るさは，ほかとくらべてどうなりましたか。次からえらび，記号で書きましょう。（　　　）

ア　かわらなかった。　　イ　明るくなった。
ウ　暗くなった。

(2) 日光を集めた部分のあたたかさは，ほかとくらべてどうなりましたか。次からえらび，記号で書きましょう。（　　　）

ア　かわらなかった。　　イ　つめたくなった。
ウ　あたたかくなった。

(3) 次の文中の①・②にあてはまることばを，それぞれ書きましょう。

①（　　　　　）　②（　　　　　）

> 虫めがねを紙から遠ざけて，日光を集めた部分が小さくなるようにすると，日光を集めた部分が小さくなるほど，日光を集めた部分の明るさは（　①　）なり，あたたかさは（　②　）なる。

# 16 音のせいしつ

目ひょう時間 20分

学習した日　　月　　日

名前

とく点　　／100点

3072
解説→315ページ

らくらくマルつけ

**❶ 右の図のように，ふせんをはったトライアングルをたたいて，音を出しました。次の問いに答えましょう。**

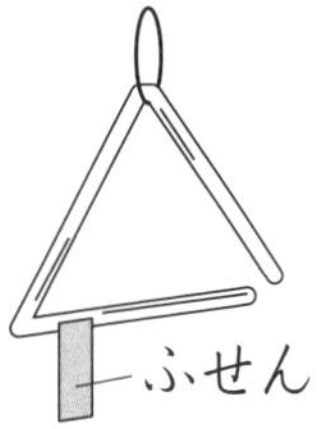


1つ10点【40点】

(1) 音が出ているとき，ふせんのようすはどうなっていますか。

(　　　　　　　　　　)

(2) 音が出ているとき，指先でそっとトライアングルにふれると，トライアングルのようすはどうなっていますか。

(　　　　　　　　　　)

(3) 音が出ているときにトライアングルを手で強くおさえると，音はどうなりますか。

(　　　　　　　　　　)

(4) 音が出ているときにトライアングルを手で強くおさえると，トライアングルのようすはどうなりますか。次からえらび，記号で書きましょう。

(　　　)

ア　ふるえが止まる。

イ　音が出ているときよりふるえが大きくなる。

ウ　音が出ているときとかわらない。

**❷ 右の図のように，たいこの上に小さな紙をたくさんのせ，強くたたいたり弱くたたいたりして，紙の動き方を調べました。次の問いに答えましょう。**

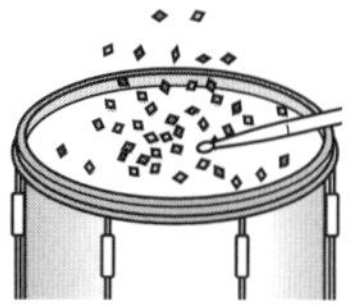

1つ10点【40点】

(1) たいこをたたく強さによって，音の大きさはどうなりましたか。

① 強くたたく。　(　　　　　　　　　　)

② 弱くたたく。　(　　　　　　　　　　)

(2) 音の大きさによって，紙の動き方はどうなりましたか。次からえらび，記号で書きましょう。

① 大きい音 (　　　)　② 小さい音 (　　　)

ア　大きくなった。　　イ　小さくなった。

**❸ 右の図のような糸電話で，友だちと話をしました。次の問いに答えましょう。**

1つ10点【20点】

(1) 糸はどのようにしますか。次からえらび，記号で書きましょう。　(　　　)

ア　たるませておく。　　イ　はっておく。

(2) 話をしているときに指先でそっと糸にふれると，どうなっていますか。　(　　　　　　　　　　)

理科

# 16 音のせいしつ

目ひょう時間 20分

学習した日　　月　　日

名前

とく点　　／100点

らくらくマルつけ　3072　解説→315ページ

**❶ 右の図のように，ふせんをはったトライアングルをたたいて，音を出しました。次の問いに答えましょう。**

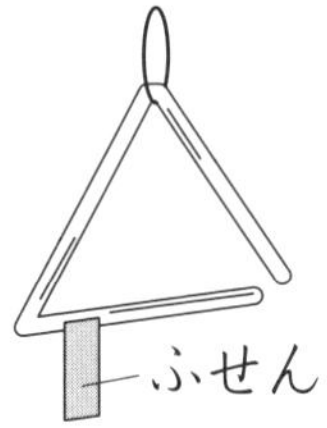


1つ10点【40点】

(1) 音が出ているとき，ふせんのようすはどうなっていますか。

（　　　　　　　　　　）

(2) 音が出ているとき，指先でそっとトライアングルにふれると，トライアングルのようすはどうなっていますか。

（　　　　　　　　　　）

(3) 音が出ているときにトライアングルを手で強くおさえると，音はどうなりますか。

（　　　　　　　　　　）

(4) 音が出ているときにトライアングルを手で強くおさえると，トライアングルのようすはどうなりますか。次からえらび，記号で書きましょう。

（　　　）

ア　ふるえが止まる。

イ　音が出ているときよりふるえが大きくなる。

ウ　音が出ているときとかわらない。

**❷ 右の図のように，たいこの上に小さな紙をたくさんのせ，強くたたいたり弱くたたいたりして，紙の動き方を調べました。次の問いに答えましょう。**

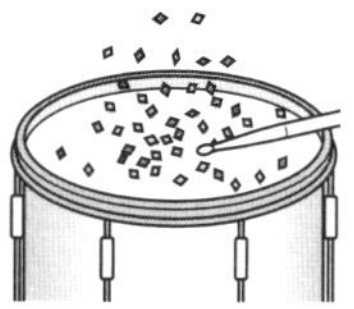

1つ10点【40点】

(1) たいこをたたく強さによって，音の大きさはどうなりましたか。

①　強くたたく。　（　　　　　　　　　　）

②　弱くたたく。　（　　　　　　　　　　）

(2) 音の大きさによって，紙の動き方はどうなりましたか。次からえらび，記号で書きましょう。

①　大きい音（　　　）　②　小さい音（　　　）

ア　大きくなった。　　イ　小さくなった。

**❸ 右の図のような糸電話で，友だちと話をしました。次の問いに答えましょう。**

1つ10点【20点】

(1) 糸はどのようにしますか。次からえらび，記号で書きましょう。　（　　　）

ア　たるませておく。　　イ　はっておく。

(2) 話をしているときに指先でそっと糸にふれると，どうなっていますか。　（　　　　　　　　　　）

# 17 電気の通り道①

目ひょう時間 20分

学習した日　　月　　日

名前

とく点　　／100点

らくらくマルつけ

3073
解説→315ページ

**❶ 右の図のように，かん電池と豆電球をどう線でつなぎました。次の問いに答えましょう。**

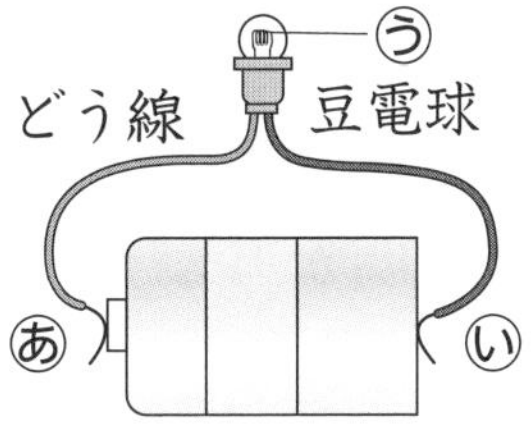


1つ10点【50点】

(1) 図のように，わになっている電気の通り道を何といいますか。　(　　　　)

(2) かん電池の㋐，㋑のきょくをそれぞれ何といいますか。

㋐(　　　)きょく　㋑(　　　)きょく

(3) 図の㋒の部分を何といいますか。

(　　　　)

(4) ソケットを使わずに，豆電球に明かりをつけることはできますか。　(　　　　)

**❷ どう線をつなぐとき，ビニルのおおいはどうしますか。次からえらび，記号で書きましょう。**　【10点】

(　　　)

㋐

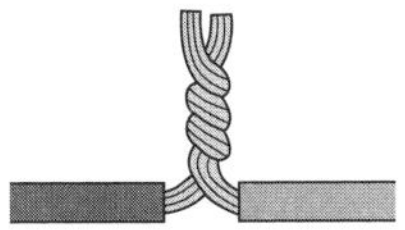

両方のおおいを取る。

㋑

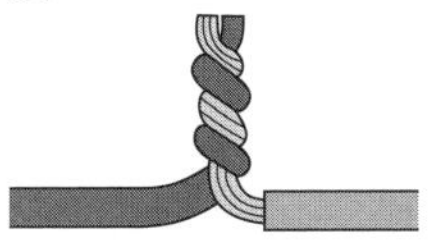

一方のおおいを取る。

㋒

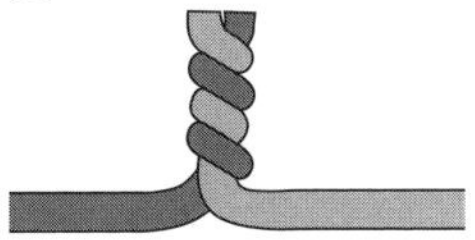

おおいは取らない。

**❸ かん電池と豆電球を使って，明かりがつくかどうかを調べました。次の問いに答えましょう。**　1つ10点【40点】

(1) 明かりがつくものには○，明かりがつかないものには×を書きましょう。

①

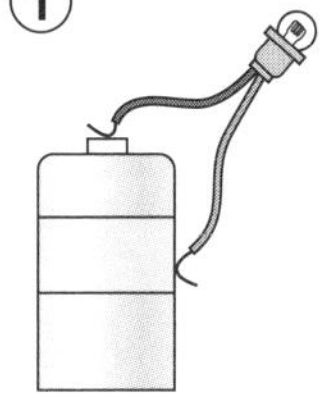

②

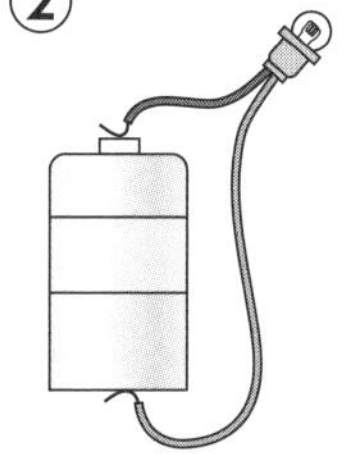

③

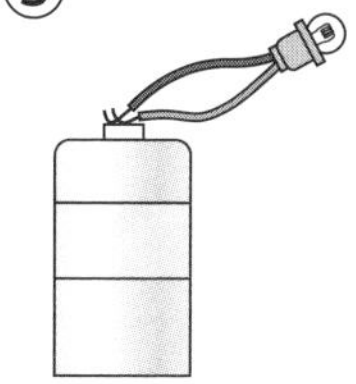

(　　)　(　　)　(　　)

(2) 豆電球に明かりがつくのは，どう線がどのようにつながっているときですか。次からえらび，記号で書きましょう。

(　　　)

ア　かん電池の＋きょくだけにつながっているとき。

イ　かん電池の－きょくだけにつながっているとき。

ウ　かん電池の＋きょくと－きょくのどちらにもつながっていないとき。

エ　かん電池の＋きょくと－きょくのどちらにもつながっているとき。

理科

# 17 電気の通り道①

目ひょう時間 20分

学習した日　　月　　日

名前

とく点　　／100点

3073
解説→315ページ

らくらくマルつけ

**❶ 右の図のように，かん電池と豆電球をどう線でつなぎました。次の問いに答えましょう。**

1つ10点【50点】

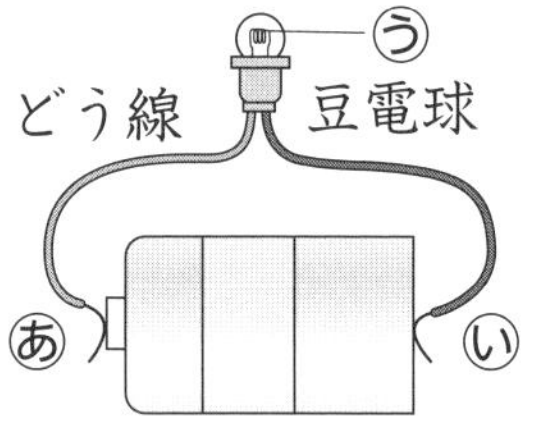


(1) 図のように，わになっている電気の通り道を何といいますか。　（　　　　　）

(2) かん電池のあ，いのきょくをそれぞれ何といいますか。

あ（　　　）きょく　い（　　　）きょく

(3) 図のうの部分を何といいますか。

（　　　　　　　）

(4) ソケットを使わずに，豆電球に明かりをつけることはできますか。　（　　　　　）

**❷ どう線をつなぐとき，ビニルのおおいはどうしますか。次からえらび，記号で書きましょう。**

【10点】

（　　　）

あ

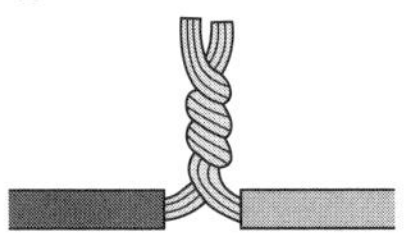

両方のおおいを取る。

い

一方のおおいを取る。

う

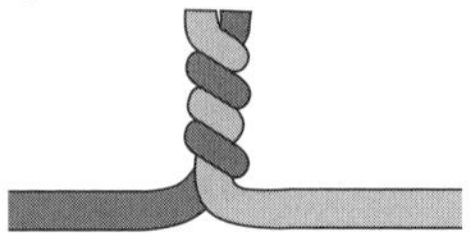

おおいは取らない。

**❸ かん電池と豆電球を使って，明かりがつくかどうかを調べました。次の問いに答えましょう。**

1つ10点【40点】

(1) 明かりがつくものには○，明かりがつかないものには×を書きましょう。

①

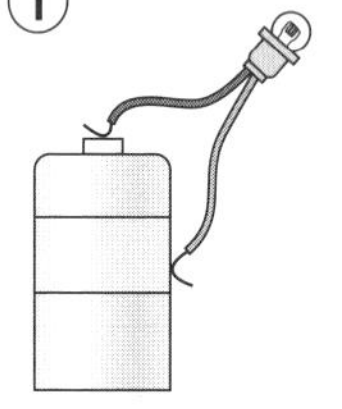

②

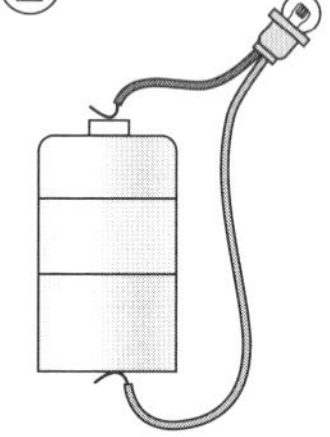

③

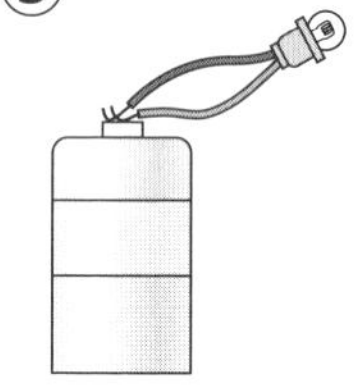

（　　）　（　　）　（　　）

(2) 豆電球に明かりがつくのは，どう線がどのようにつながっているときですか。次からえらび，記号で書きましょう。

（　　　）

ア　かん電池の＋きょくだけにつながっているとき。

イ　かん電池の－きょくだけにつながっているとき。

ウ　かん電池の＋きょくと－きょくのどちらにもつながっていないとき。

エ　かん電池の＋きょくと－きょくのどちらにもつながっているとき。

# 18 電気の通り道②

目ひょう時間 20分

学習した日　月　日

名前

とく点　／100点

3074
解説→315ページ

**❶ 図のように，豆電球とかん電池をつないだものを用意しました。［　　］の部分にさまざまなものをつなぎ，豆電球に明かりがつくかどうかを調べました。次の問いに答えましょう。**

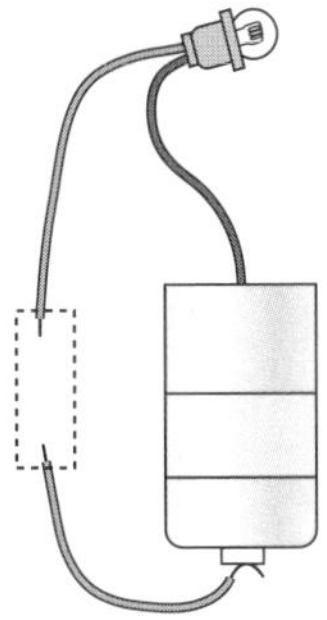

1つ10点【90点】

(1) ［　　］の部分につないだとき，明かりがつくものには○，明かりがつかないものには×を書きましょう。

①　わゴム　②　ゼムクリップ(鉄)　③　10円玉(銅)

(　　)　(　　)　(　　)

④　ノート(紙)　⑤　ペットボトル(プラスチック)　⑥　アルミニウムはく

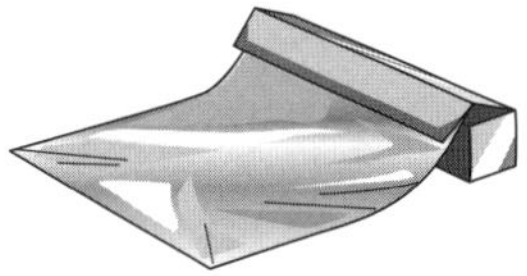

(　　)　(　　)　(　　)

(2) ［　　］の部分にさまざまなものをつなぐことで，どのようなことがわかりますか。次からえらび，記号で書きましょう。(　　)

ア　温度が高いかどうかがわかる。

イ　電気が通っているかどうかがわかる。

ウ　紙でできているかどうかがわかる。

(3) 次の文中の①・②にあてはまることばを，それぞれ書きましょう。①(　　　)　②(　　　)

| |
|---|
| 鉄や銅，アルミニウムなどを（　①　）といい，電気を（　②　）せいしつがある。 |

**❷ 図のアルミニウムの空きかんの色がぬってある部分にどう線をつなぎ，かん電池と豆電球をつなぐと，豆電球には明かりがつきませんでした。明かりがつかなかった理由を，次からえらび，記号で書きましょう。**【10点】(　　)

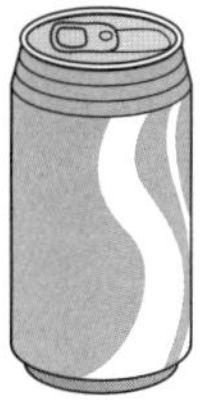

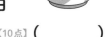

ア　アルミニウムは電気を通さないから。

イ　かんの表面は金ぞくでおおわれているから。

ウ　かんの表面は金ぞくでないものでおおわれているから。

# 18 電気の通り道②

目ひょう時間 20分

✎学習した日　　月　　日

名前

とく点　　／100点

3074
解説→315ページ

らくらくマルつけ

❶ 図のように，豆電球とかん電池をつないだものを用意しました。［　　］の部分にさまざまなものをつなぎ，豆電球に明かりがつくかどうかを調べました。次の問いに答えましょう。

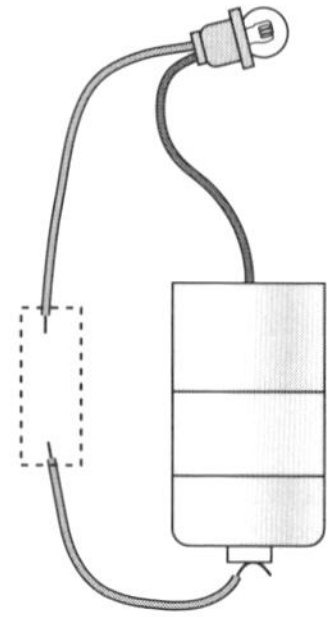

1つ10点【90点】

(1) ［　　］の部分につないだとき，明かりがつくものには○，明かりがつかないものには×を書きましょう。

① わゴム　② ゼムクリップ(鉄)　③ 10円玉(銅)

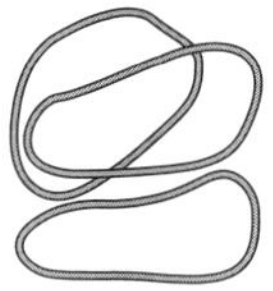

(　　)　(　　)　(　　)

④ ノート(紙)　⑤ ペットボトル(プラスチック)　⑥ アルミニウムはく

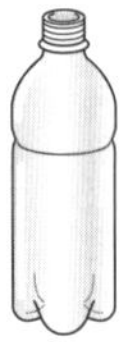
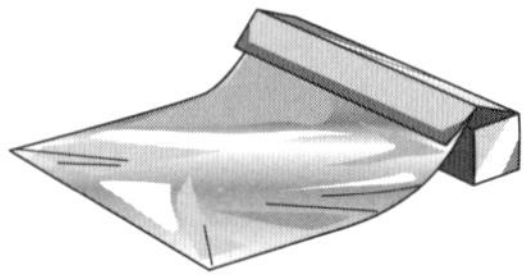

(　　)　(　　)　(　　)

(2) ［　　］の部分にさまざまなものをつなぐことで，どのようなことがわかりますか。次からえらび，記号で書きましょう。　(　　)

ア　温度が高いかどうかがわかる。
イ　電気が通っているかどうかがわかる。
ウ　紙でできているかどうかがわかる。

(3) 次の文中の①・②にあてはまることばを，それぞれ書きましょう。　①(　　　)　②(　　　)

> 鉄や銅，アルミニウムなどを（　①　）といい，電気を（　②　）せいしつがある。

❷ 図のアルミニウムの空きかんの色がぬってある部分にどう線をつなぎ，かん電池と豆電球をつなぐと，豆電球には明かりがつきませんでした。明かりがつかなかった理由を，次からえらび，記号で書きましょう。【10点】(　　)

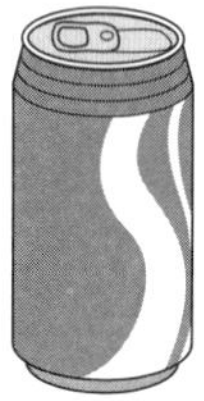

ア　アルミニウムは電気を通さないから。
イ　かんの表面は金ぞくでおおわれているから。
ウ　かんの表面は金ぞくでないものでおおわれているから。

# 19 じしゃく①

目ひょう時間 20分

学習した日　月　日
名前
とく点　／100点

らくらくマルつけ
3075
解説→316ページ



❶ **じしゃくをさまざまなものに近づけて，じしゃくに引きつけられるかどうかを調べました。次の問いに答えましょう。**

1つ10点【70点】

(1) じしゃくを近づけたとき，じしゃくに引きつけられるものには○，引きつけられないものには×を書きましょう。

① コップ(ガラス)

(　　　)

② 鉄くぎ

(　　　)

③ 消しゴム(プラスチック)

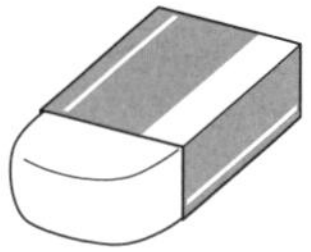

(　　　)

④ わりばし(木)

(　　　)

⑤ 1円玉(アルミニウム)

(　　　)

⑥ 空きかん(鉄)

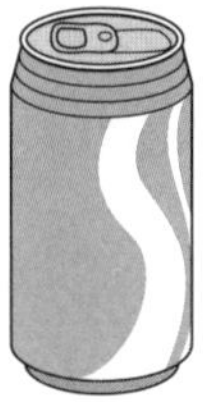

(　　　)

(2) じしゃくに引きつけられるものは何でできていますか。

(　　　　　　)

❷ **図のように，じしゃくと鉄のクリップの間に下じきをはさんで，じしゃくをクリップに近づけました。下じきのまい数をかえて，じしゃくに引きつけられるクリップの数を調べました。あとの問いに答えましょう。**

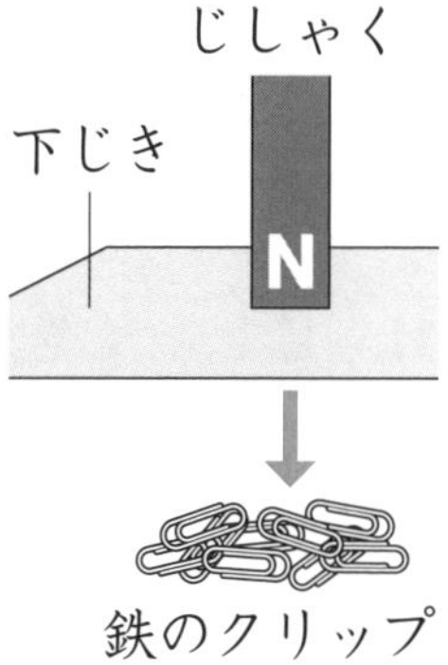


1つ10点【30点】

| 下じきのまい数 | 1まい | 2まい | 3まい |
|---|---|---|---|
| クリップの数 | 16こ | 2こ | 0こ |

(1) じしゃくは，はなれていてもクリップを引きつけますか。

(　　　　　　)

(2) けっかについて，正しいものには○，まちがっているものには×を書きましょう。

① じしゃくとクリップのきょりがかわっても，じしゃくがクリップを引きつける力はかわらない。

(　　)

② じしゃくとクリップの間に下じきがあっても，じしゃくはクリップを引きつける。

(　　)

# 19 じしゃく①

目ひょう時間 20分

学習した日　　月　　日

名前

とく点　　／100点

3075
解説→316ページ

らくらくマルつけ

**❶ じしゃくをさまざまなものに近づけて，じしゃくに引きつけられるかどうかを調べました。次の問いに答えましょう。**

1つ10点【70点】

(1) じしゃくを近づけたとき，じしゃくに引きつけられるものには○，引きつけられないものには×を書きましょう。

① コップ(ガラス)　② 鉄くぎ　③ 消しゴム(プラスチック)

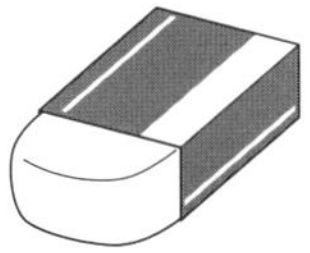

(　　)　(　　)　(　　)

④ わりばし(木)　⑤ 1円玉(アルミニウム)　⑥ 空きかん(鉄)

(　　)　(　　)　(　　)

(2) じしゃくに引きつけられるものは何でできていますか。

(　　　　)

**❷ 図のように，じしゃくと鉄のクリップの間に下じきをはさんで，じしゃくをクリップに近づけました。下じきのまい数をかえて，じしゃくに引きつけられるクリップの数を調べました。あとの問いに答えましょう。**

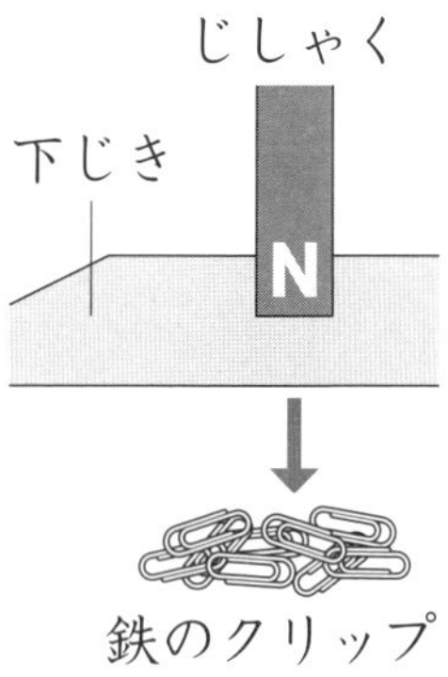


1つ10点【30点】

| 下じきのまい数 | 1まい | 2まい | 3まい |
|---|---|---|---|
| クリップの数 | 16こ | 2こ | 0こ |

(1) じしゃくは，はなれていてもクリップを引きつけますか。

(　　　　)

(2) けっかについて，正しいものには○，まちがっているものには×を書きましょう。

① じしゃくとクリップのきょりがかわっても，じしゃくがクリップを引きつける力はかわらない。

(　　)

② じしゃくとクリップの間に下じきがあっても，じしゃくはクリップを引きつける。

(　　)

# 20 じしゃく②

目ひょう時間 20分

| 学習した日　　月　　日 | とく点 | 3076 |
|---|---|---|
| 名前 | ／100点 | 解説→316ページ |



**1 2つのじしゃくのきょくどうしを近づけました。次の問いに答えましょう。** 1つ10点【40点】

(1) 右の図のように，じしゃくのSきょくとSきょくを近づけると，引き合いますか，しりぞけ合いますか。

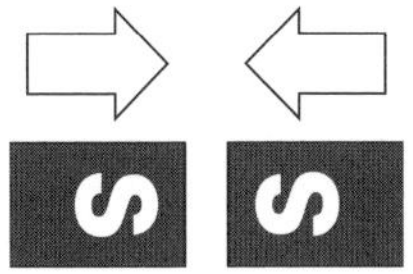


(　　　　　　　　　　　　)

(2) 右の図のように，(あ)のきょくとSきょくを近づけると，引き合いました。(あ)のきょくは何きょくですか。

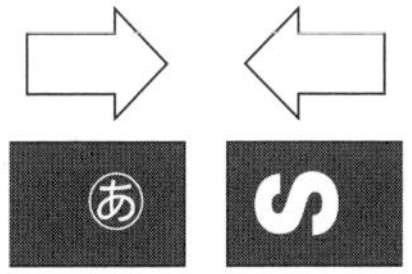


(　　　　)きょく

(3) 次の文中の①・②にあてはまることばを，それぞれ書きましょう。　①(　　　　　　)　②(　　　　　　)

> じしゃくのきょくどうしを近づけるとき，(　①　)きょくどうしを近づけると引き合い，(　②　)きょくどうしを近づけるとしりぞけ合う。

**2 じしゃくが鉄のクリップを引きつけるようすを調べました。図を見て，次の問いに答えましょう。** 1つ10点【30点】

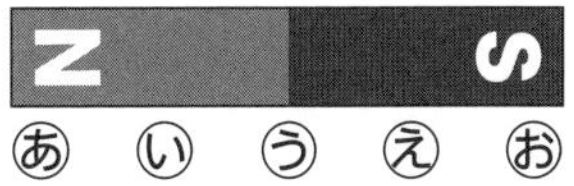


(1) 図の(あ)～(お)のうち，クリップを引きつける力が強い部分を2つえらび，記号で書きましょう。

(　　　)(　　　)

(2) 図の(あ)～(お)のうち，クリップがつかなかったのはどこですか。記号で書きましょう。(　　　)

**3 図のように，じしゃくのはしに，鉄のくぎ(あ)，(い)をつけました。次の問いに答えましょう。** 1つ10点【30点】

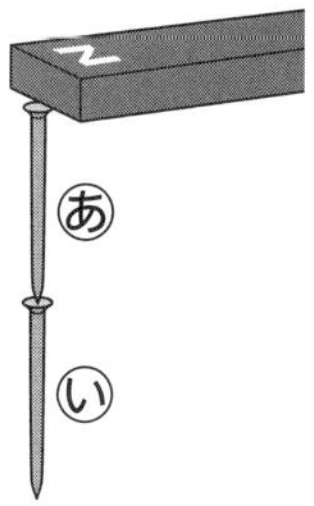


(1) (あ)のくぎをじしゃくからそっとはなすと，(い)のくぎはどうなりますか。次からえらび，記号で書きましょう。(　　　)

ア　(あ)のくぎからはなれる。

イ　(あ)のくぎについたまま。

ウ　(あ)のくぎの頭に(い)のくぎの先がつく。

(2) (あ)のくぎをじしゃくからはなして鉄のクリップに近づけると，クリップは(あ)のくぎに引きつけられますか。

(　　　　　　　　　　)

(3) (あ)のくぎはじしゃくになっているといえますか。

(　　　　　　　　　　)

# 20 じしゃく②

目ひょう時間 20分

学習した日　月　日

名前

とく点　／100点

3076 解説→316ページ

らくらくマルつけ

**❶ 2つのじしゃくのきょくどうしを近づけました。次(つぎ)の問(と)いに答えましょう。** 1つ10点【40点】

(1) 右の図のように，じしゃくのＳ(エス)きょくとＳきょくを近づけると，引き合いますか，しりぞけ合いますか。

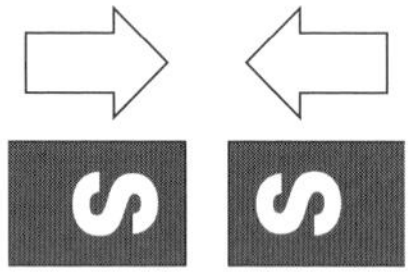


(　　　　　　　　)

(2) 右の図のように，あのきょくとＳきょくを近づけると，引き合いました。あのきょくは何きょくですか。

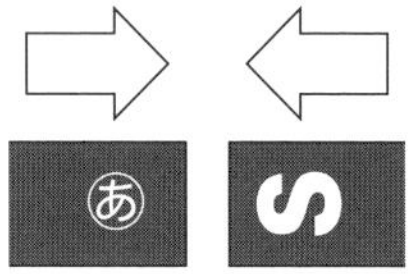


(　　　)きょく

(3) 次の文中の①・②にあてはまることばを，それぞれ書きましょう。　①(　　　　)　②(　　　　)

> じしゃくのきょくどうしを近づけるとき，(　①　)きょくどうしを近づけると引き合い，(　②　)きょくどうしを近づけるとしりぞけ合う。

**❷ じしゃくが鉄(てつ)のクリップを引きつけるようすを調(しら)べました。図を見て，次の問いに答えましょう。** 1つ10点【30点】

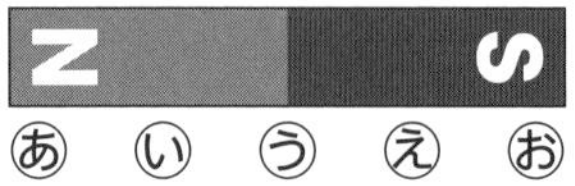


(1) 図のあ～おのうち，クリップを引きつける力が強い部分(ぶぶん)を２つえらび，記号(きごう)で書きましょう。

(　　　)(　　　)

(2) 図のあ～おのうち，クリップがつかなかったのはどこですか。記号で書きましょう。　(　　　)

**❸ 図のように，じしゃくのはしに，鉄のくぎあ，いをつけました。次の問いに答えましょう。** 1つ10点【30点】

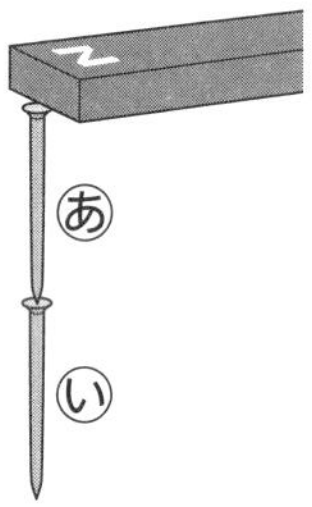


(1) あのくぎをじしゃくからそっとはなすと，いのくぎはどうなりますか。次からえらび，記号で書きましょう。　(　　　)

ア　あのくぎからはなれる。

イ　あのくぎについたまま。

ウ　あのくぎの頭にいのくぎの先がつく。

(2) あのくぎをじしゃくからはなして鉄のクリップに近づけると，クリップはあのくぎに引きつけられますか。

(　　　　　　　)

(3) あのくぎはじしゃくになっているといえますか。

(　　　　　　　)

# 21 ものの重(おも)さ

目ひょう時間 20分

学習した日　　月　　日

名前

とく点　　／100点

らくらくマルつけ

3077

解説→316ページ

**1 右の図のように，はかりにねん土をのせて重(おも)さをはかると120gでした。次(つぎ)の問(と)いに答えましょう。**

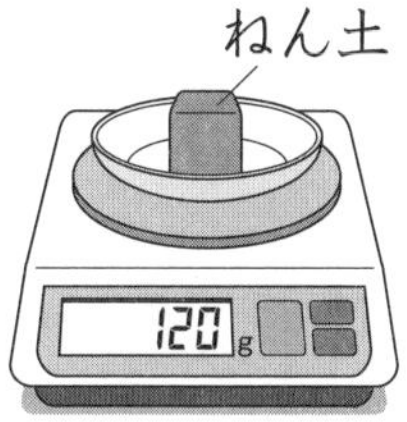


1つ10点【60点】

(1) はかりにねん土をのせる前に，数字を何gに合わせますか。　　（　　　）g

(2) 重さのたんいの「g」を何と読みますか。

（　　　　　　）

(3) あ，い，うのように，右上の図のねん土の形をかえて重さをはかると，重さはどうなりますか。あとからそれぞれえらび，記号(きごう)で書きましょう。

あ（　　　）　い（　　　）　う（　　　）

ア　120gより軽(かる)くなる。

イ　120gより重くなる。

ウ　120gのままかわらない。

(4) 次の文中の（　　）にあてはまることばを書きましょう。

（　　　　　　）

| ものの形をかえたとき，重さは（　　　）。 |
|---|

**2 右の表(ひょう)は，同じ形で同じ大きさの3しゅるいのおもりの重さをまとめたものです。次の問いに答えましょう。**

| もののしゅるい | 重さ |
|---|---|
| アルミニウム | 80g |
| 木 | 16g |
| プラスチック | 29g |

1つ10点【40点】

(1) ものの大きさ（かさ）のことを何といいますか。

（　　　　　）

(2) 3しゅるいのうち，いちばん軽いおもりはどれですか。

（　　　　　　）

(3) 3しゅるいのうち，いちばん重いおもりはどれですか。

（　　　　　　）

(4) 次の文中の（　　）にあてはまることばを書きましょう。

（　　　　　）

| 同じかさのものの重さをくらべると，もののしゅるいによって，重さは（　　）。 |
|---|

理科

# 21 ものの重さ

目ひょう時間 20分

学習した日　月　日
名前
とく点　／100点
3077
解説→316ページ

**❶ 右の図のように，はかりにねん土をのせて重さをはかると120gでした。次の問いに答えましょう。**

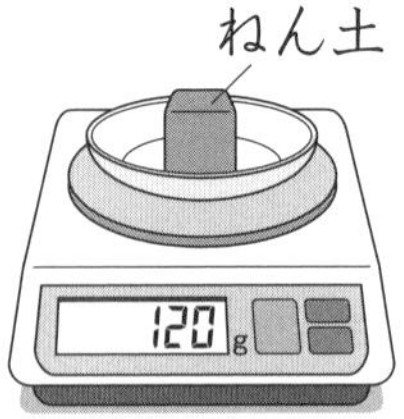


1つ10点【60点】

(1) はかりにねん土をのせる前に，数字を何gに合わせますか。　（　　）g

(2) 重さのたんいの「g」を何と読みますか。　（　　　）

(3) あ，い，うのように，右上の図のねん土の形をかえて重さをはかると，重さはどうなりますか。あとからそれぞれえらび，記号で書きましょう。

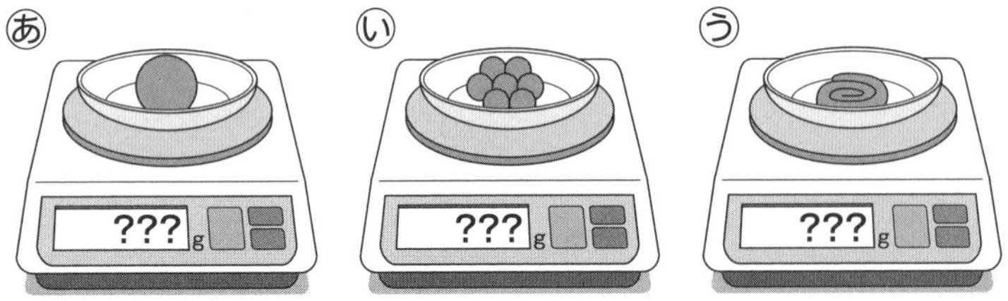


あ（　　）　い（　　）　う（　　）

ア　120gより軽くなる。
イ　120gより重くなる。
ウ　120gのままかわらない。

(4) 次の文中の（　）にあてはまることばを書きましょう。　（　　　）

> ものの形をかえたとき，重さは（　　）。

**❷ 右の表は，同じ形で同じ大きさの3しゅるいのおもりの重さをまとめたものです。次の問いに答えましょう。**

| もののしゅるい | 重さ |
|---|---|
| アルミニウム | 80g |
| 木 | 16g |
| プラスチック | 29g |

1つ10点【40点】

(1) ものの大きさ（かさ）のことを何といいますか。　（　　　）

(2) 3しゅるいのうち，いちばん軽いおもりはどれですか。　（　　　）

(3) 3しゅるいのうち，いちばん重いおもりはどれですか。　（　　　）

(4) 次の文中の（　）にあてはまることばを書きましょう。　（　　　）

> 同じかさのものの重さをくらべると，もののしゅるいによって，重さは（　）。

らくらくマルつけ

# 22 まとめのテスト①

目ひょう時間 20分

| 学習した日　月　日 | とく点 | |
|---|---|---|
| 名前 | ／100点 | 3078 解説→317ページ |

3078 解説→317ページ

**1 いろいろな植物のたねをかんさつしました。あとの問いに答えましょう。** 1つ10点【30点】

(1) ホウセンカとヒマワリのたねはどれですか。図のあ～えからそれぞれえらび，記号で書きましょう。

ホウセンカ（　　）　ヒマワリ（　　）

(2) ホウセンカは，たねからどのように育ちますか。次からえらび，記号で書きましょう。（　　）

ア　たねから１まいの子葉が出てくる。

イ　たねから２まいの子葉が出てくる。

ウ　たねからたくさんの子葉が出てくる。

**2 下の図は，モンシロチョウの育つようすです。あとの問いに答えましょう。** 1つ10点【40点】

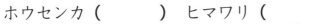

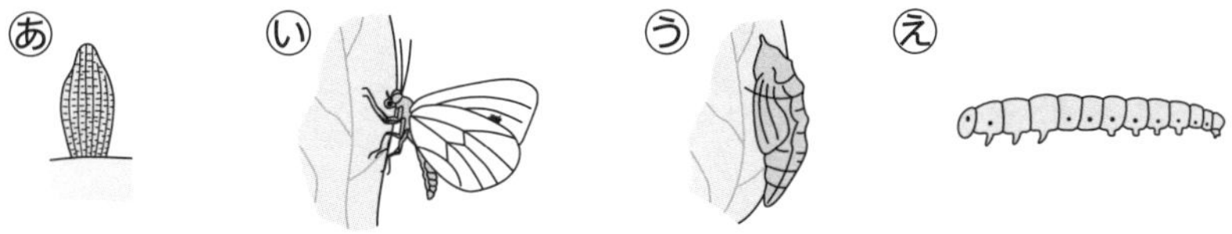

(1) 図のあ～えを１ぴきのモンシロチョウが育つじゅんにならべかえ，１番目と３番目を記号で書きましょう。

１番目（　　）　３番目（　　）

(2) くり返し皮をぬいで大きくなるのは図のい～えのどれですか。記号で書きましょう。（　　）

(3) ほとんど動かないのは図のい～えのどれですか。記号で書きましょう。（　　）

**3 右の図は，ショウリョウバッタのせい虫の体のつくりです。次の問いに答えましょう。** 1つ10点【30点】

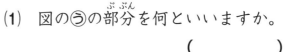

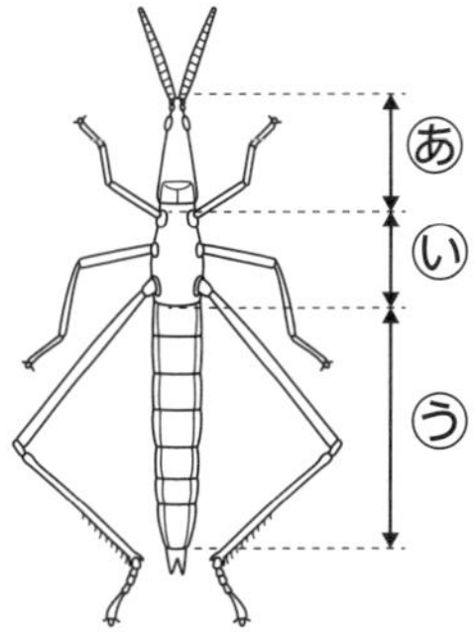

(1) 図のうの部分を何といいますか。

（　　）

(2) ショウリョウバッタのように，体があ～うの３つに分かれていて，６本のあしがある虫を何といいますか。

（　　）

(3) ショウリョウバッタはどのように育ちますか。次からえらび，記号で書きましょう。（　　）

ア　たまご→よう虫→せい虫

イ　たまご→せい虫→よう虫

ウ　たまご→よう虫→さなぎ→せい虫

エ　たまご→さなぎ→よう虫→せい虫

理科

＼もう１回チャレンジ!!／

# 22 まとめのテスト①

目ひょう時間 20分

学習した日　　月　　日

名前

とく点　　／100点

らくらくマルつけ

3078
解説→317ページ

**❶ いろいろな植物のたねをかんさつしました。あとの問いに答えましょう。** 1つ10点【30点】

(1) ホウセンカとヒマワリのたねはどれですか。図のあ～えからそれぞれえらび，記号で書きましょう。

ホウセンカ（　　　）　ヒマワリ（　　　）

(2) ホウセンカは，たねからどのように育ちますか。次からえらび，記号で書きましょう。（　　　）

ア　たねから１まいの子葉が出てくる。

イ　たねから２まいの子葉が出てくる。

ウ　たねからたくさんの子葉が出てくる。

**❷ 下の図は，モンシロチョウの育つようすです。あとの問いに答えましょう。** 1つ10点【40点】

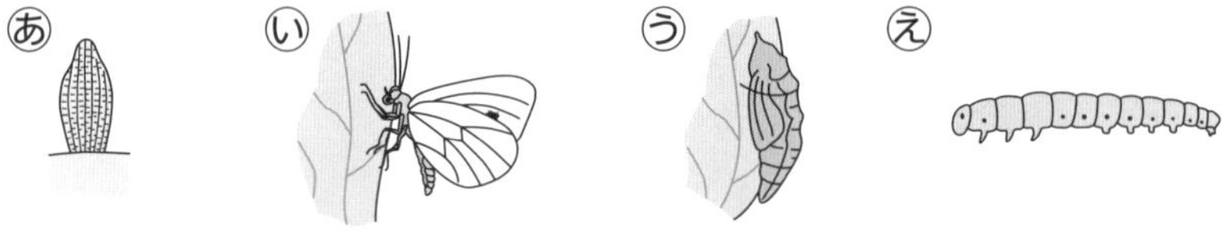


(1) 図のあ～えを１ぴきのモンシロチョウが育つじゅんにならべかえ，１番目と３番目を記号で書きましょう。

１番目（　　　）　３番目（　　　）

(2) くり返し皮をぬいで大きくなるのは図のい～えのどれですか。記号で書きましょう。（　　　）

(3) ほとんど動かないのは図のい～えのどれですか。記号で書きましょう。（　　　）

**❸ 右の図は，ショウリョウバッタのせい虫の体のつくりです。次の問いに答えましょう。** 1つ10点【30点】

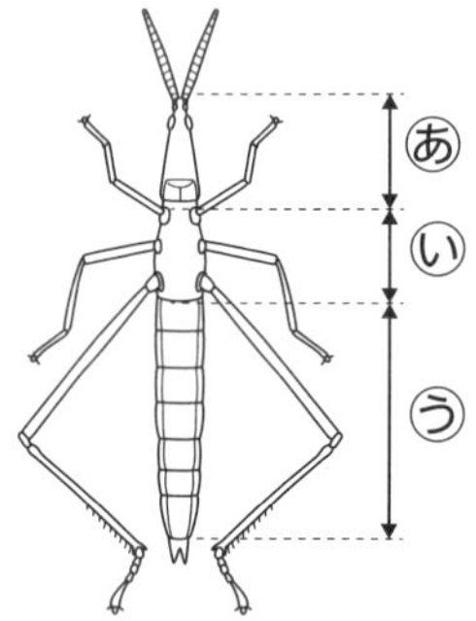


(1) 図のうの部分を何といいますか。

（　　　　　）

(2) ショウリョウバッタのように，体があ～うの３つに分かれていて，６本のあしがある虫を何といいますか。

（　　　　　）

(3) ショウリョウバッタはどのように育ちますか。次からえらび，記号で書きましょう。（　　　）

ア　たまご→よう虫→せい虫

イ　たまご→せい虫→よう虫

ウ　たまご→よう虫→さなぎ→せい虫

エ　たまご→さなぎ→よう虫→せい虫

# 23 まとめのテスト❷

目ひょう時間 20分

学習した日　　月　　日

名前

とく点　　／100点

らくらくマルつけ 3079

解説→317ページ

**❶ ゴムのせいしつと風の力についての①～③の文で，正しいものには○，まちがっているものには×を書きましょう。**

1つ10点【30点】

① のびたゴムは，もとの形にもどろうとする。　(　　　)

② 風の力はものを動かすことができない。　(　　　)

③ たこは風の力を受けて上がる。　(　　　)

**❷ 右の図は，ホウセンカのたねをまいてから，花がさくまでのようすを表しています。次の問いに答えましょう。**

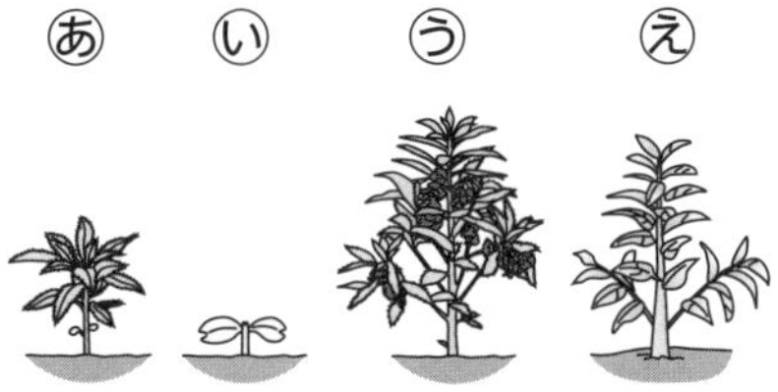


1つ10点【30点】

(1) 図のあ～えをホウセンカの育つじゅんにならべかえ，1番目と3番目を記号で書きましょう。

1番目(　　　)　3番目(　　　)

(2) 花がさいたあと，ホウセンカはどうなりますか。次からえらび，記号で書きましょう。　(　　　)

ア　花がさいたところからめが出て，かれる。

イ　花がさいたところに実ができて，かれる。

**❸ 図のように，晴れの日の午前10時と正午にぼうのかげの向きを調べました。また，日なたの地面の温度を調べました。次の問いに答えましょう。**

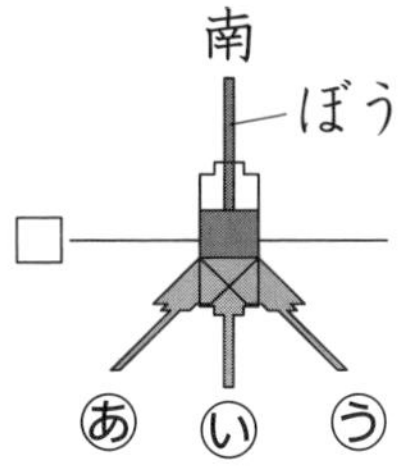


1つ10点【40点】

(1) 図の□にあてはまるほういは何ですか。

(　　　)

(2) 午前10時から正午まで，かげの向きはどのようにかわりましたか。次からえらび，記号で書きましょう。

(　　　)

ア　あからい　　イ　いからあ

ウ　いからう　　エ　うからい

(3) 午前10時のときの太陽のいちは，正午のときよりどの向きにありましたか。次からえらび，記号で書きましょう。　(　　　)

ア 東　イ 西　ウ 南　エ 北

(4) 正午の日なたの地面の温度は，午前10時のときとくらべてどうでしたか。次からえらび，記号で書きましょう。

(　　　)

ア 高い。　イ ひくい。　ウ かわらない。

# 23 まとめのテスト❷

目ひょう時間 20分

学習した日　月　日

名前

とく点　／100点

3079
解説→317ページ

らくらくマルつけ

❶ ゴムのせいしつと風の力についての①〜③の文で，正しいものには○，まちがっているものには×を書きましょう。

1つ10点【30点】

① のびたゴムは，もとの形にもどろうとする。

(　　　)

② 風の力はものを動かすことができない。　(　　　)

③ たこは風の力を受けて上がる。　(　　　)

❷ 右の図は，ホウセンカのたねをまいてから，花がさくまでのようすを表しています。次の問いに答えましょう。

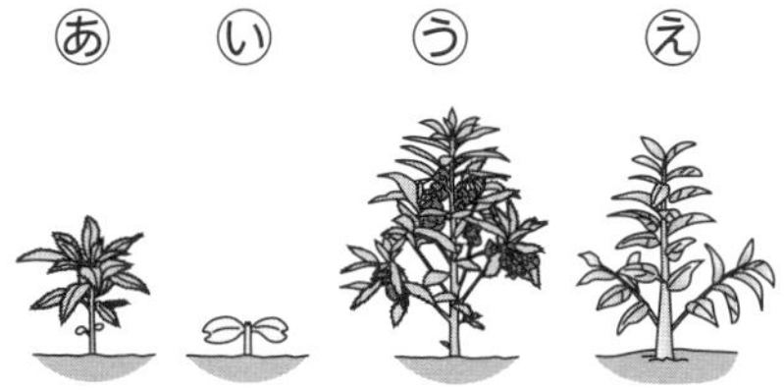


1つ10点【30点】

(1) 図のあ〜えをホウセンカの育つじゅんにならべかえ，1番目と3番目を記号で書きましょう。

1番目 (　　　)　3番目 (　　　)

(2) 花がさいたあと，ホウセンカはどうなりますか。次からえらび，記号で書きましょう。　(　　　)

ア　花がさいたところからめが出て，かれる。

イ　花がさいたところに実ができて，かれる。

❸ 図のように，晴れの日の午前10時と正午にぼうのかげの向きを調べました。また，日なたの地面の温度を調べました。次の問いに答えましょう。

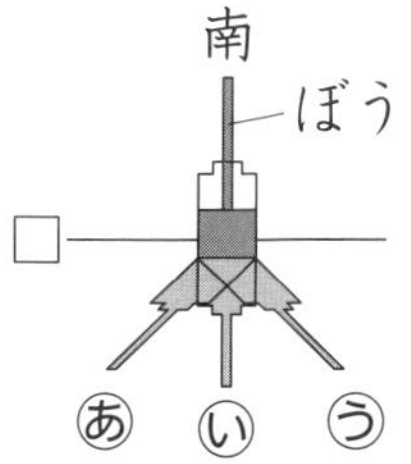


1つ10点【40点】

(1) 図の□にあてはまるほういは何ですか。

(　　　)

(2) 午前10時から正午まで，かげの向きはどのようにかわりましたか。次からえらび，記号で書きましょう。

(　　　)

ア　あからい　　イ　いからあ

ウ　いからう　　エ　うからい

(3) 午前10時のときの太陽のいちは，正午のときよりどの向きにありましたか。次からえらび，記号で書きましょう。　(　　　)

ア　東　　イ　西　　ウ　南　　エ　北

(4) 正午の日なたの地面の温度は，午前10時のときとくらべてどうでしたか。次からえらび，記号で書きましょう。

(　　　)

ア　高い。　　イ　ひくい。　　ウ　かわらない。

**1 シンバルをたたいて音を出しました。次の問いに答えましょう。**

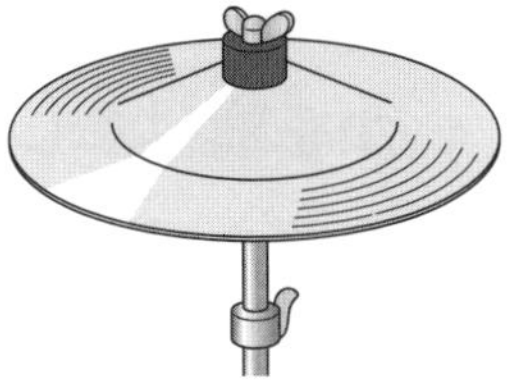

1つ10点【20点】

(1) 音が出ているとき，シンバルはふるえていますか。

(　　　　　　　)

(2) 音を止めるとき，どうすればよいですか。次からえらび，記号で書きましょう。(　　)

ア　シンバルを強くたたく。

イ　シンバルを手で強くおさえる。

ウ　シンバルを回す。

**2 はかりにアルミニウムはくをのせて重さをはかると8gでした。このアルミニウムはくを丸めてもう一度重さをはかるとどうなりますか。次からえらび，記号で書きましょう。**【10点】(　　)

ア　8gより重くなる。

イ　8gより軽くなる。

ウ　8gのままかわらない。

**3 いろいろなものについて，電気を通すか，じしゃくにつくかを調べました。次の問いに答えましょう。** 1つ10点【40点】

(1) 電気を通すもの，じしゃくに引きつけられるものを，㋐～㋒からえらび，それぞれ記号で書きましょう。

電気を通すもの（　　　）

じしゃくに引きつけられるもの（　　　）

㋐　紙のコップ　㋑　銅のくぎ　㋒　はさみの鉄の部分

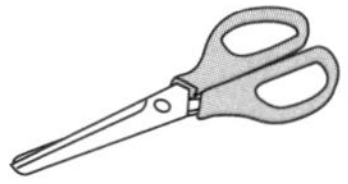

(2) けっかについて，正しいものには○，まちがっているものには×を書きましょう。

①　金ぞくはじしゃくに引きつけられる。　(　　)

②　金ぞくは電気を通す。　(　　)

**4 かん電池と豆電球を使って，明かりがつくかどうかを調べました。明かりがつくものには○，明かりがつかないものには×を書きましょう。** 1つ10点【30点】

①
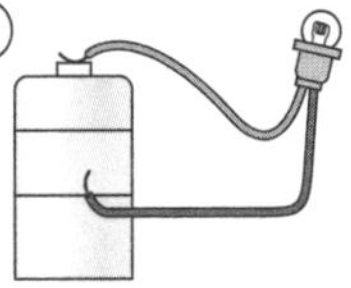
(　　)

②
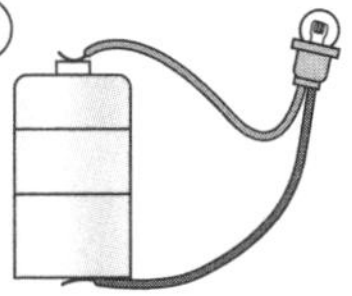
(　　)

③
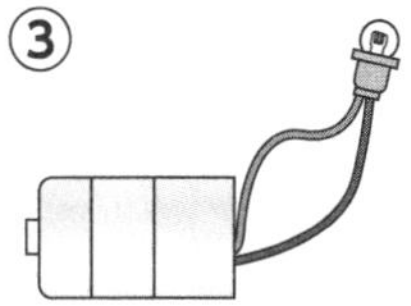
(　　)

理科

# 24 まとめのテスト③

目ひょう時間 20分

学習した日　　月　　日

名前

とく点　　／100点

3080

らくらくマルつけ

解説→317ページ

**❶ シンバルをたたいて音を出しました。次の問いに答えましょう。**

1つ10点【20点】

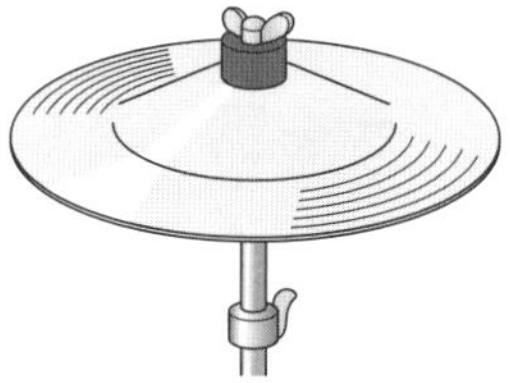

(1) 音が出ているとき，シンバルはふるえていますか。

(　　　　　　　　　)

(2) 音を止めるとき，どうすればよいですか。次からえらび，記号で書きましょう。　(　　　)

ア　シンバルを強くたたく。

イ　シンバルを手で強くおさえる。

ウ　シンバルを回す。

**❷ はかりにアルミニウムはくをのせて重さをはかると8gでした。このアルミニウムはくを丸めてもう一度重さをはかるとどうなりますか。次からえらび，記号で書きましょう。**

【10点】(　　　)

ア　8gより重くなる。

イ　8gより軽くなる。

ウ　8gのままかわらない。

**❸ いろいろなものについて，電気を通すか，じしゃくにつくかを調べました。次の問いに答えましょう。**

1つ10点【40点】

(1) 電気を通すもの，じしゃくに引きつけられるものを，㋐～㋒からえらび，それぞれ記号で書きましょう。

電気を通すもの (　　　　)

じしゃくに引きつけられるもの (　　　　)

㋐　紙のコップ　㋑　銅のくぎ　㋒　はさみの鉄の部分

(2) けっかについて，正しいものには○，まちがっているものには×を書きましょう。

①　金ぞくはじしゃくに引きつけられる。　(　　　)

②　金ぞくは電気を通す。　(　　　)

**❹ かん電池と豆電球を使って，明かりがつくかどうかを調べました。明かりがつくものには○，明かりがつかないものには×を書きましょう。**

1つ10点【30点】

①
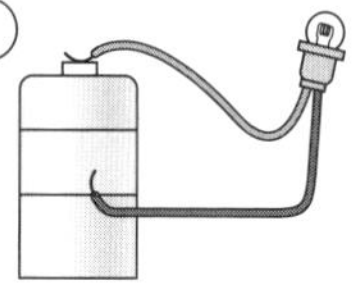

②
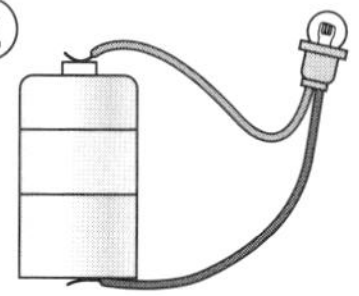

③
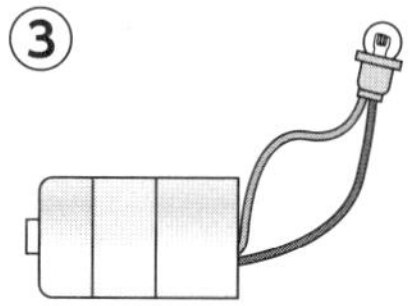

(　　　)　(　　　)　(　　　)

# 1 身近な地いきのようす①

目ひょう時間 20分

学習した日　月　日

名前

とく点　／100点

3081 解説→318ページ

らくらくマルつけ

**❶ 右の図を見て，次の問いに答えましょう。** 1つ10点【20点】

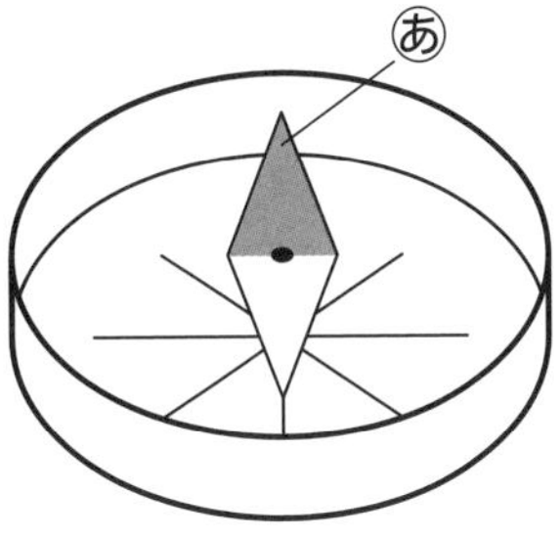


(1) 右の図のような，方位を知るためにまちの中で使う道具を何といいますか。（　　　　　）

(2) 右の図の道具を使うとき，あの色のついたはりの先がしめすのは，東・西・南・北のどの方位ですか。（　　　）

**❷ 地図のきまりについて，次の問いに答えましょう。** 1つ10点【40点】

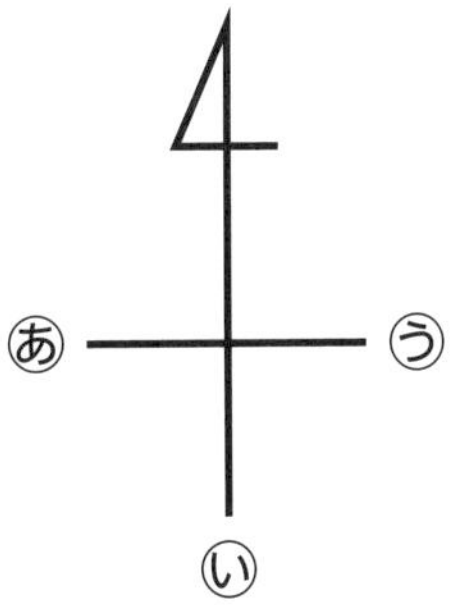


(1) 右の図は，地図上で方位をしめす記号です。あ～うがしめす方位を，次からそれぞれえらび，書きましょう。

あ（　　　）　い（　　　）

う（　　　）

【 東　　西　　南 】

(2) 次の文中の（　　）にあてはまることばを書きましょう。

（　　　）

地図はふつう，（　　）の方角を上にして表します。

**❸ 次の絵地図を見て，あとの問いに答えましょう。** 1つ10点【40点】

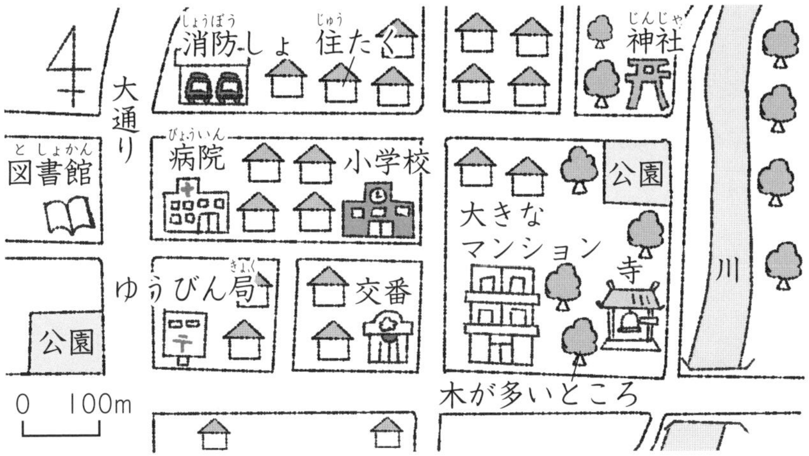


(1) 小学校から見て，図書館はどの方角にありますか。

（　　　）

(2) 小学校の南にあるたて物を，次からえらび，記号で書きましょう。（　　　）

ア　病院　　イ　神社　　ウ　消防しょ　　エ　交番

(3) 絵地図から読み取れることを，次から2つえらび，記号で書きましょう。（　　　）（　　　）

ア　絵地図の中には公園は2つある。

イ　病院は川ぞいの道に面している。

ウ　消防しょは大通りぞいにある。

エ　ゆうびん局のまわりには木が多い。

社会

# 1 身近な地いきのようす①

目ひょう時間 20分

学習した日　月　日

名前

とく点　/100点

3081
解説→318ページ

らくらくマルつけ

**❶ 右の図を見て，次の問いに答えましょう。** 1つ10点【20点】

(1) 右の図のような，方位を知るためにまちの中で使う道具を何といいますか。（　　　　　）

(2) 右の図の道具を使うとき，㋐の色のついたはりの先がしめすのは，東・西・南・北のどの方位ですか。（　　　）

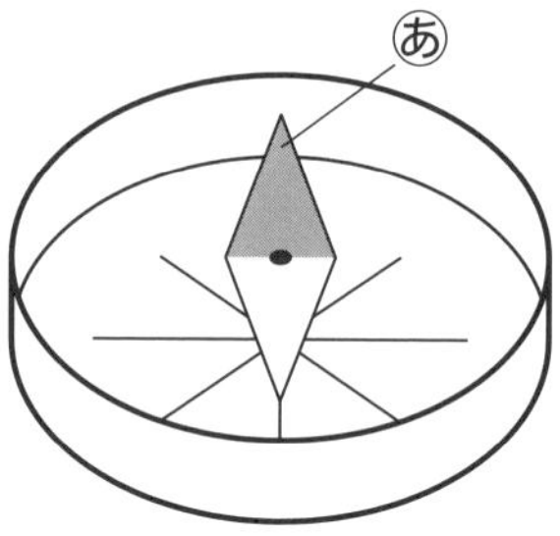


**❷ 地図のきまりについて，次の問いに答えましょう。** 1つ10点【40点】

(1) 右の図は，地図上で方位をしめす記号です。㋐～㋒がしめす方位を，次からそれぞれえらび，書きましょう。

㋐（　　　）　㋑（　　　）　
㋒（　　　）

【 東　　西　　南 】

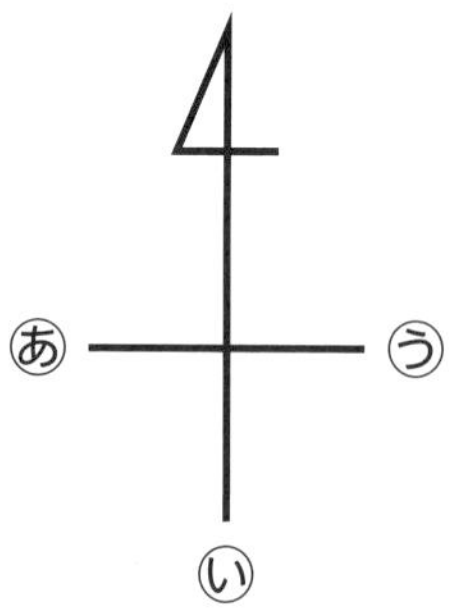


(2) 次の文中の（　　）にあてはまることばを書きましょう。（　　　）

地図はふつう，（　　）の方角を上にして表します。

**❸ 次の絵地図を見て，あとの問いに答えましょう。** 1つ10点【40点】

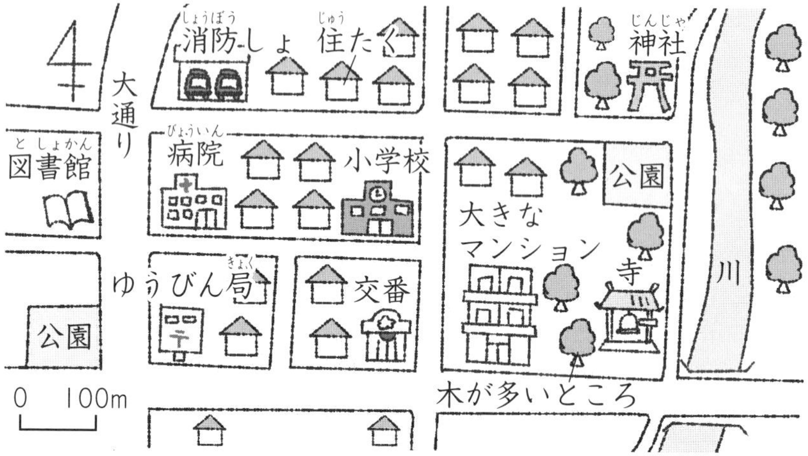


(1) 小学校から見て，図書館はどの方角にありますか。（　　　）

(2) 小学校の南にあるたて物を，次からえらび，記号で書きましょう。（　　　）

ア 病院　イ 神社　ウ 消防しょ　エ 交番

(3) 絵地図から読み取れることを，次から２つえらび，記号で書きましょう。（　　　）（　　　）

ア 絵地図の中には公園は２つある。

イ 病院は川ぞいの道に面している。

ウ 消防しょは大通りぞいにある。

エ ゆうびん局のまわりには木が多い。

# 2 身近な地いきのようす②

目ひょう時間 20分

学習した日　月　日

名前

とく点　／100点

らくらくマルつけ

3082
解説→318ページ

## ❶ 次の問いに答えましょう。【40点】

(1) 次の地図記号は，何を表していますか。あとからそれぞれえらび，書きましょう。　1つ6点（18点）

①

②

③

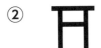

（　　　　　）（　　　　　）（　　　　　）

【　図書館　寺　神社　消防しょ　】

(2) 次の①・②を表す地図記号をそれぞれ書きましょう。　1つ5点（10点）

① 交番　（　　　　　）　② ゆうびん局　（　　　　　）

(3) 地図をかくときに地図記号を使うと，どのような点がべんりですか。次から2つえらび，記号で書きましょう。

1つ6点（12点）（　　　）（　　　）

ア　どのようなたて物があるかひと目でわかる。
イ　だれの家があるかわかる。
ウ　くらしている人の数がわかる。
エ　文字を書かずに表すことができる。

## ❷ 次の地図を見て，あとの問いに答えましょう。

1つ10点【60点】

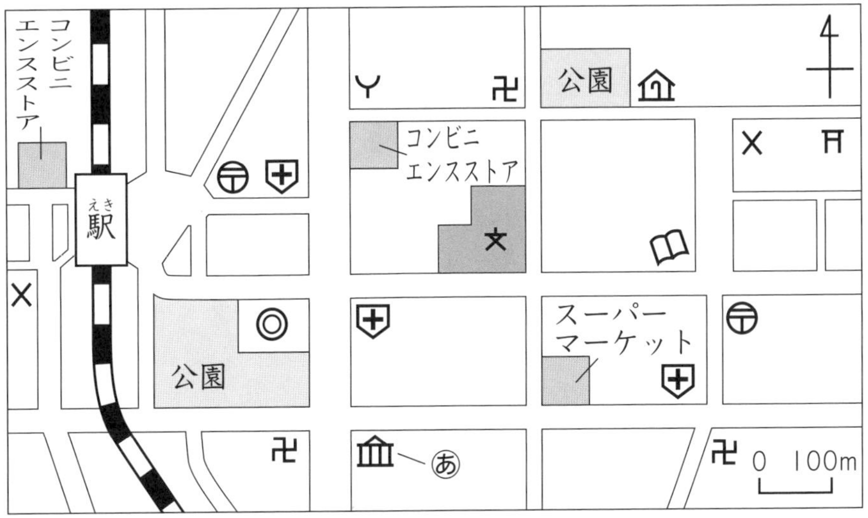


(1) 地図中に寺はいくつありますか。　（　　　）つ

(2) 地図中のあの地図記号が表しているたて物は何ですか。

（　　　　　　　）

(3) この地図から読み取れることとして，正しいものには○，まちがっているものには×を書きましょう。

① 学校から見て，駅は東にある。　（　　）
② 消防しょは，線路の西がわにある。　（　　）
③ 市役所の向かいには，病院がある。　（　　）
④ 図書館の北には老人ホームがある。　（　　）

# 2 身近な地いきのようす②

目ひょう時間 20分

学習した日　月　日

名前

とく点　／100点

3082
解説→318ページ

らくらくマルつけ

## ❶ 次の問いに答えましょう。【40点】

(1) 次の地図記号は，何を表していますか。あとからそれぞれえらび，書きましょう。 1つ6点（18点）

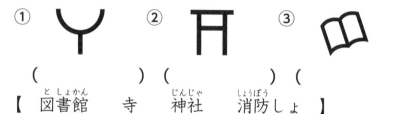

① 　② 　③ 

（　　　　）（　　　　）（　　　　）

【 図書館　寺　神社　消防しょ 】

(2) 次の①・②を表す地図記号をそれぞれ書きましょう。 1つ5点（10点）

① 交番　（　　　　）　② ゆうびん局　（　　　　）

(3) 地図をかくときに地図記号を使うと，どのような点がべんりですか。次から2つえらび，記号で書きましょう。

1つ6点（12点）（　　　）（　　　）

ア どのようなたて物があるかひと目でわかる。
イ だれの家があるかわかる。
ウ くらしている人の数がわかる。
エ 文字を書かずに表すことができる。

## ❷ 次の地図を見て，あとの問いに答えましょう。

1つ10点【60点】

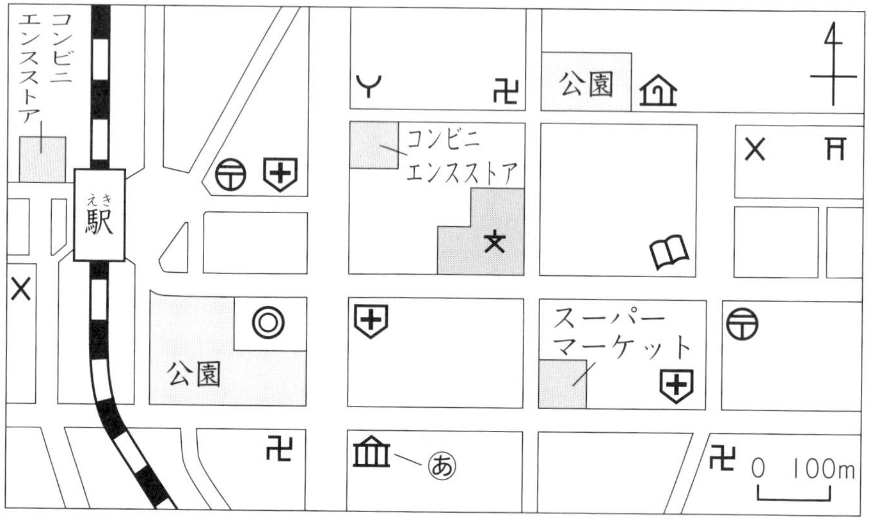


(1) 地図中に寺はいくつありますか。（　　　）つ

(2) 地図中のあの地図記号が表しているたて物は何ですか。（　　　　）

(3) この地図から読み取れることとして，正しいものには○，まちがっているものには×を書きましょう。

① 学校から見て，駅は東にある。（　）
② 消防しょは，線路の西がわにある。（　）
③ 市役所の向かいには，病院がある。（　）
④ 図書館の北には老人ホームがある。（　）

# 3 身近な地いきのようす③

目ひょう時間 20分

学習した日　　月　　日

名前

とく点

／100点

3083
解説→318ページ

らくらくマルつけ

社会

## ❶ 次の問いに答えましょう。 【60点】

(1) 次の地図記号は，何を表していますか。あとからそれぞれえらび，書きましょう。 1つ9点（27点）

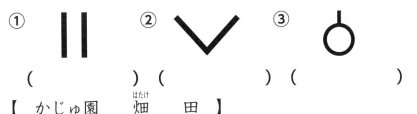

①

②

③

(　　　　　　)(　　　　　　)(　　　　　　)

【 かじゅ園　　畑　　田 】

(2) みんなのためにつくられた，学校や公園のような，たて物や場所のことを何といいますか。 (9点)

(　　　　　　)

(3) 次の①～③は，みんなのためにつくられたたて物や場所についての文です。①～③にあてはまるものを，あとからそれぞれえらび，記号で書きましょう。 1つ8点（24点）

① 手紙を出したり，切手などを買ったりできる場所。 (　　)

② たくさんの本があり，地いきの人がかりることができるしせつ。 (　　)

③ けいさつの人がはたらいている場所。 (　　)

ア 交番　　　イ 図書館

ウ 消防しょ　エ ゆうびん局

## ❷ 次の地図を見て，あとの問いに答えましょう。

1つ10点【40点】

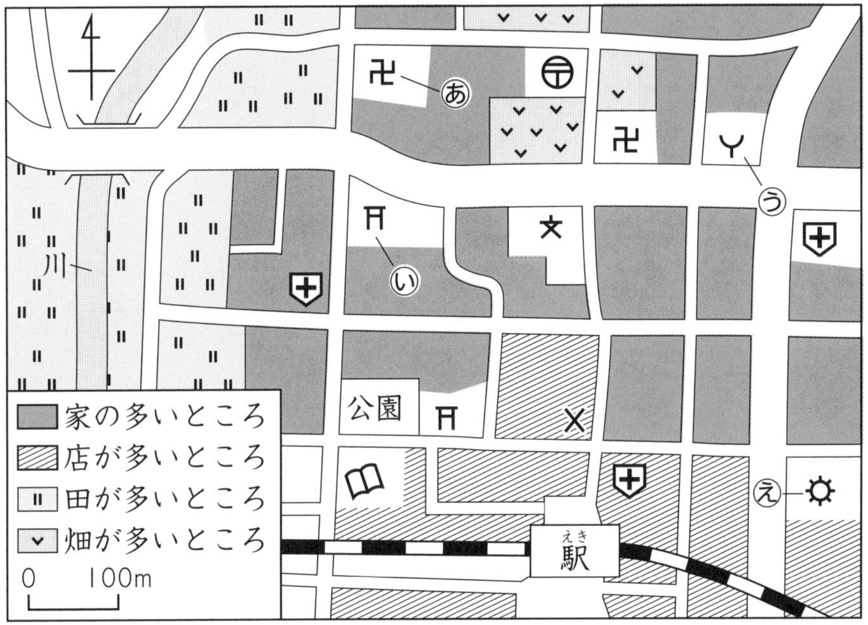


(1) 地図中のあ～えのうち，公共しせつを1つえらび，記号で書きましょう。 (　　)

(2) この地図から読み取れることとして，正しいものには○，まちがっているものには×を書きましょう。

① 駅のまわりには，店が多い。 (　　)

② 川のまわりには，畑が広がっている。 (　　)

③ 学校のまわりには，田が広がっている。 (　　)

# 3 身近(みぢか)な地いきのようす③

目ひょう時間 20分

学習した日　月　日

名前

とく点　/100点

3083 解説→318ページ

## ❶ 次(つぎ)の問(と)いに答えましょう。【60点】

(1) 次の地図記号(きごう)は，何を表(あらわ)していますか。あとからそれぞれえらび，書きましょう。　1つ9点（27点）

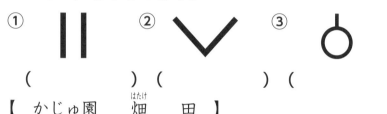

① 　② 　③ 

（　　　）（　　　）（　　　）

【 かじゅ園　畑(はたけ)　田 】

(2) みんなのためにつくられた，学校や公園のような，たて物(もの)や場所(ばしょ)のことを何といいますか。　(9点)

（　　　）

(3) 次の①～③は，みんなのためにつくられたたて物や場所についての文です。①～③にあてはまるものを，あとからそれぞれえらび，記号で書きましょう。　1つ8点（24点）

① 手紙を出したり，切手などを買ったりできる場所。（　　）

② たくさんの本があり，地いきの人がかりることができるしせつ。（　　）

③ けいさつの人がはたらいている場所。（　　）

ア 交番　イ 図書館(としょかん)

ウ 消防(しょうぼう)しょ　エ ゆうびん局(きょく)

## ❷ 次の地図を見て，あとの問いに答えましょう。

1つ10点【40点】

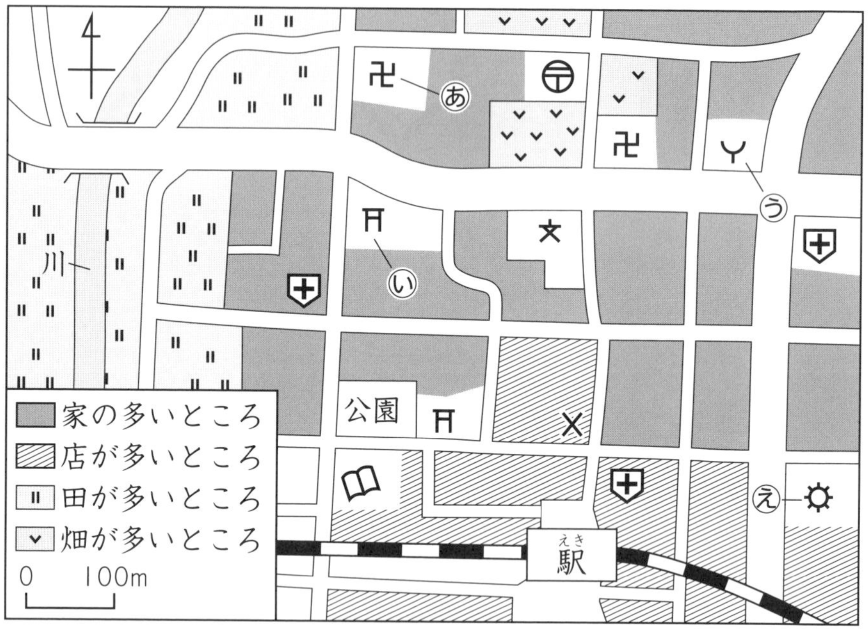


(1) 地図中のあ～えのうち，公共(こうきょう)しせつを1つえらび，記号で書きましょう。（　　）

(2) この地図から読み取(と)れることとして，正しいものには○，まちがっているものには×を書きましょう。

① 駅のまわりには，店が多い。（　　）

② 川のまわりには，畑が広がっている。（　　）

③ 学校のまわりには，田が広がっている。（　　）

4 # 市のようす①

目ひょう時間 20分

学習した日　　月　　日

名前

とく点　　／100点

3084 解説→319ページ

らくらくマルつけ

## ❶ 次の福岡市の地図を見て，あとの問いに答えましょう。

1つ10点【40点】

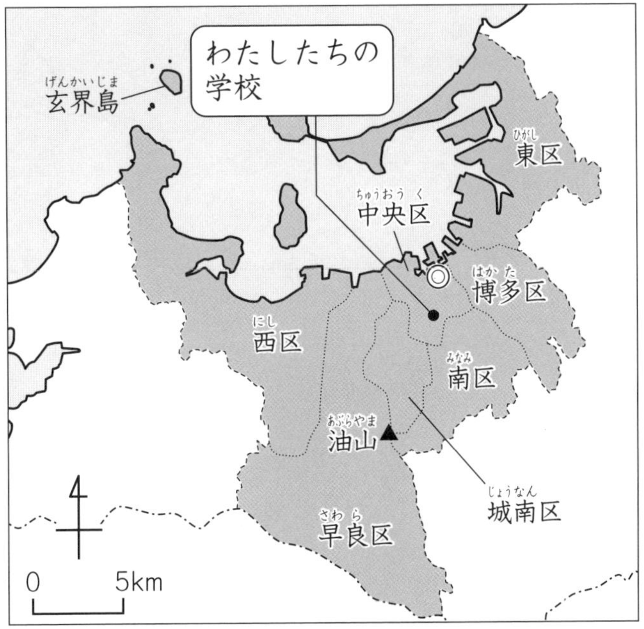


(1) 福岡市には区がいくつありますか。　（　　　）つ

(2) 市役所は何区にありますか。　（　　　）区

(3) 次の文中の①・②にあてはまることばをあとからえらび，記号で書きましょう。　①（　　　）②（　　　）

| |
|---|
| わたしたちの学校から見て，玄界島は（　①　），油山は（　②　）の方角にあります。 |

ア　北西　　イ　北東　　ウ　南西　　エ　南東

## ❷ 福岡市の交通のようすを表した次の地図を見て，あとの問いに答えましょう。

1つ12点【60点】

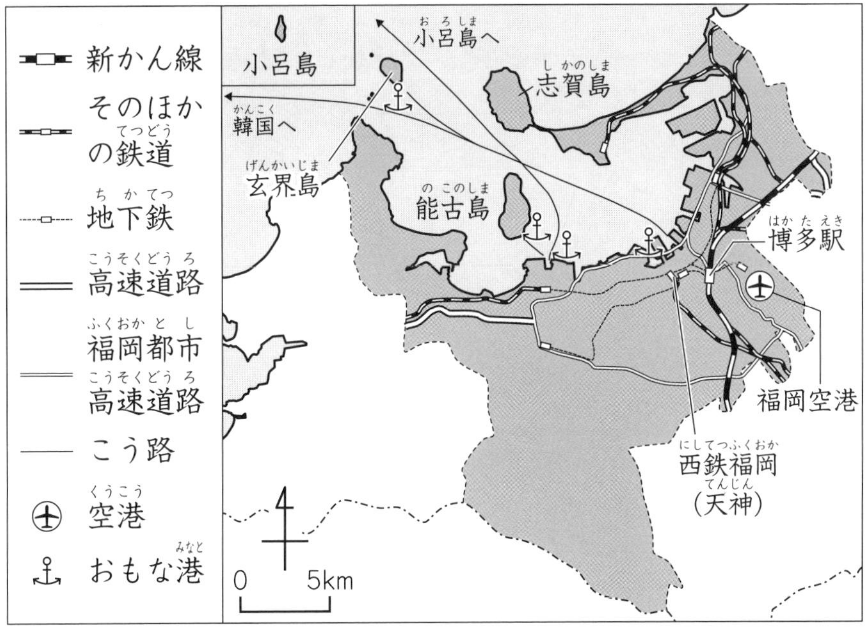


(1) 地図中に，おもな港の地図記号はいくつありますか。

（　　　）つ

(2) 地図から読み取れることとして，正しいものには○，まちがっているものには×を書きましょう。

① 市の西がわに高速道路が通っている。　（　　　）

② 博多駅には，地下鉄が通っている。　（　　　）

③ 玄界島に行くときにはひこうきを使う。（　　　）

④ 福岡空港には新かん線の駅がある。　（　　　）

社会

# 4 市のようす①

目ひょう時間 20分

学習した日　月　日
名前
とく点　／100点

3084
解説→319ページ

らくらくマルつけ

❶ 次の福岡市の地図を見て，あとの問いに答えましょう。

1つ10点【40点】

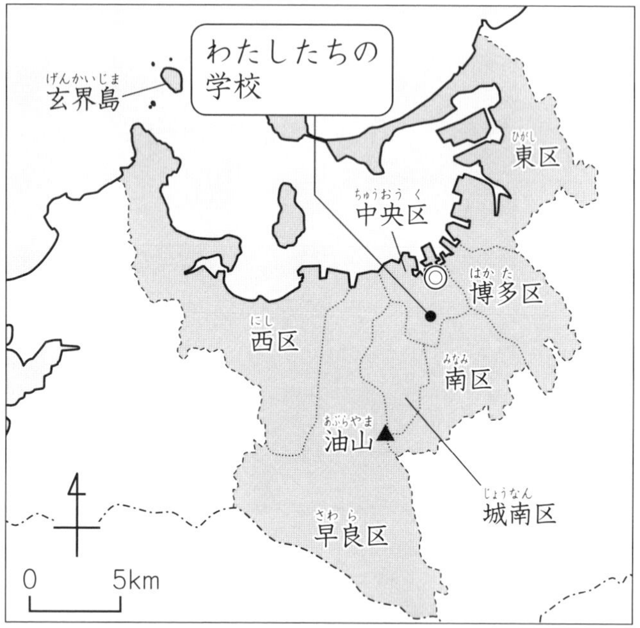


(1) 福岡市には区がいくつありますか。　(　　　)つ

(2) 市役所は何区にありますか。　(　　　)区

(3) 次の文中の①・②にあてはまることばをあとからえらび，記号で書きましょう。　①(　　　)　②(　　　)

> わたしたちの学校から見て，玄界島は（ ① ），油山は（ ② ）の方角にあります。

ア 北西　イ 北東　ウ 南西　エ 南東

❷ 福岡市の交通のようすを表した次の地図を見て，あとの問いに答えましょう。

1つ12点【60点】

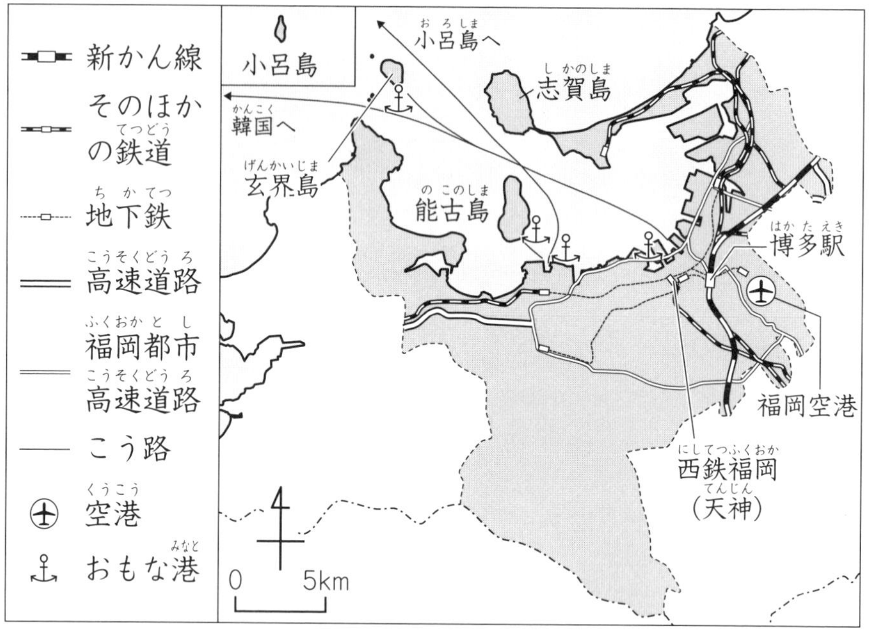


(1) 地図中に，おもな港の地図記号はいくつありますか。

(　　　)つ

(2) 地図から読み取れることとして，正しいものには○，まちがっているものには×を書きましょう。

① 市の西がわに高速道路が通っている。　(　　　)

② 博多駅には，地下鉄が通っている。　(　　　)

③ 玄界島に行くときにはひこうきを使う。　(　　　)

④ 福岡空港には新かん線の駅がある。　(　　　)

# 5 市のようす②

目ひょう時間 20分

学習した日　　月　　日

名前

とく点　　／100点

らくらくマルつけ　3085

解説→319ページ

## ❶ 右の横浜市の地図を見て，次の問いに答えましょう。

1つ10点【40点】

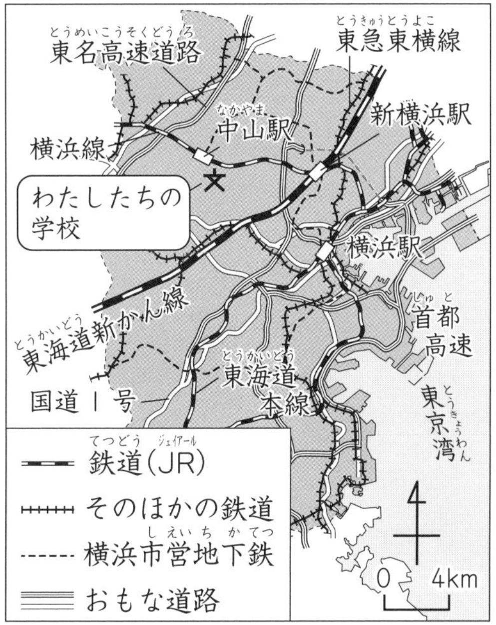


(1) わたしたちの学校から見て，横浜駅はどの方角にありますか。次からえらび，書きましょう。

(　　　　　)

【 北西　北東　南西　南東 】

(2) 中山駅は，ＪＲの何線にある駅ですか。

(　　　　　)

(3) この地図から読み取れることとして正しいものを，次から２つえらび，記号で書きましょう。

(　　　)(　　　)

ア 横浜市は東京湾に面している。

イ 横浜駅には新かん線と横浜市営地下鉄が通っている。

ウ 新横浜駅は横浜駅の北がわにある。

エ 市内を通っている高速道路は，首都高速だけである。

## ❷ 横浜市役所のまわりを表した次の地図を見て，あとの問いに答えましょう。

1つ12点【60点】

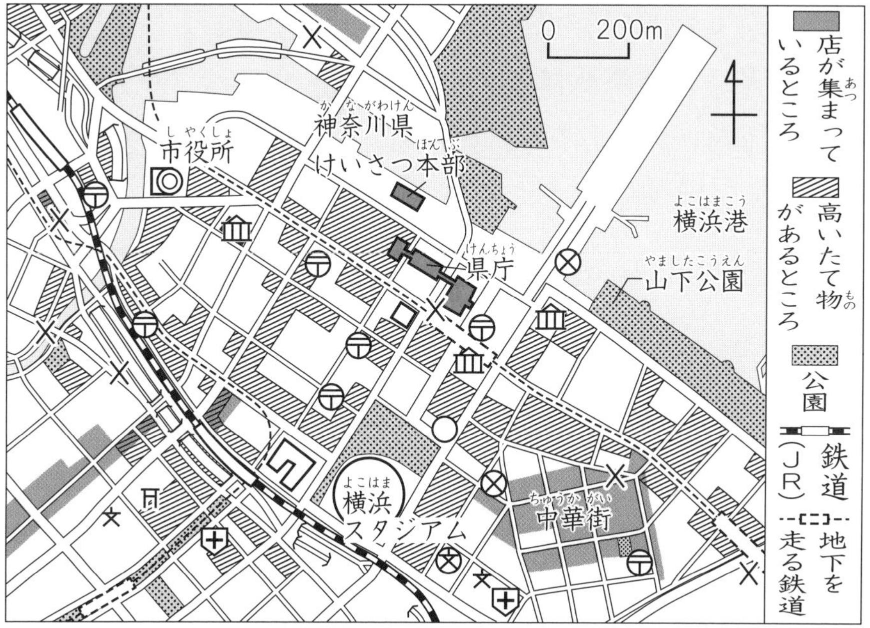


(1) はくぶつ館の記号はいくつありますか。　(　　　)つ

(2) この地図から読み取れることとして，正しいものには○，まちがっているものには×を書きましょう。

① 中華街には多くの店が集まっている。　(　　　)

② 鉄道（ＪＲ）の駅が３つある。　(　　　)

③ 海ぞいには工場がたてられている。　(　　　)

④ 県庁の近くには，神奈川県けいさつ本部がある。

(　　　)

社会

＼もう１回チャレンジ!!／

# 5 市のようす②

目ひょう時間 20分

学習した日　　月　　日

名前

とく点　　／100点

3085
解説→319ページ

らくらくマルつけ

**❶ 右の横浜市の地図を見て，次の問いに答えましょう。**

1つ10点【40点】

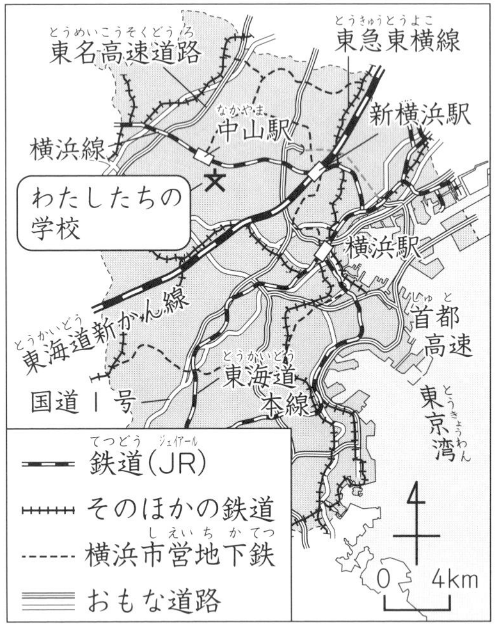


(1) わたしたちの学校から見て，横浜駅はどの方角にありますか。次からえらび，書きましょう。

(　　　　　　)

【 北西　　北東
　南西　　南東 】

(2) 中山駅は，ＪＲの何線にある駅ですか。

(　　　　　　)

(3) この地図から読み取れることとして正しいものを，次から２つえらび，記号で書きましょう。

(　　　)(　　　)

ア　横浜市は東京湾に面している。

イ　横浜駅には新かん線と横浜市営地下鉄が通っている。

ウ　新横浜駅は横浜駅の北がわにある。

エ　市内を通っている高速道路は，首都高速だけである。

**❷ 横浜市役所のまわりを表した次の地図を見て，あとの問いに答えましょう。**

1つ12点【60点】

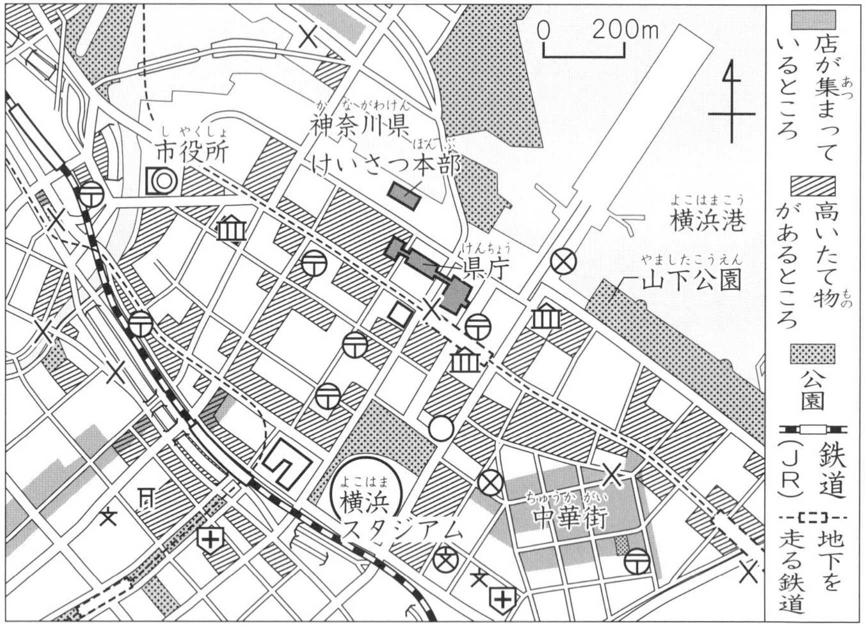


(1) はくぶつ館の記号はいくつありますか。　(　　　)つ

(2) この地図から読み取れることとして，正しいものには○，まちがっているものには×を書きましょう。

①　中華街には多くの店が集まっている。　(　　　)

②　鉄道（ＪＲ）の駅が３つある。　(　　　)

③　海ぞいには工場がたてられている。　(　　　)

④　県庁の近くには，神奈川県けいさつ本部がある。

(　　　)

## 6 市のようす③

目ひょう時間 20分

学習した日　　月　　日

名前

とく点　　／100点

3086 解説→319ページ

らくらくマルつけ

**1** 土地のようすを表した右の地図を見て，次の問いに答えましょう。

1つ10点【40点】

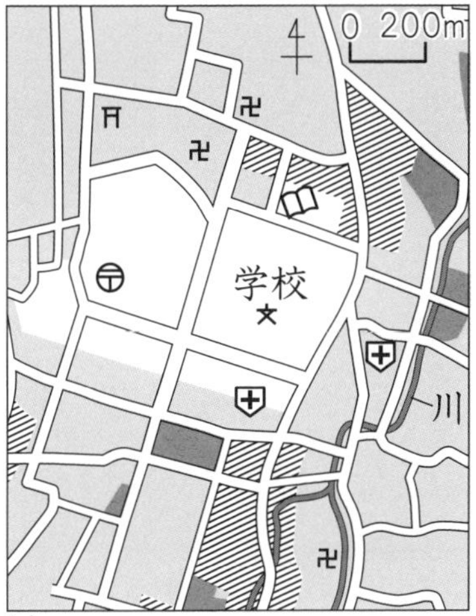


住たくが多いところ　店が多いところ　田や畑が多いところ

(1) 地図中の右上にある，じっさいのきょりを，どのくらいちぢめたのかをしめすものを何といいますか。

(　　　　　　　)

(2) わたしたちの学校の北がわにある公共しせつは何ですか。

(　　　　　　　)

(3) この地図から読み取れることとして正しいものを，次から2つえらび，記号で書きましょう。

(　　　)(　　　)

ア　学校の東がわは，店が多い。

イ　この地図では，住たくに使われているところがいちばん広い。

ウ　2本の川にはさまれたところには，田や畑が広がっている。

エ　学校のまわりには，病院が2つある。

**2** 右の姫路の地図を見て，次の問いに答えましょう。

1つ12点【60点】

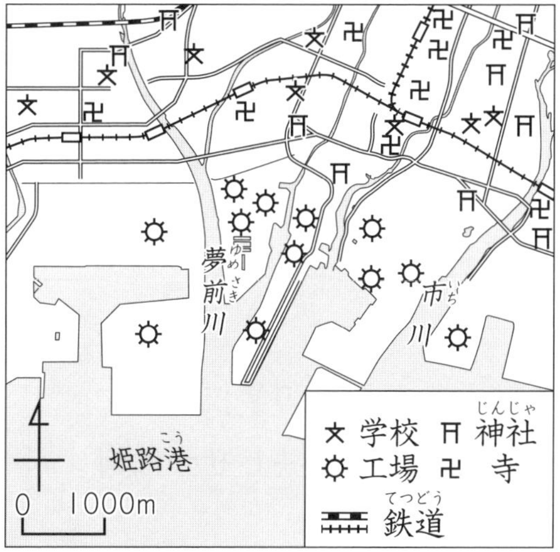


(1) 海ぞいに多く見られるたて物は何ですか。

(　　　　　　　)

(2) 次の文中の①・②にあてはまることばを，あとからそれぞれえらび，記号で書きましょう。

①(　　　)　②(　　　)

海岸線がまっすぐになっているのは，(　①　)を(　②　)てつくられた場所だからです。

ア　山　　イ　海　　ウ　うめ立て　　エ　くずし

(3) 地図中の海ぞいの地いきへ物を運ぶには，どのようなほうほうがべんりですか。次から2つえらび，記号で書きましょう。

(　　　)(　　　)

ア　鉄道　　イ　ひこうき

ウ　トラック　　エ　船

# ６ 市のようす③

目ひょう時間 20分

学習した日　月　日

名前

とく点　／100点

3086
解説→319ページ

**❶ 土地のようすを表した右の地図を見て，次の問いに答えましょう。**

1つ10点【40点】

(1) 地図中の右上にある，じっさいのきょりを，どのくらいちぢめたのかをしめすものを何といいますか。

(　　　　　　　　)

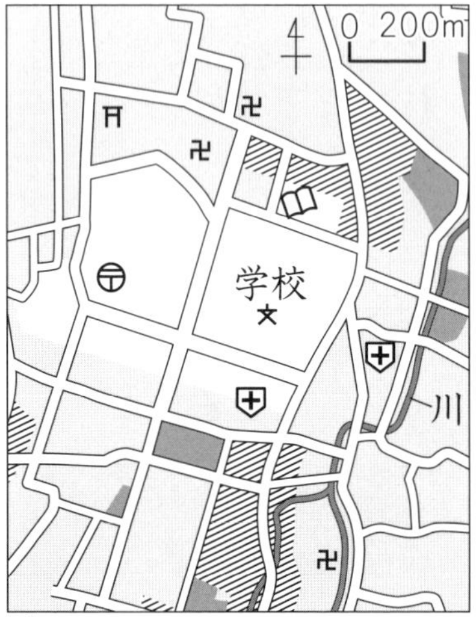


住たくが多いところ　店が多いところ
田や畑が多いところ

(2) わたしたちの学校の北がわにある公共しせつは何ですか。

(　　　　　　　)

(3) この地図から読み取れることとして正しいものを，次から2つえらび，記号で書きましょう。

(　　　)(　　　)

ア　学校の東がわは，店が多い。

イ　この地図では，住たくに使われているところがいちばん広い。

ウ　2本の川にはさまれたところには，田や畑が広がっている。

エ　学校のまわりには，病院が2つある。

**❷ 右の姫路の地図を見て，次の問いに答えましょう。**

1つ12点【60点】

(1) 海ぞいに多く見られるたて物は何ですか。

(　　　　　　)

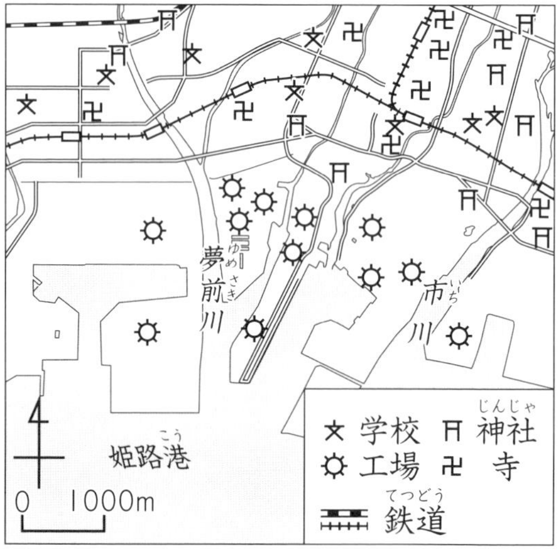


(2) 次の文中の①・②にあてはまることばを，あとからそれぞれえらび，記号で書きましょう。

①(　　　)　②(　　　)

海岸線がまっすぐになっているのは，( ① )を( ② )てつくられた場所だからです。

ア　山　　イ　海　　ウ　うめ立て　　エ　くずし

(3) 地図中の海ぞいの地いきへ物を運ぶには，どのような方ほうがべんりですか。次から2つえらび，記号で書きましょう。　(　　　)(　　　)

ア　鉄道　　　イ　ひこうき

ウ　トラック　エ　船

# 7 農家の仕事①

目ひょう時間 20分

学習した日　月　日
名前
とく点　／100点
3087
解説→320ページ
らくらくマルつけ

**1 福岡市のおもなやさいやくだものの生産がくを表した右のグラフを見て，次の問いに答えましょう。** 1つ10点【30点】

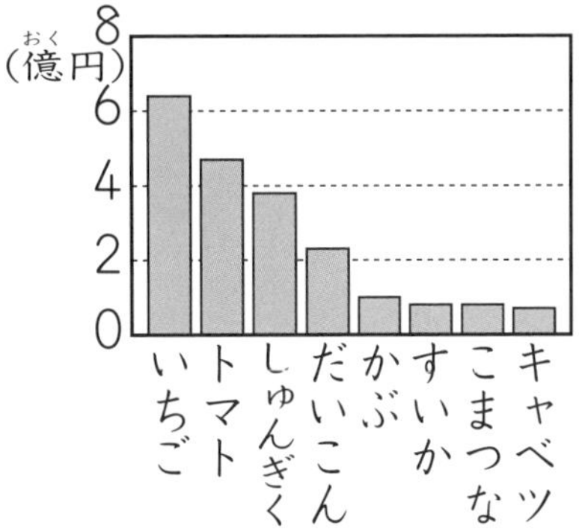

(億円)
8
6
4
2
0
いちご
トマト
しゅんぎく
だいこん
かぶ
すいか
こまつな
キャベツ

(2019年)　(福岡市資料)

(1) 右のような形のグラフを何といいますか。
(　　　　　)

(2) 生産がくがいちばん大きいものは何ですか。
(　　　　　)

(3) かぶの生産がくは，およそ何億円ですか。
(　　　)億円

**2 ビニールハウスでのいちごづくりを表した次のカレンダー（こよみ）を見て，あとの問いに答えましょう。** 1つ10点【20点】

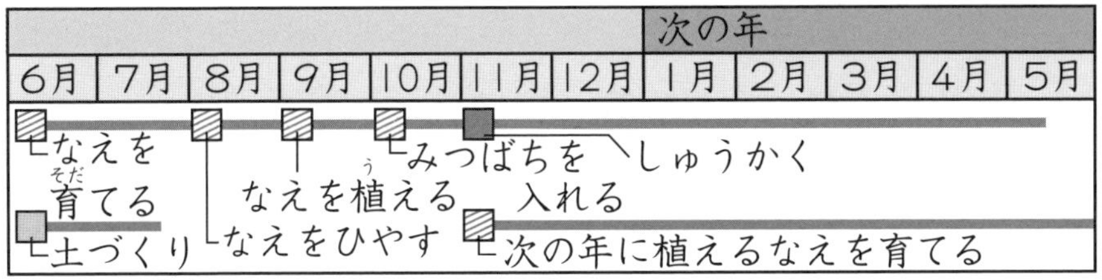

次の年
6月
7月
8月
9月
10月
11月
12月
1月
2月
3月
4月
5月
なえを育てる
土づくり
なえをひやす
なえを植える
みつばちを入れる
しゅうかく
次の年に植えるなえを育てる


(1) この農家では，いちごのなえを植えるのは何月ですか。
(　　　)月

(2) この農家で，10月にビニールハウスに入れる虫は何ですか。
(　　　　　)

**3 次の問いに答えましょう。** 1つ10点【50点】

(1) やさいづくりを行う農家の人のくふうとして，正しいものには○，まちがっているものには×を書きましょう。

① 害虫をふせぐために，シートを使って育てている。(　　)

② 少しずつしゅうかくできるように，すべてのやさいを同時にたねまきしている。(　　)

③ きかいを使うときずつきやすいやさいは，手作業でしゅうかくをしている。(　　)

④ 安全なやさいをつくるために，農薬をできるだけたくさん使うようにしている。(　　)

(2) 次のカレンダーは，ビニールハウスを使ったときと使わないときの，やさいのしゅうかく時期のちがいを表しています。ビニールハウスを使うと，どのようなよい点がありますか。あとの文につづけて，書きましょう。

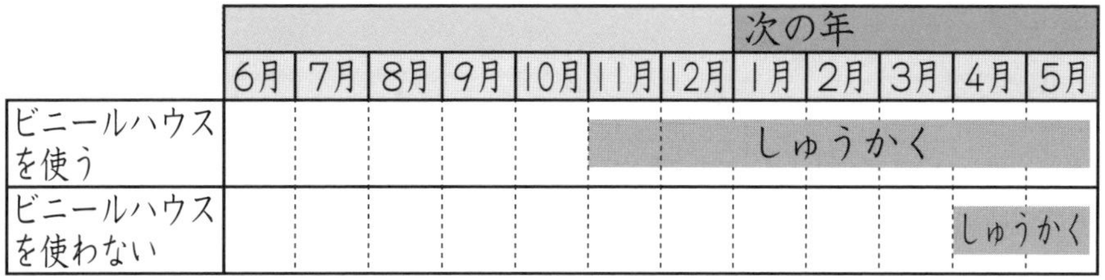

次の年
6月
7月
8月
9月
10月
11月
12月
1月
2月
3月
4月
5月
ビニールハウスを使う
しゅうかく
ビニールハウスを使わない
しゅうかく


・ビニールハウスを使うと，使わなかったときよりも，
(　　　　　　　　　　　　　　)

社会

# 7 農家の仕事①

目ひょう時間 20分

学習した日　月　日

名前

とく点　／100点

3087 解説→320ページ

らくらくマルつけ

**❶ 福岡市のおもなやさいやくだものの生産がくを表した右のグラフを見て，次の問いに答えましょう。** 1つ10点【30点】

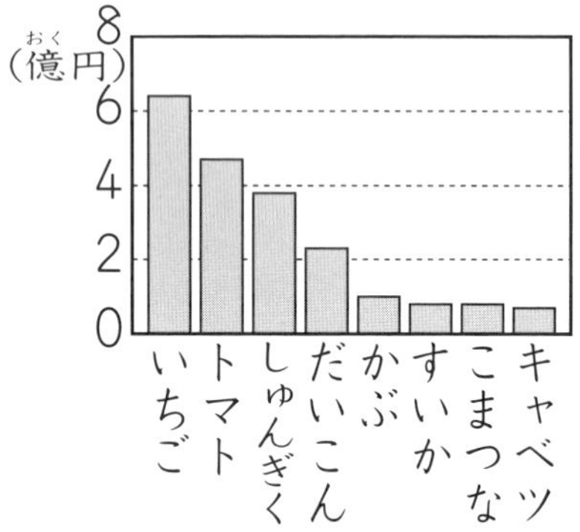


(2019年)　(福岡市資料)

(1) 右のような形のグラフを何といいますか。

(　　　　　　　)

(2) 生産がくがいちばん大きいものは何ですか。

(　　　　　　　)

(3) かぶの生産がくは，およそ何億円ですか。

(　　　　)億円

**❷ ビニールハウスでのいちごづくりを表した次のカレンダー（こよみ）を見て，あとの問いに答えましょう。** 1つ10点【20点】

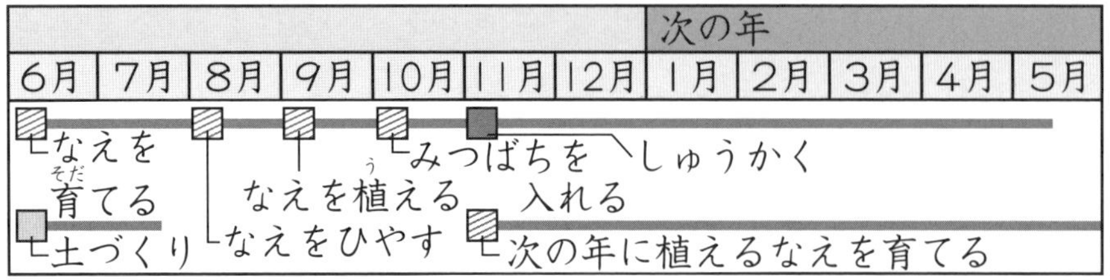


(1) この農家では，いちごのなえを植えるのは何月ですか。

(　　　　)月

(2) この農家で，10月にビニールハウスに入れる虫は何ですか。

(　　　　　　　)

**❸ 次の問いに答えましょう。** 1つ10点【50点】

(1) やさいづくりを行う農家の人のくふうとして，正しいものには○，まちがっているものには×を書きましょう。

① 害虫をふせぐために，シートを使って育てている。　(　　)

② 少しずつしゅうかくできるように，すべてのやさいを同時にたねまきしている。　(　　)

③ きかいを使うときずつきやすいやさいは，手作業でしゅうかくをしている。　(　　)

④ 安全なやさいをつくるために，農薬をできるだけたくさん使うようにしている。　(　　)

(2) 次のカレンダーは，ビニールハウスを使ったときと使わないときの，やさいのしゅうかく時期のちがいを表しています。ビニールハウスを使うと，どのようなよい点がありますか。あとの文につづけて，書きましょう。

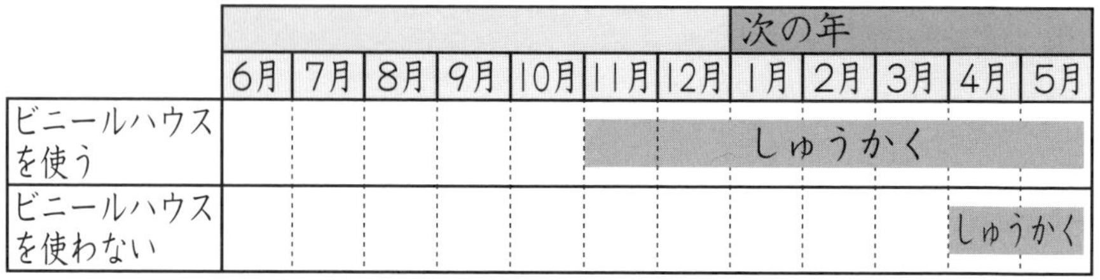


・ビニールハウスを使うと，使わなかったときよりも，

(　　　　　　　　　　　　　　)

# 8 農家の仕事②

目ひょう時間 20分

学習した日　　月　　日

名前

とく点

/100点

3088
解説→320ページ

らくらくマルつけ

**1** 次の図は，ある農家で1年間につくるやさいと作業をまとめたものです。この図を見て，あとの問いに答えましょう。

1つ10点【60点】

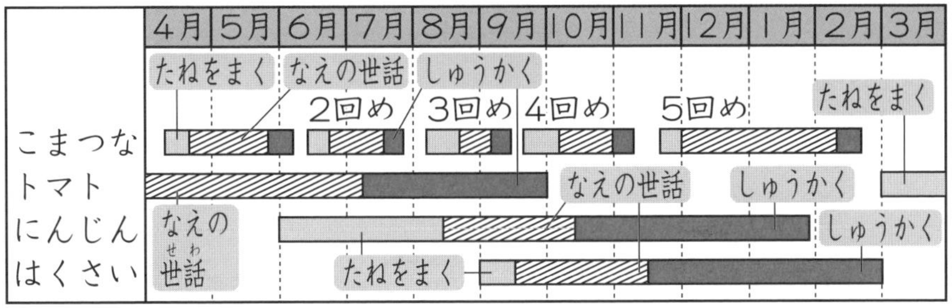


(1) この農家では，1年間に何しゅるいのやさいをつくっていますか。　　(　　　)しゅるい

(2) この農家では，こまつなを1年間に何回しゅうかくしていますか。　　(　　　)回

(3) この図から読み取れることとして，正しいものには○，まちがっているものには×を書きましょう。

① 6月にたねをまいたこまつなは，7月にしゅうかくする。　　(　　　)

② 春にたねをまいたトマトは，7月から9月にかけてしゅうかくする。　　(　　　)

③ にんじんは，10月からなえを育てる。　　(　　　)

④ はくさいは，春から夏にかけてしゅうかくする。　　(　　　)

**2** 次の図は，農家でつくられたれんこんのゆくえを表しています。この図を見て，あとの問いに答えましょう。

1つ10点【40点】

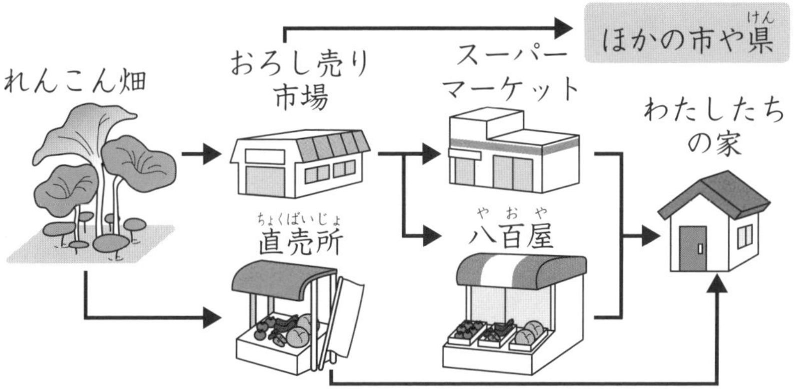


(1) 農家でつくられたれんこんは，畑からまず，どこに運ばれますか。図中からことばをえらび，2つ書きましょう。
(　　　　　　　　)(　　　　　　　　)

(2) この図から読み取れることとして正しいものを，次から2つえらび，記号で書きましょう。(　　　)(　　　)

ア れんこんは，ほかの市や県にも運ばれる。

イ わたしたちは，れんこんを畑まで直せつ買いに行く。

ウ スーパーマーケットでつくられたれんこんは，直売所に運ばれる。

エ おろし売り市場へ運ばれたれんこんは，スーパーマーケットに運ばれる。

社会

＼もう１回チャレンジ!!／

# 8 農家の仕事②

目ひょう時間 20分

学習した日　　月　　日

名前

とく点　　／100点

らくらくマルつけ

3088
解説→320ページ

**1** 次の図は，ある農家で1年間につくるやさいと作業をまとめたものです。この図を見て，あとの問いに答えましょう。

1つ10点【60点】

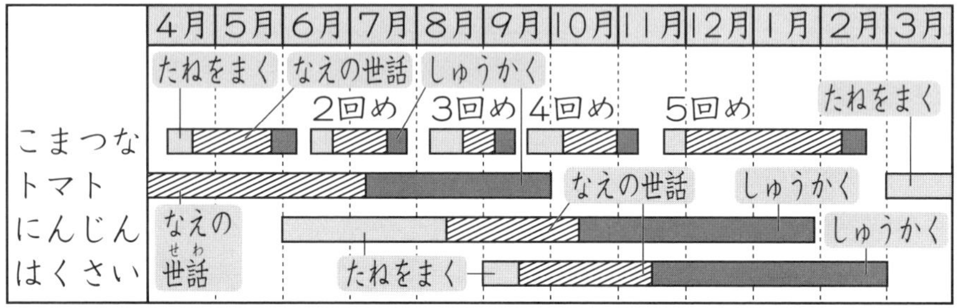


(1) この農家では，1年間に何しゅるいのやさいをつくっていますか。　　(　　　) しゅるい

(2) この農家では，こまつなを1年間に何回しゅうかくしていますか。　　(　　　) 回

(3) この図から読み取れることとして，正しいものには○，まちがっているものには×を書きましょう。

① 6月にたねをまいたこまつなは，7月にしゅうかくする。　　(　　　)

② 春にたねをまいたトマトは，7月から9月にかけてしゅうかくする。　　(　　　)

③ にんじんは，10月からなえを育てる。　　(　　　)

④ はくさいは，春から夏にかけてしゅうかくする。　　(　　　)

**2** 次の図は，農家でつくられたれんこんのゆくえを表しています。この図を見て，あとの問いに答えましょう。

1つ10点【40点】

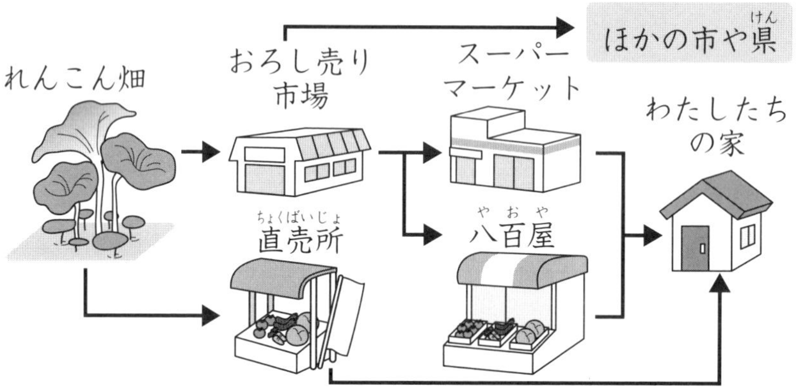


(1) 農家でつくられたれんこんは，畑からまず，どこに運ばれますか。図中からことばをえらび，2つ書きましょう。

(　　　　　　)(　　　　　　)

(2) この図から読み取れることとして正しいものを，次から2つえらび，記号で書きましょう。 (　　　)(　　　)

ア　れんこんは，ほかの市や県にも運ばれる。

イ　わたしたちは，れんこんを畑まで直せつ買いに行く。

ウ　スーパーマーケットでつくられたれんこんは，直売所に運ばれる。

エ　おろし売り市場へ運ばれたれんこんは，スーパーマーケットに運ばれる。

# 9 工場の仕事①

目ひょう時間 20分

学習した日　月　日
名前
とく点　／100点
3089
解説→320ページ

らくらくマルつけ

## ❶ 工場の仕事について，次の問いに答えましょう。

1つ6点【48点】

(1) 工場が集まっているところをしめした右の地図で，工場の数がいちばん多い区はどこですか。

(　　　)区

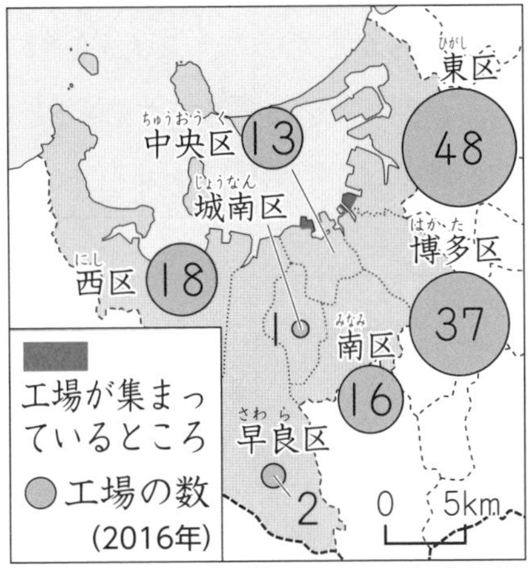


(「経済センサス」平成28年)

(2) 地図中の西区にある工場の数はいくつですか。

(　　　)

(3) おかし工場の見学の計画を立てるとき，次の①～⑥はア「見てくること」，イ「聞いてくること」のうち，どちらにあてはまりますか。それぞれえらび，記号で書きましょう。

① 1日につくるおかしの数　(　　　)
② おかしをつくるのに使われているきかい　(　　　)
③ おいしいおかしのつくり方　(　　　)
④ おかしができるまでのじゅんじょ　(　　　)
⑤ おかしの原料のしゅるい　(　　　)
⑥ 工場ではたらいている人の数　(　　　)

## ❷ 次の図は，おかしができるまでの流れをまとめたものです。これを見て，あとの問いに答えましょう。

【52点】

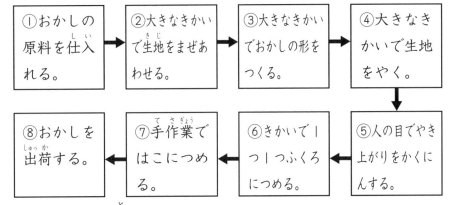

①おかしの原料を仕入れる。 → ②大きなきかいで生地をまぜあわせる。 → ③大きなきかいでおかしの形をつくる。 → ④大きなきかいで生地をやく。 → ⑤人の目でやき上がりをかくにんする。 → ⑥きかいで1つ1つふくろにつめる。 → ⑦手作業ではこにつめる。 → ⑧おかしを出荷する。

(1) 図から読み取れることとして，正しいものには○，まちがっているものには×を書きましょう。

1つ10点（40点）

① 生地づくりは，大きなきかいで行う。　(　　　)
② おかしはすべて手作業でやいている。　(　　　)
③ おかしの生地はやいてから，形をつくっている。　(　　　)
④ 出荷されるおかしのはこづめは，人の手で行っている。　(　　　)

(2) 図中の工場ではたらく人は，工場に入る前にかならず手あらいをし，風で服についているほこりをはらいます。これは何のためですか。書きましょう。

（12点）

(　　　　　　　　　　)

社会

# 9 工場の仕事①

目ひょう時間 20分

学習した日　　月　　日

名前

とく点　　／100点

らくらくマルつけ 3089 解説→320ページ

**❶ 工場の仕事について，次の問いに答えましょう。** 1つ6点【48点】

(1) 工場が集まっているところをしめした右の地図で，工場の数がいちばん多い区はどこですか。

(　　　)区

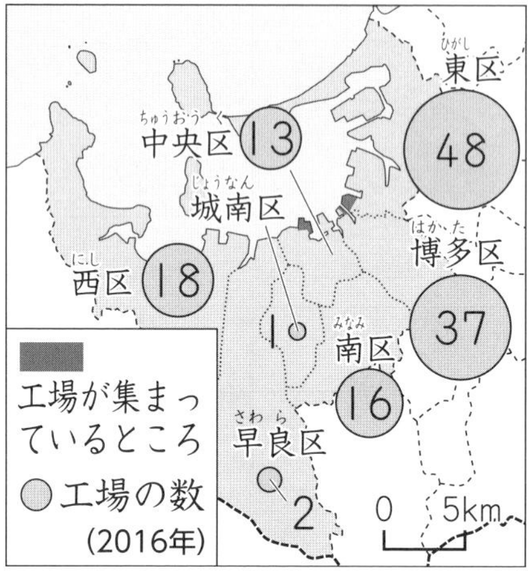


(「経済センサス」平成28年)

(2) 地図中の西区にある工場の数はいくつですか。

(　　　)

(3) おかし工場の見学の計画を立てるとき，次の①～⑥はア「見てくること」，イ「聞いてくること」のうち，どちらにあてはまりますか。それぞれえらび，記号で書きましょう。

① １日につくるおかしの数　(　　　)
② おかしをつくるのに使われているきかい　(　　　)
③ おいしいおかしのつくり方　(　　　)
④ おかしができるまでのじゅんじょ　(　　　)
⑤ おかしの原料のしゅるい　(　　　)
⑥ 工場ではたらいている人の数　(　　　)

**❷ 次の図は，おかしができるまでの流れをまとめたものです。これを見て，あとの問いに答えましょう。** 【52点】

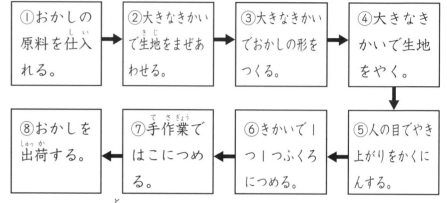

①おかしの原料を仕入れる。 → ②大きなきかいで生地をまぜあわせる。 → ③大きなきかいでおかしの形をつくる。 → ④大きなきかいで生地をやく。 → ⑤人の目でやき上がりをかくにんする。 → ⑥きかいで１つ１つふくろにつめる。 → ⑦手作業ではこにつめる。 → ⑧おかしを出荷する。

(1) 図から読み取れることとして，正しいものには○，まちがっているものには×を書きましょう。 1つ10点（40点）

① 生地づくりは，大きなきかいで行う。　(　　　)
② おかしはすべて手作業でやいている。　(　　　)
③ おかしの生地はやいてから，形をつくっている。　(　　　)
④ 出荷されるおかしのはこづめは，人の手で行っている。　(　　　)

(2) 図中の工場ではたらく人は，工場に入る前にかならず手あらいをし，風で服についているほこりをはらいます。これは何のためですか。書きましょう。 (12点)

(　　　　　　　　　　　　　　)

# 10 工場の仕事②

目ひょう時間 20分

学習した日　　月　　日

名前

とく点　　／100点

3090 解説→321ページ

**❶ 右の地図は，姫路市のかまぼこ工場があった場所のうつりかわりを表しています。この地図を見て，次の問いに答えましょう。** 1つ10点【50点】

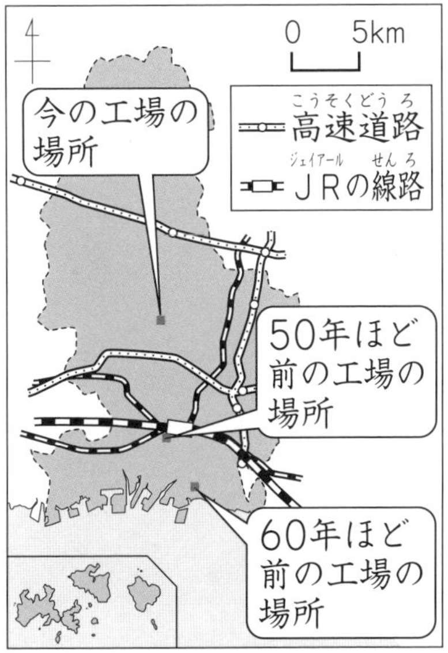


(1) かまぼこ工場が駅の近くにあったのは何年ほど前ですか。(　　　　) 年ほど前

(2) かまぼこ工場が港の近くにあったのは何年ほど前ですか。(　　　　) 年ほど前

(3) 今のかまぼこ工場についてのべた次の文中の①～③にあてはまることばを，あとからえらび，記号で書きましょう。　① (　　　) ② (　　　) ③ (　　　)

| |
|---|
| 今の工場は，( ① ) 土地やきれいな ( ② ) が手に入る，高速道路の入り口の近くにあります。そのため，( ③ ) で原料やせい品を運びやすくなりました。 |

ア 広い　　イ 駅に近い　　ウ 海水
エ 地下水　オ 船　　　　　カ トラック

**❷ 右の地図は，しゅうまいの原料の仕入れ先を表しています。この地図を見て，次の問いに答えましょう。** 1つ10点【30点】

(1) ほたて貝は，どこから仕入れていますか。地図中から地いきをえらび，書きましょう。
(　　　　　　)

(2) 外国から仕入れている原料は何ですか。2つ書きましょう。
(　　　　　　)
(　　　　　　)

**❸ かまぼこ工場ではたらく人がせいけつさをたもつためにしているくふうを，次から2つえらび，記号で書きましょう。**
1つ10点【20点】(　　　)(　　　)

ア かまぼこのやき上がりを人の目でかくにんしている。
イ かならず手あらいをしてから，作業をしている。
ウ かまぼこをふくろにつめる作業は，すべて人の手で行っている。
エ 白い服を着て，マスクをつけて作業をしている。

社会

# 10 工場の仕事②

目ひょう時間 20分

学習した日　　月　　日

名前

とく点　　／100点

3090 解説→321ページ

らくらくマルつけ

**❶ 右の地図は，姫路市のかまぼこ工場があった場所のうつりかわりを表しています。この地図を見て，次の問いに答えましょう。** 1つ10点【50点】

(1) かまぼこ工場が駅の近くにあったのは何年ほど前ですか。(　　　　) 年ほど前

(2) かまぼこ工場が港の近くにあったのは何年ほど前ですか。(　　　　) 年ほど前

(3) 今のかまぼこ工場についてのべた次の文中の①～③にあてはまることばを，あとからえらび，記号で書きましょう。 ①(　　　) ②(　　　) ③(　　　)

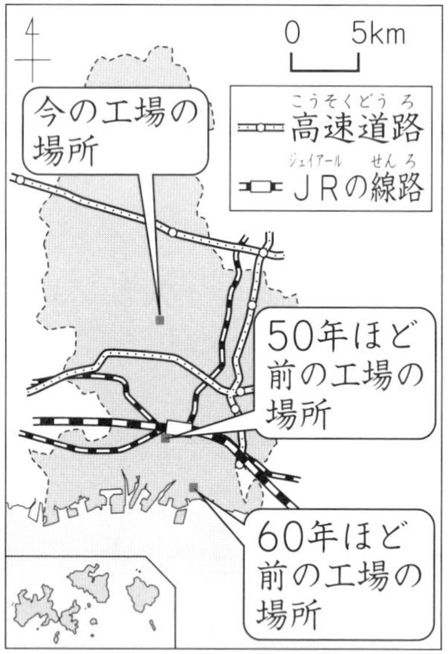


| |
|---|
| 今の工場は，（　①　）土地やきれいな（　②　）が手に入る，高速道路の入り口の近くにあります。そのため，（　③　）で原料やせい品を運びやすくなりました。 |

ア　広い　　イ　駅に近い　　ウ　海水
エ　地下水　　オ　船　　カ　トラック

**❷ 右の地図は，しゅうまいの原料の仕入れ先を表しています。この地図を見て，次の問いに答えましょう。** 1つ10点【30点】

(1) ほたて貝は，どこから仕入れていますか。地図中から地いきをえらび，書きましょう。
(　　　　　)

(2) 外国から仕入れている原料は何ですか。2つ書きましょう。
(　　　　　)
(　　　　　)

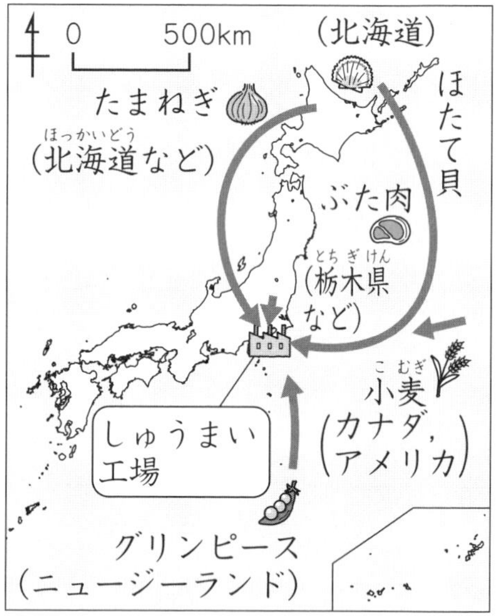


**❸ かまぼこ工場ではたらく人がせいけつさをたもつためにしているくふうを，次から2つえらび，記号で書きましょう。**

1つ10点【20点】(　　　)(　　　)

ア　かまぼこのやき上がりを人の目でかくにんしている。
イ　かならず手あらいをしてから，作業をしている。
ウ　かまぼこをふくろにつめる作業は，すべて人の手で行っている。
エ　白い服を着て，マスクをつけて作業をしている。

らくらくマルつけ

# 11 店ではたらく仕事①

目ひょう時間 20分

学習した日　　月　　日

名前

とく点　　／100点

3091
解説→321ページ

**1** 次の図は，家の人が買い物に行った回数をまとめたものです。この図を見て，あとの問いに答えましょう。 1つ10点【40点】

| ●● <br> ●● <br> ●● <br> ●● <br> ●● | ● <br> ● <br> ● <br> ●● <br> ●● | ● <br> ● <br> ● <br> ● | ● <br> ● <br> ● <br> ● | ● <br> ● | ● <br> ● <br> ● |
|---|---|---|---|---|---|
| ㋐スーパーマーケット① | ㋑スーパーマーケット② | ㋒コンビニエンスストア | 駅前の八百屋 | 駅前の魚屋 | ㋓となり町にある大型ショッピングモール |

(1) 図中の店の中で，買い物に行く回数がいちばん多かった店はどこですか。㋐～㋓からえらび，記号で書きましょう。　（　　　）

(2) コンビニエンスストアで買い物をしたのは，何回ですか。　（　　　）回

(3) 駅前の八百屋や魚屋についてあてはまる文を，次から2つえらび，記号で書きましょう。　（　　　）（　　　）

ア　24時間開いている店が多い。

イ　品物にくわしい店員がいる。

ウ　電気代や電話代などのしはらいをすることができる。

エ　しんせんな品物を買うことができる。

**2** いろいろな店についてまとめた次のカードを見て，あとの問いに答えましょう。 1つ10点【60点】

| ㋐ | ㋑ | ㋒ |
|---|---|---|
| 屋根がある道にそって，八百屋や魚屋などのいろいろな店が集まっている。 | 広いたて物の中に，せん門店などが集まっている。広いちゅう車場がある。 | 年中無休で1日中開いている店が多い。べんとうや日用品などを売っている。 |

(1) ㋐～㋒のカードは，どの店にあてはまりますか。次からそれぞれえらび，記号で書きましょう。

㋐（　　　）　㋑（　　　）　㋒（　　　）

ア　大型ショッピングモール　　イ　商店がい

ウ　コンビニエンスストア

(2) 次の①・②の文にあてはまる店はどこですか。㋐～㋒のカードからそれぞれえらび，記号で書きましょう。

①　たくさんの車をとめることができる。　（　　　）

②　早朝や夜おそくまで買い物することができる。　（　　　）

(3) ㋐のカードについて，道に屋根があると，どのような点でべんりですか。天気に注目し，次のことばにつづけて書きましょう。

・お客さんが（　　　　　　　　　　）

社会

# 11 店ではたらく仕事①

目ひょう時間 20分

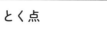

学習した日　　月　　日

名前

とく点　　／100点

らくらくマルつけ 3091

解説→321ページ

**❶ 次の図は，家の人が買い物に行った回数をまとめたものです。この図を見て，あとの問いに答えましょう。** 1つ10点【40点】

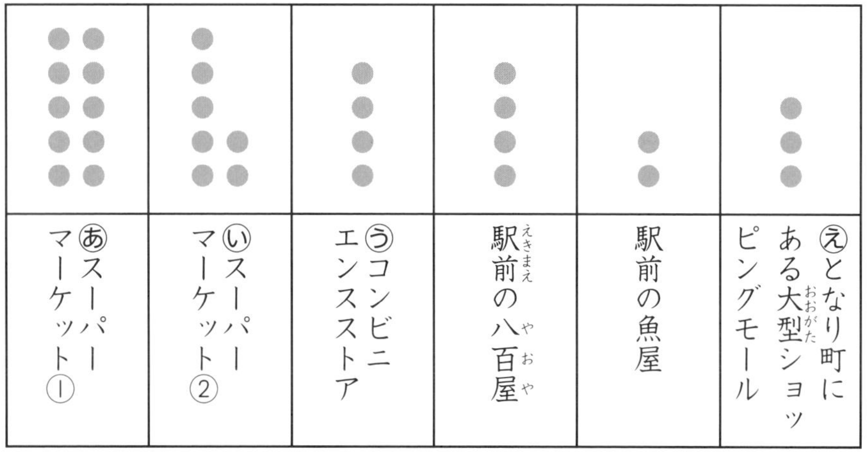


(1) 図中の店の中で，買い物に行く回数がいちばん多かった店はどこですか。あ〜えからえらび，記号で書きましょう。　（　　　）

(2) コンビニエンスストアで買い物をしたのは，何回ですか。　（　　　）回

(3) 駅前の八百屋や魚屋についてあてはまる文を，次から2つえらび，記号で書きましょう。　（　　　）（　　　）

ア　24時間開いている店が多い。
イ　品物にくわしい店員がいる。
ウ　電気代や電話代などのしはらいをすることができる。
エ　しんせんな品物を買うことができる。

**❷ いろいろな店についてまとめた次のカードを見て，あとの問いに答えましょう。** 1つ10点【60点】

| あ | い | う |
|---|---|---|
| 屋根がある道にそって，八百屋や魚屋などのいろいろな店が集まっている。 | 広いたて物の中に，せん門店などが集まっている。広いちゅう車場がある。 | 年中無休で1日中開いている店が多い。べんとうや日用品などを売っている。 |

(1) あ〜うのカードは，どの店にあてはまりますか。次からそれぞれえらび，記号で書きましょう。

あ（　　　）　い（　　　）　う（　　　）

ア　大型ショッピングモール　　イ　商店がい
ウ　コンビニエンスストア

(2) 次の①・②の文にあてはまる店はどこですか。あ〜うのカードからそれぞれえらび，記号で書きましょう。

① たくさんの車をとめることができる。　（　　　）
② 早朝や夜おそくまで買い物することができる。　（　　　）

(3) あのカードについて，道に屋根があると，どのような点でべんりですか。天気に注目し，次のことばにつづけて書きましょう。

・お客さんが（　　　　　　　　　　　　）

# 12 店ではたらく仕事②

目ひょう時間 20分

| 学習した日　月　日 | とく点 |
| --- | --- |
| 名前 | ／100点 |

らくらくマルつけ
3092
解説→321ページ

**❶ スーパーマーケットの店内のようすを表した次の図を見て，あとの問いに答えましょう。** 1つ10点【50点】

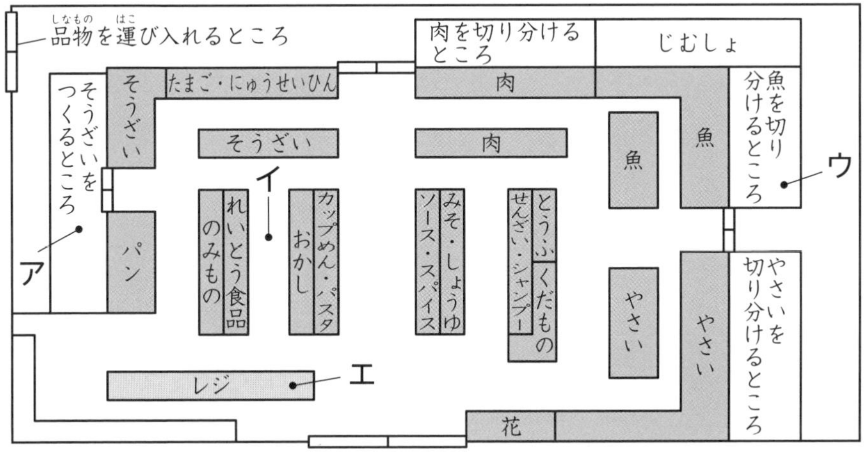


**(1)** 次の文は，店内のどこではたらいている人のようすですか。図中のア～エからえらび，記号で書きましょう。

① お客さんにレシートをわたしている。（　　）

② 取りやすいように品物をならべている。（　　）

③ 店にならべるそうざいをつくっている。（　　）

④ 魚を切り分けている。（　　）

**(2)** 図中から読み取れることを，次からえらび，記号で書きましょう。（　　）

ア　この店では食品だけが売られている。

イ　この店ではたながしゅるいごとに分けられている。

ウ　この店では肉と魚は同じたなで売られている。

**❷ スーパーマーケットではたらく人のくふうについて，次の問いに答えましょう。** 1つ10点【50点】

**(1)** 次の①～④は，お客さんのねがいです。ねがいをかなえるための店のくふうを，あとからそれぞれえらび，記号で書きましょう。

① できたてのべんとうが食べたい。（　　）

② 少しでも安く買いたい。（　　）

③ 品物をだれがつくっているのかを知りたい。（　　）

④ １人分だけの品物を買いたい。（　　）

ア　つくった人の顔がわかるねふだをはっている。

イ　小分けにした品物を，売り場に出す。

ウ　１日に何回かに分けてつくって，売り場に出す。

エ　お買いどく品コーナーをつくる。

**(2)** 右の絵のちゅう車場は，どのような人のためにつくられたものですか。次からえらび，記号で書きましょう。（　　）

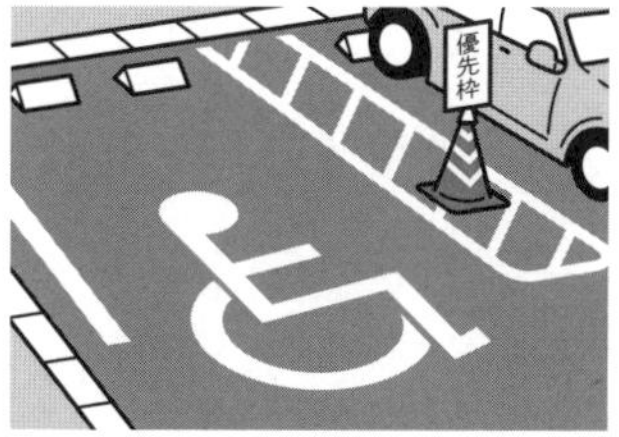

ア　仕事から帰ってきた人　　イ　小学生

ウ　しょうがいのある人　　エ　外国人

社会

# 12 店ではたらく仕事②

目ひょう時間 20分

学習した日　月　日

名前

とく点　/100点

らくらくマルつけ
3092
解説→321ページ

**1** スーパーマーケットの店内のようすを表した次の図を見て，あとの問いに答えましょう。　1つ10点【50点】

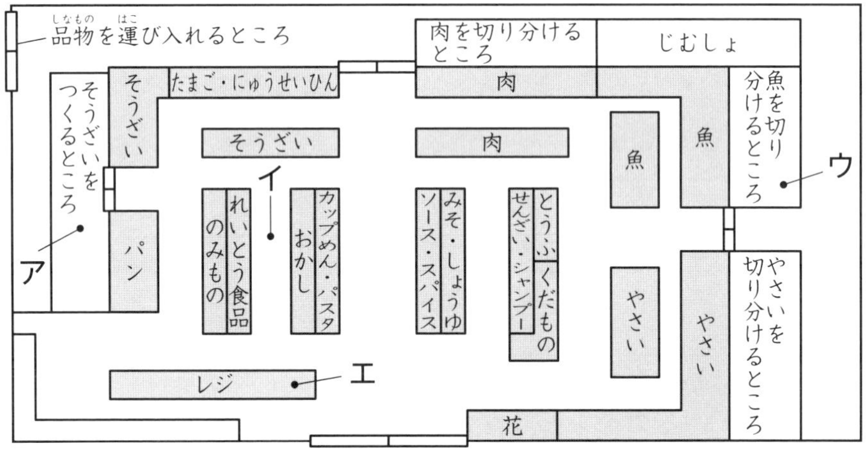


(1) 次の文は，店内のどこではたらいている人のようすですか。図中のア～エからえらび，記号で書きましょう。

① お客さんにレシートをわたしている。　(　　)

② 取りやすいように品物をならべている。　(　　)

③ 店にならべるそうざいをつくっている。　(　　)

④ 魚を切り分けている。　(　　)

(2) 図中から読み取れることを，次からえらび，記号で書きましょう。　(　　)

ア　この店では食品だけが売られている。

イ　この店ではたながしゅるいごとに分けられている。

ウ　この店では肉と魚は同じたなで売られている。

**2** スーパーマーケットではたらく人のくふうについて，次の問いに答えましょう。　1つ10点【50点】

(1) 次の①～④は，お客さんのねがいです。ねがいをかなえるための店のくふうを，あとからそれぞれえらび，記号で書きましょう。

① できたてのべんとうが食べたい。　(　　)

② 少しでも安く買いたい。　(　　)

③ 品物をだれがつくっているのかを知りたい。　(　　)

④ 1人分だけの品物を買いたい。　(　　)

ア　つくった人の顔がわかるねふだをはっている。

イ　小分けにした品物を，売り場に出す。

ウ　1日に何回かに分けてつくって，売り場に出す。

エ　お買いどく品コーナーをつくる。

(2) 右の絵のちゅう車場は，どのような人のためにつくられたものですか。次からえらび，記号で書きましょう。　(　　)

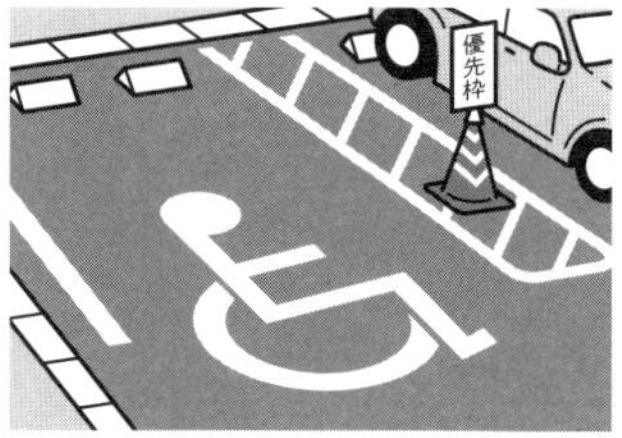


ア　仕事から帰ってきた人　　イ　小学生

ウ　しょうがいのある人　　エ　外国人

# 13 店ではたらく仕事③

目ひょう時間 20分

| ✎学習した日　　月　　日 | とく点 |
|---|---|
| 名前 | ／100点 |

3093 解説→322ページ

らくらくマルつけ

**❶ 次のスーパーマーケットの品物のねふだを見て，あとの問いに答えましょう。** 【40点】

| アメリカ産 | 青森県産 | 北海道産 |
|---|---|---|
| 牛肉 | りんご | たまねぎ |
| 100g 221円 | 1こ 198円 | 1こ 78円 |
| フィリピン産 | 長野県産 | オーストラリア産 |
| バナナ | レタス | 牛肉 |
| 1ふくろ 258円 | 1玉 98円 | 100g 248円 |

(1) 次の①～③の地いきから仕入れている品物を，それぞれ書きましょう。 1つ7点（21点）

① 長野県 (　　　　)

② 青森県 (　　　　)

③ フィリピン (　　　　)

(2) たまねぎはどこから仕入れていますか。 (7点)

(　　　　)

(3) 2つの国から仕入れている品物は何ですか。 (7点)

(　　　　)

(4) ねふだにあるやさいやくだもの，肉や魚などの，つくられた場所やとれた場所のことを何といいますか。 (5点)

(　　　　)

**❷ あるスーパーマーケットの品物の仕入れ先を表した次の地図を見て，あとの問いに答えましょう。** 1つ10点【60点】

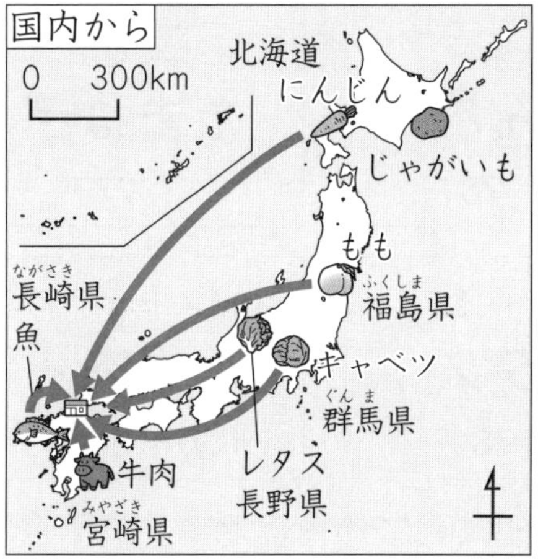


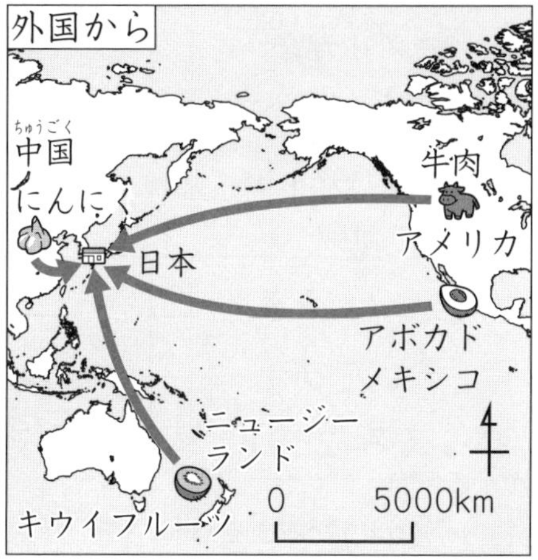


(1) ももはどこから仕入れていますか。 (　　　　)

(2) 北海道から仕入れている品物を2つ書きましょう。

(　　　　)(　　　　)

(3) にんにくはどこの国から仕入れていますか。

(　　　　)

(4) 地図から読み取れることとして正しいものを，次から2つえらび，記号で書きましょう。 (　　)(　　)

ア くだものはすべて，国内から仕入れている。

イ 国内のさまざまな場所からやさいを仕入れている。

ウ 魚はすべて，外国から仕入れている。

エ 牛肉は，国内と外国の両方から仕入れている。

社会

# 13 店ではたらく仕事③

目ひょう時間 20分

学習した日　月　日

名前

とく点　／100点

3093 解説→322ページ

らくらくマルつけ

**❶ 次のスーパーマーケットの品物のねふだを見て，あとの問いに答えましょう。** 【40点】

| | | |
|---|---|---|
| アメリカ産<br>牛肉<br>100g 221円 | 青森県産<br>りんご<br>１こ 198円 | 北海道産<br>たまねぎ<br>１こ 78円 |
| フィリピン産<br>バナナ<br>１ふくろ 258円 | 長野県産<br>レタス<br>１玉 98円 | オーストラリア産<br>牛肉<br>100g 248円 |

(1) 次の①～③の地いきから仕入れている品物を，それぞれ書きましょう。 1つ7点（21点）

① 長野県　（　　　　）

② 青森県　（　　　　）

③ フィリピン　（　　　　）

(2) たまねぎはどこから仕入れていますか。 （7点）

（　　　　）

(3) ２つの国から仕入れている品物は何ですか。 （7点）

（　　　　）

(4) ねふだにあるやさいやくだもの，肉や魚などの，つくられた場所やとれた場所のことを何といいますか。 （5点）

（　　　　）

**❷ あるスーパーマーケットの品物の仕入れ先を表した次の地図を見て，あとの問いに答えましょう。** 1つ10点【60点】

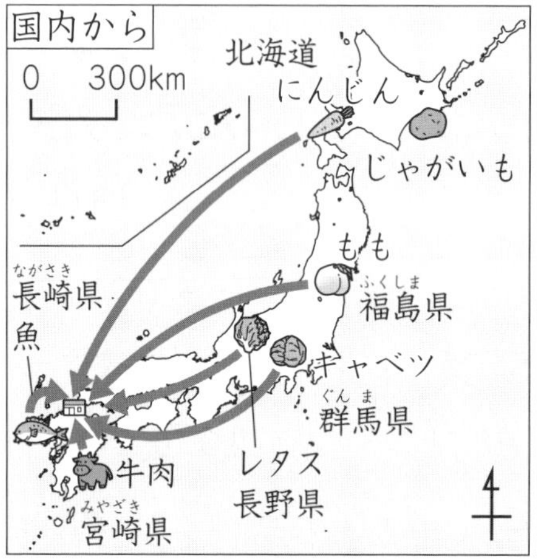


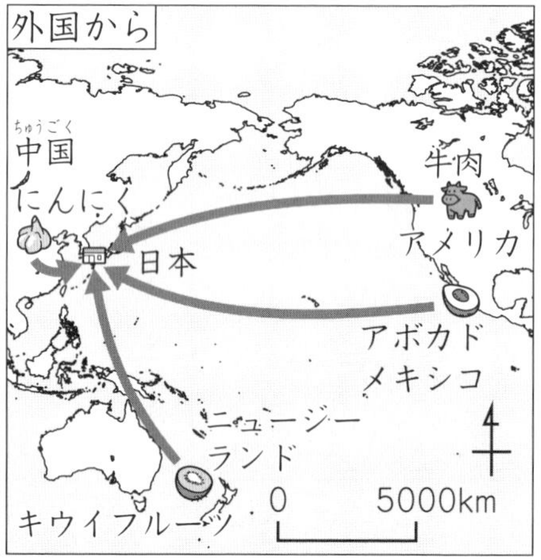


(1) ももはどこから仕入れていますか。　（　　　　）

(2) 北海道から仕入れている品物を２つ書きましょう。

（　　　　）（　　　　）

(3) にんにくはどこの国から仕入れていますか。

（　　　　）

(4) 地図から読み取れることとして正しいものを，次から２つえらび，記号で書きましょう。　（　　）（　　）

ア　くだものはすべて，国内から仕入れている。

イ　国内のさまざまな場所からやさいを仕入れている。

ウ　魚はすべて，外国から仕入れている。

エ　牛肉は，国内と外国の両方から仕入れている。

# 14 火事からくらしを守る①

目ひょう時間 20分

学習した日　月　日
名前
とく点　／100点
3094 解説→322ページ
らくらくマルつけ

**1** **右のグラフは，金沢市の火事のけん数を表したものです。このグラフを見て，次の問いに答えましょう。** 1つ10点【20点】

(1) けん数がいちばん多いのは何年ですか。　(　　　　)年

(2) 2012年とくらべたときの2021年の火事のけん数を，次からえらび，記号で書きましょう。

(　　　)

ア　ふえている　　イ　へっている　　ウ　同じである

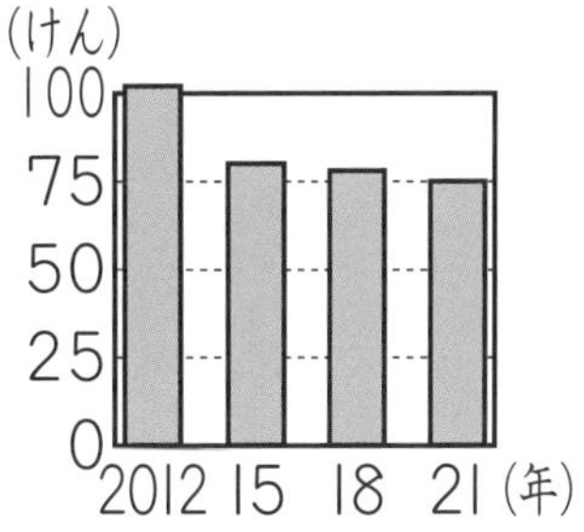

(金沢市消防局資料)

**2** **右のグラフは，金沢市の火事の原いん別の数を表したものです。グラフから読み取れることとして，正しいものには○を，まちがっているものには×を書きましょう。** 1つ10点【30点】

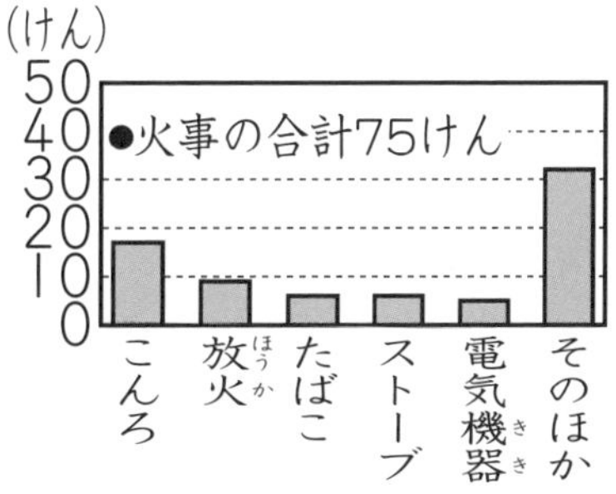

(2021年)　(金沢市消防局資料)

① 火事の合計は80けんをこえている。　(　　　)

② 放火よりもたばこが原いんの火事が多い。(　　　)

③ こんろが原いんの火事は10けんをこえている。　(　　　)

**3** **次の表は，消防士のきんむ時間表です。この表を見て，あとの問いに答えましょう。** 【50点】

8:30　8:30　8:30　8:30　8:30　8:30　8:30　8:30

| | | 1日目 | 2日目 | 3日目 | 4日目 | 5日目 | 6日目 | 7日目 |
|---|---|---|---|---|---|---|---|---|
| 1ぱん | 福本さん | 非番 | 当番 | 非番 | 休み | 休み | 当番 | 非番 |
| | 今木さん | 非番 | 休み | 休み | 当番 | 非番 | 当番 | 非番 |
| | 小野さん | 非番 | 当番 | 非番 | 当番 | 非番 | 休み | 休み |
| 2はん | 谷坂さん | 当番 | 非番 | 当番 | 非番 | 休み | 休み | 当番 |
| | 内田さん | 当番 | 非番 | 休み | 休み | 当番 | 非番 | 当番 |
| | 松宮さん | 休み | 休み | 当番 | 非番 | 当番 | 非番 | 当番 |

(1) 4日目に当番の人の名前を，2人書きましょう。

1つ10点（20点）(　　　　　)さんと(　　　　　)さん

(2) 次の当番の人と交代する時間は，毎日何時何分ですか。

（全部できて10点）(　　　)時(　　　)分

(3) 表から読み取れる，消防士のくふうとして正しいものを，次から2つえらび，記号で書きましょう。

1つ10点（20点）(　　　)(　　　)

ア　2つのはんに分かれてきんむしている。

イ　当番の日には，12時間はたらいている。

ウ　毎日，同じはんの人が当番になるようにしている。

エ　全員が休みになる日をつくっている。

社会

# 14 火事からくらしを守る①

目ひょう時間 20分

学習した日　月　日

名前

とく点　／100点

らくらくマルつけ　3094　解説→322ページ

❶ 右のグラフは，金沢市の火事のけん数を表したものです。このグラフを見て，次の問いに答えましょう。 1つ10点【20点】

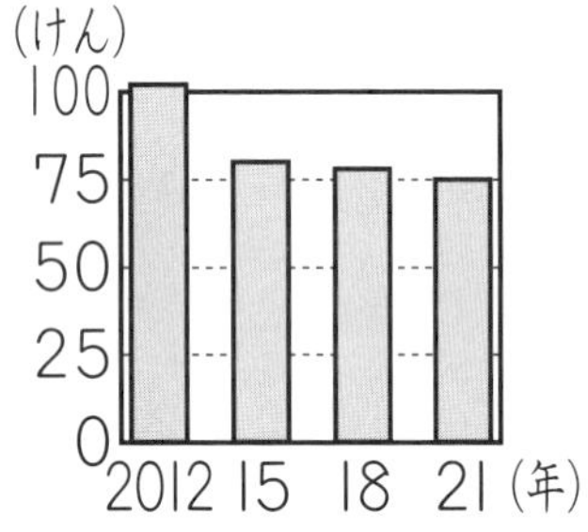


(金沢市消防局資料)

(1) けん数がいちばん多いのは何年ですか。　(　　　　)年

(2) 2012年とくらべたときの2021年の火事のけん数を，次からえらび，記号で書きましょう。

(　　　)

ア　ふえている　　イ　へっている　　ウ　同じである

❷ 右のグラフは，金沢市の火事の原いん別の数を表したものです。グラフから読み取れることとして，正しいものには○を，まちがっているものには×を書きましょう。 1つ10点【30点】

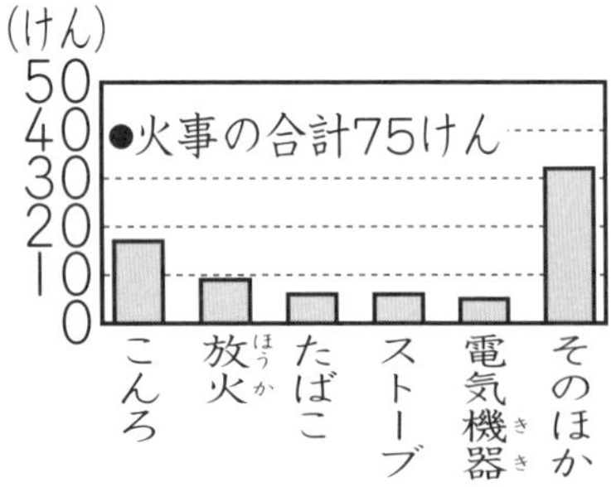


(2021年)　(金沢市消防局資料)

① 火事の合計は80けんをこえている。　(　　　)

② 放火よりもたばこが原いんの火事が多い。(　　　)

③ こんろが原いんの火事は10けんをこえている。

(　　　)

❸ 次の表は，消防士のきんむ時間表です。この表を見て，あとの問いに答えましょう。 【50点】

（各日の区切りは8:30）

| | | 1日目 | 2日目 | 3日目 | 4日目 | 5日目 | 6日目 | 7日目 |
|---|---|---|---|---|---|---|---|---|
| 1ぱん | 福本さん | 非番 | 当番 | 非番 | 休み | 休み | 当番 | 非番 |
| 1ぱん | 今木さん | 非番 | 休み | 休み | 当番 | 非番 | 当番 | 非番 |
| 1ぱん | 小野さん | 非番 | 当番 | 非番 | 当番 | 非番 | 休み | 休み |
| 2はん | 谷坂さん | 当番 | 非番 | 当番 | 非番 | 休み | 休み | 当番 |
| 2はん | 内田さん | 当番 | 非番 | 休み | 休み | 当番 | 非番 | 当番 |
| 2はん | 松宮さん | 休み | 休み | 当番 | 非番 | 当番 | 非番 | 当番 |

(1) ４日目に当番の人の名前を，２人書きましょう。

1つ10点（20点）(　　　　)さんと(　　　　)さん

(2) 次の当番の人と交代する時間は，毎日何時何分ですか。

(全部できて10点)(　　　)時(　　　)分

(3) 表から読み取れる，消防士のくふうとして正しいものを，次から２つえらび，記号で書きましょう。

1つ10点（20点）(　　　)(　　　)

ア　２つのはんに分かれてきんむしている。

イ　当番の日には，12時間はたらいている。

ウ　毎日，同じはんの人が当番になるようにしている。

エ　全員が休みになる日をつくっている。

# 15 火事からくらしを守る②

目ひょう時間 20分

| 学習した日　月　日 | とく点 | |
|---|---|---|
| 名前 | ／100点 | 3095 解説→322ページ |



**① 火事がおこったときのれんらくのしくみを表した次の図を見て，あとの問いに答えましょう。** 1つ10点【80点】

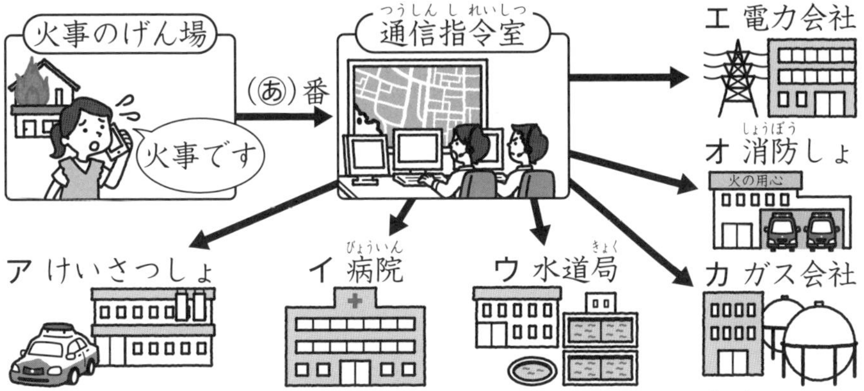


(1) 図中の㋐には，火事がおきたときに電話する番号があてはまります。この電話番号は何番ですか。

（　　　　　）番

(2) ㋐の番号にかけた電話が最初につながる場所はどこですか。図からえらび，書きましょう。（　　　　　）

(3) 次の文は，(1)の電話をしたときにたずねられることの一部です。①・②にあてはまることばを，あとからえらび，記号で書きましょう。　①（　　）②（　　）

- 火事ですか，それとも（ ① ）ですか。
- （ ② ）はいますか。

ア 救急　イ 事故　ウ けが人　エ 見物人

(4) 次の①～④のれんらくを受けた場所を，図中のア～カからそれぞれえらび，記号で書きましょう。

① 「火事が発生しました。消火活動のため，急いで出動してください。」（　　）

② 「火事でけがをした人がいます。受け入れのじゅんびをしてください。」（　　）

③ 「火を消すためにひつようなので，水をたくさん出してください。」（　　）

④ 「火事のげん場近くの交通整理をおねがいします。」（　　）

**② 消防しょではたらく人の仕事としてあてはまるものを，次から2つえらび，記号で書きましょう。** 1つ10点【20点】

（　　）（　　）

ア まちで事件や事故がおきていないか，パトロールをしている。

イ すばやく消火できるように，火事がない時間にくんれんをしている。

ウ 朝早くから新せんなやさいやくだものをしゅうかくし，店にとどけている。

エ 自分たちが使う器具の点けんをしている。

# 15 火事からくらしを守る②

目ひょう時間 20分

学習した日　　月　　日

名前

とく点

／100点

3095
解説→322ページ

らくらくマルつけ

**❶ 火事がおこったときのれんらくのしくみを表した次の図を見て，あとの問いに答えましょう。** 1つ10点【80点】

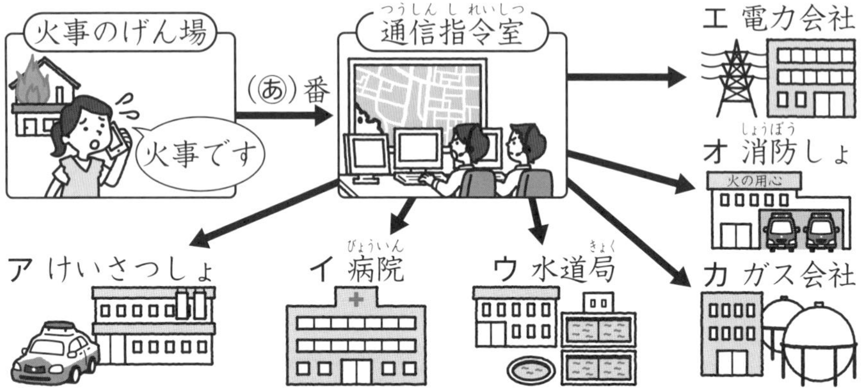


(1) 図中のあには，火事がおきたときに電話する番号があてはまります。この電話番号は何番ですか。

(　　　　　)番

(2) あの番号にかけた電話が最初につながる場所はどこですか。図からえらび，書きましょう。(　　　　　)

(3) 次の文は，(1)の電話をしたときにたずねられることの一部です。①・②にあてはまることばを，あとからえらび，記号で書きましょう。　①(　　　)　②(　　　)

- 火事ですか，それとも（ ① ）ですか。
- （ ② ）はいますか。

ア 救急　　イ 事故　　ウ けが人　　エ 見物人

(4) 次の①～④のれんらくを受けた場所を，図中のア～カからそれぞれえらび，記号で書きましょう。

① 「火事が発生しました。消火活動のため，急いで出動してください。」　(　　　)

② 「火事でけがをした人がいます。受け入れのじゅんびをしてください。」　(　　　)

③ 「火を消すためにひつようなので，水をたくさん出してください。」　(　　　)

④ 「火事のげん場近くの交通整理をおねがいします。」　(　　　)

**❷ 消防しょではたらく人の仕事としてあてはまるものを，次から2つえらび，記号で書きましょう。** 1つ10点【20点】

(　　　)(　　　)

ア まちで事件や事故がおきていないか，パトロールをしている。

イ すばやく消火できるように，火事がない時間にくんれんをしている。

ウ 朝早くから新せんなやさいやくだものをしゅうかくし，店にとどけている。

エ 自分たちが使う器具の点けんをしている。

# 16 火事からくらしを守る③

目ひょう時間 20分

学習した日　　月　　日

名前

とく点　　／100点

3096 解説→323ページ

らくらくマルつけ

**❶ 次の①～③の消防せつびについて，あとの問いに答えましょう。** 1つ10点【60点】

① 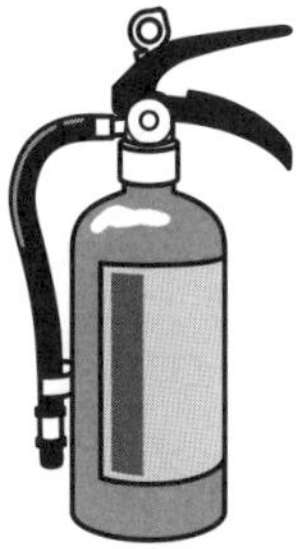

② 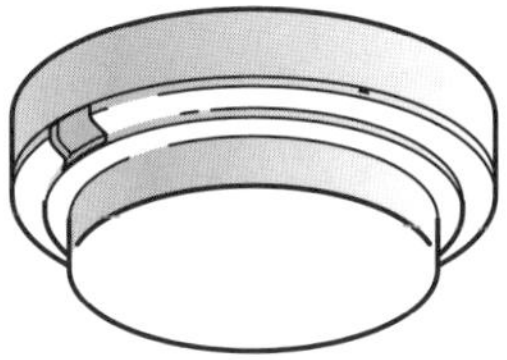

③ 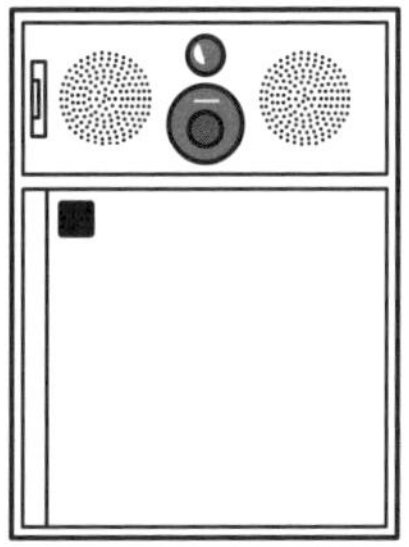

(1) ①～③の消防せつびの名前を，次からそれぞれえらび，記号で書きましょう。

①（　　　）②（　　　）③（　　　）

ア 消火せん　　イ 火さいけいほう器　　ウ 消火器

(2) ①～③の消防せつびについての文としてあてはまるものを，次からそれぞれえらび，記号で書きましょう。

①（　　　）②（　　　）③（　　　）

ア 近くの小さな火を消すことができる。

イ 火やけむりが広がるのをふせぐ。

ウ 中にあるホースから，大きな火を消すために使う水を出すことができる。

エ 熱を感じると，音を出してまわりに知らせる。

**❷ まちの消防しせつをしめした次の地図を見て，あとの問いに答えましょう。** 1つ10点【40点】

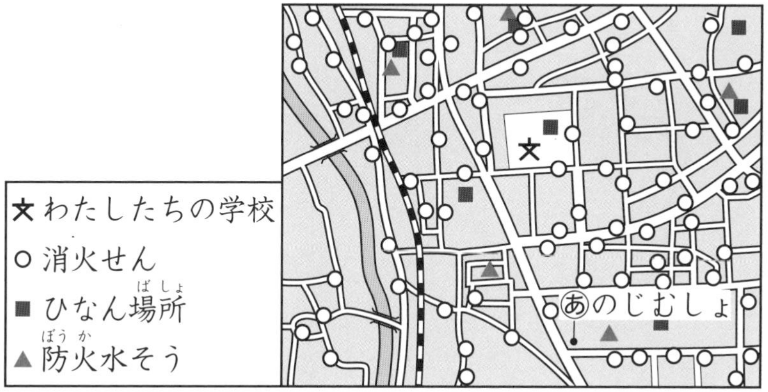


(1) 地図から読み取れることとして，正しいものには○，まちがっているものには×を書きましょう。

① 「わたしたちの学校」はひなん場所になっている。（　　）

② 防火水そうは，3か所にせっちされている。（　　）

③ 消火せんは，道路にそってせっちされている。（　　）

(2) 地図中のあにあてはまる，ふだんはべつの仕事をしていて，火事がおきると消防しょと協力して消火活動を行うところを，次からえらび，記号で書きましょう。

ア 通信指令室　　イ けいさつしょ　　（　　）

ウ 消防団　　エ 市役所

社会

＼もう1回チャレンジ!!／

# 16 火事からくらしを守る③

目ひょう時間 20分

学習した日　月　日

名前

とく点　／100点

3096 解説→323ページ

らくらくマルつけ

❶ 次の①～③の消防せつびについて，あとの問いに答えましょう。　1つ10点【60点】

①

②
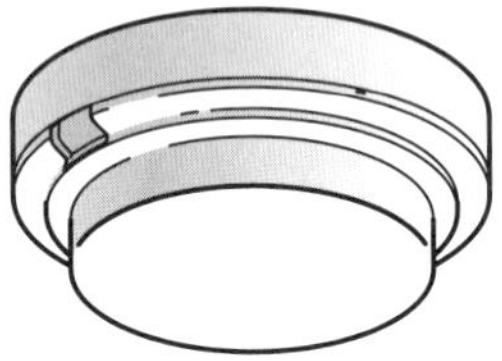

③
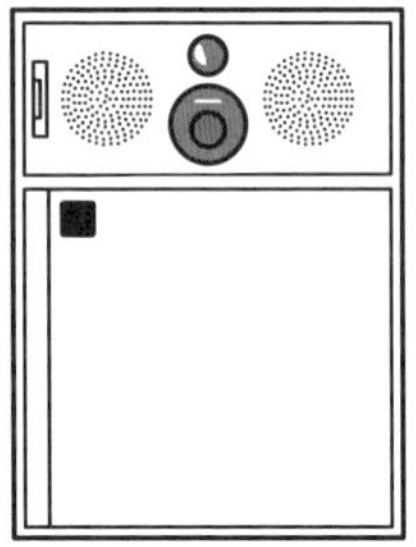

(1) ①～③の消防せつびの名前を，次からそれぞれえらび，記号で書きましょう。

①（　　）②（　　）③（　　）

ア 消火せん　イ 火さいけいほう器　ウ 消火器

(2) ①～③の消防せつびについての文としてあてはまるものを，次からそれぞれえらび，記号で書きましょう。

①（　　）②（　　）③（　　）

ア 近くの小さな火を消すことができる。

イ 火やけむりが広がるのをふせぐ。

ウ 中にあるホースから，大きな火を消すために使う水を出すことができる。

エ 熱を感じると，音を出してまわりに知らせる。

❷ まちの消防しせつをしめした次の地図を見て，あとの問いに答えましょう。　1つ10点【40点】

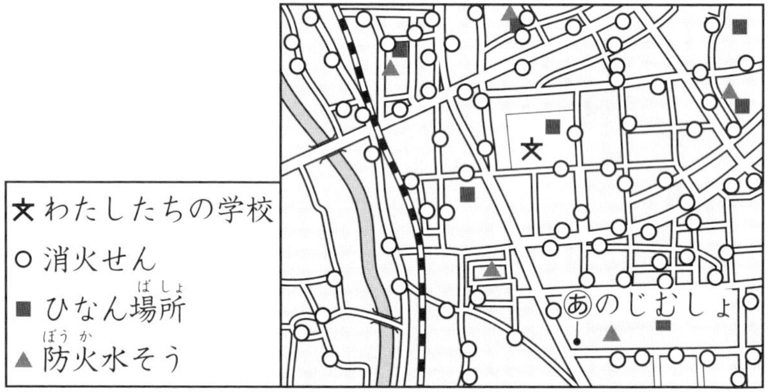


(1) 地図から読み取れることとして，正しいものには○，まちがっているものには×を書きましょう。

① 「わたしたちの学校」はひなん場所になっている。（　　）

② 防火水そうは，3か所にせっちされている。（　　）

③ 消火せんは，道路にそってせっちされている。（　　）

(2) 地図中のあにあてはまる，ふだんはべつの仕事をしていて，火事がおきると消防しょと協力して消火活動を行うところを，次からえらび，記号で書きましょう。

ア 通信指令室　イ けいさつしょ　（　　）

ウ 消防団　エ 市役所

# 17 事故や事件からくらしを守る①

目ひょう時間 20分

| 学習した日　月　日 | とく点 |
| --- | --- |
| 名前 | ／100点 |

らくらくマルつけ 3097 解説→323ページ

❶ 次の問いに答えましょう。　1つ8点【40点】

(1) 次の①～④にあてはまる，けいさつの仕事を，あとからそれぞれえらび，記号で書きましょう。

① 

(　　)

② 

(　　)

③ 

(　　)

④ 

(　　)

ア　道をたずねてきた人をあん内している。
イ　まちのパトロールをしている。
ウ　ぬすまれた自転車をさがしている。
エ　交通の取りしまりをしている。

(2) まちの中で，祭りなどの大きな行事があるときに，けいさつかんが，人や車の流れを整える仕事を何といいますか。　(　　　　)

❷ 交通事故をふせぐためのせつびをかいた，次のカードを見て，あとの問いに答えましょう。　1つ10点【60点】

① 

(　　)が安全に通行できるようにしている。

② 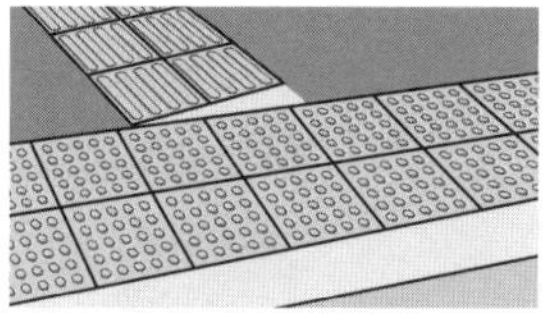

(　　)のふ自由な人が安全に歩ける。

③ 

見通しのわるいところで(　　)がきたかどうかかくにんできる。

④ 

ボタンをおすと，歩行者用のしん号が(　　)にかわる。

(1) カード中の（　　）にあてはまることばを，次からそれぞれえらび，記号で書きましょう。（記号は一度しか使えません）

①（　　）　②（　　）
③（　　）　④（　　）

ア　目　　イ　歩行者　　ウ　青　　エ　自動車

(2) ①の場所と③のせつびを，それぞれ何といいますか。

①（　　　　　）
③（　　　　　）

社会

＼もう1回チャレンジ!!／

# 17 事故や事件からくらしを守る①

目ひょう時間 20分

学習した日　　月　　日

名前

とく点　　／100点

3097

解説→323ページ

## ❶ 次の問いに答えましょう。　1つ8点【40点】

(1) 次の①～④にあてはまる，けいさつの仕事を，あとからそれぞれえらび，記号で書きましょう。

① 

(　　)

② 

(　　)

③ 

(　　)

④ 

(　　)

ア　道をたずねてきた人をあん内している。
イ　まちのパトロールをしている。
ウ　ぬすまれた自転車をさがしている。
エ　交通の取りしまりをしている。

(2) まちの中で，祭りなどの大きな行事があるときに，けいさつかんが，人や車の流れを整える仕事を何といいますか。　(　　　　)

## ❷ 交通事故をふせぐためのせつびをかいた，次のカードを見て，あとの問いに答えましょう。　1つ10点【60点】

① 

(　　)が安全に通行できるようにしている。

② 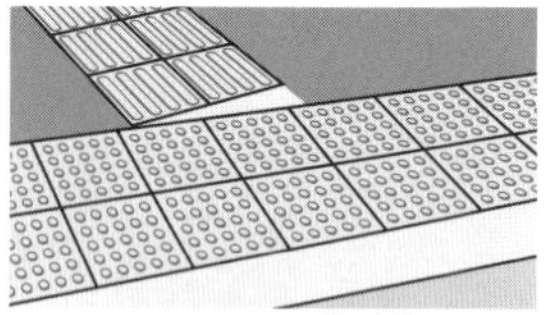

(　　)のふ自由な人が安全に歩ける。

③ 

見通しのわるいところで(　　)がきたかどうかかくにんできる。

④ 

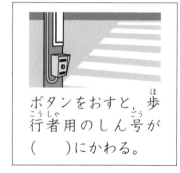

ボタンをおすと，歩行者用のしん号が(　　)にかわる。

(1) カード中の（　　）にあてはまることばを，次からそれぞれえらび，記号で書きましょう。(記号は一度しか使えません)

①(　　)　②(　　)
③(　　)　④(　　)

ア　目　　イ　歩行者　　ウ　青　　エ　自動車

(2) ①の場所と③のせつびを，それぞれ何といいますか。

①(　　　　)
③(　　　　)

# 18 事故や事件からくらしを守る②

目ひょう時間 20分

学習した日　　月　　日

名前

とく点　　／100点

3098 解説→323ページ

らくらくマルつけ

**1** 交通事故がおこったときのれんらくのしくみを表した次の図を見て，あとの問いに答えましょう。【50点】

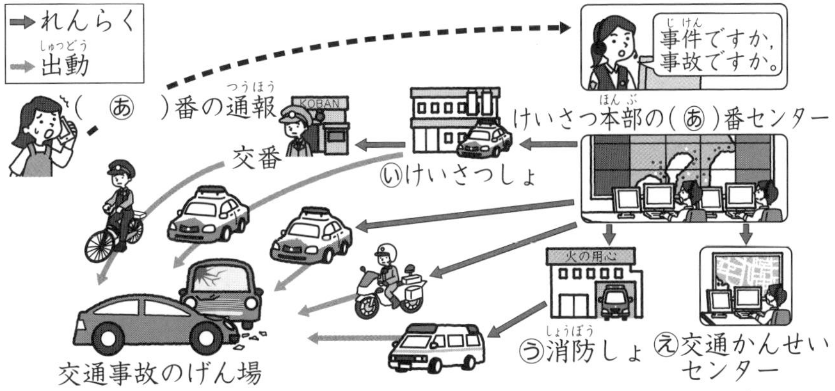


(1) 図中のあには，事故がおきたときに電話をかける番号があてはまります。この電話番号は何番ですか。（17点）

（　　　　）番

(2) 事故のれんらくを受けて，次の①～③のような仕事をするのはどこですか。図中のい～えからそれぞれえらび，記号で書きましょう。1つ11点（33点）

① けいさつかんを事故のげん場に出動させたり，車がじゅうたいしないよう，交通整理をしたりする。（　　　）

② ラジオなどで，事故がおこったことを知らせる。（　　　）

③ 救急車でけが人を病院へ運ぶ。（　　　）

**2** 三鷹市の事故・事件の数のうつりかわりをしめした右のグラフを見て，次の問いに答えましょう。1つ10点【50点】

(1) 右の2つのグラフから読み取れることとして，正しいものには○，まちがっているものには×を書きましょう。

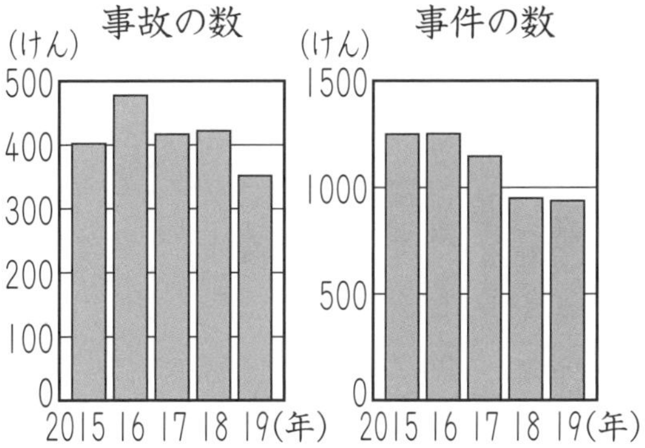


(警視庁資料)

① 2015年の事故の数はおよそ400けんである。（　　　）

② 事故の数がいちばん多いのは2018年である。（　　　）

③ 2019年の事故と事件の数は，どちらも2015年よりもへっている。（　　　）

④ 事件の数は2015年がいちばん少ない。（　　　）

(2) 次の文中の（　　）にあてはまることばをカタカナで書きましょう。（　　　　）

| |
|---|
| 自転車に乗るときには，ヘルメットをかぶる，まわりが暗くなったらライトをつけるなど，交通（　　　）を守ることが大切です。 |

社会

# 18 事故や事件からくらしを守る②

目ひょう時間 20分

学習した日　月　日

名前

とく点　／100点

3098
解説→323ページ

らくらくマルつけ

**❶ 交通事故がおこったときのれんらくのしくみを表した次の図を見て，あとの問いに答えましょう。** 【50点】

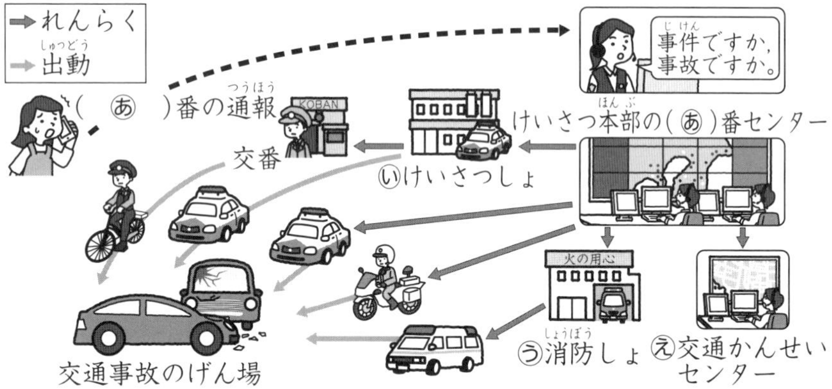


(1) 図中のⓐには，事故がおきたときに電話をかける番号があてはまります。この電話番号は何番ですか。 (17点)

（　　　）番

(2) 事故のれんらくを受けて，次の①～③のような仕事をするのはどこですか。図中のⓘ～ⓔからそれぞれえらび，記号で書きましょう。 1つ11点 (33点)

① けいさつかんを事故のげん場に出動させたり，車がじゅうたいしないよう，交通整理をしたりする。 （　　）

② ラジオなどで，事故がおこったことを知らせる。 （　　）

③ 救急車でけが人を病院へ運ぶ。 （　　）

**❷ 三鷹市の事故・事件の数のうつりかわりをしめした右のグラフを見て，次の問いに答えましょう。** 1つ10点【50点】

(1) 右の２つのグラフから読み取れることとして，正しいものには○，まちがっているものには×を書きましょう。

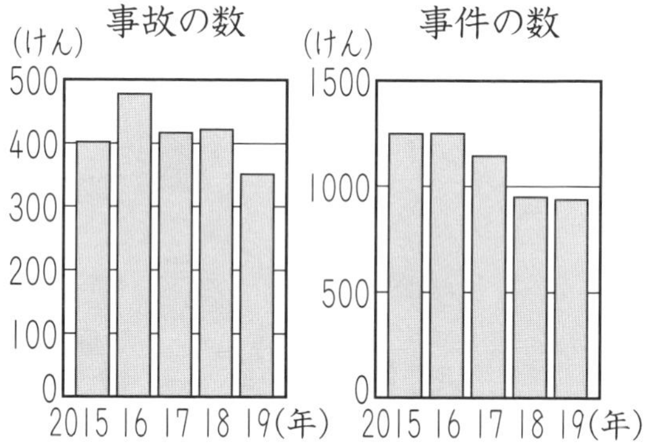


（警視庁資料）

① 2015年の事故の数はおよそ400けんである。（　　）

② 事故の数がいちばん多いのは2018年である。 （　　）

③ 2019年の事故と事件の数は，どちらも2015年よりもへっている。 （　　）

④ 事件の数は2015年がいちばん少ない。 （　　）

(2) 次の文中の（　　）にあてはまることばをカタカナで書きましょう。 （　　　）

> 自転車に乗るときには，ヘルメットをかぶる，まわりが暗くなったらライトをつけるなど，交通（　　）を守ることが大切です。

# 19 事故や事件からくらしを守る③

目ひょう時間 20分

学習した日　月　日

名前

とく点

／100点

らくらくマルつけ

3099

解説→324ページ

## ❶ 次の地図を見て，あとの問いに答えましょう。

1つ8点【40点】

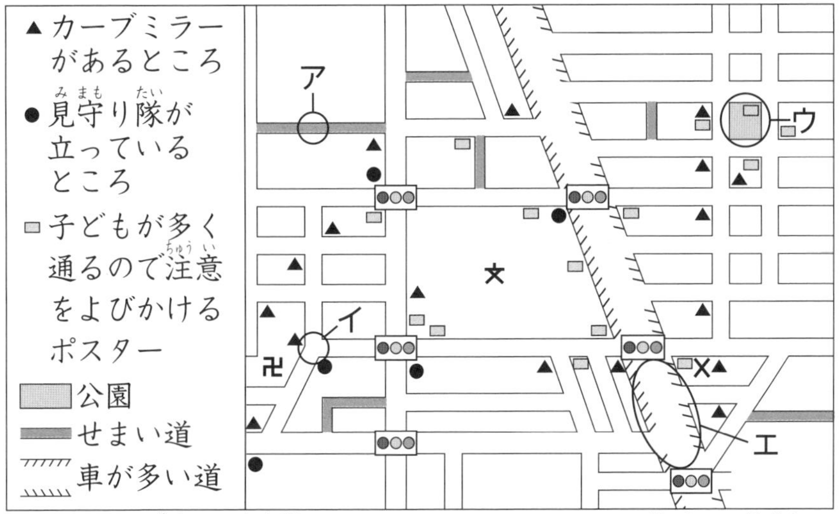


(1) きけんな場所や安全な場所を書き入れた，事故や事件をふせぐための地図を何といいますか。

（　　　　　　　　　　　）

(2) 次の①～④にあてはまる場所を，地図中のア～エからそれぞれえらび，記号で書きましょう。

① 道路が曲がっているので，見通しがわるい。（　　　）

② 道がせまく，人通りが少ない。（　　　）

③ 車が多いので，事故がおこりやすい。（　　　）

④ 子どもがまわりを多く通る公園がある。（　　　）

## ❷ 次の問いに答えましょう。

1つ10点【60点】

(1) 右の絵は，事件にまきこまれそうになったとき，子どもが助けをもとめることができる家や店をしめすステッカーです。（　　）にあてはまることばを書きましょう。

（　　　　　　　　　　　）

(2) 地いきの人たちが事故や事件をふせぐために行っていることとして，正しいものには○，まちがっているものには×を書きましょう。

① 地いきのパトロールを行う。（　　　）

② ちゅう車い反やスピードい反を取りしまる。（　　　）

③ 通学路で子どもたちの通学を見守る。（　　　）

④ 交通事故のけん数を数えて知らせる。（　　　）

(3) 次の文中の（　　）にあてはまることばを書きましょう。

（　　　　）

人通りの多い交差点などにある（　　）のけいさつかんは，地いきの安全で安心なくらしを守るため，交代しながら24時間仕事をしています。

# 19 事故や事件からくらしを守る③

目ひょう時間 20分

学習した日　月　日

名前

とく点　／100点

3099 解説→324ページ

らくらくマルつけ

## ❶ 次の地図を見て，あとの問いに答えましょう。

1つ8点【40点】

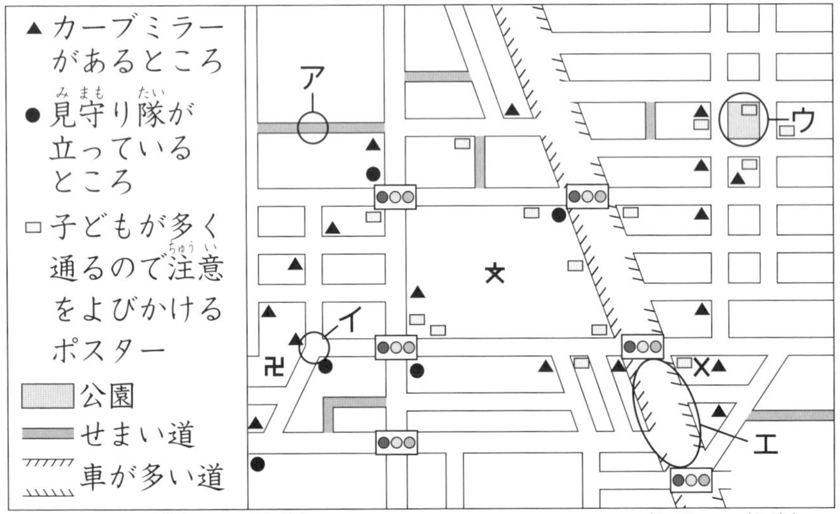


(1)　きけんな場所や安全な場所を書き入れた，事故や事件をふせぐための地図を何といいますか。

（　　　　　　　　　）

(2)　次の①～④にあてはまる場所を，地図中のア～エからそれぞれえらび，記号で書きましょう。

①　道路が曲がっているので，見通しがわるい。　（　　　）

②　道がせまく，人通りが少ない。　（　　　）

③　車が多いので，事故がおこりやすい。　（　　　）

④　子どもがまわりを多く通る公園がある。　（　　　）

## ❷ 次の問いに答えましょう。

1つ10点【60点】

(1)　右の絵は，事件にまきこまれそうになったとき，子どもが助けをもとめることができる家や店をしめすステッカーです。（　　　）にあてはまることばを書きましょう。

（　　　　　　　　　）

(2)　地いきの人たちが事故や事件をふせぐために行っていることとして，正しいものには○，まちがっているものには×を書きましょう。

①　地いきのパトロールを行う。　（　　　）

②　ちゅう車い反やスピードい反を取りしまる。　（　　　）

③　通学路で子どもたちの通学を見守る。　（　　　）

④　交通事故のけん数を数えて知らせる。　（　　　）

(3)　次の文中の（　　）にあてはまることばを書きましょう。

（　　　　）

人通りの多い交差点などにある（　　）のけいさつかんは，地いきの安全で安心なくらしを守るため，交代しながら24時間仕事をしています。

# 20 くらしのうつりかわり

目ひょう時間 20分

学習した日　　月　　日

名前

とく点　　／100点

3100 解説→324ページ

らくらくマルつけ

社会

**❶ 次の①～③の絵を見て，あとの問いに答えましょう。** 【60点】

① ア 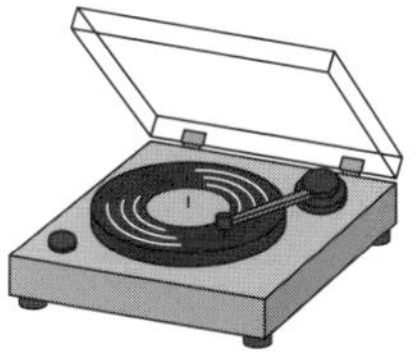 イ  ウ 

② ア  イ  ウ 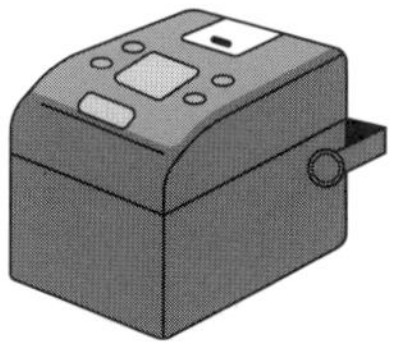

③ ア  イ 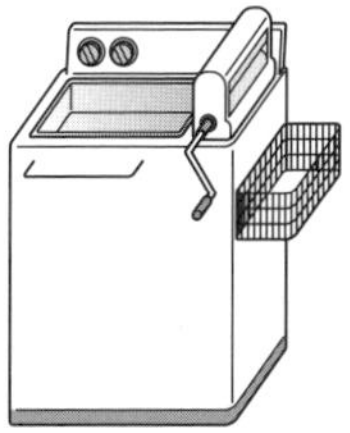 ウ 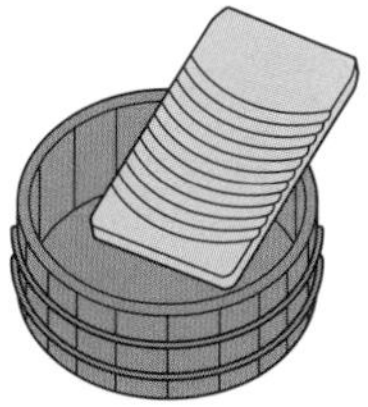

(1) ①～③の道具を，おもに使われていた年代の古いじゅんに，それぞれならべかえ，記号で書きましょう。

それぞれ全部できて10点（30点）

①（　　→　　→　　）
②（　　→　　→　　）
③（　　→　　→　　）

(2) ①～③の道具は何に使うものですか，次からそれぞれえらび，記号で書きましょう。 1つ10点（30点）

①（　　）②（　　）③（　　）

ア　せんたくをする。　　イ　音楽をきく。
ウ　部屋を明るくする。　エ　ごはんをたく。

**❷ 次の問いに答えましょう。** 1つ10点【40点】

(1) くらしの中の道具のうつりかわりについて，正しいものには○，まちがっているものには×を書きましょう。

① 電気を使うものがふえてきた。（　　）
② だれでもかんたんに使えるものが多くなっている。（　　）
③ 作業にかかる時間が長くなっている。（　　）

(2) 年数をかぞえるためにつけられた，次のようなよび名のことを何といいますか。（　　）

| |
|---|
| 昭和（1926年から1989年まで） |
| 平成（1989年から2019年まで） |
| 令和（2019年から） |

# 20 くらしのうつりかわり

目ひょう時間 20分

学習した日　　月　　日

名前

とく点

／100点

らくらくマルつけ

3100

解説→324ページ

**❶ 次の①～③の絵を見て，あとの問いに答えましょう。**【60点】

① ア  イ  ウ 

② ア  イ  ウ 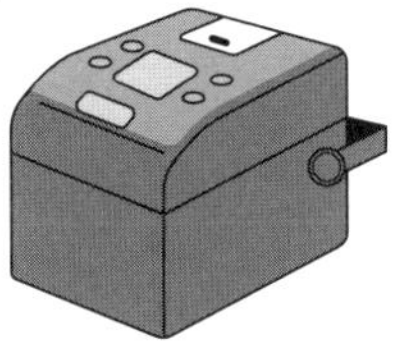

③ ア  イ 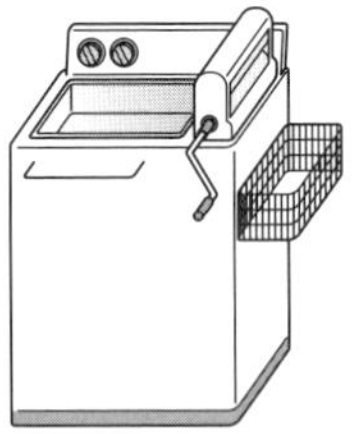 ウ 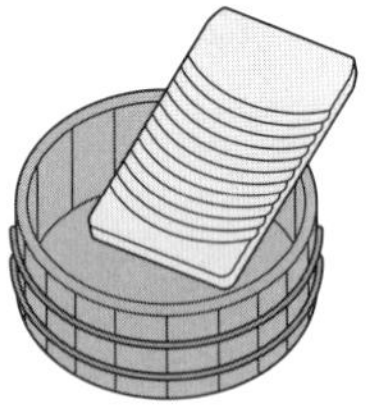

(1) ①～③の道具を，おもに使われていた年代の古いじゅんに，それぞれならべかえ，記号で書きましょう。

それぞれ全部できて10点（30点）

①（　　→　　→　　）

②（　　→　　→　　）

③（　　→　　→　　）

(2) ①～③の道具は何に使うものですか，次からそれぞれえらび，記号で書きましょう。1つ10点（30点）

①（　　）②（　　）③（　　）

ア　せんたくをする。　　イ　音楽をきく。

ウ　部屋を明るくする。　エ　ごはんをたく。

**❷ 次の問いに答えましょう。** 1つ10点【40点】

(1) くらしの中の道具のうつりかわりについて，正しいものには○，まちがっているものには×を書きましょう。

① 電気を使うものがふえてきた。（　　）

② だれでもかんたんに使えるものが多くなっている。（　　）

③ 作業にかかる時間が長くなっている。（　　）

(2) 年数をかぞえるためにつけられた，次のようなよび名のことを何といいますか。（　　）

| |
|---|
| 昭和（1926年から1989年まで） |
| 平成（1989年から2019年まで） |
| 令和（2019年から） |

らくらくマルつけ

# 21 地いきのうつりかわり

目ひょう時間 20分

| 学習した日　月　日 | とく点 | 3101 |
|---|---|---|
| 名前 | ／100点 | 解説→324ページ |

## ❶ 明石市の土地の使われ方のうつりかわりをしめした次の地図を見て，あとの問いに答えましょう。【50点】

[70年から60年ほど前の明石市]

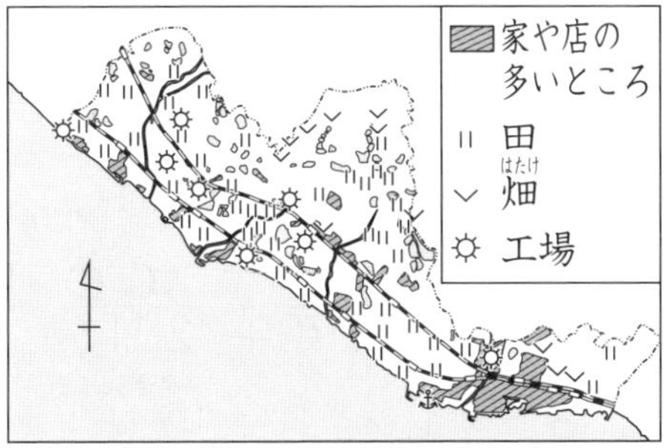


[今の明石市]

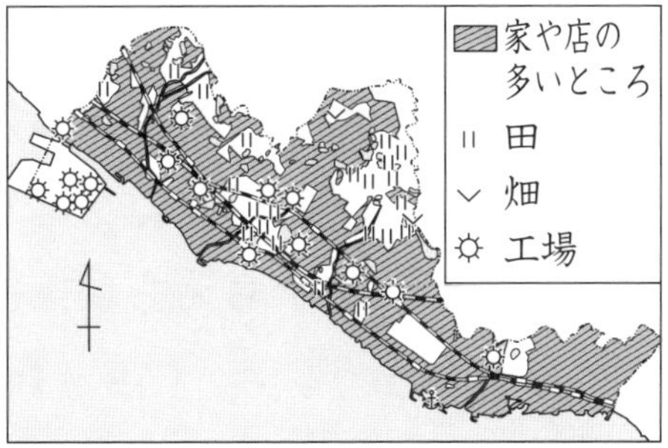


(1) 地図から読み取れることとして，正しいものには○，まちがっているものには×を書きましょう。1つ12点（36点）

① 家や店の多いところが昔よりもふえた。（　　　）

② 昔，市の東がわにあった畑は，今は家や店にかわった。（　　　）

③ 今の工場の数は，昔よりもへっている。（　　　）

(2) 市のようすの調べ方としてあてはまらないものを，次からえらび，記号で書きましょう。（14点）（　　　）

ア 外国から旅行にきた人に聞く。

イ 図書館の本で調べる。

ウ インターネットで市のホームページを見る。

エ はくぶつ館へ見学にいく。

## ❷ 次の問いに答えましょう。【50点】

(1) 右のグラフは，1日に東武鉄道の川越駅を利用する人のうつりかわりをしめしています。2018年に川越駅を1日に利用する人の数は，1970年からどのように変化しましたか。次からえらび，記号で書きましょう。（14点）（　　　）

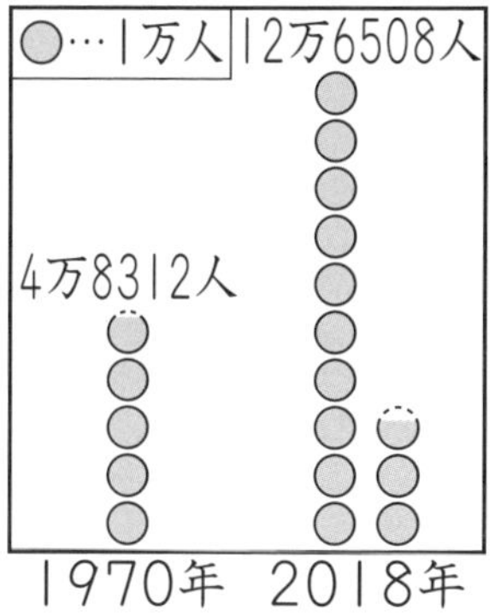


（東武鉄道資料）

ア ふえている　イ へっている　ウ 同じである

(2) 右のグラフは，川越市の人口のうつりかわりをしめしています。グラフから読み取れることとして，正しいものには○，まちがっているものには×を書きましょう。1つ12点（36点）

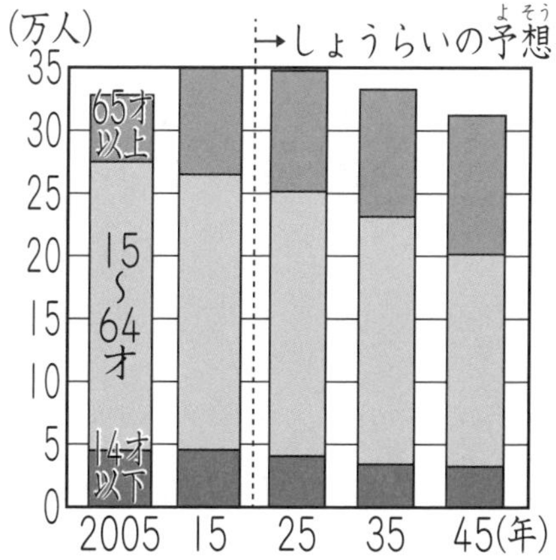


（川越市資料）

① 2005年から人口はふえつづける。（　　　）

② 65才以上の人口はへりつづける。（　　　）

③ 14才以下の人口はへりつづける。（　　　）

社会

# 21 地いきのうつりかわり

目ひょう時間 20分

学習した日　　月　　日

名前

とく点　　／100点

3101 解説→324ページ

らくらくマルつけ

## ❶ 明石市の土地の使われ方のうつりかわりをしめした次の地図を見て，あとの問いに答えましょう。【50点】

[70年から60年ほど前の明石市]

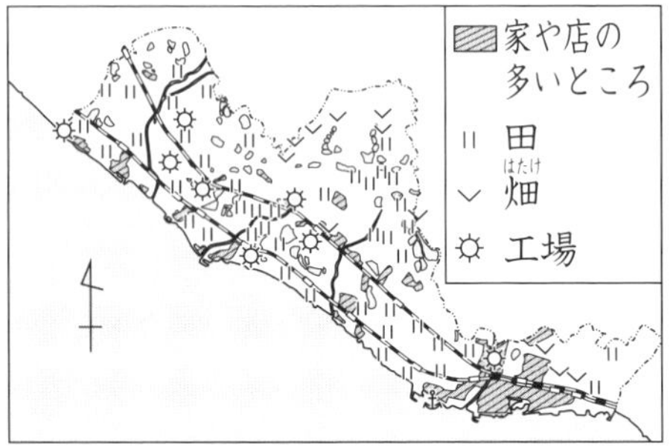


[今の明石市]

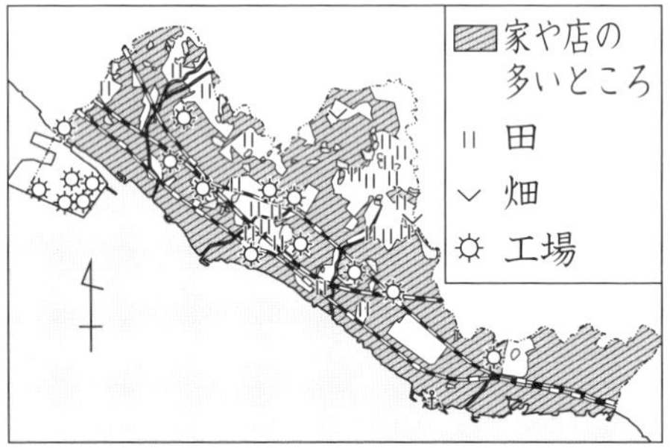


(1) 地図から読み取れることとして，正しいものには○，まちがっているものには×を書きましょう。　1つ12点（36点）

① 家や店の多いところが昔よりもふえた。（　　）

② 昔，市の東がわにあった畑は，今は家や店にかわった。（　　）

③ 今の工場の数は，昔よりもへっている。（　　）

(2) 市のようすの調べ方としてあてはまらないものを，次からえらび，記号で書きましょう。（14点）（　　）

ア 外国から旅行にきた人に聞く。

イ 図書館の本で調べる。

ウ インターネットで市のホームページを見る。

エ はくぶつ館へ見学にいく。

## ❷ 次の問いに答えましょう。【50点】

(1) 右のグラフは，1日に東武鉄道の川越駅を利用する人のうつりかわりをしめしています。2018年に川越駅を1日に利用する人の数は，1970年からどのように変化しましたか。次からえらび，記号で書きましょう。（14点）（　　）

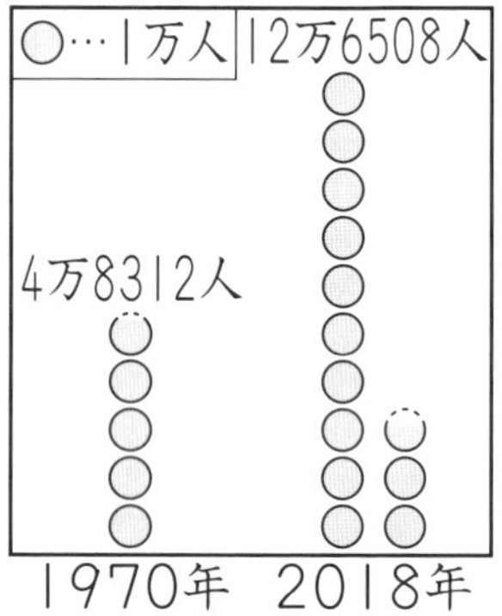


（東武鉄道資料）

ア ふえている　イ へっている　ウ 同じである

(2) 右のグラフは，川越市の人口のうつりかわりをしめしています。グラフから読み取れることとして，正しいものには○，まちがっているものには×を書きましょう。　1つ12点（36点）

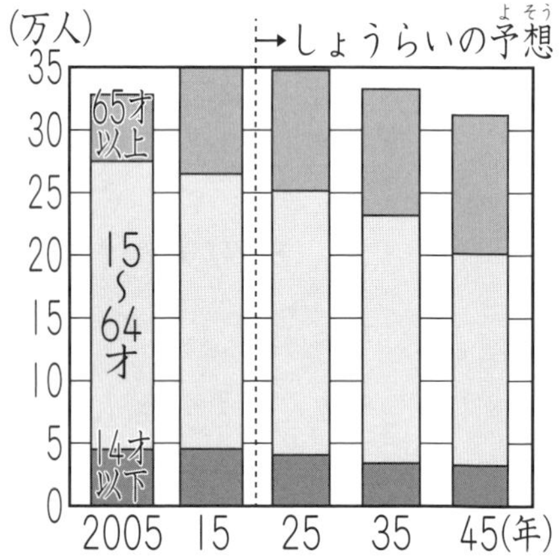


（川越市資料）

① 2005年から人口はふえつづける。（　　）

② 65才以上の人口はへりつづける。（　　）

③ 14才以下の人口はへりつづける。（　　）

# 22 まとめのテスト①

目ひょう時間 20分

学習した日　　月　　日

名前

とく点　　／100点

らくらくマルつけ　3102

解説→325ページ

❶ 次の地図を見て，あとの問いに答えましょう。

1つ10点【60点】

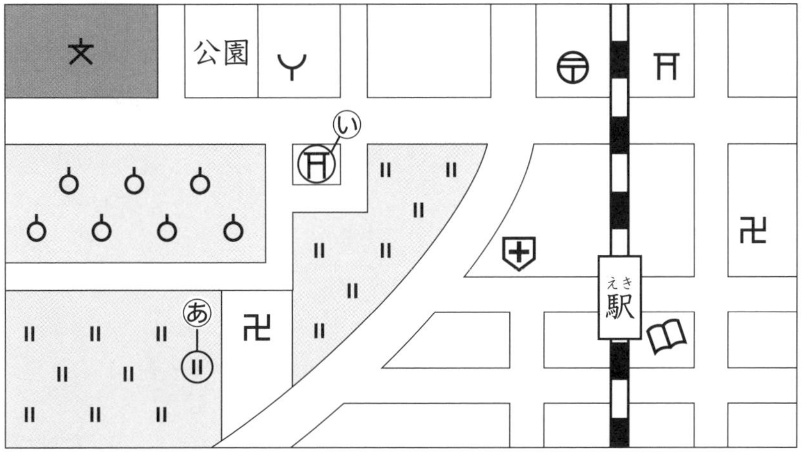


(1) 地図中のあ・いの地図記号は，それぞれ何を表していますか。　　あ（　　　　）い（　　　　）

(2) 地図から読み取れることとして，正しいものには○，まちがっているものには×を書きましょう。

① 学校の南がわにかじゅ園が広がっている。（　　　）

② 駅の東がわに図書館がある。（　　　）

③ 公園のとなりには交番がある。（　　　）

④ 駅前の通りを西に進むと左手に病院がある。（　　　）

❷ 次の福岡市北部の地図を見て，あとの問いに答えましょう。

1つ10点【40点】

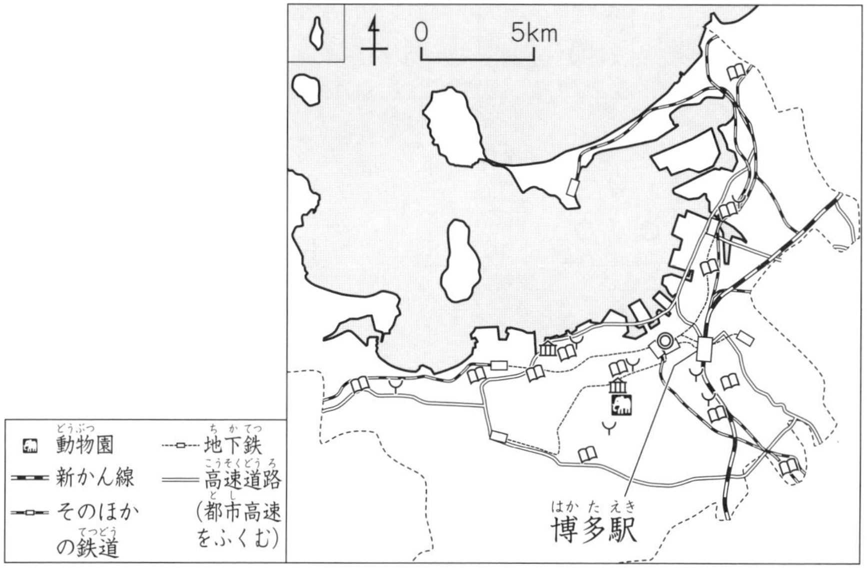


(1) 地図中に◎でしめした，市民のくらしや，市全体にかかわるさまざまな仕事をしているところを何といいますか。

（　　　　　）

(2) 地図から読み取れることとして，正しいものには○，まちがっているものには×を書きましょう。

① 図書館は博多駅のまわりにしかない。（　　　）

② 動物園の南西には消防しょがある。（　　　）

③ 高速道路は海ぞいにも通っている。（　　　）

社会

# 22 まとめのテスト❶

目ひょう時間 20分

学習した日　月　日

名前

とく点　／100点

3102 解説→325ページ

らくらくマルつけ

❶ 次の地図を見て，あとの問いに答えましょう。

1つ10点【60点】

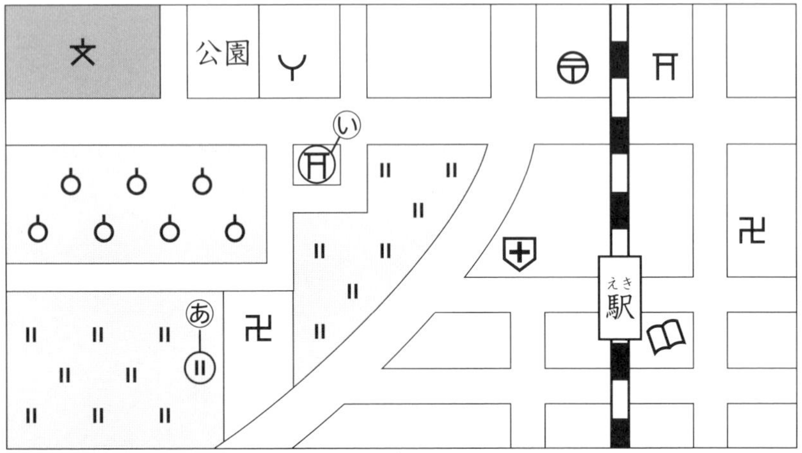


(1) 地図中のあ・いの地図記号は，それぞれ何を表していますか。　あ（　　　）い（　　　）

(2) 地図から読み取れることとして，正しいものには○，まちがっているものには×を書きましょう。

① 学校の南がわにかじゅ園が広がっている。（　　）

② 駅の東がわに図書館がある。（　　）

③ 公園のとなりには交番がある。（　　）

④ 駅前の通りを西に進むと左手に病院がある。（　　）

❷ 次の福岡市北部の地図を見て，あとの問いに答えましょう。

1つ10点【40点】

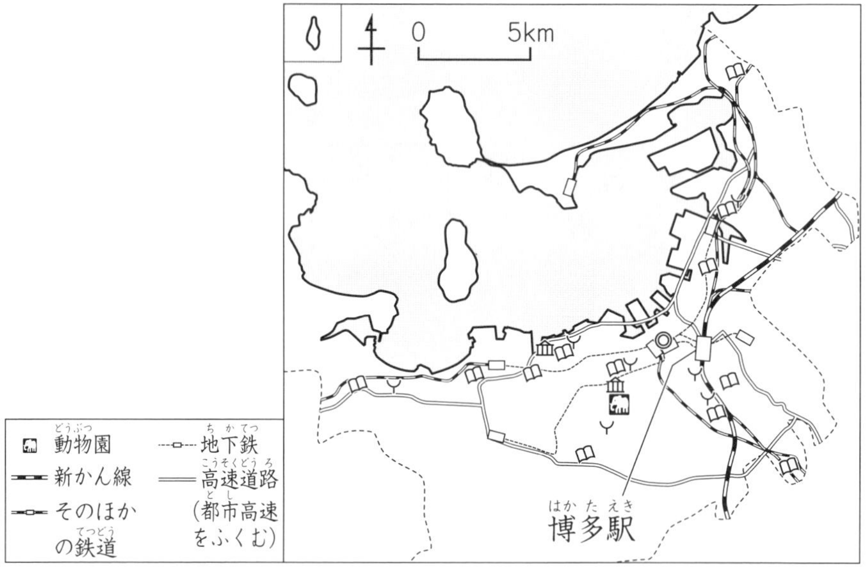


(1) 地図中に◎でしめした，市民のくらしや，市全体にかかわるさまざまな仕事をしているところを何といいますか。（　　　）

(2) 地図から読み取れることとして，正しいものには○，まちがっているものには×を書きましょう。

① 図書館は博多駅のまわりにしかない。（　　）

② 動物園の南西には消防しょがある。（　　）

③ 高速道路は海ぞいにも通っている。（　　）

# 23 まとめのテスト②

目ひょう時間 20分

学習した日　　月　　日

名前

とく点　　／100点

らくらくマルつけ 3103

解説→325ページ

## ① 次の問いに答えましょう。【40点】

(1) やさいやくだものが，農家からわたしたちの家にとどくまでに行われている次のことを，じゅんにならべかえ，記号で書きましょう。

(全部できて8点)(　　→　　→　　)

ア　たばねたり，パックやはこにつめたりして，やさいやくだものをまとめる。

イ　新せんなうちにトラックでスーパーマーケットなどへ運ぶ。

ウ　しゅうかくを行う。

(2) 工場見学のときに注意することとして正しいものには○，まちがっているものには×を書きましょう。

1つ8点(32点)

① 前もってしつもんしたいことをまとめておく。(　　)

② 工場の中のきかいや商品にはかってにさわらない。(　　)

③ 友だちと，楽しく話しながら見学する。(　　)

④ 話をよく聞いて，メモをとる。(　　)

## ② 次の問いに答えましょう。1つ10点【60点】

(1) スーパーマーケットのよいところを，次から2つえらび，記号で書きましょう。(　　)(　　)

ア　駅の近くにあり，おまけしてくれることもある。

イ　こうこくのちらしで，安い品物がわかる。

ウ　いろいろな品物を一度に買うことができる。

エ　24時間あいているのでべんりである。

(2) スーパーマーケットの商品の仕入れ先をしめした右の地図から読み取れることとして，正しいものには○，まちがっているものには×を書きましょう。

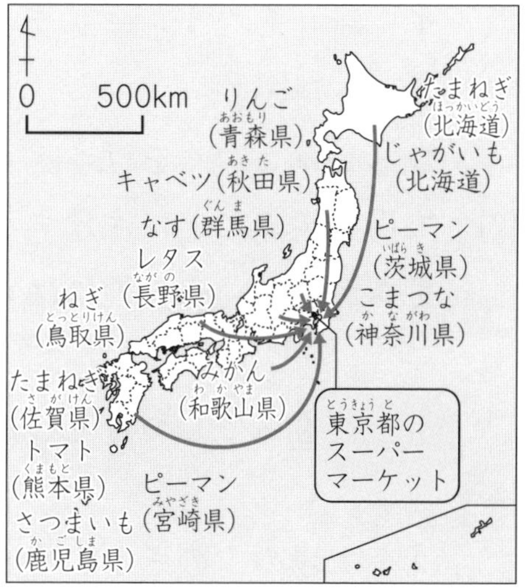


① ピーマンは3つの産地から仕入れている。(　　)

② たまねぎやじゃがいもは近くの県から仕入れている。(　　)

③ りんごは青森県から仕入れている。(　　)

④ にんじんは近くの県から仕入れている。(　　)

社会

# 23 まとめのテスト❷

目ひょう時間 20分

学習した日　　月　　日

名前

とく点

／100点

3103
解説→325ページ

らくらくマルつけ

## ❶ 次の問いに答えましょう。　【40点】

(1) やさいやくだものが，農家からわたしたちの家にとどくまでに行われている次のことを，じゅんにならべかえ，記号で書きましょう。

（全部できて8点）（　　→　　→　　）

ア　たばねたり，パックやはこにつめたりして，やさいやくだものをまとめる。

イ　新せんなうちにトラックでスーパーマーケットなどへ運ぶ。

ウ　しゅうかくを行う。

(2) 工場見学のときに注意することとして正しいものには○，まちがっているものには×を書きましょう。

1つ8点（32点）

① 前もってしつもんしたいことをまとめておく。（　　）

② 工場の中のきかいや商品にはかってにさわらない。（　　）

③ 友だちと，楽しく話しながら見学する。（　　）

④ 話をよく聞いて，メモをとる。（　　）

## ❷ 次の問いに答えましょう。　1つ10点【60点】

(1) スーパーマーケットのよいところを，次から2つえらび，記号で書きましょう。（　　）（　　）

ア　駅の近くにあり，おまけしてくれることもある。

イ　こうこくのちらしで，安い品物がわかる。

ウ　いろいろな品物を一度に買うことができる。

エ　24時間あいているのでべんりである。

(2) スーパーマーケットの商品の仕入れ先をしめした右の地図から読み取れることとして，正しいものには○，まちがっているものには×を書きましょう。

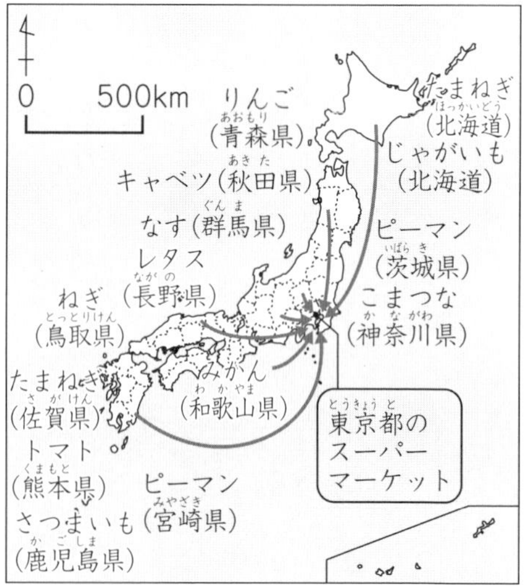


① ピーマンは3つの産地から仕入れている。（　　）

② たまねぎやじゃがいもは近くの県から仕入れている。（　　）

③ りんごは青森県から仕入れている。（　　）

④ にんじんは近くの県から仕入れている。（　　）

# まとめのテスト③

目ひょう時間 20分

学習した日　　月　　日

名前

とく点　　／100点

3104 解説→325ページ

らくらくマルつけ



## ❶ 次の問いに答えましょう。　1つ6点【42点】

(1) 次の文中の①・②にあてはまる数字やことばをあとからそれぞれえらび，書きましょう。

①（　　　　）②（　　　　　　）

火事がおこったとき，（ ① ）番に電話をかけると消防本部の（ ② ）につながります。

【 110　　119　　通信指令室　　かんせいセンター 】

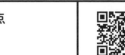

(2) 火事がおこったときれんらくを受けて，次の①・②を行うところを，あとからそれぞれえらび，記号で書きましょう。　①（　　）②（　　）

① 交通整理　　② けが人の受け入れじゅんび

ア 病院　　イ 水道局

ウ 電力会社　　エ けいさつしょ

(3) 消防団が行っていることとして，正しいものには○，まちがっているものには×を書きましょう。

① 消防しょにきんむして，いつも火事にそなえている。（　　）

② 火事にそなえて防火のよびかけをしている。（　　）

③ 器具の点けんやくん練をしている。（　　）

## ❷ 次の問いに答えましょう。　1つ8点【40点】

(1) けいさつかんの仕事として，正しいものには○，まちがっているものには×を書きましょう。

① さいがいがおこったとき，消火活動を行う。（　　）

② 地いきのパトロールを行う。（　　）

③ 事故のげん場で交通整理を行う。（　　）

④ けがをした人を救急車で運ぶ。（　　）

(2) 歩行者の安全を守るために，道路にかかれている，右の絵のあの場所を何といいますか。

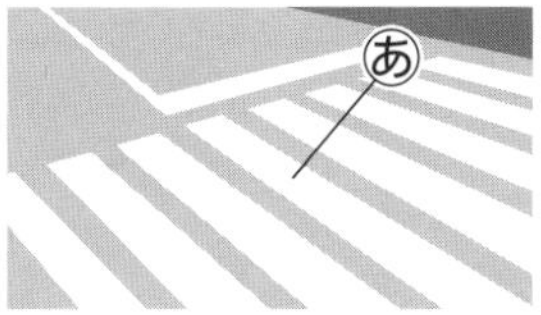


（　　　　　　　　）

## ❸ 次の問いに答えましょう。　1つ9点【18点】

(1) 右の絵のような形をした，昔，料理のときに使われていた道具を何といいますか。（　　　　　）

(2) (1)のかわりに，今，広く使われているものを，次からえらび，書きましょう。

（　　　　　　　　）

【 IH電気台　　全自動せんたくき　　電気ストーブ 】

＼もう１回チャレンジ!!／

# 24 まとめのテスト③

目ひょう時間 20分

学習した日　　月　　日

名前

とく点　　／100点

らくらくマルつけ

3104
解説→325ページ

## ❶ 次の問いに答えましょう。　1つ6点【42点】

(1) 次の文中の①・②にあてはまる数字やことばをあとからそれぞれえらび，書きましょう。

①（　　　　）②（　　　　　　）

> 火事がおこったとき，（ ① ）番に電話をかけると消防本部の（ ② ）につながります。

【 110　119　通信指令室　かんせいセンター 】

(2) 火事がおこったときれんらくを受けて，次の①・②を行うところを，あとからそれぞれえらび，記号で書きましょう。

①（　　　）②（　　　）

① 交通整理　② けが人の受け入れじゅんび

ア 病院　イ 水道局

ウ 電力会社　エ けいさつしょ

(3) 消防団が行っていることとして，正しいものには○，まちがっているものには×を書きましょう。

① 消防しょにきんむして，いつも火事にそなえている。（　　）

② 火事にそなえて防火のよびかけをしている。（　　）

③ 器具の点けんやくんれんをしている。（　　）

## ❷ 次の問いに答えましょう。　1つ8点【40点】

(1) けいさつかんの仕事として，正しいものには○，まちがっているものには×を書きましょう。

① さいがいがおこったとき，消火活動を行う。（　　）

② 地いきのパトロールを行う。（　　）

③ 事故のげん場で交通整理を行う。（　　）

④ けがをした人を救急車で運ぶ。（　　）

(2) 歩行者の安全を守るために，道路にかかれている，右の絵のあの場所を何といいますか。

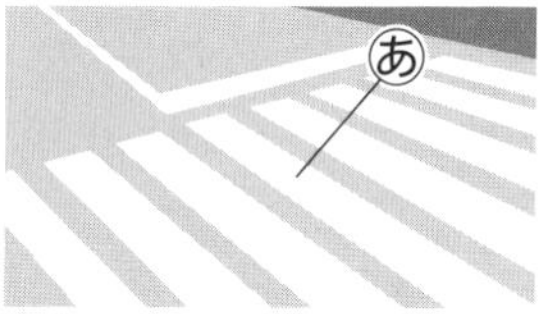


（　　　　　　　）

## ❸ 次の問いに答えましょう。　1つ9点【18点】

(1) 右の絵のような形をした，昔，料理のときに使われていた道具を何といいますか。（　　　　）

(2) (1)のかわりに，今，広く使われているものを，次からえらび，書きましょう。

（　　　　　　　　）

【 IH電気台　全自動せんたくき　電気ストーブ 】

**1** 漢字(かんじ)①

学習した日　月　日

名前

とく点　／100点

目ひょう時間　20分

らくらくマルつけ

解説↓ 326ページ
3105



**1** （　）に——せんの読みがなを書きましょう。　1つ5点【50点】

(1) そろばんを習う。（　　）

(2) せつ明に図を使用する。（　　）

(3) 薬局ではたらく。（　　）

(4) 肉のねだんが安い。（　　）

(5) 花を店に配送する。（　　）

(6) 友だちを助ける。（　　）

(7) 十時ちょうどに開店する。（　　）

(8) 鼻血を止める。（　　）

(9) 君は歯がじょうぶだ。（　　）（　　）

**2** □に漢字(かんじ)を書きましょう。　1つ5点【50点】

(1) 教科書の□(し)を学ぶ。

(2) 楽しい□□(ぶんしょう)を読む。

(3) □(つぎ)のバスを待(ま)つ。

(4) 手紙を読み□(かえ)す。

(5) 電車の□□(ろせん)図を見る。

(6) 学校の□□(おくじょう)へ行く。

(7) 絵の□(ぐ)の色をそろえる。

(8) □□(りょかん)にとまる。

(9) □(ひつじ)を□(そだ)てる。

もう1回チャレンジ!!

# 1 漢字（かんじ）①

学習した日　月　日

名前

とく点　／100点

目ひょう時間 20分

らくらくマルつけ

解説↓ 326ページ

3105

## ❶ （　）に――せんの読みがなを書きましょう。

1つ5点【50点】

(1) そろばんを習う。（　　）
(2) せつ明に図を使用する。（　　）
(3) 薬局ではたらく。（　　）
(4) 肉のねだんが安い。（　　）
(5) 花を店に配送する。（　　）
(6) 友だちを助ける。（　　）
(7) 十時ちょうどに開店する。（　　）
(8) 鼻血を止める。（　　）
(9) 君は歯がじょうぶだ。（　　）（　　）

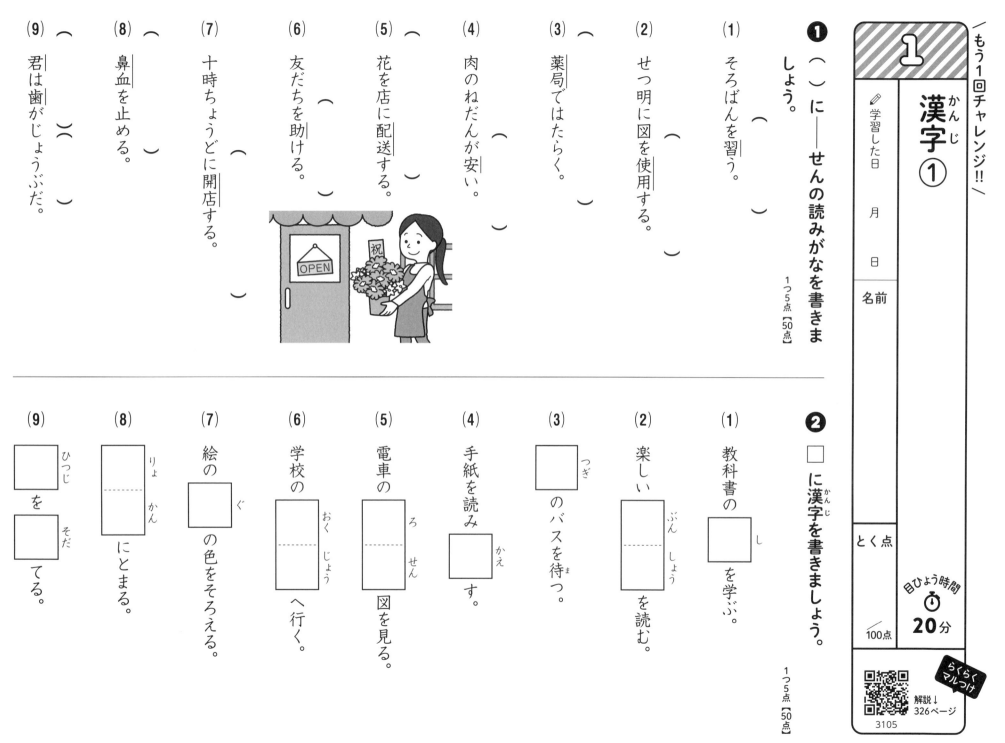

## ❷ □に漢字（かんじ）を書きましょう。

1つ5点【50点】

(1) 教科書の□（し）を学ぶ。
(2) 楽しい□□（ぶん しょう）を読む。
(3) □（つぎ）のバスを待（ま）つ。
(4) 手紙を読み□（かえ）す。
(5) 電車の□□（ろ せん）図を見る。
(6) 学校の□□（おく じょう）へ行く。
(7) 絵の□（ぐ）の色をそろえる。
(8) □□（りょ かん）にとまる。
(9) □（ひつじ）を□（そだ）てる。

# 2 漢字（かんじ）②

学習した日　月　日

名前

とく点　／100点

目ひょう時間　20分

らくらくマルつけ

解説↓326ページ

3106

国語

**1** （　）に――線（せん）の読みがなを書きましょう。　1つ5点【50点】

(1) 温（あたた）かい食事をとる。（　　）

(2) 草笛をふく。（　　）

(3) 新しい商品を買う。（　　）

(4) 短いえん筆（ぴっ）を持（も）つ。（　　）

(5) のこさず全部食べる。（　　）

(6) お茶を飲む。（　　）

(7) 平等な社会をめざす。（　　）

(8) そうじの係をきめる。（　　）

(9) 重い荷物をかかえる。（　　）（　　）

**2** □に漢字（かんじ）を書きましょう。　1つ5点【50点】

(1) □（す）む家をさがす。

(2) □□（けつ い）をかためる。

(3) 水が□□（じ めん）にこぼれる。

(4) □□（おう きゅう）を見学する。

(5) 計算□□（もん だい）をとく。

(6) 文字の□□（けん きゅう）をする。

(7) □□（むかし ばなし）を読む。

(8) お金を□□（ぎん こう）にあずける。

(9) □□（さか みち）で□（ころ）ぶ。

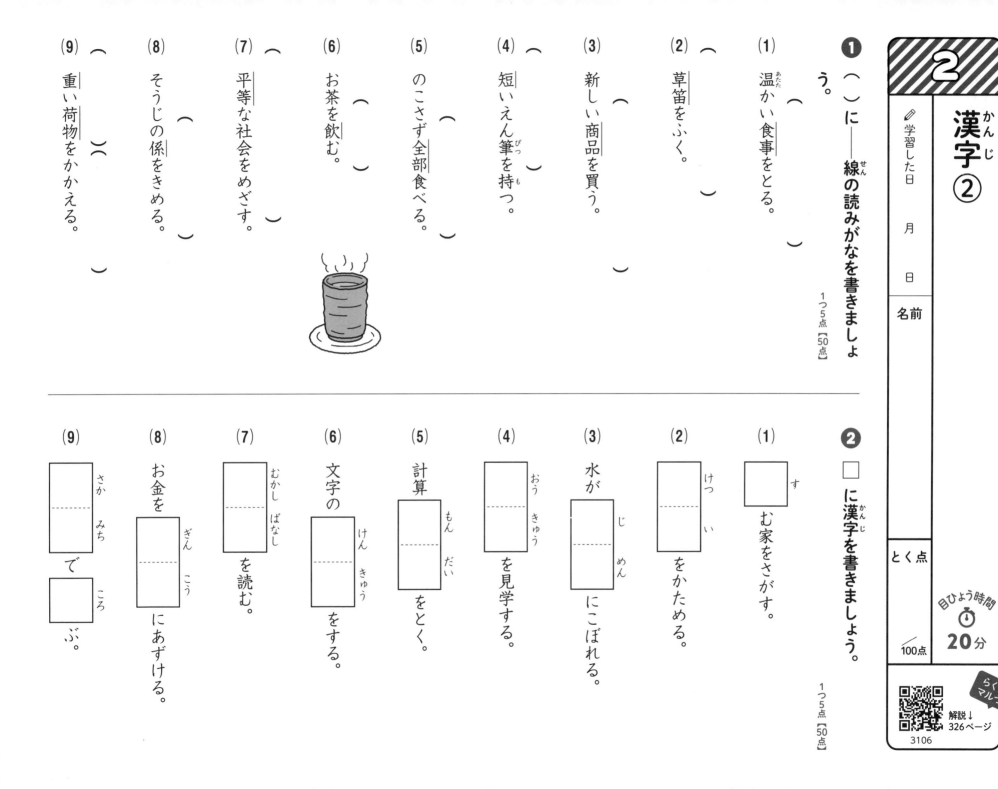

もう1回チャレンジ!!

# 2 漢字(かんじ)②

学習した日　月　日

名前

とく点　／100点

目ひょう時間 20分

らくらくマルつけ

解説↓ 326ページ

3106

**❶（　）に――線(せん)の読みがなを書きましょう。** 1つ5点【50点】

(1) 温(あたた)かい食事をとる。（　）（　）

(2) 草笛をふく。（　）

(3) 新しい商品を買う。（　）

(4) 短いえん筆(ぴつ)を持(も)つ。（　）

(5) のこさず全部食べる。（　）

(6) お茶を飲む。（　）

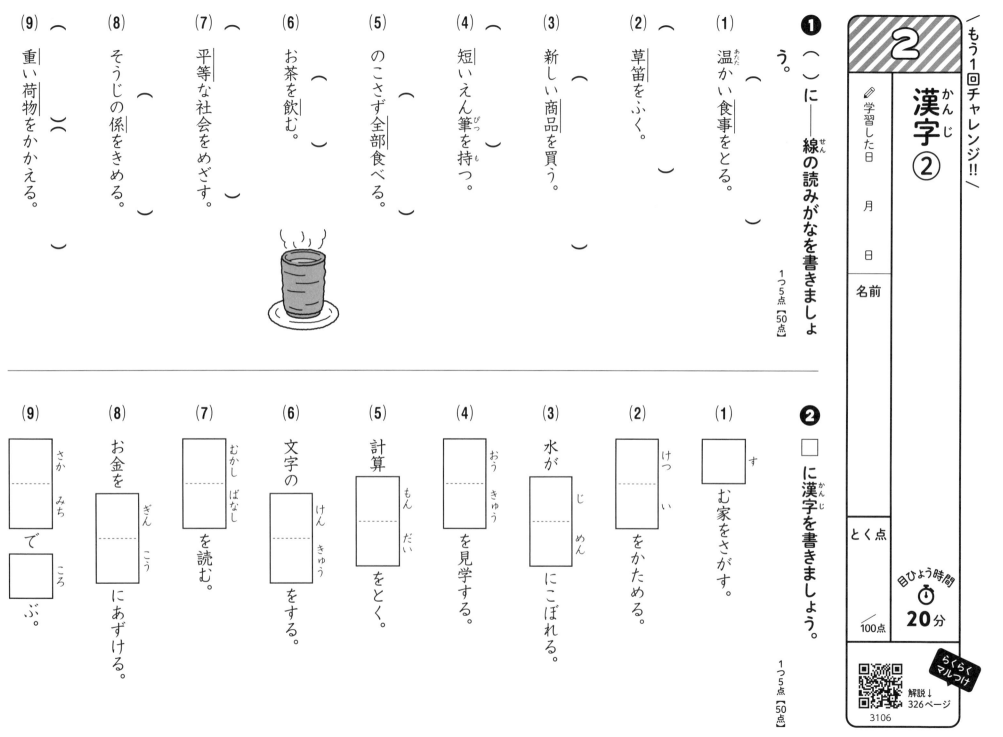

(7) 平等な社会をめざす。（　）

(8) そうじの係をきめる。（　）

(9) 重い荷物をかかえる。（　）（　）

**❷ □に漢字(かんじ)を書きましょう。** 1つ5点【50点】

(1) □(す)む家をさがす。

(2) □□(けつ い)をかためる。

(3) 水が□□(じ めん)にこぼれる。

(4) □□(おう きゅう)を見学する。

(5) 計算□□(もん だい)をとく。

(6) 文字の□□(けん きゅう)をする。

(7) □□(むかし ばなし)を読む。

(8) お金を□□(ぎん こう)にあずける。

(9) □□(さか みち)で□(ころ)ぶ。

# 3 詩①

学習した日　月　日

名前

とく点　/100点

目ひょう時間 20分

らくらくマルつけ
解説↓326ページ
3107

**❶ 次の詩を読んで、問題に答えましょう。**

ほんまやで

畑中圭一

ほんまに　ほんまやで
さいぜんまでは　でけたんや
けあがり　それに
さかあがり

しっぱいなしに　でけたんや
ほんまに　ほんまやで
二かいまわしの
なわとびも

ほんまに　ほんまやで
みんなが　くると　でけへんね
なんでか　しらん
でけへんね

★（みんなが　くると　でけへんね／なんでか　しらん／でけへんね）

＊ほんとう。　＊さっき。　＊できた。　＊できない。

(1) この詩の中には、くり返されていることばがいくつかあります。あとの問題に答えましょう。

① 三回くり返されている九字のことばを書きぬきましょう。(30点)

［　　　　　　　　　］

② ①のことばをくり返している理由としてあてはまるものを次からえらび、記号で書きましょう。(20点)（　）

ア うそをつき通したいから。
イ 自分の思いをつたえたいから。
ウ みんなにみえをはりたいから。

(2) 一連と二連に「でけたんや」とありますが、何ができたのですか。詩から書きぬきましょう。(30点)

てつぼうと［　　　　］。

(3) ★の部分の内ようとしてあてはまるものを次からえらび、記号で書きましょう。(20点)（　）

ア 人に見られるとしっぱいする。
イ みんながわざとじゃまをする。
ウ 知らない人がいるとできない。

国語

もう1回チャレンジ!!

# 3 詩①

学習した日　月　日

名前

とく点　　/100点

目ひょう時間　20分

らくらくマルつけ

解説↓326ページ

3107

❶ 次の詩を読んで、問題に答えましょう。

ほんまやで

畑中圭一

ほんまに*　ほんまやで
さいぜんまでは*　でけたんや*
けあがり　それに
さかあがり

ほんまに　ほんまやで
しっぱいなしに　でけたんや
二かいまわしの
なわとびも

ほんまに　ほんまやで
みんなが　くると　でけへんね*
なんでか　しらん
でけへんね
★

*ほんとう。
*さっき。
*できた。
*できない。

(1) この詩の中には、くり返されていることばがいくつかあります。あとの問題に答えましょう。

① 三回くり返されている九字のことばを書きぬきましょう。(30点)

［　　　　　　　　　］

② ①のことばをくり返している理由としてあてはまるものを次からえらび、記号で書きましょう。(20点)（　　）

ア うそをつき通したいから。

イ 自分の思いをつたえたいから。

ウ みんなにみえをはりたいから。

(2) 一連と二連に「でけたんや」とありますが、何ができたのですか。詩から書きぬきましょう。(30点)

てつぼうと［　　　　］。

(3) ★の部分の内ようとしてあてはまるものを次からえらび、記号で書きましょう。(20点)（　　）

ア 人に見られるとしっぱいする。

イ みんながわざとじゃまをする。

ウ 知らない人がいるとできない。

# 4 物語(ものがたり)① 場面(ばめん)の様子(ようす)

学習した日　月　日

名前

とく点　／100点

目ひょう時間 20分

らくらくマルつけ

解説↓327ページ

3108

国語

❶ 次(つぎ)の物語(ものがたり)を読んで、問題(もんだい)に答えましょう。

すこしむかし、まださむらい*がたくさんいたころのはなしです。

その日、かっちゃんははじめてもじをならいました。

いろはにほへと
の七つです。

よむこともできます。

かくこともできます。

かっちゃんは、うれしくて、うれしくて、いろはにほへと、いろはにほへと……を、くりかえしながら、みちをあるいていました。

わすれないように、いろはにほへと、いろはにほへと……。

すると、そこで、どんと、なにかにぶつかって、つきとばされました。

―いたいよう、らんぼうだなあ！

しりもちをついて、べそをかきながらにらむと、目のまえに、さむらいがこわいかおをしてたっていました。

―こぞう、まえをみてあるけ。

かっちゃんは、まけずにいいかえしてやりました。

―だって、いろはにほへとをおぼえたとこなんだよう。いっしょうけんめいおぼえながらあるいていたんだい。

*ぶし。

（今江祥智(いまえよしとも)「いろはにほへと」より）

(1) 「うれしくて、うれしくて」とありますが、かっちゃんは何がうれしかったのですか。文章(ぶんしょう)から書きぬきましょう。　1つ20点（40点）

もじを［　　　　］や［　　　　］ができること。

(2) 「なにか」とは何でしたか。次からえらび、記号(きごう)で書きましょう。（10点）

ア　しりもち
イ　いろはにほへと
ウ　さむらい

（　　）

(3) 「まえをみてあるけ」とありますが、なぜかっちゃんは前を見ていなかったのですか。文章から書きぬきましょう。　1つ20点（40点）

もじをいっしょうけんめい［　　　　］ながら［　　　　］いたから。

(4) かっちゃんはさむらいのことを、どのように思いましたか。文章から書きぬきましょう。（10点）

［　　　　］だと思った。

もう1回チャレンジ!!

# 4 物語（ものがたり）① 場面（ばめん）の様子（ようす）

学習した日　月　日

名前

とく点　／100点

目ひょう時間 20分

らくらくマルつけ

解説↓ 327ページ

3108

**❶ 次（つぎ）の物語（ものがたり）を読んで、問題（もんだい）に答えましょう。**

すこしむかし、まださむらい＊がたくさんいたころのはなしです。

その日、かっちゃんははじめてもじをならいました。

いろはにほへと

の七つです。

よむこともできます。

かくこともできます。

かっちゃんは、うれしくて、うれしくて、いろはにほへと、いろはにほへと……を、くりかえしながら、みちをあるいていました。

わすれないように、いろはにほへと、いろはにほへと……。

すると、そこで、どんと、なにかにぶつかって、つきとばされました。

―いたいよう、らんぼうだなあ！

しりもちをついて、べそをかきながらにらむと、目のまえに、さむらいがこわいかおをしてたっていました。

―こぞう、まえをみてあるけ。

かっちゃんは、まけずにいいかえしてやりました。

―だって、いろはにほへとをおぼえたとこなんだよう。いっしょうけんめいおぼえながらあるいていたんだい。

（今江祥智（いまえよしとも）「いろはにほへと」より）

＊ぶし。

(1) 「うれしくて、うれしくて」とありますが、かっちゃんは何がうれしかったのですか。文章（ぶんしょう）から書きぬきましょう。　1つ20点（40点）

もじを［　　　］や［　　　］ができること。

(2) 「なにか」とは何でしたか。次からえらび、記号（きごう）で書きましょう。　（10点）

ア しりもち　イ いろはにほへと　ウ さむらい　（　　）

(3) 「まえをみてあるけ」とありますが、なぜかっちゃんは前を見ていなかったのですか。文章から書きぬきましょう。　1つ20点（40点）

もじをいっしょうけんめい［　　　］ながら［　　　］いたから。

(4) かっちゃんはさむらいのことを、どのように思いましたか。文章から書きぬきましょう。　（10点）

［　　　］だと思った。

5

# 国語辞典の使い方

学習した日　月　日

名前

とく点　/100点

目ひょう時間 20分

らくらくマルつけ

解説↓ 327ページ

3109

**1** 次の文の——線のことばを、国語辞典にのっている形に直したほうに○をつけましょう。1つ5点【15点】

(1) 姉といっしょに遊んだ。
（　）遊ぶ
（　）遊べ

(2) 台風が来た。
（　）来る
（　）来い

(3) 字をていねいに書こう。
（　）ていねい
（　）ていねいだ

**2** 次の文の——線のことばを、国語辞典にのっている形に書き直しましょう。1つ6点【24点】

(1) おもしろい本を読んだ。（　　　）

(2) 早くねるようにしましょう。（　　　）

(3) さわやかな風がふく。（　　　）

(4) 太陽の光がまぶしかった。（　　　）

**3** 国語辞典を使って次のことばを調べるとき、先に出てくるほうに○をつけましょう。1つ5点【25点】

(1)
（　）友だち
（　）友人

(2)
（　）校歌
（　）公園

(3)
（　）プリン
（　）プリント

(4)
（　）カーテン
（　）階だん

(5)
（　）きょう力
（　）きょうりゅう

**4** 国語辞典にのっている順になるように、1〜3の数字を書きましょう。（それぞれ全部できて9点）【36点】

(1)
（　）お母さん
（　）お父さん
（　）おばあさん

(2)
（　）スケッチ
（　）スキー
（　）スキップ

(3)
（　）切手
（　）きっぷ
（　）きつつき

(4)
（　）羽
（　）ばね
（　）はねる

国語

# 5 国語辞典の使い方

学習した日　月　日

名前

とく点　／100点

目ひょう時間 20分

らくらくマルつけ

解説↓327ページ

3109

**❶ 次の文の——線のことばを、国語辞典にのっている形に直したほうに○をつけましょう。** 1つ5点【15点】

(1) 姉といっしょに遊んだ。
（　）遊ぶ
（　）遊べ

(2) 台風が来た。
（　）来る
（　）来い

(3) 字をていねいに書こう。
（　）ていねい
（　）ていねいだ

**❷ 次の文の——線のことばを、国語辞典にのっている形に書き直しましょう。** 1つ6点【24点】

(1) おもしろい本を読んだ。（　　）

(2) 早くねるようにしましょう。（　　）

(3) さわやかな風がふく。（　　）

(4) 太陽の光がまぶしかった。（　　）

**❸ 国語辞典を使って次のことばを調べるとき、先に出てくるほうに○をつけましょう。** 1つ5点【25点】

(1)（　）友だち　（　）友人

(2)（　）校歌　（　）公園

(3)（　）プリン　（　）プリント

(4)（　）カーテン　（　）階だん

(5)（　）きょう力　（　）きょうりゅう

**❹ 国語辞典にのっている順になるように、1〜3の数字を書きましょう。**（それぞれ全部できて9点）【36点】

(1)（　）お母さん　（　）お父さん　（　）おばあさん

(2)（　）スケッチ　（　）スキー　（　）スキップ

(3)（　）切手　（　）きっぷ　（　）きつつき

(4)（　）羽　（　）ばね　（　）はね

# 6 漢字(かんじ)の音(おん)と訓(くん)

学習した日　月　日

名前

とく点　/100点

目ひょう時間 20分

らくらくマルつけ

解説↓ 327ページ

3110

**1 次(つぎ)の文が、漢字(かんじ)の音(おん)読みのせつ明なら「ア」、訓(くん)読みのせつ明なら「イ」を書きましょう。** 1つ5点【20点】

(1) 聞いただけで、意味(いみ)がわかるもの。（　）

(2) 聞いただけでは、意味がわかりにくいもの。（　）

(3) 中国(ちゅうごく)の漢字を、にた意味をもつ日本語で読んだもの。（　）

(4) 漢字の発音(はつおん)を、中国語の発音のように読んだもの。（　）

**2 次の漢字の音読みとして正しいほうを○でかこみましょう。** 1つ5点【30点】

(1) 草〈そう・くさ〉

(2) 黒〈こく・くろ〉

(3) 月〈つき・げつ〉

(4) 前〈まえ・ぜん〉

(5) 先〈せん・さき〉

(6) 数〈かず・すう〉

**3 次の漢字の訓読みを書きましょう。** 1つ5点【25点】

(1) 遊ぶ（　）ぶ

(2) 整う（　）う

(3) 育つ（　）つ

(4) 炭（　）

(5) 筆（　）

**4 次の文の――線(せん)の漢字が音読みなら「ア」、訓読みなら「イ」を書きましょう。** 1つ5点【25点】

(1) 学校で歯のけんしんが行われる。（　）

(2) このりょう理は苦くてとても食べられない。（　）

(3) 今度(ど)いっしょにお祭(まつ)りに行きませんか。（　）

(4) 庭(にわ)に植えたアサガオが大きな花をさかせる。（　）

(5) 新しゅのきょうりゅうの化石が発見(はっけん)される。（　）

国語

# ⑥ 漢字の音と訓

学習した日　月　日　名前

❶ 次の文が、漢字の音読みのせつ明なら「ア」、訓読みのせつ明なら「イ」を書きましょう。

1つ5点【20点】

(1) 聞いただけで、意味がわかるもの。（　）

(2) 聞いただけでは、意味がわかりにくいもの。（　）

(3) 中国の漢字を、にた意味をもつ日本語で読んだもの。（　）

(4) 漢字の発音を、中国語の発音のように読んだもの。（　）

❷ 次の漢字の音読みとして正しいほうを〇でかこみましょう。

1つ5点【30点】

(1) 草 〈 そう ・ くさ 〉

(2) 黒 〈 こく ・ くろ 〉

(3) 月 〈 つき ・ げつ 〉

(4) 前 〈 まえ ・ ぜん 〉

(5) 先 〈 せん ・ さき 〉

(6) 数 〈 かず ・ すう 〉

とく点　／100点

目ひょう時間 20分

解説↓327ページ　3110

❸ 次の漢字の訓読みを書きましょう。

1つ5点【25点】

(1) 遊ぶ（　）ぶ

(2) 整う（　）う

(3) 育つ（　）つ

(4) 炭（　）

(5) 筆（　）

❹ 次の文の──線の漢字が音読みなら「ア」、訓読みなら「イ」を書きましょう。

1つ5点【25点】

(1) 学校で歯のけんしんが行われる。（　）

(2) このりょう理は苦くてとても食べられない。（　）

(3) 今度いっしょにお祭りに行きませんか。（　）

(4) 庭に植えたアサガオが大きな花をさかせる。（　）

(5) 新しゅのきょうりゅうの化石が発見される。（　）

# 7 せつ明文① だん落の役わり

学習した日　月　日
名前
とく点　/100点
目ひょう時間 20分
らくらくマルつけ
解説↓ 328ページ
3111

**❶ 次のせつ明文を読んで、問題に答えましょう。**

[1] きびしい冬をねむってやりすごすのが、冬みんする動物です。

[2] 冬みんする動物には、エゾシマリスのように冬みん用のあなに、えさのちょぞう庫やトイレを用意し、ときどき起きて食べながら冬をすごす方法をとる動物もいます。

[3] しかし、ヤマネの場合は、冬の間は何も食べず、秋に体内にたくわえたしぼうを使って、半年もねむりつづけるのです。[　　]、秋にはいっぱい食べて太ることが、生きのびるためのじょうけんなのです。

[4] ヤマネは、かんきょうの平きん温度がやく九度になると、木のうろ*、くち木の中、落ち葉の下、土の中などで冬みんします。（中略）

＊中にあいたあな。

[5] チッチ*は冬みんしている六か月間、何も食べません。でも、たった二十三グラムの体重で、なぜ、そんなに生きられるのでしょうか？

＊筆者がかんさつしているヤマネの名前。

[6] 冬みん中のチッチの体温は五度ほどで、活動しているときのやく三十六度とくらべて、ひじょうにつめたくなっています。また、冬みん中の心ぱく数は、一分間あたり五十～六十ほどで、活動しているときの十分の一です。こうして、チッチは、体温と心ぱく数を下げて、体全体で消費するえいようをせつやくしながらねむっているのです。

（湊秋作「森のスケーター　ヤマネ」より）
写真提供：ヤマネ・いきもの研究所

(1) 冬みんするエゾシマリスとヤマネにはどのようなちがいがありますか。文章から書きぬきましょう。　1つ20点（40点）

エゾシマリスはときどき[　　]を食べて冬をすごし、ヤマネは冬の間[　　　　　]にすごす。

(2) 文中の[　]にあてはまることばを次からえらび、記号で書きましょう。（10点）

ア　でも
イ　だから
ウ　または

（　　）

(3) チッチは何と何を調せつして冬みんしていますか。文章から書きぬきましょう。　1つ20点（40点）

[　　]と[　　　　]

(4) [5]だん落の役わりを次からえらび、記号で書きましょう。（10点）

ア　筆者の意見をのべている。
イ　わかりやすいれいをあげている。
ウ　ぎ問を投げかけている。

（　　）

# 7 せつ明文① だん落の役わり

学習した日　月　日

名前

とく点　/100点

目ひょう時間 20分

らくらくマルつけ

解説↓ 328ページ

3111

**1 次のせつ明文を読んで、問題に答えましょう。**

1 きびしい冬をねむってやりすごすのが、冬みんする動物です。

2 冬みんする動物には、エゾシマリスのように冬みん用のあなに、えさのちょぞう庫やトイレを用意し、ときどき起きて食べながら冬をすごす方法をとる動物もいます。

3 しかし、ヤマネの場合は、冬の間は何も食べず、秋に体内にたくわえたしぼうを使って、半年もねむりつづけるのです。[　　]、秋にはいっぱい食べて太ることが、生きのびるためのじょうけんなのです。

4 ヤマネは、かんきょうの平きん温度がやく九度になると、木のうろ*、くち木の中、落ち葉の下、土の中などで冬みんします。（中略）

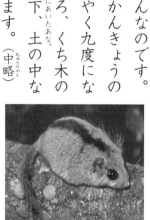

*中にあいたあな。

5 チッチ*は冬みんしている六か月間、何も食べません。でも、たった二十三グラムの体重で、なぜ、そんなに生きられるのでしょうか？

*筆者がかんさつしているヤマネの名前。

6 冬みん中のチッチの体温は五度ほどで、活動しているときのやく三十六度とくらべて、ひじょうにつめたくなっています。また、冬みん中の心ぱく数は、一分間あたり五十～六十ほどで、活動しているときの十分の一です。こうして、チッチは、体温と心ぱく数を下げて、体全体で消費するえいようをせつやくしながらねむっているのです。

（湊秋作「森のスケーター　ヤマネ」より）

写真提供：ヤマネ・いきもの研究所

(1) 冬みんするエゾシマリスとヤマネにはどのようなちがいがありますか。文章から書きぬきましょう。　1つ20点（40点）

エゾシマリスはときどき[　　]を食べて冬をすごし、ヤマネは冬の間[　　　　]にすごす。

(2) 文中の[　　]にあてはまることばを次からえらび、記号で書きましょう。（10点）

ア　でも
イ　だから
ウ　または

（　　）

(3) チッチは何と何を調せつして冬みんしていますか。文章から書きぬきましょう。　1つ20点（40点）

[　　　]と[　　　　]

(4) 5だん落の役わりを次からえらび、記号で書きましょう。（10点）

ア　筆者の意見をのべている。
イ　わかりやすいれいをあげている。
ウ　ぎ問を投げかけている。

（　　）

# 8 漢字（かんじ）③

学習した日　月　日

名前

とく点　／100点

目ひょう時間 20分

らくらくマルつけ

解説↓ 328ページ

3112

国語

❶ （　）に——線（せん）の読みがなを書きましょう。　1つ5点【50点】

(1) 農業にたずさわる。（　　）

(2) たからものを発見する。（　　）

(3) 深いプールにもぐる。（　　）

(4) 年に一度（いちど）のイベントに申しこむ。（　　）

(5) 先生の代理で話す。（　　）

(6) 池に氷がはる。（　　）

(7) 親に相談する。（　　）

(8) 電話番号を教えてもらう。（　　）

(9) 日本の祭りを調べる。（　　）（　　）

❷ □に漢字（かんじ）を書きましょう。　1つ5点【50点】

(1) 体を大きく□（うご）かす。

(2) □□（かん わ）辞典（じてん）を引く。

(3) □（おもて）へ出る。

(4) 公園で□（あそ）ぶ。

(5) 地名の□□（ゆ らい）を聞く。

(6) 門の□（よこ）に立つ。

(7) □（さら）をわってしまう。

(8) □□（じ じつ）をつき止める。

(9) □□（びょう いん）へ□（いそ）ぐ。

もう1回チャレンジ!!

# 8 漢字（かんじ）③

学習した日　　月　　日

名前

とく点　　/100点

目ひょう時間 20分

らくらくマルつけ

解説↓328ページ

3112

## ❶ （　）に——線（せん）の読みがなを書きましょう。

1つ5点【50点】

(1) 農業にたずさわる。（　　）

(2) たからものを発見する。（　　）

(3) 深いプールにもぐる。（　　）

(4) 年に一度（いちど）のイベントに申しこむ。（　　）

(5) 先生の代理で話す。（　　）

(6) 池に氷がはる。（　　）

(7) 親に相談する。（　　）

(8) 電話番号を教えてもらう。（　　）

(9) 日本の祭りを調べる。（　　）（　　）

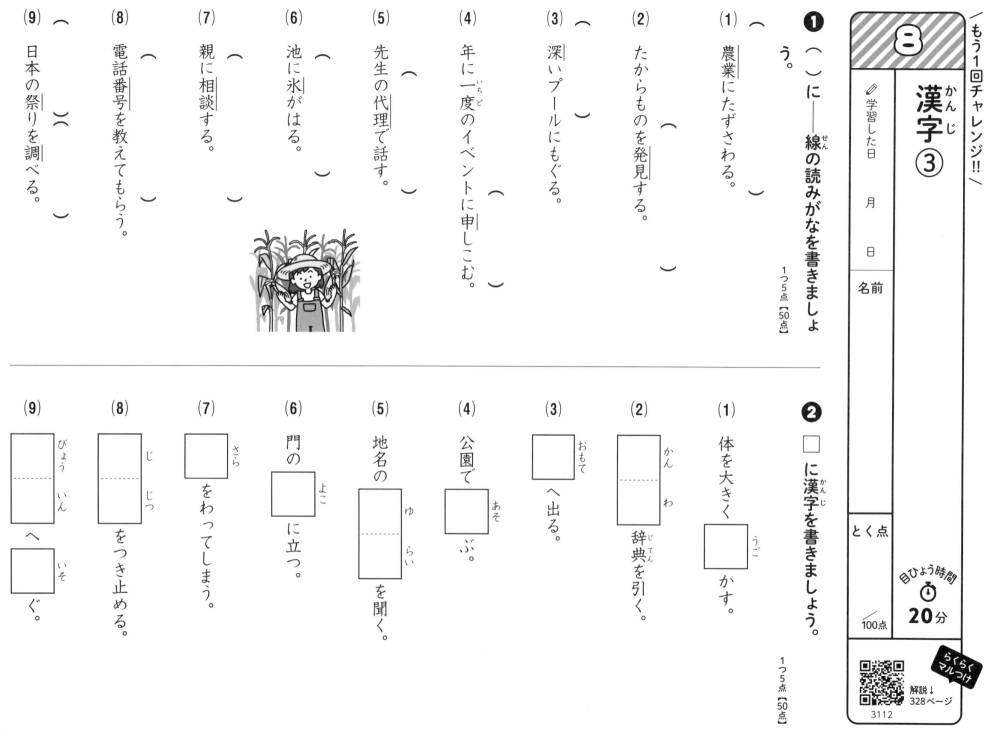

## ❷ □に漢字（かんじ）を書きましょう。

1つ5点【50点】

(1) 体を大きく□（うご）かす。

(2) □□（かんわ）辞典（じてん）を引く。

(3) □（おもて）へ出る。

(4) 公園で□（あそ）ぶ。

(5) 地名の□□（ゆらい）を聞く。

(6) 門の□（よこ）に立つ。

(7) □（さら）をわってしまう。

(8) □□（じじつ）をつき止める。

(9) □□（びょういん）へ□（いそ）ぐ。

9

# 漢字（かんじ）④

学習した日　月　日

名前

とく点　／100点

目ひょう時間　20分

らくらくマルつけ

解説↓ 328ページ

3113

国語

❶ （　）に——線（せん）の読みがなを書きましょう。 1つ5点【50点】

(1) 東から太陽がのぼる。（　　）

(2) 母は着物で出かける。（　　）

(3) 父が写真をとる。（　　）

(4) 社長に仕える。（　　）

(5) 炭火で肉をやく。（　　）

(6) たいこを打つ。（　　）

(7) 小道から県道に出る。（　　）

(8) 一秒くらい時計がおくれる。（　　）

(9) テニスの練習時間を二倍にする。（　　）（　　）

❷ □に漢字（かんじ）を書きましょう。 1つ5点【50点】

(1) □（まめ）電球（でんきゅう）をつける。

(2) いつもと□□（ようす）がちがう。

(3) □（にわ）のそうじをする。

(4) まゆ毛の形を□（ととの）える。

(5) 先方に□□（つごう）をたずねる。

(6) クラスで□□（いいん）会を開（ひら）く。

(7) □（かな）しい気持（きも）ちになる。

(8) □□（ようふく）を買う。

(9) □□（かぞく）で山に□（のぼ）る。

＼もう1回チャレンジ!!／

# 9 漢字④

学習した日　　月　　日

名前

とく点　　／100点

目ひょう時間 20分

らくらくマルつけ

解説↓ 328ページ

3113

## ❶ (　)に——線の読みがなを書きましょう。 1つ5点【50点】

(1) 東から<u>太陽</u>がのぼる。 (　　)

(2) 母は<u>着物</u>で出かける。 (　　)

(3) 父が<u>写真</u>をとる。 (　　)

(4) 社長に<u>仕</u>える。 (　　)

(5) <u>炭火</u>で肉をやく。 (　　)

(6) たいこを<u>打</u>つ。 (　　)

(7) 小道から<u>県道</u>に出る。 (　　)

(8) <u>一秒</u>くらい時計がおくれる。 (　　)

(9) テニスの<u>練習</u>時間を<u>二倍</u>にする。 (　　)(　　)

## ❷ □に漢字を書きましょう。 1つ5点【50点】

(1) □(まめ)電球をつける。

(2) いつも□□(ようす)がちがう。

(3) □(にわ)のそうじをする。

(4) まゆ毛の形を□(ととの)える。

(5) 先方に□□(つごう)をたずねる。

(6) クラスで□□(いいん)会を開く。

(7) □(かな)しい気持ちになる。

(8) □□(ようふく)を買う。

(9) □□(かぞく)で山に□(のぼ)る。

# 10 物語② 登場人物のとくちょう

学習した日　月　日

名前

とく点　／100点

目ひょう時間 20分

らくらくマルつけ

解説↓ 328ページ

3114

国語

**❶ 次の物語を読んで、問題に答えましょう。**

ある日、つぼみさんは、夕飯の買い物から帰るとちゅう、重い買い物ぶくろをちょっとのあいだ道ばたにおろして、ついひとりごとをいいました。

「せめて、いまとまっているお客さんたちが帰るまで、だれか、手つだってくれるひとがいないかしら……。」

そのよく朝のことです。つぼみさんが、朝ご飯のかたづけをしていると、台所のドアのむこうで、

「おはようございます。」

と、かわいい声がしました。

つぼみさんが、台所のドアをあけると、色白のぽっちゃりとしたむすめが、ダイコンが何本もはいったかごをもって、たっていました。

「わたし、美月っていいます。お手つだいにきました。」

「えっ？」

つぼみさんが、きょとんとすると、むすめは、したしそうにわらいました。

「ほら、きのうの午後、だれか手つだってくれるひとがいないかしらって、いってたでしょ。わたし、耳がいいから、きいてしまったんです。」

（茂市久美子「ゆうすげ村の小さな旅館」より）

(1) つぼみさんのひとりごとの内ようを、文章から書きぬきましょう。（20点）

□□□□□□□

□ひとがほしい。

(2) 美月はどのようなとくちょうをもった人物ですか。文章から書きぬきましょう。（1つ20点〈40点〉）

□□□□声で話す、

色の白い□□□□□としたむすめ。

(3) 美月から話しかけられたときのつぼみさんの様子を、文章から書きぬきましょう。（20点）

□□□□とした。

(4) 美月がつぼみさんのところへ来た理由を次からえらび、記号で書きましょう。（20点）

ア　つぼみさんの声が聞こえたから。

イ　つぼみさんのことがすきだから。

ウ　つぼみさんにまねかれたから。

（　　）

もう1回チャレンジ!!

# 10 物語② 登場人物のとくちょう

学習した日　月　日

名前

とく点　/100点

目ひょう時間 20分

らくらくマルつけ

解説↓ 328ページ

3114

**❶ 次の物語を読んで、問題に答えましょう。**

ある日、つぼみさんは、夕飯の買い物から帰るとちゅう、重い買い物ぶくろをちょっとのあいだ道ばたにおろして、ついひとりごとをいいました。

「せめて、いまとまっているお客さんたちが帰るまで、だれか、手つだってくれるひとがいないかしら……。」

そのよく朝のことです。つぼみさんが、朝ご飯のかたづけをしていると、台所のドアのむこうで、

「おはようございます。」

と、かわいい声がしました。

つぼみさんが、台所のドアをあけると、色白のぽっちゃりとしたむすめが、ダイコンが何本もはいったかごをもって、たっていました。

「わたし、美月っていいます。お手つだいにきました。」

「えっ？」

つぼみさんが、きょとんとすると、むすめは、したしそうにわらいました。

「ほら、きのうの午後、だれか手つだってくれるひとがいないかしらって、いってたでしょ。わたし、耳がいいから、きいてしまったんです。」

（茂市久美子「ゆうすげ村の小さな旅館」より）

(1) つぼみさんのひとりごとの内ようを、文章から書きぬきましょう。（20点）

［　　　　　　　　　　］［　］ひとがほしい。

(2) 美月はどのようなとくちょうをもった人物ですか。文章から書きぬきましょう。1つ20点（40点）

［　　　　　］声で話す、

色の白い［　　　　　］としたむすめ。

(3) 美月から話しかけられたときのつぼみさんの様子を、文章から書きぬきましょう。（20点）

［　　　　］とした。

(4) 美月がつぼみさんのところへ来た理由を次からえらび、記号で書きましょう。（20点）

（　　）

ア　つぼみさんの声が聞こえたから。

イ　つぼみさんのことがすきだから。

ウ　つぼみさんにまねかれたから。

# 11 俳句(はいく)

学習した日　月　日

名前

とく点　／100点

目ひょう時間 20分

らくらくマルつけ

解説↓ 329ページ

3115



**1 次(つぎ)の俳句(はいく)を読んで、問題(もんだい)に答えましょう。**

① 赤とんぼ＊筑波(つくば)に雲もなかりけり　正岡子規(まさおかしき)

＊筑波山。

② 名月をとってくれろと泣(な)く子かな　小林一茶(こばやしいっさ)

③ 月の夜や石に出て鳴くきりぎりす　加賀千代女(かがのちよじょ)

④ ゆさゆさと大枝(おおえだ)ゆるる桜(さくら)かな　村上鬼城(むらかみきじょう)

⑤ 雪の朝二の字二の字の下駄(げた)の跡(あと)　田捨女(でんすてじょ)

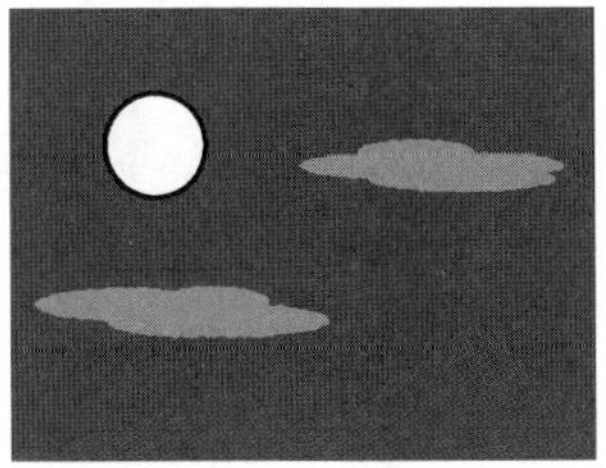

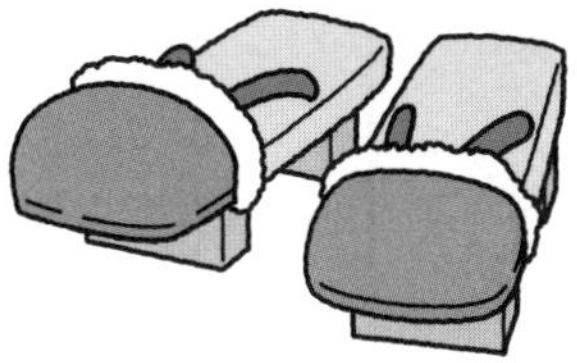

(1) ①の俳句を五・七・五で区切(くぎ)るとどうなりますか。次からえらび、記号(きごう)で書きましょう。（20点）

ア　赤とんぼ｜筑波に雲もなかり｜けり

イ　赤とんぼ｜筑波に｜雲もなかりけり

ウ　赤とんぼ｜筑波に雲も｜なかりけり

（　　）

(2) ②の俳句から、季節(きせつ)を表(あらわ)すことばを書きぬきましょう。（20点）

（　　）

(3) ③の俳句と④の俳句の季節を、漢字(かんじ)一字で書きましょう。1つ20点（40点）

③ □　④ □

(4) ⑤の俳句は、どのようなことを表していますか。俳句から書きぬきましょう。1つ10点（20点）

□ にのこった下駄の跡が、まるで □ のように見えるということ。

もう1回チャレンジ!!

# 11 俳句

学習した日　月　日

名前

とく点　/100点

目ひょう時間 20分

らくらくマルつけ

解説↓ 329ページ

3115

❶ 次の俳句を読んで、問題に答えましょう。

① 赤とんぼ筑波*に雲もなかりけり　正岡子規

*筑波山。

② 名月をとってくれろと泣く子かな　小林一茶

③ 月の夜や石に出て鳴くきりぎりす　加賀千代女

④ ゆさゆさと大枝ゆるる桜かな　村上鬼城

⑤ 雪の朝二の字二の字の下駄の跡　田捨女

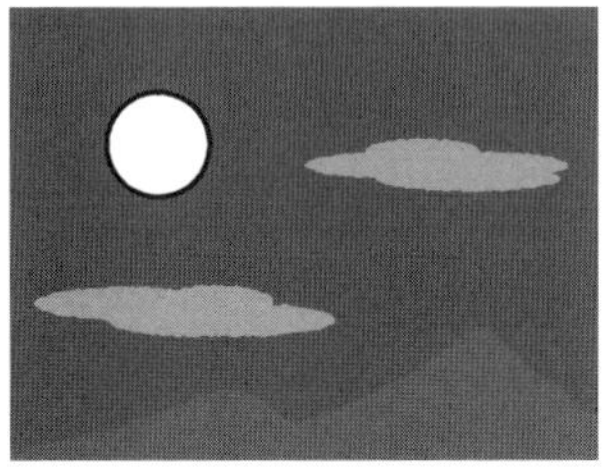

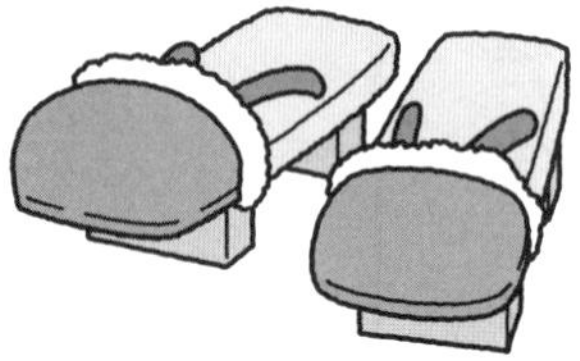

(1) ①の俳句を五・七・五で区切るとどうなりますか。次からえらび、記号で書きましょう。(20点)

ア 赤とんぼ／筑波に雲もなかり／けり

イ 赤とんぼ／筑波に／雲もなかりけり

ウ 赤とんぼ／筑波に雲も／なかりけり

（　　）

(2) ②の俳句から、季節を表すことばを書きぬきましょう。(20点)

（　　）

(3) ③の俳句と④の俳句の季節を、漢字一字で書きましょう。1つ20点(40点)

③ □　④ □

(4) ⑤の俳句は、どのようなことを表していますか。俳句から書きぬきましょう。1つ10点(20点)

□ にのこった下駄の跡が、まるで □□□ のように見えるということ。

12

# こそあど言葉①

学習した日　月　日

名前

とく点　/100点

目ひょう時間　20分

らくらくマルつけ

解説↓329ページ

3116

**❶ 次のこそあど言葉のせつ明として合うものをあとからそれぞれえらび、記号で書きましょう。**　1つ5点【20点】

(1) それ（　　）

(2) これ（　　）

(3) どれ（　　）

(4) あれ（　　）

ア　自分に近い

イ　相手に近い

ウ　自分からも相手からも遠い

エ　はっきりしない

**❷ 次の文からこそあど言葉をさがし、——線を引きましょう。**　1つ6点【30点】

(1) 図書館に行くなら、こちらの道のほうが近いですよ。

(2) あそこは、まだ工事中で入れません。

(3) 明日のパーティーにはどの服を着て行こうか。

(4) そちらのりょう理もとてもおいしそうですね。

(5) 雨がふったときは、どうすればいいですか。

**❸ 次の文に合うこそあど言葉を〈　〉からえらび、〇でかこみましょう。**　1つ6点【30点】

(1) きみが持っている筆箱は、〈あの・どこ・そんな〉で買ったのですか。

(2) 〈こんな・あちら・どの〉に大きなトマトは見たことがありません。

(3) 父も母も〈どれ・そう・こちら〉したほうがいいと言っています。

(4) 〈それ・ここ・あの〉ときは、セミを見つけたのがうれしくて、ついはしゃいでしまった。

(5) たまごをあわ立てたら、〈それ・どう・ああ〉にさとうをくわえます。

**❹ 次の文の——線のこそあど言葉は、何を指していますか。書きぬきましょう。**　1つ10点【20点】

(1) 母が育てたイチゴがあります。今日はこれを食べましょう。

母が育てた（　　　　）

(2) 本にしおりがはさまっていました。あれはだれのものだったのでしょうか。

本にはさまれた（　　　　）

国語

# 12 こそあど言葉①

学習した日　月　日

名前

とく点　／100点

目ひょう時間　20分

らくらくマルつけ

解説↓329ページ

3116

**❶ 次のこそあど言葉のせつ明として合うものをあとからそれぞれえらび、記号で書きましょう。** 1つ5点【20点】

(1) それ（　　）

(2) これ（　　）

(3) どれ（　　）

(4) あれ（　　）

ア　自分に近い

イ　相手に近い

ウ　自分からも相手からも遠い

エ　はっきりしない

**❷ 次の文からこそあど言葉をさがし、――線を引きましょう。** 1つ6点【30点】

(1) 図書館に行くなら、こちらの道のほうが近いですよ。

(2) あそこは、まだ工事中で入れません。

(3) 明日のパーティーにはどの服を着て行こうか。

(4) そちらのりょう理もとてもおいしそうですね。

(5) 雨がふったときは、どうすればいいですか。

**❸ 次の文に合うこそあど言葉を〈　〉からえらび、○でかこみましょう。** 1つ6点【30点】

(1) きみが持っている筆箱は、〈 あの ・ どこ ・ そんな 〉で買ったのですか。

(2) 〈 こんな ・ あちら ・ どの 〉に大きなトマトは見たことがありません。

(3) 父も母も〈 どれ ・ そう ・ こちら 〉したほうがいいと言っています。

(4) 〈 それ ・ ここ ・ あの 〉ときは、セミを見つけたのがうれしくて、ついはしゃいでしまった。

(5) たまごをあわ立てたら、〈 それ ・ どう ・ ああ 〉にさとうをくわえます。

**❹ 次の文の――線のこそあど言葉は、何を指していますか。書きぬきましょう。** 1つ10点【20点】

(1) 母が育てたイチゴがあります。今日はこれを食べましょう。

母が育てた（　　　）

(2) 本にしおりがはさまっていました。あれはだれのものだったのでしょうか。

本にはさまれた（　　　）

13

# 詩②

学習した日　　月　　日

名前

とく点

／100点

目ひょう時間　20分

らくらくマルつけ

解説↓329ページ

3117

**1** 次の詩を読んで、問題に答えましょう。

かぼちゃのつるが

原田直友

かぼちゃのつるが
はい上がり
はい上がり
葉をひろげ
葉をひろげ
はい上がり
葉をひろげ
細い先は
竹をしっかりにぎって

屋根の上に
はい上がり
短くなった竹の上に
はい上がり
小さなその先たんは
いっせいに
赤子のような□を開いて
ああ　今
空をつかもうとしている

(1) 「細い先」とありますが、この部分が表しているかぼちゃのつるの様子にあてはまるものを次からえらび、記号で書きましょう。（20点）（　　）

ア　か弱さ　　イ　みにくさ　　ウ　つめたさ

(2) 詩の中の□にあてはまる、体の一部を表す漢字を書きましょう。（20点）□

(3) 「竹をしっかりにぎって」「空をつかもうとしている」について、次の問題に答えましょう。

① この部分に使われているくふうとしてあてはまるものを次からえらび、記号で書きましょう。（30点）（　　）

ア　同じことばをくり返し使っている。
イ　ことばのじゅんじょを入れかえている。
ウ　人でないものを人にたとえている。

② このくふうが表しているものとしてあてはまるものを次からえらび、記号で書きましょう。（30点）（　　）

ア　はかなさ　　イ　するどさ　　ウ　力強さ

国語

# 13 詩②

学習した日　月　日

名前

とく点　／100点

目ひょう時間 20分

らくらくマルつけ

解説↓329ページ

3117

❶ 次の詩を読んで、問題に答えましょう。

かぼちゃのつるが

原田直友

かぼちゃのつるが
はい上がり
はい上がり
葉をひろげ
葉をひろげ
はい上がり
葉をひろげ
細い先は
竹をしっかりにぎって

屋根の上に
はい上がり
短くなった竹の上に
はい上がり
小さなその先たんは
いっせいに
赤子のような□を開いて
ああ　今
空をつかもうとしている

(1) 「細い先」とありますが、この部分が表しているかぼちゃのつるの様子にあてはまるものを次からえらび、記号で書きましょう。(20点)（　　）

ア か弱さ　イ みにくさ

ウ つめたさ

(2) 詩の中の□にあてはまる、体の一部を表す漢字を書きましょう。(20点) □

(3) 「竹をしっかりにぎって」「空をつかもうとしている」について、次の問題に答えましょう。

① この部分に使われているくふうとしてあてはまるものを次からえらび、記号で書きましょう。(30点)（　　）

ア 同じことばをくり返し使っている。

イ ことばのじゅんじょを入れかえている。

ウ 人でないものを人にたとえている。

② このくふうが表しているものとしてあてはまるものを次からえらび、記号で書きましょう。(30点)（　　）

ア はかなさ　イ するどさ

ウ 力強さ

# 14 へんとつくり①

学習した日　月　日

名前

とく点　/100点

目ひょう時間　20分

らくらくマルつけ

解説↓ 330ページ

3118

国語

**❶ 次の「へん」について、「へん」がもつ意味をあとからそれぞれえらび、記号で書きましょう。**　1つ5点【15点】

(1) てへん〈持・投〉（　）

(2) ひへん〈晴・曜〉（　）

(3) しめすへん〈礼・福〉（　）

ア　神様や祭りにかん係がある。

イ　手の動作にかん係がある。

ウ　ことばにかん係がある。

エ　太陽や時間にかん係がある。

**❷ 次の漢字について、「つくり」の名前をあとからそれぞれえらび、記号で書きましょう。**　1つ5点【20点】

(1) 歌（　）

(2) 都（　）

(3) 列（　）

(4) 形（　）

ア　りっとう

イ　さんづくり

ウ　あくび

エ　おおざと

**❸ 次の漢字の右につくものをあとからそれぞれえらび、組み合わせた漢字を書きましょう。**　1つ5点【25点】

(1) 言 □

(2) 木 □

(3) 豆 □

(4) 重 □

(5) 女 □

反　頁　未　寺　力

**❹ 漢字の〈へん〉と〈つくり〉のカードを組み合わせて、漢字を四つ書きましょう。**　1つ10点【40点】

〈へん〉　車　氵　ネ　火

〈つくり〉　皮　土　田　云

□　□　□　□

もう1回チャレンジ!!

# 14 へんとつくり①

学習した日　月　日

名前

とく点　/100点

目ひょう時間 20分

らくらくマルつけ

解説↓ 330ページ

3118

**❶ 次の「へん」について、「へん」がもつ意味をあとからそれぞれえらび、記号で書きましょう。** 1つ5点【15点】

(1) てへん〈持・投〉（　　）

(2) ひへん〈晴・曜〉（　　）

(3) しめすへん〈礼・福〉（　　）

ア　神様や祭りにかん係がある。
イ　手の動作にかん係がある。
ウ　ことばにかん係がある。
エ　太陽や時間にかん係がある。

**❷ 次の漢字について、「つくり」の名前をあとからそれぞれえらび、記号で書きましょう。** 1つ5点【20点】

(1) 歌（　　）

(2) 都（　　）

(3) 列（　　）

(4) 形（　　）

ア　りっとう
イ　さんづくり
ウ　あくび
エ　おおざと

**❸ 次の漢字の右につくものをあとからそれぞれえらび、組み合わせた漢字を書きましょう。** 1つ5点【25点】

(1) 言 □

(2) 木 □

(3) 豆 □

(4) 重 □

(5) 女 □

| 反　頁　未　寺　力 |
|---|

**❹ 漢字の〈へん〉と〈つくり〉のカードを組み合わせて、漢字を四つ書きましょう。** 1つ10点【40点】

〈へん〉
車　氵　礻　火

〈つくり〉
皮　土　田　云

□　□　□　□

# 15 ローマ字

学習した日　月　日

名前

とく点　／100点

目ひょう時間 20分

解説↓ 330ページ

3119

らくらくマルつけ

❶ 次のひらがなを、小文字のローマ字で書きましょう。 1つ1点【10点】

(1) あ　(2) き　(3) す　(4) て

(5) の　(6) きゃ　(7) にゅ

(8) ぴょ　(9) ん　(10) ぼ

❷ 次のことばになるように、ローマ字一字を書き入れましょう。 1つ10点【30点】

(1) あめ → さめ
(　　) ame

(2) いす → りす
(　　) isu

(3) うみ → ゆみ
(　　) umi

❸ 次のローマ字のことばを、ひらがなで書きましょう。 1つ10点【30点】

(1) ueki
(　　　　)

(2) Nippon
(　　　　)

(3) Tôkyô
(　　　　)

❹ 次のことばをローマ字で書きましょう。 1つ5点【30点】

(1) 牛肉　(2) 黄色

(3) 切手　(4) 電話

(5) 千円　(6) 弟

国語

もう1回チャレンジ!!

# 15 ローマ字

学習した日　月　日

名前

とく点　/100点

目ひょう時間 20分

らくらくマルつけ

解説↓330ページ

3119

❶ 次のひらがなを、小文字のローマ字で書きましょう。 1つ1点【10点】

(1) あ　(2) き　(3) す　(4) て

(5) の　(6) きゃ　(7) にゅ

(8) ぴょ　(9) ん　(10) ぼ

❷ 次のことばになるように、ローマ字一字を書き入れましょう。 1つ10点【30点】

(1) あめ → さめ
(　　)ame

(2) いす → りす
(　　)isu

(3) うみ → ゆみ
(　　)umi

❸ 次のローマ字のことばを、ひらがなで書きましょう。 1つ10点【30点】

(1) ueki
(　　　　)

(2) Nippon
(　　　　)

(3) Tôkyô
(　　　　)

❹ 次のことばをローマ字で書きましょう。 1つ5点【30点】

(1) 牛肉　(2) 黄色

(3) 切手　(4) 電話

(5) 千円　(6) 弟

# 16 修飾語（しゅうしょくご）①

学習した日　月　日

名前

とく点　／100点

目ひょう時間 20分

らくらくマルつけ

解説↓ 330ページ

3120

国語

**❶ 次の文の主語と述語をえらび、記号で書きましょう。** 1つ5点【30点】

(1) ア犬が　イ元気に　ウ走る。
主語（　　）　述語（　　）

(2) ア白い　イ花も　ウきれいに　エさいた。
主語（　　）　述語（　　）

(3) ア兄の　イかいた　ウ絵が　エ学校で　オほめられた。
主語（　　）　述語（　　）

**❷ 次の□の修飾語がくわしくしていることばをえらび、記号で書きましょう。** 1つ5点【15点】

(1) ア本が　[たくさん]　イある。（　　）

(2) ア美しい　イ魚が　[水そうの]　ウ中に　エいる。（　　）

(3) [赤い]　ア大きな　イ玉が　ウころころと　エ転がった。（　　）

**❸ 次の□のことばをくわしく表す修飾語をえらび、記号で書きましょう。** 1つ5点【15点】

(1) ア小さな　[子どもが]　イなく。（　　）

(2) ア水が　イしずかに　[流れる]。（　　）

(3) アきれいな　[色の]　イ糸を　ウ使って　エししゅうした。（　　）

**❹ 次の文の□にもっともあてはまる修飾語をあとからそれぞれえらび、記号で書きましょう。** 1つ10点【40点】

(1) 兄が　□　くれた。（　　）

(2) ねこが　□　鳴いた。（　　）

(3) □　ごぼうを　買った。（　　）

(4) □　空を　見上げた。（　　）

ア にゃあと　イ 青い
ウ 絵本を　エ 一本の

もう1回チャレンジ!!

# 16 修飾語（しゅうしょくご）①

学習した日　月　日

名前

とく点　/100点

目ひょう時間 20分

らくらくマルつけ

解説↓ 330ページ

3120

## ❶ 次の文の主語と述語をえらび、記号で書きましょう。 1つ5点【30点】

(1) ア犬が　イ元気に　ウ走る。
主語（　）　述語（　）

(2) ア白い　イ花も　ウきれいに　エさいた。
主語（　）　述語（　）

(3) ア兄の　イかいた　ウ絵が　エ学校で　オほめられた。
主語（　）　述語（　）

## ❷ 次の□の修飾語がくわしくしていることばをえらび、記号で書きましょう。 1つ5点【15点】

(1) ア本が　[たくさん]　イある。（　）

(2) ア美しい　イ魚が　[水そうの]　ウ中に　エいる。（　）

(3) [赤い]　ア大きな　イ玉が　ウころころと　エ転がった。（　）

## ❸ 次の□のことばをくわしく表す修飾語をえらび、記号で書きましょう。 1つ5点【15点】

(1) ア小さな　[子どもが]　イなく。（　）

(2) ア水が　イしずかに　[流れる]。（　）

(3) アきれいな　[色の]　イ糸を　ウ使って　エししゅうした。（　）

## ❹ 次の文の□にもっともあてはまる修飾語をあとからそれぞれえらび、記号で書きましょう。 1つ10点【40点】

(1) 兄が　□　くれた。（　）

(2) ねこが　□　鳴いた。（　）

(3) □　ごぼうを　買った。（　）

(4) □　空を　見上げた。（　）

ア にゃあと　イ 青い　ウ 絵本を　エ 一本の

# 17 ことわざ・故事成語(こじせいご)①

学習した日　月　日

名前

とく点　/100点

目ひょう時間 20分

らくらくマルつけ

解説↓ 331ページ

3121

❶ 次(つぎ)の〈　〉から正しいほうを○でかこみ、ことわざをかんせいさせましょう。 1つ5点【20点】

(1) なきっつらに〈 石 ・ はち 〉

(2) かえるの子は〈 かえる ・ おたまじゃくし 〉

(3) 〈 さる ・ ねこ 〉も木から落(お)ちる

(4) たで食う〈 人 ・ 虫 〉もすきずき

❷ 次のことわざの使(つか)い方が正しいほうをあとからえらび、記号(きごう)で書きましょう。 1つ5点【10点】

(1) 石橋(いしばし)をたたいてわたる　（　　）

ア テストの答えを、石橋をたたいてわたるように何回も見直した。

イ 石橋をたたいてわたるように用意(ようい)したから、わすれてしまった。

(2) ぜんは急(いそ)げ　（　　）

ア ぜんは急げというから、わった皿(さら)はすぐにかくそう。

イ ぜんは急げというから、早めに宿(しゅく)題(だい)を終(お)わらせるよ。

❸ 次のことわざの意味(いみ)をあとからそれぞれえらび、記号で書きましょう。 1つ10点【60点】

(1) おびに短(みじか)したすきに長し　（　　）

(2) 目の上のたんこぶ　（　　）

(3) 石の上にも三年　（　　）

(4) 立つ鳥あとをにごさず　（　　）

(5) 二階(かい)から目(め)薬(ぐすり)　（　　）

(6) はらの虫がおさまらない　（　　）

ア いかりをがまんできない。

イ うまくいかず、もどかしい。

ウ じゃまに思える人やもの。

エ がまんをすればばむくわれる。

オ 中と半ぱなこと。

カ 去(さ)るときはきれいにすべき。

❹ 次の故事成語(こじせいご)の□にあてはまることばをあとからそれぞれえらび、記号で書きましょう。 1つ5点【10点】

(1) □歩百歩　（　　）

(2) 漁夫(ぎょふ)の□　（　　）

ア 十　イ 理　ウ 五十　エ 利(り)

もう1回チャレンジ!!

# 17 ことわざ・故事成語①

学習した日　月　日

名前

とく点　/100点

目ひょう時間 20分

らくらくマルつけ

解説↓ 331ページ

3121

❶ 次の〈　〉から正しいほうを○でかこみ、ことわざをかんせいさせましょう。 1つ5点【20点】

(1) なきっつらに〈石・はち〉

(2) かえるの子は〈かえる・おたまじゃくし〉

(3)〈さる・ねこ〉も木から落ちる

(4) たで食う〈人・虫〉もすきずき

❷ 次のことわざの使い方が正しいほうをあとからえらび、記号で書きましょう。 1つ5点【10点】

(1) 石橋をたたいてわたる（　　）

ア テストの答えを、石橋をたたいてわたるように何回も見直した。

イ 石橋をたたいてわたるように用意したから、わすれてしまった。

(2) ぜんは急げ（　　）

ア ぜんは急げというから、わった皿はすぐにかくそう。

イ ぜんは急げというから、早めに宿題を終わらせるよ。

❸ 次のことわざの意味をあとからそれぞれえらび、記号で書きましょう。 1つ10点【60点】

(1) おびに短したすきに長し（　　）

(2) 目の上のたんこぶ（　　）

(3) 石の上にも三年（　　）

(4) 立つ鳥あとをにごさず（　　）

(5) 二階から目薬（　　）

(6) はらの虫がおさまらない（　　）

ア いかりをがまんできない。

イ うまくいかず、もどかしい。

ウ じゃまに思える人やもの。

エ がまんをすればばむくわれる。

オ 中と半ぱなこと。

カ 去るときはきれいにすべき。

❹ 次の故事成語の□にあてはまることばをあとからそれぞれえらび、記号で書きましょう。 1つ5点【10点】

(1) □歩百歩（　　）

(2) 漁夫の□（　　）

ア 十　イ 理　ウ 五十　エ 利

# 18 漢字の使い分け①

学習した日　月　日

名前

とく点　／100点

目ひょう時間　20分

らくらくマルつけ

解説↓ 331ページ

3122

**❶ 次の文の□に合う漢字を〈　〉からえらび、書きましょう。** 1つ5点【30点】

(1) カエる〈帰・返〉

① ひっくり□る。

② 家に□る。

(2) アカらむ〈赤・明〉

① ほおが□らむ。

② 空が□らむ。

(3) ハナす〈話・放〉

① 犬を□す。

② 母と□す。

**❷ 次の文の――線の「ア」にあてはまる漢字を線でむすびましょう。** 1つ5点【15点】

(1) 夜がアける　・　・　開

(2) 戸をアける　・　・　空

(3) せきをアける　・　・　明

**❸ 次の文に合う漢字を〈　〉からえらび、○でかこみましょう。** 1つ5点【40点】

(1) 流れが〈早・速〉い。

(2) 本を〈売・打〉った。

(3) 米を〈買・勝〉った。

(4) 花を〈行・生〉ける。

(5) 王に〈仕・使〉える。

(6) 体に〈会・合〉う服。

(7) 話題に〈登・上〉る。

(8) 〈大・多〉いに役立つ。

**❹ 次の文の――線の「オ」にあてはまる漢字を線でむすびましょう。** 1つ5点【15点】

(1) 目でオえない　・　・　終

(2) 手にオえない　・　・　追

(3) 仕事をオえる　・　・　負

国語

もう1回チャレンジ!!

# 18 漢字の使い分け①

学習した日　月　日

名前

とく点　/100点

目ひょう時間 20分

らくらくマルつけ

解説↓ 331ページ

3122

**❶ 次の文の□に合う漢字を〈　〉からえらび、書きましょう。** 1つ5点【30点】

(1) カエる〈帰・返〉
① ひっくり□る。
② 家に□る。

(2) アカらむ〈赤・明〉
① ほおが□らむ。
② 空が□らむ。

(3) ハナす〈話・放〉
① 犬を□す。
② 母と□す。

**❷ 次の文の——線の「ア」にあてはまる漢字を線でむすびましょう。** 1つ5点【15点】

(1) 夜がアける　・　・　開
(2) 戸をアける　・　・　空
(3) せきをアける　・　・　明

**❸ 次の文に合う漢字を〈　〉からえらび、○でかこみましょう。** 1つ5点【40点】

(1) 流れが〈早・速〉い。
(2) 本を〈売・打〉った。
(3) 米を〈買・勝〉った。
(4) 花を〈行・生〉ける。
(5) 王に〈仕・使〉える。
(6) 体に〈会・合〉う服。
(7) 話題に〈登・上〉る。
(8) 〈大・多〉いに役立つ。

**❹ 次の文の——線の「オ」にあてはまる漢字を線でむすびましょう。** 1つ5点【15点】

(1) 目でオえない　・　・　終
(2) 手にオえない　・　・　追
(3) 仕事をオえる　・　・　負

# 物語（ものがたり）③ 登場人物（とうじょうじんぶつ）の気持（きも）ち

学習した日　月　日

名前

とく点　/100点

目ひょう時間 20分

解説↓ 331ページ

3123

らくらくマルつけ

❶ 次（つぎ）の物語（ものがたり）を読んで、問題（もんだい）に答えましょう。

［じんざは、サーカスに出ている年おいたライオンです。サーカスを見に来た男の子と知り合いました。］

男の子はチョコレートのかけらをさしだした。

「さあ、おたべよ。ぼくと、はんぶんこだよ。」

じんざはチョコレートはすきではなかった。けれども、目をほそくしてうけとった。じんざはうれしかったのだ。

それから男の子は、まい日やってきた。じんざはもうねむらないでまっていた。やってくるたびに、男の子はチョコレートをもってきた。そして、おかあさんのことをはなしてきかせた。じんざはのりだして、うなずいてきいていた。

いよいよサーカスがあしたでおわるという日、男の子はいきをはずませてとんできた。

「おかあさんがね、もうじきたいいんするんだよ。それに、おこづかいもたまったんだ。あしたサーカスにくるよ。火のわをくぐるのをみにくるよ。」

男の子がかえっていくと、じんざのからだに力がこもった。目がぴかっとひかった。

（川村（かわむら）たかし「サーカスのライオン」より）

(1) 「うれしかった」とありますが、じんざは何がうれしかったのですか。文章（ぶんしょう）から書きぬきましょう。　1つ20点（40点）

男の子が、じんざと［　　　　　］を［　　　　　］したこと。

(2) 「ねむらないでまっていた」とありますが、このときのじんざの気持（きも）ちを次からえらび、記号（きごう）で書きましょう。（30点）

ア　あせり

イ　楽しみ

ウ　悲（かな）しみ

（　　）

(3) 「いきをはずませてとんできた」とありますが、このときの男の子の気持ちを次からえらび、記号で書きましょう。（30点）

ア　こうふん

イ　うたがい

ウ　ぜつぼう

（　　）

国語

# 19 物語③ 登場人物の気持ち

学習した日　月　日

名前

とく点　/100点

目ひょう時間 20分

らくらくマルつけ

解説↓331ページ

3123

❶ 次の物語を読んで、問題に答えましょう。

じんざは、サーカスに出ている年おいたライオンです。サーカスを見に来た男の子と知り合いました。

男の子はチョコレートのかけらをさしだした。

「さあ、おたべよ。ぼくと、はんぶんこだよ。」

じんざはチョコレートはすきではなかった。けれども、目をほそくしてうけとった。じんざはうれしかったのだ。

それから男の子は、まい日やってきた。じんざはもうねむらないでまっていた。やってくるたびに、男の子はチョコレートをもってきた。そして、おかあさんのことをはなしてきかせた。じんざはのりだして、うなずいてきいていた。

いよいよサーカスがあしたでおわるという日、男の子はいきをはずませてとんできた。

「おかあさんがね、もうじきたいいんするんだよ。それに、おこづかいもたまったんだ。あしたサーカスにくるよ。火のわをくぐるのをみにくるよ。」

男の子がかえっていくと、じんざのからだに力がこもった。目がぴかっとひかった。

（川村たかし「サーカスのライオン」より）

(1) 「うれしかった」とありますが、じんざは何がうれしかったのですか。文章から書きぬきましょう。　1つ20点（40点）

男の子が、じんざと ［　　　　　］ を ［　　　　　］ したこと。

(2) 「ねむらないでまっていた」とありますが、このときのじんざの気持ちを次からえらび、記号で書きましょう。（30点）

ア あせり
イ 楽しみ
ウ 悲しみ

（　　）

(3) 「いきをはずませてとんできた」とありますが、このときの男の子の気持ちを次からえらび、記号で書きましょう。（30点）

ア こうふん
イ うたがい
ウ ぜつぼう

（　　）

20

# せつ明文② 文のつながり

学習した日　月　日

名前

とく点　/100点

目ひょう時間 20分

らくらくマルつけ

解説↓332ページ

3124

**1 次のせつ明文を読んで、問題に答えましょう。**

生まれつき手や足がない人、あるいは事こなどによってうでや足を切だんした人は、ぎ手［①］ぎ足をつけて日じょう生活を送っています。これにより、たとえば、足の一部をうしなった人でも、自分の力で歩くことができるようになります。

日じょうで使うぎ手・ぎ足は人間の手や足の形ににせてつくられることが多いのですが、スポーツ用のぎ手やぎ足は、走る、とぶ、投げるなどの動きを助け、そののう力を発きできるようにつくられています。

［②］、りく上きょうぎ用のぎ足は、足のうらにあたる部分にピンを取りつけ、スパイクとしてのきのうをもたせたり、ふくらはぎにあたる部分にカーボンせいの板を曲げたパーツを用いたりするなど、さまざまなくふうがされています。

こうしたぎ手・ぎ足の発たつにより、しょうがい者も走ったりとんだりするきょうぎを行うことが［③］になっています。

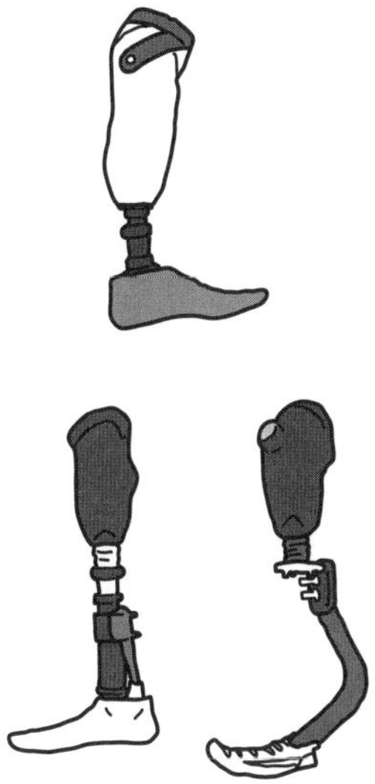

（藤田紀昭「よくわかる障がい者スポーツ」より）

(1) 文中の［①］・［②］にあてはまることばを次からそれぞれえらび、記号で書きましょう。　1つ10点（20点）

ア　たとえば
イ　しかし
ウ　あるいは

①（　　）　②（　　）

(2) 「そののう力」とは、どのようなのう力ですか。文章から書きぬきましょう。　1つ10点（30点）

［　　］、［　　］、［　　］などののう力。

(3) 「こうしたぎ手・ぎ足」とは、どのようなものですか。次からえらび、記号で書きましょう。（20点）（　　）

ア　人間の手や足ににせているもの。
イ　りく上きょうぎ用にさまざまにくふうされているもの。
ウ　日じょう生活のためにつくられたもの。

(4) 文中の［③］にあてはまることばを次からえらび、記号で書きましょう。（30点）（　　）

ア　空想
イ　こんなん
ウ　かのう

もう1回チャレンジ!!

# 20 せつ明文② 文のつながり

学習した日　月　日

名前

とく点　／100点

目ひょう時間 20分

らくらくマルつけ

解説↓332ページ

3124

**❶ 次のせつ明文を読んで、問題に答えましょう。**

生まれつき手や足がない人、あるいは事こなどによってうでや足を切だんした人は、ぎ手［①］ぎ足をつけて日じょう生活を送っています。これにより、たとえば、足の一部をうしなった人でも、自分の力で歩くことができるようになります。

日じょうで使うぎ手・ぎ足は人間の手や足の形ににせてつくられることが多いのですが、スポーツ用のぎ手やぎ足は、走る、とぶ、投げるなどの動きを助け、そののう力を発きできるようにつくられています。

［②］、りく上きょうぎ用のぎ足は、足のうらにあたる部分にピンを取りつけ、スパイクとしてのきのうをもたせたり、ふくらはぎにあたる部分にカーボンせいの板を曲げたパーツを用いたりするなど、さまざまなくふうがされています。

こうしたぎ手・ぎ足の発たつにより、しょうがい者も走ったりとんだりするきょうぎを行うことが［③］になっています。

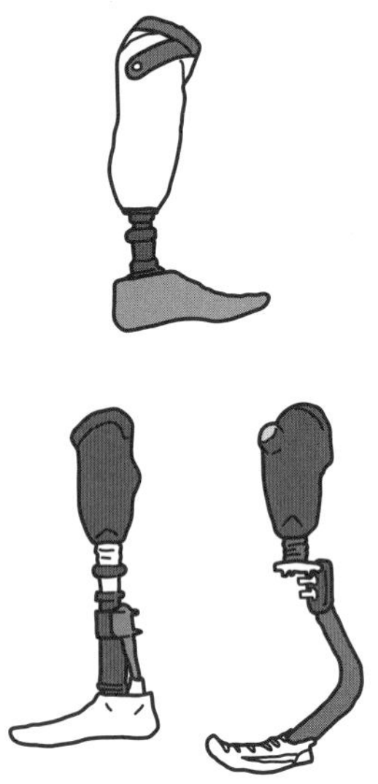

（藤田紀昭「よくわかる障がい者スポーツ」より）

(1) 文中の［①］・［②］にあてはまることばを次からそれぞれえらび、記号で書きましょう。 1つ10点（20点）

①（　　）　②（　　）

ア たとえば
イ しかし
ウ あるいは

(2) 「そののう力」とは、どのようなのう力ですか。文章から書きぬきましょう。 1つ10点（30点）

［　　］、［　　］、［　　］などののう力。

(3) 「こうしたぎ手・ぎ足」とは、どのようなものですか。次からえらび、記号で書きましょう。（20点）（　　）

ア 人間の手や足ににせているもの。
イ りく上きょうぎ用にさまざまにくふうされているもの。
ウ 日じょう生活のためにつくられたもの。

(4) 文中の［③］にあてはまることばを次からえらび、記号で書きましょう。（30点）（　　）

ア 空想
イ こんなん
ウ かのう

# 21 慣用句（かんようく）

学習した日　月　日
名前
とく点　／100点
目ひょう時間 20分
らくらくマルつけ
解説↓ 332ページ
3125

**❶ 次の慣用句の（　）にきょう通してあてはまる動物をあとからそれぞれえらび、書きましょう。** 1つ5点【10点】

(1) （　）のとおぼえ
（　）も食わない
（　　）

(2) （　）の歩み
（　）のよだれ
（　　）

牛　馬　羊　犬

**❷ 次の慣用句の（　）に合う体の一部をあとからそれぞれえらび、書きましょう。** 1つ5点【30点】

(1) （　）が広い…知り合いが多い。
(2) （　）がいたい…心配でなやむ。
(3) （　）が早い…知るのが早い。
(4) （　）がない…とてもすきだ。
(5) （　）がかたい…ひみつを守る。
(6) （　）を運ぶ…出向く。

目　耳　手　口
顔　足　頭　首

**❸ 次の慣用句の（　）にきょう通してあてはまる色をあとからそれぞれえらび、書きましょう。** 1つ5点【10点】

(1) （　）菜にしお
（　）二才
（　　）

(2) （　）を切る
（　）い目で見る
（　　）

白　赤　黒　青

**❹ 次の慣用句の意味をあとからそれぞれえらび、記号で書きましょう。** 1つ10点【50点】

(1) ねこの手もかりたい　（　　）
(2) かみなりを落とす　（　　）
(3) 頭をひねる　（　　）
(4) きつねのよめ入り　（　　）
(5) 開いた口がふさがらない　（　　）

ア　晴れているのに雨がふる。
イ　あきれて何も言えない。
ウ　とてもいそがしい。
エ　いろいろと考える。
オ　大声でしかりつける。

国語

＼もう1回チャレンジ!!／

# 21 慣用句

学習した日　月　日

名前

とく点　／100点

目ひょう時間 20分

らくらくマルつけ

解説↓ 332ページ

3125

❶ 次の慣用句の（　）にきょう通してあてはまる動物をあとからそれぞれえらび、書きましょう。 1つ5点【10点】

(1) （　）のとおぼえ　（　）も食わない　（　　）

(2) （　）の歩み　（　）のよだれ　（　　）

牛　馬　羊　犬

❷ 次の慣用句の（　）に合う体の一部をあとからそれぞれえらび、書きましょう。 1つ5点【30点】

(1) （　）が広い…知り合いが多い。

(2) （　）がいたい…心配でなやむ。

(3) （　）が早い…知るのが早い。

(4) （　）がない…とてもすきだ。

(5) （　）がかたい…ひみつを守る。

(6) （　）を運ぶ…出向く。

目　耳　手　口　顔　足　頭　首

❸ 次の慣用句の（　）にきょう通してあてはまる色をあとからそれぞれえらび、書きましょう。 1つ5点【10点】

(1) （　）菜にしお　（　）ニオ　（　　）

(2) （　）を切る　（　）い目で見る　（　　）

白　赤　黒　青

❹ 次の慣用句の意味をあとからそれぞれえらび、記号で書きましょう。 1つ10点【50点】

(1) ねこの手もかりたい　（　　）

(2) かみなりを落とす　（　　）

(3) 頭をひねる　（　　）

(4) きつねのよめ入り　（　　）

(5) 開いた口がふさがらない　（　　）

ア 晴れているのに雨がふる。
イ あきれて何も言えない。
ウ とてもいそがしい。
エ いろいろと考える。
オ 大声でしかりつける。

22

# 漢字(かんじ)⑤

学習した日　月　日

名前

とく点　／100点

目ひょう時間 20分

らくらくマルつけ

解説↓ 332ページ

3126



**1 (　)に——線(せん)の読みがなを書きましょう。** 1つ5点【50点】

(1) 化石を見つける。(　　)

(2) 世界(せかい)の童話を読む。(　　)

(3) 兄がキャプテンに指名される。(　　)

(4) 通りに電柱がならぶ。(　　)

(5) つくえを運ぶ。(　　)

(6) 部屋(へや)を二つに区切る。(　　)

(7) プールで泳ぐ。(　　)

(8) 日本列島の地図を見る。(　　)

(9) 色づいた葉が落ちる。(　　)(　　)

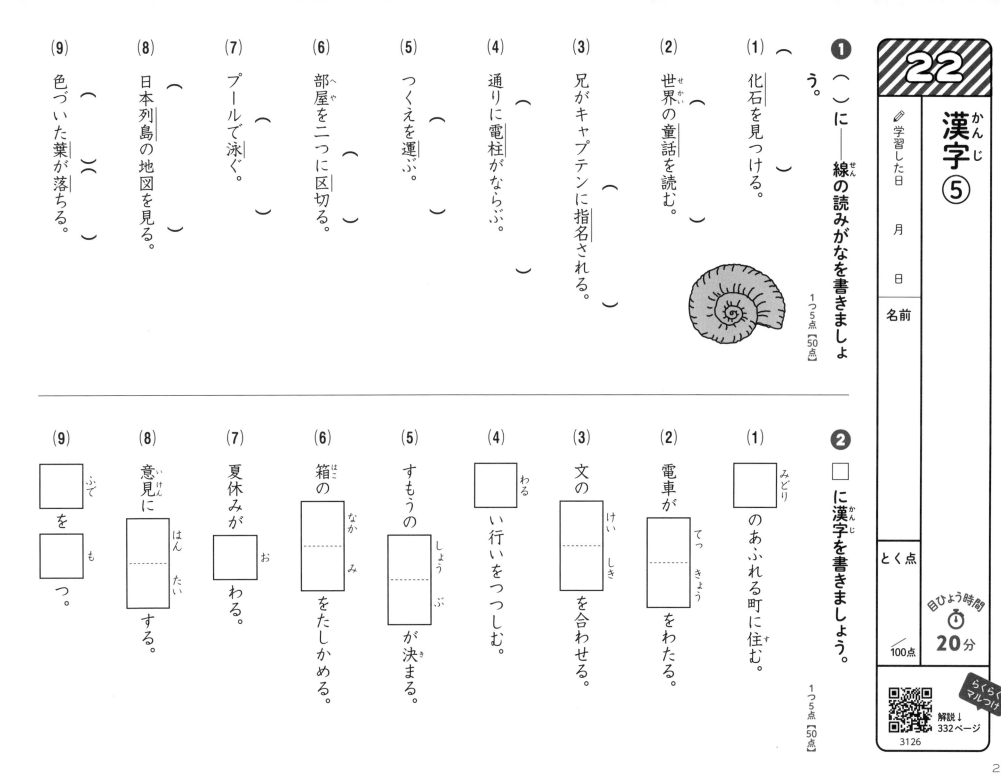

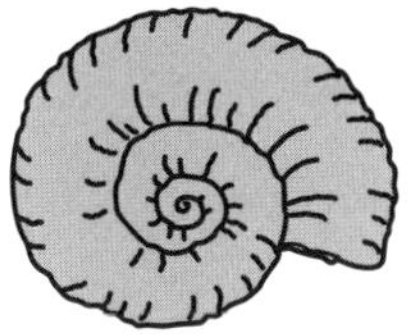

**2 □に漢字(かんじ)を書きましょう。** 1つ5点【50点】

(1) □(みどり)のあふれる町に住(す)む。

(2) 電車が□□(てっきょう)をわたる。

(3) 文の□□(けいしき)を合わせる。

(4) □(わる)い行いをつつしむ。

(5) すもうの□□(しょうぶ)が決(き)まる。

(6) 箱(はこ)の□□(なかみ)をたしかめる。

(7) 夏休みが□(お)わる。

(8) 意見(いけん)に□□(はんたい)する。

(9) □(ふで)を□(も)つ。

もう1回チャレンジ!!

# 22 漢字⑤

学習した日　月　日

名前

とく点　　/100点

目ひょう時間 20分

らくらくマルつけ

解説↓ 332ページ

3126

## ❶ （　）に——線の読みがなを書きましょう。

1つ5点【50点】

(1) 化石を見つける。（　　）

(2) 世界の童話を読む。（　　）

(3) 兄がキャプテンに指名される。（　　）

(4) 通りに電柱がならぶ。（　　）

(5) つくえを運ぶ。（　　）

(6) 部屋を二つに区切る。（　　）

(7) プールで泳ぐ。（　　）

(8) 日本列島の地図を見る。（　　）

(9) 色づいた葉が落ちる。（　　）（　　）

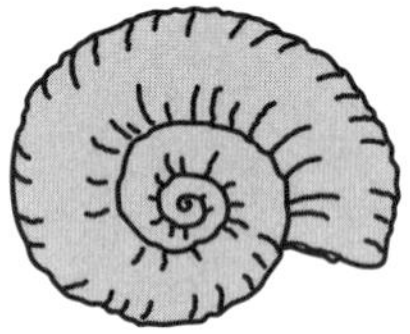

## ❷ □に漢字を書きましょう。

1つ5点【50点】

(1) □（みどり）のあふれる町に住む。

(2) 電車が□□（てっきょう）をわたる。

(3) 文の□□（けいしき）を合わせる。

(4) □（わる）い行いをつつしむ。

(5) すもうの□□（しょうぶ）が決まる。

(6) 箱の□□（なかみ）をたしかめる。

(7) 夏休みが□（お）わる。

(8) 意見に□□（はんたい）する。

(9) □（ふで）を□（も）つ。

23

# 漢字(かんじ)⑥

学習した日　　月　　日

名前

とく点　　／100点

目ひょう時間　20分

らくらくマルつけ

解説↓ 333ページ

3127

**❶ （　）に――線(せん)の読みがなを書きましょう。** 1つ5点【50点】

(1) 板前の仕事(しごと)にあこがれる。（　　　）

(2) 幸福をかみしめる。（　　　）

(3) 山の向こうへ行く。（　　　）

(4) 手帳にメモを書く。（　　　）

(5) わたり鳥が遠くへ去る。（　　　）

(6) 助(たす)けてもらったお礼を言う。（　　　）

(7) 二台の車を所有する。（　　　）

(8) 近くの道の駅に行く。（　　　）

(9) タクシーが乗客を待つ。（　　　）（　　　）

**❷ □に漢字(かんじ)を書きましょう。** 1つ5点【50点】

(1) トマトのなえを□(う)える。

(2) □□(りょう あし)をそろえて立つ。

(3) 朝早く□(お)きる。

(4) 道でさいふを□(ひろ)う。

(5) 強い□□(かん ぱ)が来る。

(6) 川に魚を□□(ほう りゅう)する。

(7) □□(がっ きゅう)会を開(ひら)く。

(8) □□(せき ゆ)をさいくつする。

(9) ピッチャーが□(たま)を□(な)げる。

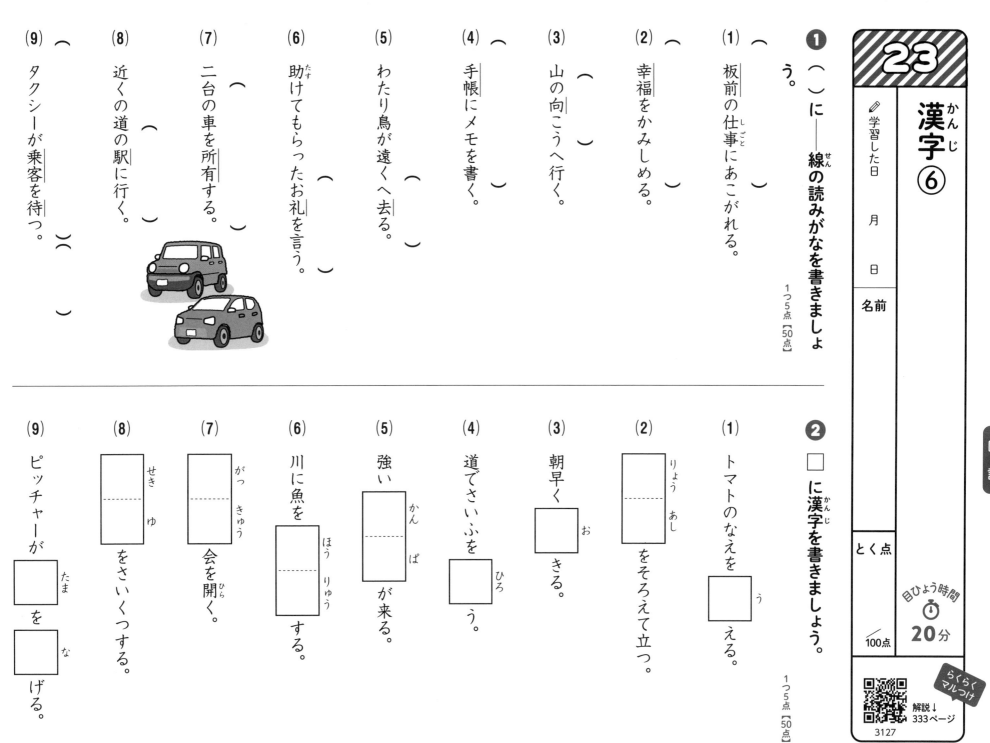

国語

# 23 漢字(かんじ)⑥

学習した日　月　日

名前

とく点　／100点

目ひょう時間 20分

らくらくマルつけ

解説↓ 333ページ

3127

## ❶ （　）に――線(せん)の読みがなを書きましょう。

1つ5点【50点】

(1) 板前の仕事(しごと)にあこがれる。（　　）

(2) 幸福をかみしめる。（　　）

(3) 山の向こうへ行く。（　　）

(4) 手帳にメモを書く。（　　）

(5) わたり鳥が遠くへ去る。（　　）

(6) 助(たす)けてもらったお礼を言う。（　　）

(7) 二台の車を所有する。（　　）

(8) 近くの道の駅に行く。（　　）

(9) タクシーが乗客を待つ。（　　）（　　）

## ❷ □に漢字(かんじ)を書きましょう。

1つ5点【50点】

(1) トマトのなえを□(う)える。

(2) □□(りょう あし)をそろえて立つ。

(3) 朝早く□(お)きる。

(4) 道でさいふを□(ひろ)う。

(5) 強い□□(かん ぱ)が来る。

(6) 川に魚を□□(ほう りゅう)する。

(7) □□(がっ きゅう)会を開(ひら)く。

(8) □□(せき ゆ)をさいくつする。

(9) ピッチャーが□(たま)を□(な)げる。

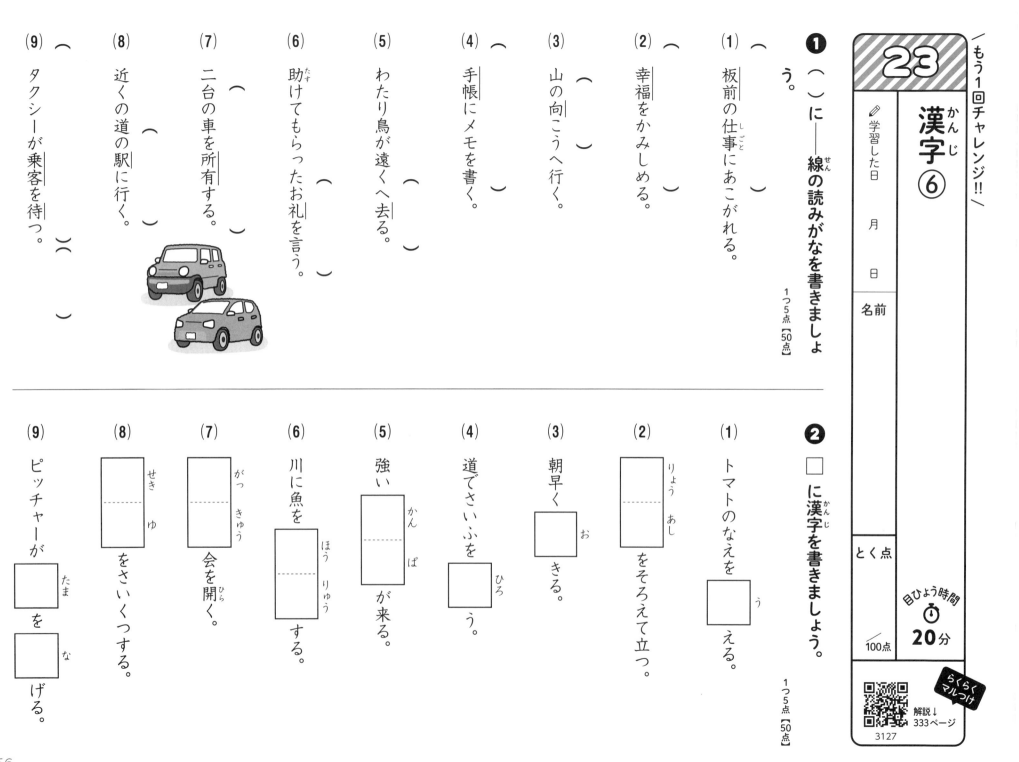

# 24 短歌

学習した日　月　日

名前

とく点　／100点

目ひょう時間 20分

らくらくマルつけ

解説↓333ページ

3128

国語

**1 次の短歌を読んで、問題に答えましょう。**

① 金色のちひさき鳥のかたちして
銀杏ちるなり夕日の岡に
与謝野晶子

② *くれなゐの*二尺伸びたるばらのめの
針やはらかに春雨のふる
正岡子規

*あざやかでこい赤色。　*およそ六十センチメートル。

③ 君がため春の野に出でて若菜つむ
わが衣手に雪は降りつつ
光孝天皇

④ 久方の光のどけき春の日に
しづ心なく花の散るらむ
紀友則

(1) ①の短歌の季節を、漢字一字で書きましょう。(20点)

□

(2) ②の短歌で、二尺伸びているのは何ですか。短歌から書きぬきましょう。(20点)

□□□

(3) ③の短歌は、どのようなことを表していますか。短歌から書きぬきましょう。(40点 1つ20点)

春の野に出て、□におくるために若菜をつんでいるわたしのそでに□が降りつづいている。

(4) ④の短歌は、どのようなことを表していますか。次からえらび、記号で書きましょう。(20点)

ア 春の光の中でさくらがまい散る様子。

イ 春の夜にさくらがさきみだれる様子。

ウ 春の晴れた日にさくらがさく様子。

（　）

もう1回チャレンジ!!

# 24 短歌

学習した日　月　日

名前

とく点　／100点

目ひょう時間　20分

らくらくマルつけ

解説↓333ページ

3128

## 1 次の短歌を読んで、問題に答えましょう。

①
金色のちひさき鳥のかたちして
銀杏ちるなり夕日の岡に
与謝野晶子

②
くれなゐ*の二尺*伸びたるばらのめの
針やはらかに春雨のふる
正岡子規

*あざやかでこい赤色。　*およそ六十センチメートル。

③
君がため春の野に出でて若菜つむ
わが衣手に雪は降りつつ
光孝天皇

④
久方の光のどけき春の日に
しづ心なく花の散るらむ
紀友則

(1) ①の短歌の季節を、漢字一字で書きましょう。（20点）

□

(2) ②の短歌で、二尺伸びているのは何ですか。短歌から書きぬきましょう。（20点）

□

(3) ③の短歌は、どのようなことを表していますか。短歌から書きぬきましょう。（1つ20点）（40点）

春の野に出て、□におくるために若菜をつんでいるわたしのそでに□が降りつづいている。

(4) ④の短歌は、どのようなことを表していますか。次からえらび、記号で書きましょう。（20点）

（　　）

ア 春の光の中でさくらがまい散る様子。

イ 春の夜にさくらがさきみだれる様子。

ウ 春の晴れた日にさくらがさく様子。

# 25 物語④ 人物の行動の理由

学習した日　月　日

名前

とく点　/100点

目ひょう時間 20分

らくらくマルつけ　解説↓333ページ

3129

国語

**1 次の物語を読んで、問題に答えましょう。**

四月のさい後の日曜日は、神社のお祭りです。

おめん屋さん、べっこうあめの店、金魚屋さん、ガラスの動物を売る店。

いろんなお店が出ています。

「全部のお店を見て、それから、いちばんいいものを買おうね」

そう言ったのは、いとこのよっちゃんでした。

「さすが、よっちゃん、あったまいい」

わたしは、去年のお祭りのことを思い出して、そう答えました。

お祭りのおこづかいを、すぐ使ってしまったわたしは、そのあとで、もっともっとほしいものが出てきたのに、買うことができなかったのです。

――だから今年は、ぜったいそんなことがないようにするんだ。

よっちゃんといっしょに、ひとつひとつのお店を見て回りながら、わたしはそう思っていました。

さい後のお店を見終わって、もどりかけたちょうどそのときです。

わたしたちは、

「そこのおじょうちゃんたち、さあ、どれがいいかねえ」

という声に、よび止められました。

（石井睦美「そらいろのひまわり」より）

(1) よっちゃんの「全部の……買おうね」のことばを聞いて、「わたし」はどのように思いましたか。次からえらび、記号で書きましょう。（20点）

ア　あきれた。

イ　おこった。

ウ　感心した。

（　　）

(2) 「そんなこと」とは、どのようなことですか。文章から書きぬきましょう。　1つ30点（60点）

［　　　　　］をすぐに使ってしまい、あとで見つけた［　　　　　］を買えないということ。

(3) 「ひとつひとつのお店」を見て回ったのは、なぜですか。文章から書きぬきましょう。（20点）

全部のお店を見て回ったなかで、［　　　　　］ものを買おうとしていたから。

# 25 物語④ 人物の行動の理由

学習した日　月　日

名前

とく点　/100点

目ひょう時間 20分

らくらくマルつけ

解説↓333ページ

3129

**❶ 次の物語を読んで、問題に答えましょう。**

四月のさい後の日曜日は、神社のお祭りです。

おめん屋さん、べっこうあめの店、金魚屋さん、ガラスの動物を売る店。

いろんなお店が出ています。

「全部のお店を見て、それから、いちばんいいものを買おうね」

そう言ったのは、いとこのよっちゃんでした。

「さすが、よっちゃん、あったまいい」

わたしは、去年のお祭りのことを思い出して、そう答えました。

お祭りのおこづかいを、すぐ使ってしまったわたしは、そのあとで、もっともっとほしいものが出てきたのに、買うことができなかったのです。

――だから今年は、ぜったいそんなことがないようにするんだ。

よっちゃんといっしょに、ひとつひとつのお店を見て回りながら、わたしはそう思っていました。

さい後のお店を見終わって、もどりかけたちょうどそのときです。

わたしたちは、

「そこのおじょうちゃんたち、さあ、どれがいいかねえ」

という声に、よび止められました。

（石井睦美「そらいろのひまわり」より）

(1) よっちゃんの「全部の……買おうね」のことばを聞いて、「わたし」はどのように思いましたか。次からえらび、記号で書きましょう。(20点)

ア あきれた。

イ おこった。

ウ 感心した。

（　　）

(2) 「そんなこと」とは、どのようなことですか。文章から書きぬきましょう。1つ30点(60点)

［　　　　］をすぐに使ってしまい、あとで見つけた［　　　　］を買えないということ。

(3) 「ひとつひとつのお店」を見て回ったのは、なぜですか。文章から書きぬきましょう。(20点)

全部のお店を見て回ったなかで、［　　　　］ものを買おうとしていたから。

# 26 手紙（案内じょう）の書き方

学習した日　月　日

名前

とく点　/100点

目ひょう時間 20分

らくらくマルつけ

解説↓ 334ページ

3130

国語

**1 次の手紙文を読んで、問題に答えましょう。**

おじいちゃんへ

秋晴れが気持ちよい季節ですね。お元気ですか。わたしは元気です。

今度、歌の発表会があります。よかったら見に来てください。

日時　□二十日（土）

午前十時～午後四時

場所　ふれあいホール　中ホール

入場むりょう

わたしは午後の部のさいしょのえんもくに出ます。午後の部は一時から始まります。もし、来てくださるなら、出番のあとでお話ししたいです。楽屋で会いましょう。

これから少しずつ寒くなってきます。お体を大切にしてください。

□六日

林あやか

(1) この手紙文はだれからだれに出されたものですか。文章から書きぬきましょう。 1つ20点（40点）

［　　　　］さんから［　　　　］に出された手紙。

(2) この手紙文は何を案内するためのものですか。文章から書きぬきましょう。（20点）

［　　　　］

(3) 文中の□にきょう通してあてはまる月を次からえらび、記号で書きましょう。（20点）（　　）

ア 二月

イ 六月

ウ 十月

(4) 手紙文に書き足したほうがよいものを次からえらび、記号で書きましょう。（20点）（　　）

ア 楽屋の場所と行き方

イ 発表会に出る人の名前

ウ 午前の部の内よう

もう1回チャレンジ!!

# 26 手紙（案内じょう）の書き方

学習した日　月　日

名前

とく点　/100点

目ひょう時間 20分

らくらくマルつけ

解説↓334ページ

3130

❶ 次の手紙文を読んで、問題に答えましょう。

おじいちゃんへ
秋晴れが気持ちよい季節ですね。お元気ですか。わたしは元気です。
今度、歌の発表会があります。よかったら見に来てください。

日時　[　　]二十日（土）
　　午前十時～午後四時
場所　ふれあいホール　中ホール
　　入場むりょう

わたしは午後の部のさいしょのえんもくに出ます。午後の部は一時から始まります。もし、来てくださるなら、出番のあとでお話ししたいです。楽屋で会いましょう。
これから少しずつ寒くなってきます。お体を大切にしてください。

[　　]六日

林あやか

(1) この手紙文はだれからだれに出されたものですか。文章から書きぬきましょう。 1つ20点（40点）

[　　　　]さんから[　　　　]に出された手紙。

(2) この手紙文は何を案内するためのものですか。文章から書きぬきましょう。（20点）

[　　　　]

(3) 文中の[　　]にきょう通してあてはまる月を次からえらび、記号で書きましょう。（20点）（　　）

ア 二月
イ 六月
ウ 十月

(4) 手紙文に書き足したほうがよいものを次からえらび、記号で書きましょう。（20点）（　　）

ア 楽屋の場所と行き方
イ 発表会に出る人の名前
ウ 午前の部の内よう

# 27 こそあど言葉②

学習した日　月　日

名前

とく点　／100点

目ひょう時間 20分

解説↓334ページ

3131

らくらくマルつけ

国語

**❶ 次の文の（　）にあてはまるこそあど言葉をあとからそれぞれえらび、書きましょう。同じ言葉は二度使えません。** 1つ5点【20点】

(1) 君が今読んでいる、（　　）本の題名を教えてくれない？

(2) 赤と青と黒、（　　）ペンを使って色をぬろうかな。

(3) 今から配る（　　）お手紙は、かならずおうちの人にわたしてください。

(4) 向こうに見える（　　）白いかべの家が、ぼくの家だよ。

| |
|---|
| この　その　あの　どの |

**❷ 次の文の（　）にこそあど言葉「これ・あれ・どれ」のどれかを書きましょう。** 1つ10点【30点】

(1) 〈山のほうを指して〉
（　　）は何という山ですか。

(2) 〈記名のないノートを持って〉
（　　）はだれのだろう？

(3) 〈本を三さつかりてきて〉
（　　）を先に読もう？

**❸ 次の文の――線の言葉は何を指していますか。（　）に合うように書きましょう。** 1つ10点【50点】

(1) とれたての野さいはおいしい。母は、いつもそう言っています。
（　　）

(2) 校庭で手をふっている少年が見えますか。あの少年は、わたしの兄です。
校庭で（　　）

(3) 白い鳥が空をとんでいる。あれは、何という名前の鳥だろう。
空をとんでいる（　　）

(4) かばんの中から一通の手紙が出てきました。それは、友人からもらったものです。
かばんの中から出てきた
（　　）

(5) スーパーマーケットで新せんなくだものを買ってきました。今日は、それを使ってミックスジュースをつくろうと思います。
スーパーマーケットで買ってきた
（　　）

＼もう1回チャレンジ!!／

# 27 こそあど言葉（ことば）②

学習した日　月　日

名前

とく点　／100点

目ひょう時間 20分

らくらくマルつけ

解説↓ 334ページ

3131

❶ 次（つぎ）の文の（　）にあてはまるこそあど言葉（ことば）をあとからそれぞれえらび、書きましょう。同じ言葉は二度使（つか）えません。　1つ5点【20点】

(1) 君（きみ）が今読んでいる、（　）本の題名（だいめい）を教えてくれない？

(2) 赤と青と黒、（　）ペンを使（つか）って色をぬろうかな。

(3) 今から配（くば）る（　）お手紙は、かならずおうちの人にわたしてください。

(4) 向（む）こうに見える（　）白いかべの家が、ぼくの家だよ。

| この　その　あの　どの |

❷ 次の文の（　）にこそあど言葉「これ・あれ・どれ」のどれかを書きましょう。　1つ10点【30点】

(1) 〈山のほうを指（さ）して〉
（　）は何という山ですか。

(2) 〈記名のないノートを持（も）って〉
（　）はだれのだろう？

(3) 〈本を三さつかりてきて〉
（　）を先に読もう？

❸ 次の文の――線の言葉は何を指していますか。（　）に合うように書きましょう。　1つ10点【50点】

(1) とれたての野さいはおいしい。母は、いつもそう言っています。
（　）

(2) 校庭（こうてい）で手をふっている少年が見えますか。あの少年は、わたしの兄です。
校庭で（　）

(3) 白い鳥が空をとんでいる。あれは、何という名前の鳥だろう。
空をとんでいる（　）

(4) かばんの中から一通の手紙が出てきました。それは、友人からもらったものです。
かばんの中から出てきた（　）

(5) スーパーマーケットで新せんなくだものを買ってきました。今日（きょう）は、それを使ってミックスジュースをつくろうと思います。
スーパーマーケットで買ってきた（　）

# 28 漢字（かんじ）⑦

学習した日　月　日

名前

とく点　/100点

目ひょう時間 20分

らくらくマルつけ

解説↓ 334ページ

3132

国語

## ❶（　）に――線（せん）の読みがなを書きましょう。

1つ5点【50点】

(1) 高速道路（どうろ）を走る。（　　）

(2) 港町の市場へ行く。（　　）

(3) 岸から船に手をふる。（　　）

(4) にげた犬を追う。（　　）

(5) コップに水を注ぐ。（　　）

(6) 兄は医者になりたいそうだ。（　　）

(7) 日本語では主語をよくはぶく。（　　）

(8) 箱を開（あ）ける。（　　）

(9) 畑をたがやし始める。（　　）（　　）

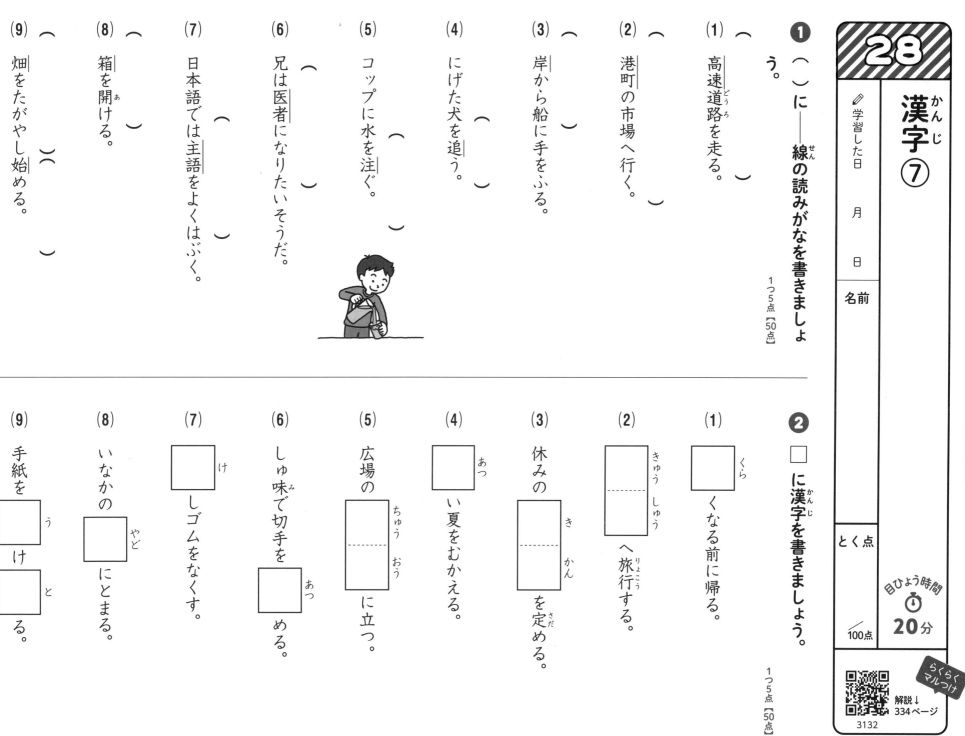

## ❷ □に漢字（かんじ）を書きましょう。

1つ5点【50点】

(1) □（くら）くなる前に帰る。

(2) □□（きゅうしゅう）へ旅行（りょこう）する。

(3) 休みの□□（きかん）を定（さだ）める。

(4) □（あつ）い夏をむかえる。

(5) 広場の□□（ちゅうおう）に立つ。

(6) しゅ味（み）で切手を□（あつ）める。

(7) □（け）しゴムをなくす。

(8) いなかの□（やど）にとまる。

(9) 手紙を□（う）け□（と）る。

もう1回チャレンジ!!

28

# 漢字（かんじ）⑦

学習した日　月　日

名前

とく点　/100点

目ひょう時間 20分

らくらくマルつけ

解説↓334ページ

3132

❶（　）に——線（せん）の読みがなを書きましょう。　1つ5点【50点】

(1) 高速道路（どうろ）を走る。（　）

(2) 港町の市場へ行く。（　）

(3) 岸から船に手をふる。（　）

(4) にげた犬を追う。（　）

(5) コップに水を注ぐ。（　）

(6) 兄は医者になりたいそうだ。（　）

(7) 日本語では主語をよくはぶく。（　）

(8) 箱を開（あ）ける。（　）

(9) 畑をたがやし始める。（　）（　）

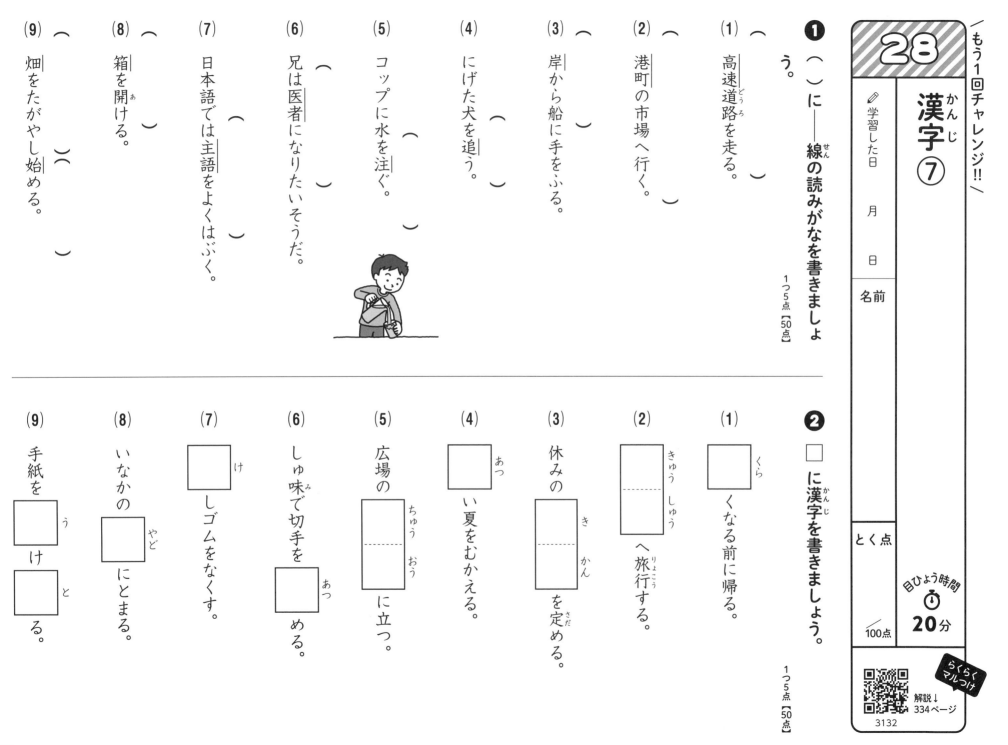

❷ □に漢字（かんじ）を書きましょう。　1つ5点【50点】

(1) □（くら）くなる前に帰る。

(2) □□（きゅうしゅう）へ旅行（りょこう）する。

(3) 休みの□□（きかん）を定（さだ）める。

(4) □（あつ）い夏をむかえる。

(5) 広場の□□（ちゅうおう）に立つ。

(6) しゅ味（み）で切手を□（あつ）める。

(7) □（け）しゴムをなくす。

(8) いなかの□（やど）にとまる。

(9) 手紙を□（う）け□（と）る。

29

# 漢字(かんじ)⑧

学習した日　月　日

名前

とく点　／100点

目ひょう時間　20分

らくらくマルつけ

解説↓
335ページ

3133

国語

## ❶ （　）に――線(せん)の読みがなを書きましょう。

1つ5点【50点】

(1) 木がしっかり根をはる。（　　）

(2) ガラスの表面にきずがつく。（　　）

(3) キーパーがゴールを死守する。（　　）

(4) 新しい生命体を見つける。（　　）

(5) 温かいパンを食べる。（　　）

(6) 校歌の作曲をする。（　　）

(7) 走ると息があらくなる。（　　）

(8) となりの人に気軽に話しかける。（　　）

(9) トマトの皮を湯であらう。（　　）（　　）

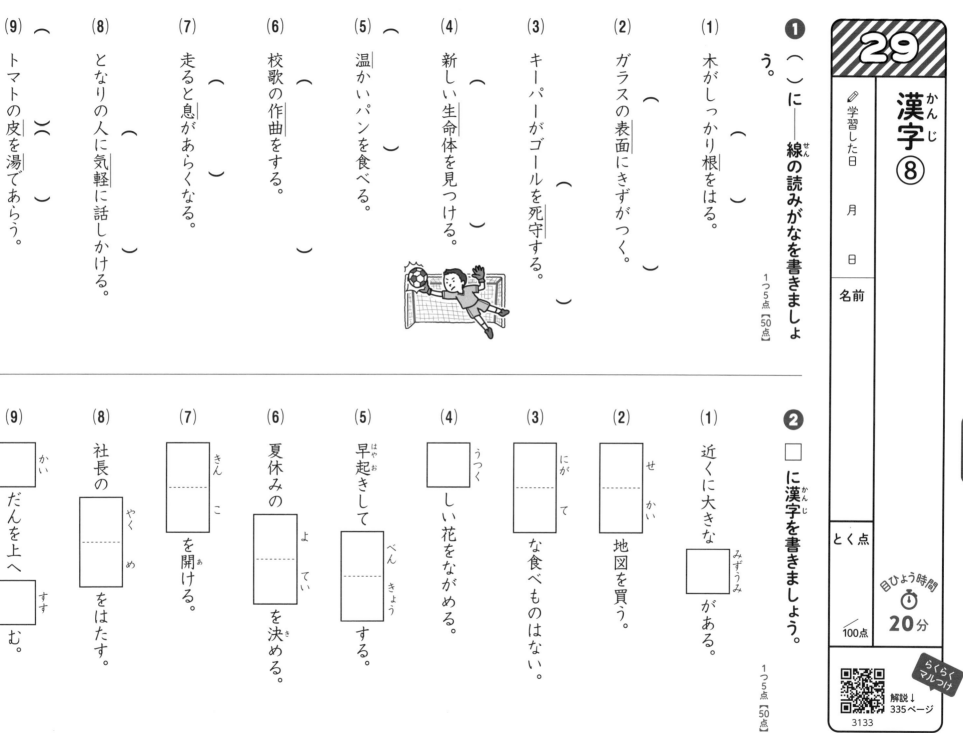

## ❷ □に漢字(かんじ)を書きましょう。

1つ5点【50点】

(1) 近くに大きな□(みずうみ)がある。

(2) □□(せかい)地図を買う。

(3) □□(にがて)な食べものはない。

(4) □(うつく)しい花をながめる。

(5) 早起(はやお)きして□□(べんきょう)する。

(6) 夏休みの□□(よてい)を決(き)める。

(7) □□(きんこ)を開(あ)ける。

(8) 社長の□□(やくめ)をはたす。

(9) □(かい)だんを上へ□(すす)む。

もう1回チャレンジ!!

# 29 漢字（かんじ）⑧

学習した日　月　日

名前

とく点　／100点

目ひょう時間　20分

らくらくマルつけ

解説↓ 335ページ

3133

## ❶ （　）に――線（せん）の読みがなを書きましょう。

1つ5点【50点】

(1) 木がしっかり根をはる。（　　）

(2) ガラスの表面にきずがつく。（　　）

(3) キーパーがゴールを死守する。（　　）

(4) 新しい生命体を見つける。（　　）

(5) 温かいパンを食べる。（　　）

(6) 校歌の作曲をする。（　　）

(7) 走ると息があらくなる。（　　）

(8) となりの人に気軽に話しかける。（　　）

(9) トマトの皮を湯であらう。（　　）（　　）

## ❷ □に漢字（かんじ）を書きましょう。

1つ5点【50点】

(1) 近くに大きな□（みずうみ）がある。

(2) □□（せかい）地図を買う。

(3) □□（にがて）な食べものはない。

(4) □（うつく）しい花をながめる。

(5) 早起（はやお）きして□□（べんきょう）する。

(6) 夏休みの□□（よてい）を決（き）める。

(7) □□（きんこ）を開（あ）ける。

(8) 社長の□□（やくめ）をはたす。

(9) □（かい）だんを上へ□（すす）む。

# 30 へんとつくり②

学習した日　月　日

名前

とく点　/100点

目ひょう時間 20分

らくらくマルつけ

解説↓335ページ

3134

国語

**❶ 次の意味をもつ「へん」をあとからそれぞれえらび、記号で書きましょう。** 1つ5点【15点】

(1) 水にかん係がある。（　　）

(2) 人にかん係がある。（　　）

(3) ことばにかん係がある。（　　）

ア　きへん〈板・柱〉
イ　さんずい〈池・港〉
ウ　ごんべん〈記・読〉
エ　にんべん〈係・休〉

**❷ 次の部首につくものをあとからそれぞれえらび、組み合わせた漢字を書きましょう。** 1つ5点【25点】

(1) 日□　□

(2) 木□　□

(3) □頁　□

(4) 禾□　□

(5) 火□　□

| 彦　青　斗　田　主 |
|---|

**❸ 漢字の〈部首〉と〈それい外の部分〉のカードを組み合わせて、漢字を三つ書きましょう。** 1つ10点【30点】

〈部首〉
王　馬　欠

〈それい外の部分〉
冫　里　尺

□　□　□

**❹ 次の三つの□にきょう通してあてはまる漢字の「部首」を□に書きましょう。また、その「部首」の「名前」をあとからそれぞれえらび、（　）に記号で書きましょう。** 1つ5点【30点】

(1) □月　□寺　□翟　部首□　名前（　）

(2) □会　□且　□氏　部首□　名前（　）

(3) 考□　娄□　方□　部首□　名前（　）

ア　いとへん　イ　てへん
ウ　ひへん　エ　おおざと
オ　のぶん　カ　おおがい

もう1回チャレンジ!!

# 30 へんとつくり②

学習した日　月　日

名前

とく点　/100点

目ひょう時間 20分

らくらくマルつけ

解説↓ 335ページ

3134

❶ 次の意味をもつ「へん」をあとからそれぞれえらび、記号で書きましょう。 1つ5点【15点】

(1) 水にかん係がある。（　　）

(2) 人にかん係がある。（　　）

(3) ことばにかん係がある。（　　）

ア　きへん〈板・柱〉

イ　さんずい〈池・港〉

ウ　ごんべん〈記・読〉

エ　にんべん〈係・休〉

❷ 次の部首につくものをあとからそれぞれえらび、組み合わせた漢字を書きましょう。 1つ5点【25点】

(1) 日□　□

(2) 木□　□

(3) □頁　□

(4) 禾□　□

(5) 火□　□

| 彦　青　斗　田　主 |
|---|

❸ 漢字の〈部首〉と〈それい外の部分〉のカードを組み合わせて、漢字を三つ書きましょう。 1つ10点【30点】

〈部首〉　王　馬　欠

〈それい外の部分〉　冫　里　尺

□　□　□

❹ 次の三つの□にきょう通してあてはまる漢字の「部首」を□に書きましょう。また、その「部首」の「名前」をあとからそれぞれえらび、（　）に記号で書きましょう。 1つ5点【30点】

(1) □月　□寺　□翟　部首□　名前（　）

(2) □会　□且　□氏　部首□　名前（　）

(3) 孝□　娄□　方□　部首□　名前（　）

ア　いとへん　イ　てへん

ウ　ひへん　エ　おおざと

オ　のぶん　カ　おおがい

# 31 せつ明文③ 具体れい

学習した日　月　日

名前

とく点　/100点

目ひょう時間 20分

らくらくマルつけ　解説↓335ページ　3135

国語

**1 次のせつ明文を読んで、問題に答えましょう。**

子どもたちは、遊ぶことを本分としています。とにかく子どもたちは遊びます。

なかでも子どもたちは、大人のマネをする「ごっこ」遊びが大すきです。お母さんのマネをして［①］をしたり、駅員のマネをして［②］をします。大人のマネをして電話をかけてみたり、車の運転のマネをしてみたりします。

ごっこ遊びが好きなのは、人間の子どもだけではありません。

サルのなかまも少女になると赤ちゃんザルにきょう味を持ち、だっこしたがります。このけいけんがあるサルは自分の子をぶきようながらも育てることができますが、このけいけんをしていないサルは自分の子を育てられないそうです。動物園のサルがそうです。

ごっこ遊びは、いわばもぎ練習です。

ほにゅう動物の子どもたちは大人のマネをします。そして、「子どもを育てる」というほにゅう動物にとってはもっとも重要なぎじゅつも、遊びを通して学ぶのです。

（稲垣栄洋「生き物が大人になるまで」より）

(1) 「『ごっこ』遊び」とはどのような遊びですか。文章から書きぬきましょう。（30点）

［　　　　］をする遊び。

(2) 文中の［①］と［②］にあてはまることばを次からそれぞれえらび、記号で書きましょう。（1つ10点）（20点）

①（　　）　②（　　）

ア 電車ごっこ　イ 習いごと

ウ せんたいごっこ　エ ままごと

(3) 「このけいけん」にあてはまるものを次からえらび、記号で書きましょう。（20点）

ア 赤ちゃんザルのマネをするけいけん。

イ 赤ちゃんザルをだっこするけいけん。

ウ 動物園で育てられたけいけん。

（　　）

(4) 「もぎ練習」とありますが、どのような練習ですか。文章から書きぬきましょう。（30点）

［　　　　］

ぎじゅつを学ぶための練習。

# 31 せつ明文③ 具体れい

学習した日　月　日

名前

とく点　/100点

目ひょう時間 20分

らくらくマルつけ

解説↓335ページ

3135

❶ 次のせつ明文を読んで、問題に答えましょう。

子どもたちは、遊ぶことを本分としています。とにかく子どもたちは遊びます。

なかでも子どもたちは、大人のマネをする「ごっこ」遊びが大すきです。お母さんのマネをして ① をしたり、駅員のマネをして ② をします。大人のマネをして電話をかけてみたり、車の運転のマネをしてみたりします。

ごっこ遊びが好きなのは、人間の子どもだけではありません。

サルのなかまも少女になると赤ちゃんザルにきょう味を持ち、だっこしたがります。このけいけんがあるサルは自分の子をぶきようながらも育てることができますが、このけいけんをしていないサルは自分の子を育てられないそうです。動物園のサルがそうです。

ごっこ遊びは、いわばもぎ練習です。

ほにゅう動物の子どもたちは大人のマネをします。

そして、「子どもを育てる」というほにゅう動物にとってはもっとも重要なぎじゅつも、遊びを通して学ぶのです。

（稲垣栄洋「生き物が大人になるまで」より）

(1) 「『ごっこ』遊び」とはどのような遊びですか。文章から書きぬきましょう。(30点)

[　　　　　　] をする遊び。

(2) 文中の ① と ② にあてはまることばを次からそれぞれえらび、記号で書きましょう。1つ10点(20点)

①（　　）　②（　　）

ア 電車ごっこ　イ 習いごと

ウ せんたいごっこ　エ ままごと

(3) 「このけいけん」にあてはまるものを次からえらび、記号で書きましょう。(20点)

ア 赤ちゃんザルのマネをするけいけん。

イ 赤ちゃんザルをだっこするけいけん。

ウ 動物園で育てられたけいけん。

（　　）

(4) 「もぎ練習」とありますが、どのような練習ですか。文章から書きぬきましょう。(30点)

[　　　　　　]

ぎじゅつを学ぶための練習。

# 32 修飾語（しゅうしょくご）②

学習した日　　月　　日

名前

とく点　　／100点

目ひょう時間 20分

らくらくマルつけ

解説↓ 336ページ

3136

**❶ 次（つぎ）の文に□のことばをくわえるとき、ア・イのどちらのことばをくわしくしますか。記号（きごう）で書きましょう。** 1つ5点【50点】

(1) ［ぼくの］　ア父は　イわかい。
（　　）

(2) ［二ひきの］　［いっしょに］　ア犬が　イねている。
（　　）（　　）

(3) ［夜に］　［はげしい］　［ざあざあと］　ア雨が　イふりました。
（　　）（　　）（　　）

(4) ［青い］　［小さな］　［ゆれながら］　［川べに］　ア花が　イさく。
（　　）（　　）（　　）（　　）

**❷ 次の文の主語（しゅご）にはア、述語（じゅつご）にはイ、修飾語（しゅうしょくご）にはウを書きましょう。** 1つ3点【30点】

(1) 母も（　　）　左ききだ。（　　）

(2) 丸い（　　）　月が（　　）　雲間から（　　）　出た。（　　）

(3) 明るい（　　）　色の（　　）　絵が（　　）　かざられる。（　　）

**❸ 次の□のことばをくわしく表（あらわ）す修飾語を書きぬきましょう。** 1つ5点【20点】

(1) 美（うつく）しい　［人に］　なりたい。
（　　）

(2) 箱（はこ）に　リボンが　［むすばれる］。
（　　）

(3) 妹の　くまの　［ぬいぐるみが］　そこに　ある。
（　　）（　　）

# 32 修飾語（しゅうしょくご）②

学習した日　月　日

名前

とく点　／100点

目ひょう時間 20分

らくらくマルつけ

解説↓ 336ページ

3136

**❶ 次（つぎ）の文に□のことばをくわえるとき、ア・イのどちらのことばをくわしくしますか。記号（きごう）で書きましょう。** 1つ5点【50点】

(1) ［ぼくの］ 父は（ア） わかい（イ）。　（　　）

(2) ［二ひきの］ ［いっしょに］ 犬が（ア） ねている（イ）。　（　　）（　　）

(3) ［夜に］ ［はげしい］ ［ざあざあと］ 雨が（ア） ふりました（イ）。　（　　）（　　）（　　）

(4) ［青い］ ［小さな］ ［ゆれながら］ ［川べに］ 花が（ア） さく（イ）。　（　　）（　　）（　　）（　　）

**❷ 次の文の主語（しゅご）にはア、述語（じゅつご）にはイ、修飾（しゅうしょく）語にはウを書きましょう。** 1つ3点【30点】

(1) 母も 左ききだ。　（　　）（　　）

(2) 丸い 月が 雲間から 出た。　（　　）（　　）（　　）（　　）

(3) 明るい 色の 絵が かざられる。　（　　）（　　）（　　）（　　）

**❸ 次の□のことばをくわしく表（あらわ）す修飾語を書きぬきましょう。** 1つ5点【20点】

(1) 美（うつく）しい ［人に］ なりたい。　（　　）

(2) 箱（はこ）に リボンが ［むすばれる］。　（　　）

(3) 妹の くまの ［ぬいぐるみが］ そこに ある。　（　　）（　　）

# 33 ことわざ・故事成語②

学習した日　月　日

名前

とく点　／100点

目ひょう時間 20分

らくらくマルつけ

解説↓336ページ

3137

国語

**❶ 次の□にあてはまるものをあとからそれぞれえらび、ことわざをかんせいさせましょう。** 1つ6点【30点】

(1) □も歩けばぼうにあたる　（　　）

(2) □百までおどりわすれず　（　　）

(3) □の耳にねんぶつ　（　　）

(4) □のつらに水　（　　）

(5) やぶをつついて□を出す　（　　）

ア　すずめ　イ　馬　ウ　へび
エ　かえる　オ　犬

**❷ 次の故事成語からまちがっている漢字一字を書きぬき、正しい字に書き直しましょう。** 1つ5点【20点】

(1) 紅一天
（男の人の中に女の人が一人だけいること）
まちがっている字（　　）
正しい字（　　）

(2) 他山の岩
（他人の悪い言動でも自分の言動をよくする役に立つこと）
まちがっている字（　　）
正しい字（　　）

**❸ 次のことわざと意味のにていることわざをあとからそれぞれえらび、記号で書きましょう。** 1つ5点【20点】

(1) ぶたに真じゅ　（　　）

(2) 弘法も筆のあやまり　（　　）

(3) のれんにうでおし　（　　）

(4) 待てば海路のひよりあり　（　　）

ア　ぬかにくぎ
イ　かっぱの川流れ
ウ　ねこに小ばん
エ　かほうはねて待て

**❹ 次のことわざの――線のことばを正しく直して書きましょう。** 1つ10点【30点】

(1) なす二つ
（そっくりであること）　（　　）

(2) かれ花も山のにぎわい
（ないよりはましであること）　（　　）

(3) 晴後のたけのこ
（次々にあらわれること）　（　　）

# 33 ことわざ・故事成語②

学習した日　月　日　名前

**①** 次の □ にあてはまるものをあとからそれぞれえらび、ことわざをかんせいさせましょう。

1つ6点【30点】

(1) □ も歩けばぼうにあたる （　）

(2) □ 百までおどりわすれず （　）

(3) □ の耳にねんぶつ （　）

(4) □ のつらに水 （　）

(5) やぶをつついて □ を出す （　）

ア すずめ　イ 馬　ウ へび
エ かえる　オ 犬

**②** 次の故事成語からまちがっている漢字一字を書きぬき、正しい字に書き直しましょう。

1つ5点【20点】

(1) 紅一天（こう）
（男の人の中に女の人が一人だけいること）

まちがっている字（　）
正しい字（　）

(2) 他山の岩（たざん）
（他人の悪い言動でも自分の言動をよくする役に立つこと）

まちがっている字（　）
正しい字（　）

**③** 次のことわざと意味のにていることわざをあとからそれぞれえらび、記号で書きましょう。

1つ5点【20点】

(1) ぶたに真じゅ（しん） （　）

(2) 弘法も筆のあやまり（こうぼう ふで） （　）

(3) のれんにうでおし （　）

(4) 待てば海路のひよりあり（ま かいろ） （　）

ア ぬかにくぎ
イ かっぱの川流れ（かわながれ）
ウ ねこに小ばん
エ かほうはねて待て

**④** 次のことわざの──線のことばを正しく直して書きましょう。

1つ10点【30点】

(1) なす二つ
（そっくりであること）
（　）

(2) かれ花も山のにぎわい
（ないよりはましであること）
（　）

(3) 晴後のたけのこ（つぎつぎ）
（次々にあらわれること）
（　）

目ひょう時間 20分　とく点 ／100点

解説↓336ページ
らくらくマルつけ
3137

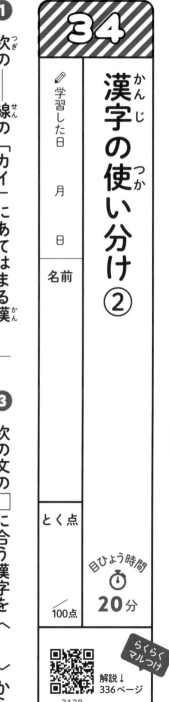

# 34 漢字の使い分け②

学習した日　月　日

名前

とく点　/100点

目ひょう時間 20分

らくらくマルつけ

解説↓336ページ

3138

国語

**❶ 次の――線の「カイ」にあてはまる漢字を線でむすびましょう。** 1つ5点【15点】

(1) 夏のカイ水よく　•　•　会

(2) 世カイ一高い山　•　•　界

(3) たん生日カイ　•　•　海

**❷ 次の文に合う漢字を〈　〉からえらび、○でかこみましょう。** 1つ5点【40点】

(1) 先生に〈使命・指名〉される。

(2) 多くの〈味方・見方〉がいて心強い。

(3) 運動をしてきん肉を〈強化・教科〉する。

(4) 一列になって〈全身・前進〉する。

(5) 〈回送・回想〉中のバスには乗れない。

(6) 〈消化・消火〉くん練を行う。

(7) 歯科〈委員・医院〉に通っている。

(8) この水道水は〈飲用・引用〉ではない。

**❸ 次の文の□に合う漢字を〈　〉からえらび、書きましょう。** 1つ5点【30点】

(1) シン〈親・新〉

① とても□切な人だ。

② □雪におおわれた屋根。

(2) ジ〈地・事〉

① 新聞の記□になる。

② 青い生□で服をつくる。

(3) カ〈家・歌〉

① 日本の国□をきく。

② 国□の安全を考える。

**❹ 次の――線の「キシャ」にあてはまる漢字を線でむすびましょう。** 1つ5点【15点】

(1) キシャに乗る　•　•　記者

(2) キシャになる　•　•　汽車

(3) キシャする時間　•　•　帰社

# 34 漢字の使い分け②

学習した日　月　日　名前

❶ 次の──線の「カイ」にあてはまる漢字を線でむすびましょう。　1つ5点【15点】

(1) 夏のカイ水よく　・　・　会

(2) 世カイ一高い山　・　・　界

(3) たん生日カイ　・　・　海

❷ 次の文に合う漢字を〈　〉からえらび、〇でかこみましょう。　1つ5点【40点】

(1) 先生に〈　使命　・　指名　〉される。

(2) 多くの〈　味方　・　見方　〉がいて心強い。

(3) 運動をしてきん肉を〈　強化　・　教科　〉する。

(4) 一列になって〈　全身　・　前進　〉する。

(5) 〈　回送　・　回想　〉中のバスには乗れない。

(6) 〈　消化　・　消火　〉くん練を行う。

(7) 歯科〈　委員　・　医院　〉に通っている。

(8) この水道水は〈　飲用　・　引用　〉ではない。

❸ 次の文の□に合う漢字を〈　〉からえらび、書きましょう。　1つ5点【30点】

(1) シン〈親・新〉
① とても□切な人だ。
② □雪におおわれた屋根。

(2) ジ〈地・事〉
① 新聞の記□になる。
② 青い生□で服をつくる。

(3) カ〈家・歌〉
① 日本の国□をきく。
② 国□の安全を考える。

❹ 次の──線の「キシャ」にあてはまる漢字を線でむすびましょう。　1つ5点【15点】

(1) キシャに乗る　・　・　記者

(2) キシャになる　・　・　汽車

(3) キシャする時間　・　・　帰社

目ひょう時間 20分　とく点 ／100点

解説↓336ページ

3138

らくらくマルつけ

# 35 せつ明文④ 要点

学習した日　月　日

名前

とく点　／100点

目ひょう時間 20分

らくらくマルつけ

解説↓ 337ページ

3139

**1 次のせつ明文を読んで、問題に答えましょう。**

ニワトリは、うまれるとすぐ歩きだします。ですから、たまごの中で、羽毛のはえたひなにまで成長してうまれるのです。

ひなは、地上を歩きまわることはできますが、空をとぶことはできません。なぜかというと、うまれたてのひなは羽毛だけで、空をとぶための羽がないからです。

羽がはえるまでには、数か月かかります。しかしニワトリは、ほかの野鳥のように、空高くまいあがることができません。

ニワトリと同じなかまのキジやヤマドリやライチョウも、うまれるとすぐに歩きまわって、えさをひろいます。キジやヤマドリは野鳥ですから、ニワトリとちがって、空をとおくまでとびます。これらの鳥は、地上に巣をつくるのがとくちょうです。

ツバメは、家ののきなどにどろをこねて巣をつくります。うまれたひなは赤子で、目もひらいていません。もし、ツバメがニワトリと同じように、うまれてすぐ歩きだしたら、のきからおちて死んでしまいます。ツバメやモズなどは、高いところに巣をつくり、赤子がいちにんまえになって、とべるようになるまで、巣の中で親にやしなわれます。

（清水清「たまごのひみつ」より）

(1) 「ニワトリ」のせつ明としてあてはまるものを次からえらび、記号で書きましょう。（10点）（　　）

ア うまれるとすぐとびだす。

イ 羽がはえたら空高くとぶ。

ウ うまれるとすぐ歩きだす。

(2) 「空をとぶことはできません」とありますが、なぜですか。文章から書きぬきましょう。（30点）

ひなは［　　　　］から。

(3) 「ニワトリと同じなかま」のとくちょうはなんですか。文章から書きぬきましょう。（30点）

［　　　　　　　　］こと。

(4) 「ツバメ」のせつ明として合うものには○、合わないものには×を書きましょう。1つ10点（30点）

① ツバメのひなは赤子。（　　）

② ツバメの巣はひくいところにつくられる。（　　）

③ ツバメの親はひなをやしなう。（　　）

国語

もう1回チャレンジ!!

# 35 せつ明文④ 要点

学習した日　月　日

名前

とく点　／100点

目ひょう時間 20分

らくらくマルつけ

解説↓ 337ページ

3139

❶ 次のせつ明文を読んで、問題に答えましょう。

ニワトリは、うまれるとすぐ歩きだします。ですから、たまごの中で、羽毛のはえたひなにまで成長してうまれるのです。

ひなは、地上を歩きまわることはできますが、空をとぶことはできません。なぜかというと、うまれたてのひなは羽毛だけで、空をとぶための羽がないからです。

羽がはえるまでには、数か月かかります。しかしニワトリは、ほかの野鳥のように、空高くまいあがることができません。

ニワトリと同じなかまのキジやヤマドリやライチョウも、うまれるとすぐに歩きまわって、えさをひろいます。キジやヤマドリは野鳥ですから、ニワトリとちがって、空をとおくまでとびます。これらの鳥は、地上に巣をつくるのがとくちょうです。

ツバメは、家ののきなどにどろをこねて巣をつくります。うまれたひなは赤子で、目もひらいていません。もし、ツバメがニワトリと同じように、うまれてすぐ歩きだしたら、のきからおちて死んでしまいます。ツバメやモズなどは、高いところに巣をつくり、赤子がいちにんまえになって、とべるようになるまで、巣の中で親にやしなわれます。

（清水清「たまごのひみつ」より）

(1) 「ニワトリ」のせつ明としてあてはまるものを次からえらび、記号で書きましょう。（10点）

ア うまれるとすぐとびだす。
イ 羽がはえたら空高くとぶ。
ウ うまれるとすぐ歩きだす。

（　　）

(2) 「空をとぶことはできません」とありますが、なぜですか。文章から書きぬきましょう。（30点）

ひなは［　　　　］から。

(3) 「ニワトリと同じなかま」のとくちょうはなんですか。文章から書きぬきましょう。（30点）

［　　　　　　　］こと。

(4) 「ツバメ」のせつ明として合うものには○、合わないものには×を書きましょう。1つ10点（30点）

① ツバメのひなは赤子。（　　）
② ツバメの巣はひくいところにつくられる。（　　）
③ ツバメの親はひなをやしなう。（　　）

# 36 送りがな

学習した日　月　日

名前

とく点　／100点

目ひょう時間 20分

## ❶ 次の文の——線の読みがなを書きましょう。

1つ4点【40点】

(1) 皿を重ねる。（　　）　重い荷物を持つ。（　　）

(2) せきに着く。（　　）　服を着る。（　　）

(3) 命を育む。（　　）　植物を育てる。（　　）

(4) 苦い薬を飲む。（　　）　病に苦しむ。（　　）

(5) 時間を食う。（　　）　えさを食べる。（　　）

## ❷ 「生」という漢字が次の意味になるように、送りがなを書きましょう。

1つ5点【15点】

(1) 植物のめやえだ葉が出てくる　生［　　］

(2) 新しくつくり出す　生［　　］

(3) 命があり活動する　生［　　］

## ❸ 次のことばを漢字と送りがなで書きましょう。

1つ5点【25点】

(1) 坂道を（くだる）。

(2) 線と線が（まじわる）。

(3) 野さいを（こまかく）きざむ。

(4) かばんに本を（いれる）。

(5) 自動ドアが（ひらく）。

## ❹ 次の文で漢字と送りがなの書き表し方がまちがっているところに線を引き、正しく書き直しましょう。

1つ10点【20点】

(1) 列車はお客さんを乗ると、東京へ向けて出発しました。（　　）

(2) 「ねぼうした！」ぼくはあわててとび起ると、部屋をとび出し、階だんを転がるように下りていきました。（　　）

らくらくマルつけ

解説↓337ページ

3140

国語

＼もう1回チャレンジ!!／

# 36 送りがな

学習した日　月　日

名前

とく点　／100点

目ひょう時間 20分

らくらくマルつけ

解説↓ 337ページ

3140

**❶ 次の文の――線の読みがなを書きましょう。** 1つ4点【40点】

(1) 皿を重ねる。（　　）　重い荷物を持つ。（　　）

(2) せきに着く。（　　）　服を着る。（　　）

(3) 命を育む。（　　）　植物を育てる。（　　）

(4) 苦い薬を飲む。（　　）　病に苦しむ。（　　）

(5) 時間を食う。（　　）　えさを食べる。（　　）

**❷ 「生」という漢字が次の意味になるように、送りがなを書きましょう。** 1つ5点【15点】

(1) 植物のめやえだ葉が出てくる　生□

(2) 新しくつくり出す　生□

(3) 命があり活動する　生□

**❸ 次のことばを漢字と送りがなで書きましょう。** 1つ5点【25点】

(1) 坂道を（くだる）。

(2) 線と線が（まじわる）。

(3) 野さいを（こまかく）きざむ。

(4) かばんに本を（いれる）。

(5) 自動ドアが（ひらく）。

**❹ 次の文で漢字と送りがなの書き表し方がまちがっているところに線を引き、正しく書き直しましょう。** 1つ10点【20点】

(1) 列車はお客さんを乗ると、東京へ向けて出発しました。（　　）

(2) 「ねぼうした！」ぼくはあわててとび起ると、部屋をとび出し、階だんを転がるように下りていきました。（　　）

# 37 まとめのテスト1

学習した日　月　日

名前

とく点　／100点

目ひょう時間 20分

らくらくマルつけ 解説↓337ページ 3141

国語

**1 （　）に――線の読みがなを書きましょう。** 1つ5点【20点】

(1) タンクに油を注ぐ。（　　）

(2) 生きた化石とよばれる。（　　）

(3) じゅ業で音楽を習う。（　　）

(4) 港町に住む。（　　）

**2 □に漢字を書きましょう。** 1つ5点【20点】

(1) ボールが□（ころ）がる。

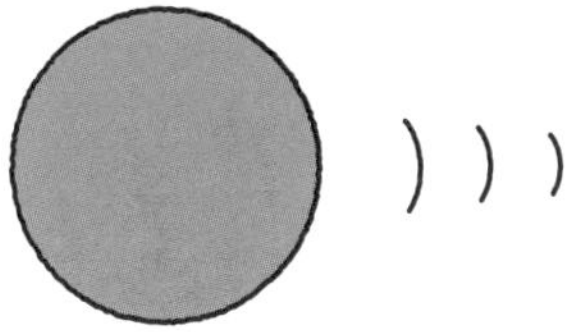

(2) □□（きかん）を決める。

(3) 部屋を□（ととの）える。

(4) □□（てっきょう）工事をする。

**3 次の文の主語と述語をえらび、記号で書きましょう。** 1つ10点【40点】

(1) ア楽しそうに　イ子どもが　ウ遊ぶ。

主語（　　）　述語（　　）

(2) ア友人は　イわたしに　ウ手紙を　エくれた。

主語（　　）　述語（　　）

**4 次のことわざの使い方が正しいほうをあとからえらび、記号で書きましょう。** 1つ10点【20点】

(1) おにに金ぼう（　　）

ア　この強いチームに実力のあるせん手がくわわれば、おにに金ぼうだ。

イ　急いでいて時間がないのに雨までふってきて、おにに金ぼうだ。

(2) 下手の横ずき（　　）

ア　下手の横ずきですが、しゅ味は絵をかくことです。

イ　父は下手の横ずきだから、しょうをもらった。

# 37 まとめのテスト 1

学習した日　月　日

名前

とく点　　/100点

目ひょう時間 20分

らくらくマルつけ

解説↓ 337ページ

3141

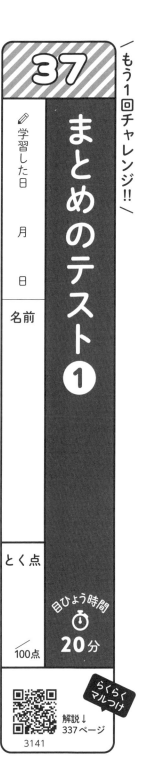

**1** （　）に──線の読みがなを書きましょう。　1つ5点【20点】

(1) タンクに油を注ぐ。（　　）

(2) 生きた化石とよばれる。（　　）

(3) じゅ業で音楽を習う。（　　）

(4) 港町に住む。（　　）

**2** □に漢字を書きましょう。　1つ5点【20点】

(1) ボールが□（ころ）がる。

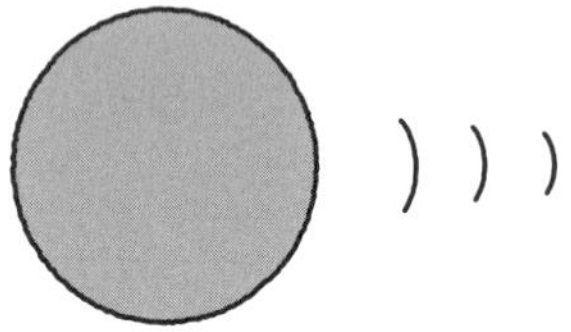

(2) □（き・かん）を決める。

(3) 部屋を□（とと の）える。

(4) □（てっ・きょう）工事をする。

**3** 次の文の主語と述語をえらび、記号で書きましょう。　1つ10点【40点】

(1) ア楽しそうに　イ子どもが　ウ遊ぶ。

主語（　　）　述語（　　）

(2) ア友人は　イわたしに　ウ手紙を　エくれた。

主語（　　）　述語（　　）

**4** 次のことわざの使い方が正しいほうをあとからえらび、記号で書きましょう。　1つ10点【20点】

(1) おにに金ぼう（　　）

ア この強いチームに実力のあるせん手がくわわれば、おにに金ぼうだ。

イ 急いでいて時間がないのに雨までふってきて、おにに金ぼうだ。

(2) 下手の横ずき（　　）

ア 下手の横ずきですが、しゅ味は絵をかくことです。

イ 父は下手の横ずきだから、しょうをもらった。

# まとめのテスト②

学習した日　月　日

名前

とく点　／100点

目ひょう時間 20分

らくらくマルつけ

解説↓338ページ

3142



**1** **（　）に――線(せん)の読みがなを書きましょう。** 1つ5点【20点】

(1) 気軽に話しかける。（　　　）

(2) 波(なみ)が船を遠くまで運ぶ。（　　　）（　　　）

(3) カードを全部配(くば)った。（　　　）

(4) 去る人を見送(みおく)る。（　　　）

**2** **□に漢字(かんじ)を書きましょう。** 1つ5点【20点】

(1) たてと□(よこ)の長さをはかる。

(2) □□(ゆらい)を聞く。

(3) □(ひつじ)の数を数える。

(4) □□(べんきょう)を教える。

**3** **次(つぎ)の慣用句(かんようく)の（　）にきょう通してあてはまる生きものをあとからそれぞれえらび、書きましょう。** 1つ10点【20点】

(1) （　）の耳にねんぶつ　（　）が合う　（　　　）

(2) （　）が知らせる　（　）がいい話　（　　　）

| 馬　鳥　虫　牛 |
|---|

**4** **次の文の□に合う漢字を〈　〉からえらび、書きましょう。** 1つ10点【40点】

(1) カイ〈界・階〉

① 三□だての家。

② 世□はとても広い。

(2) ハ〈歯・葉〉

① □がいたい。

② 秋は□が色づく。

もう1回チャレンジ!!

# 38 まとめのテスト❷

学習した日　月　日

名前

とく点　／100点

目ひょう時間 20分

らくらくマルつけ　解説↓338ページ　3142

## ❶ （　）に――線(せん)の読みがなを書きましょう。　1つ5点【20点】

(1) 気軽に話しかける。（　　）

(2) 波(なみ)が船を遠くまで運ぶ。（　　）

(3) カードを全部配(くば)った。（　　）

(4) 去る人を見送(みおく)る。（　　）

## ❷ □に漢字(かんじ)を書きましょう。　1つ5点【20点】

(1) たてと□(よこ)の長さをはかる。

(2) □□(ゆらい)を聞く。

(3) □(ひつじ)の数を数える。

(4) □□(べんきょう)を教える。

## ❸ 次(つぎ)の慣用句(かんようく)の（　）にきょう通してあてはまる生きものをあとからそれぞれえらび、書きましょう。　1つ10点【20点】

(1) （　）の耳にねんぶつ
（　）が合う　（　　）

(2) （　）が知らせる
（　）がいい話　（　　）

馬　鳥　虫　牛

## ❹ 次の文の□に合う漢字を〈　〉からえらび、書きましょう。　1つ10点【40点】

(1) カイ〈界・階〉
① 三□だての家。
② 世□はとても広い。

(2) ハ〈歯・葉〉
① □がいたい。
② 秋は□が色づく。

# 39 まとめのテスト③

学習した日　月　日

名前

とく点　／100点

目ひょう時間 20分

解説↓338ページ

3143

らくらくマルつけ

**1** 次の物語を読んで、問題に答えましょう。

池のそばのすいせんが、金色のラッパを、ぷる・ぷる・ぷーとふいて、よい音が出るかどうかためしていました。

そこへ、ありたちが、サカサカ走ってきました。

「すいせん。おはよう。おはよう」

「おはよう。あり。ずいぶん早いね」

「だって、まちきれないもの」

「ね、早く、ラッパをふいて」

「そっちに上がっていい？」

ありたちは、いちれつにならんで、すいせんの葉っぱに上ってきました。

そうです。今日は、すいせんが、今年はじめてラッパをふく日なのです。

なぜラッパをふくかというとね、冬の間ねむっていた、かえるたちが、目をさます、合図のラッパなのです。

すいせんは、お日さまの高さをはかったり、風のはやさをしらべたり、ラッパをぷーとふいたりして、ときどき、もうすぐだというようにうんうん、うなずきます。

ありたちは、葉っぱの上で、ゆらゆらゆられて、じっとまっています。

（工藤直子「すいせんのラッパ」より）

(1) どの季節（春・夏・秋・冬）の物語ですか。漢字一字で書きましょう。(20点)

［　　］

(2) 場所はどこですか。文章から書きぬきましょう。(20点)

［　　］のそば。

(3) 「すいせん。おはよう。おはよう」は、場面の様子から、どのように音読するとよいですか。次からえらび、記号で書きましょう。(20点)

ア　そわそわと少し早口に読む。

イ　のんびり、ゆっくり読む。

ウ　いらいらしている感じで読む。

（　　）

(4) すいせんは、なぜラッパをふくのですか。文章から書きぬきましょう。(1つ10点)(20点)

［　　　］たちに、目をさます［　　］をするため。

(5) ラッパはいつ鳴りそうですか。文章から書きぬきましょう。(20点)

［　　　］

もう1回チャレンジ!!

# 39 まとめのテスト③

学習した日　月　日

名前

とく点　/100点

目ひょう時間 20分

らくらくマルつけ

解説↓ 338ページ

3143

**❶ 次の物語を読んで、問題に答えましょう。**

池のそばのすいせんが、金色のラッパを、ぷる・ぷる・ぷーとふいて、よい音が出るかどうかためしていました。

そこへ、ありたちが、サカサカ走ってきました。

「すいせん。おはよう。おはよう」

「おはよう。あり。ずいぶん早いね」

「だって、まちきれないもの」

「ね、早く、ラッパをふいて」

「そっちに上がっていい？」

ありたちは、いちれつにならんで、すいせんの葉っぱに上ってきました。

そうです。今日は、すいせんが、今年はじめてラッパをふく日なのです。

なぜラッパをふくかというとね、冬の間ねむっていた、かえるたちが、目をさます、合図のラッパなのです。

すいせんは、お日さまの高さをはかったり、風のはやさをしらべたり、ラッパをぷーとふいたりして、ときどき、もうすぐだというように、うんうん、うなずきます。

ありたちは、葉っぱの上で、ゆらゆらゆられて、じっとまっています。

（工藤直子「すいせんのラッパ」より）

(1) どの季節（春・夏・秋・冬）の物語ですか。漢字一字で書きましょう。(20点)

□

(2) 場所はどこですか。文章から書きぬきましょう。(20点)

□のそば。

(3) 「すいせん。おはよう。おはよう」は、場面の様子から、どのように音読するとよいですか。次からえらび、記号で書きましょう。(20点)

ア そわそわと少し早口に読む。

イ のんびり、ゆっくり読む。

ウ いらいらしている感じで読む。

（　　）

(4) すいせんは、なぜラッパをふくのですか。文章から書きぬきましょう。1つ10点(20点)

□たちに、目をさます□をするため。

(5) ラッパはいつ鳴りそうですか。文章から書きぬきましょう。(20点)

□

# 40 まとめのテスト④

学習した日　月　日

名前

とく点　／100点

目ひょう時間 20分

らくらくマルつけ

解説↓ 338ページ

3144

## 1 次のせつ明文を読んで、問題に答えましょう。

1 犬の祖先は、オオカミのなかまです。犬は、人間とともにくらしたながいれきしのなかで、祖先の特長のいくつかを、うしなわずに持ちつづけてきました。

2 オオカミは、かりをする肉食の動物です。風が運んでくるわずかなにおいでえものを見つけ、すばやく追いかけて、相手ののどにかみついてたおします。かれらは、鼻がすばらしくきき、走るのがすきで、かみつくのが得意です。

3 犬も、走るのがすきな、元気のよい動物です。においにびん感で、人間にはわからない、わずかなにおいをかぎとることができます。ときには、いさましくおそいかかり、かみついてこうげきします。

4 ですから、人間が犬にさせる仕事も、たいていは、こうした犬の野せいのせいしつを生かしたものでした。

5 りょう犬は、えものを発見したり、ほえて追いたてたり、おそったり、えものを運んだりするのが仕事です。羊の番をする牧羊犬も、羊のむれを追って走り回り、羊をおそうてきとたたかいます。こうした仕事では、かりうどとしての犬のもともとのせいしつが、ほとんどそのまま利用されているといえるでしょう。

（吉原順平「盲導犬ものがたり」より）

(1) 「犬の祖先は、オオカミのなかまです」とありますが、犬とオオカミのにているところはどこですか。文章から書きぬきましょう。 1つ20点（40点）

［　　　］にびん感で、

［　　　］のがすきなところ。

(2) 4・5だん落にはどのようなことが書かれていますか。次からえらび、記号で書きましょう。 （20点）（　　）

ア 3だん落の具体れい。

イ 3だん落を受けた内よう。

ウ 3だん落とは反対の内よう。

(3) 「こうした仕事」とは、どのような仕事ですか。次からえらび、記号で書きましょう。 （20点）（　　）

ア 羊をおそう仕事。

イ 羊をてきから守る仕事。

ウ 羊を見つける仕事。

(4) この文章にはどのようなことが書かれていますか。文章から書きぬきましょう。 （20点）

人間が犬にさせる仕事には、犬の［　　　］のせいしつが使われること。

# 40 まとめのテスト④

学習した日　月　日

名前

とく点　　/100点

目ひょう時間 20分

らくらくマルつけ

解説↓338ページ

3144

**❶ 次のせつ明文を読んで、問題に答えましょう。**

[1]犬の祖先は、オオカミのなかまです。犬は、人間とともにくらしたながいれきしのなかで、祖先の特長のいくつかを、うしなわずに持ちつづけてきました。

[2]オオカミは、かりをする肉食の動物です。風が運んでくるわずかなにおいでえものを見つけ、すばやく追いかけて、相手ののどにかみついてたおします。かれらは、鼻がすばらしくきき、走るのがすきで、かみつくのが得意です。

[3]犬も、走るのがすきな、元気のよい動物です。においにびん感で、人間にはわからない、わずかなにおいをかぎとることができます。てきには、いさましくおそいかかり、かみついてこうげきします。

[4]ですから、人間が犬にさせる仕事も、たいていは、こうした犬の野せいのせいしつを生かしたものでした。

[5]りょう犬は、えものを発見したり、ほえて追いたてたり、おそったり、えものを運んだりするのが仕事です。羊の番をする牧羊犬も、羊のむれを追って走り回り、羊をおそうてきとたたかいます。こうした仕事では、かりうどとしての犬のもともとのせいしつが、ほとんどそのまま利用されているといえるでしょう。

（吉原順平「盲導犬ものがたり」より）

(1) 「犬の祖先は、オオカミのなかまです」とありますが、犬とオオカミのにているところはどこですか。文章から書きぬきましょう。　1つ20点（40点）

［　　　］にびん感で、

［　　　］のがすきなところ。

(2) [4]・[5]だん落にはどのようなことが書かれていますか。次からえらび、記号で書きましょう。　（20点）（　　）

ア [3]だん落の具体れい。

イ [3]だん落を受けた内よう。

ウ [3]だん落とは反対の内よう。

(3) 「こうした仕事」とは、どのような仕事ですか。次からえらび、記号で書きましょう。　（20点）（　　）

ア 羊をおそう仕事。

イ 羊をてきから守る仕事。

ウ 羊を見つける仕事。

(4) この文章にはどのようなことが書かれていますか。文章から書きぬきましょう。　（20点）

人間が犬にさせる仕事には、犬の［　　　］のせいしつが使われること。

# 全科ギガドリル　小学３年

# 答え

**わからなかった問題は，ポイントの解説をよく読んで，確認してください。**

## 算数

### 1 九九の表とかけ算　3ページ

❶ (1)8　(2)9　(3)7
(4)2　(5)4　(6)6

❷ (1)50　(2)90
(3)0　(4)0

❸ (1)2　(2)5　(3)7　(4)8
(5)2　(6)4　(7)3　(8)6
(9)9　(10)3　(11)5　(12)6
(13)9　(14)4　(15)8　(16)7

**ポイント**

❶(1)(2)かけ算では，かける数とかけられる数を入れかえても答えは同じになります。

(3)(5)かける数が1大きくなると，答えはかけられる数だけ大きくなります。

$7\times5=7\times4+7$
かけられる数

(4)(6)かける数が1小さくなると，答えはかけられる数だけ小さくなります。

❷(1) 10が5つなので，50です。

(2)$9\times10=10\times9$
10が9つなので，90です。

(3)(4)どんな数に0をかけても，答えは0になります。また，0にどんな数をかけても，答えは0になります。

❸□に数をあてはめて，答えが同じになるものを見つけましょう。

### 2 わり算①　5ページ

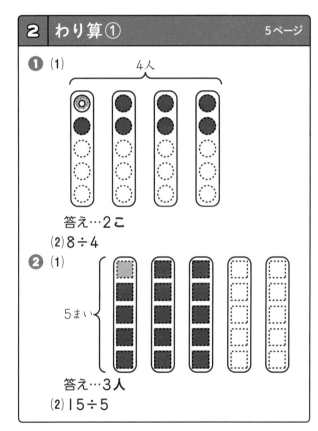

❶ (1)

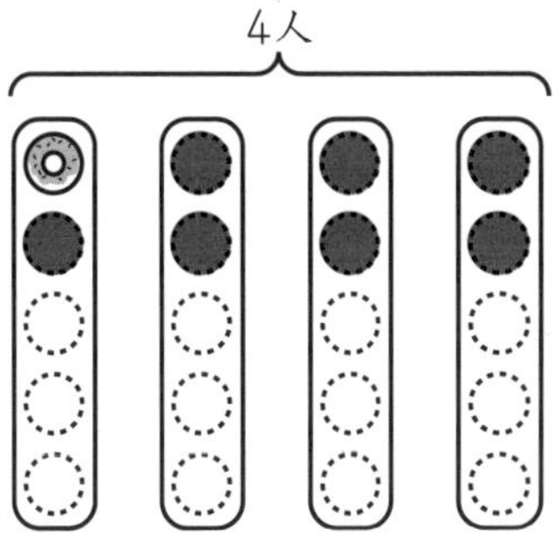


答え…2こ

(2)$8\div4$

❷ (1)

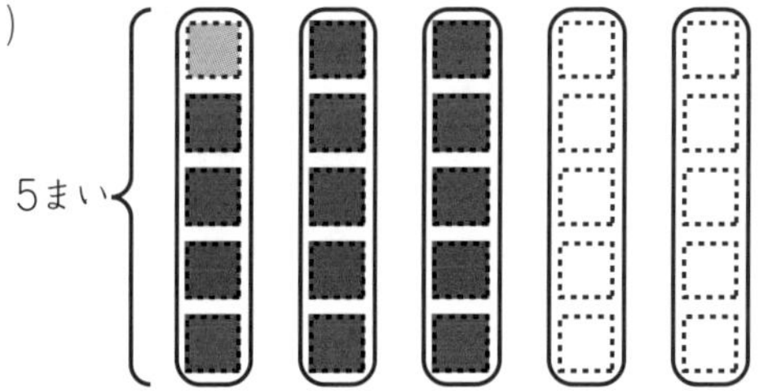


答え…3人

(2)$15\div5$

**ポイント**

❶(1) 1人分の数を◯に色をぬってもとめます。色をぬるときは，実さいに4人に分けるところをイメージして，1つずつ上からぬるようにします。4人にちょうど2こずつ分けたところでドーナツがなくなるので，1人分は2ことなります。

(2)「8を4つに分けると，1つ分はいくつか」をもとめるので，わり算を使います。

❷(1) 1人分が5まいずつになるように，左の□からじゅんに色をぬりましょう。15の中に5は3つあります。

(2)「15の中に5はいくつあるか」をもとめるので，わり算を使います。

### 3 わり算②　7ページ

❶ (1)3　(2)5
(3)4　(4)8
(5)7　(6)6
(7)5　(8)2
(9)6　(10)9
(11)3　(12)8
(13)9　(14)4
(15)7　(16)5

❷ (1)イ　(2)ウ

**ポイント**

❶○÷△の答えは，△×□＝○の□になります。たとえば，(1)9÷3の答えは，3×□＝9の□なので，3となります。

❷それぞれの文章がどのような式になるか確認しましょう。

(1)ア…6本の2つ分なので，かけ算を使います。

イ…2人で同じ数ずつ分けるので，わり算を使います。
$6\div2=3$だから，3本です。

ウ…のこりの数をもとめるので，ひき算を使います。

(2)ア…3人へったので，ひき算を使います。

イ…3人ふえたので，たし算を使います。

ウ…3人ずつに分けるので，わり算を使います。
$12\div3=4$だから，4つです。

## 4 わり算③ 9ページ

❶ (1)3 (2)0
(3)1 (4)9
(5)0 (6)1
(7)10 (8)0
(9)8 (10)10

❷ 式…5÷5＝1 答え…1こ

❸ (1)式…36÷9＝4 答え…4こ
(2)式…0÷9＝0 答え…0こ

❹ (1)式…30÷6＝5 答え…5まい
(2)式…30÷3＝10 答え…10まい

**ポイント**

❶0を，0でないどんな数でわっても，答えは0になります。
(7)(10)のように，答えが九九の中にない場合は，一度かけ算の式に表して考えてみましょう。
2×□＝20
❷5を5つに分けるので，式は5÷5になります。
❸(1)36を9つに分けるので，式は36÷9になります。
(2)0を9つに分けるので，式は0÷9になります。
❹(1)30を6つに分けるので，式は30÷6になります。
(2)30を3つに分けるので，式は30÷3になります。

## 5 わり算④ 11ページ

❶ (1)20 (2)40
(3)11 (4)31
(5)13 (6)11
(7)22 (8)32
(9)12 (10)11
(11)24 (12)41
(13)11 (14)21

❷ 式…40÷2＝20 答え…20本

❸ 式…69÷3＝23 答え…23まい

❹ 式…77÷7＝11 答え…11日

**ポイント**

❶(1)10をもとに考えます。6÷3＝2だから，10が2こで20です。
(3)44は40と4です。40÷4＝10，4÷4＝1だから，10と1で11です。
❷40を2つに分けるので，式は40÷2になります。
❸69を3つに分けるので，式は69÷3になります。
❹77を7ずつに分けるので，式は77÷7になります。

## 6 たし算の筆算 13ページ

❶ (1)769 (2)976 (3)489
(4)590 (5)706 (6)936
(7)838 (8)635 (9)810
(10)1562 (11)1033 (12)1200

❷ 式…375＋188＝563 答え…563円

❸ 式…96＋216＝312 答え…312人

❹ 式…457＋173＝630 答え…630こ

**ポイント**

❶くり上がりに気をつけましょう。くり上がりがあるときは，下のように，筆算の中に「1」を書き入れて計算しましょう。

(5)
$$\begin{array}{r} 592 \\ +\ 114 \\ \hline 706 \end{array}$$

(6)
$$\begin{array}{r} 865 \\ +\ \ 71 \\ \hline 936 \end{array}$$

(12)
$$\begin{array}{r} 698 \\ +\ 502 \\ \hline 1200 \end{array}$$

❷ケーキのねだんとプリンのねだんをたします。一の位からじゅんに計算しましょう。

$$\begin{array}{r} 375 \\ +\ 188 \\ \hline 563 \end{array}$$

❸大人の人数と子どもの人数をたします。くり上がりに気をつけましょう。

$$\begin{array}{r} 96 \\ +\ 216 \\ \hline 312 \end{array}$$

❹今日売れた数は，きのう売れた457こより173こ多いので，たし算でもとめます。

$$\begin{array}{r} 457 \\ +\ 173 \\ \hline 630 \end{array}$$

## 7 ひき算の筆算　15ページ

❶ (1) 431　(2) 314　(3) 701
　 (4) 205　(5) 352　(6) 796
　 (7) 71　(8) 898　(9) 285
　 (10) 128　(11) 475　(12) 69

❷ 式…1000−680=320　答え…320円

❸ 式…234−157=77
　 答え…**赤い，77**

❹ 式…520−395=125　答え…125人

◁) **ポイント**

❶ くり下がりに気をつけましょう。一の位の計算
ができない場合は，十の位からくり下げるように
しましょう。

(5)
$$\begin{array}{r} 7\overset{8}{\cancel{9}}\overset{10}{\cancel{0}} \\ -438 \\ \hline 352 \end{array}$$
(7)
$$\begin{array}{r} \overset{3}{\cancel{4}}\overset{9}{\cancel{0}}\overset{10}{\cancel{0}} \\ -329 \\ \hline 71 \end{array}$$
(10)
$$\begin{array}{r} \overset{2}{\cancel{3}}\overset{0}{\cancel{1}}5 \\ -187 \\ \hline 128 \end{array}$$

❷ 出したお金から，本のねだんを
ひきます。百の位からくり下げら
れないときは，千の位からくり下
げて計算しましょう。
$$\begin{array}{r} \overset{9}{\cancel{1}}\cancel{0}\cancel{0}\cancel{0} \\ -\quad680 \\ \hline 320 \end{array}$$

❸ ちがいをもとめるので，ひき算を
使います。157と234では，234
のほうが大きいので，234から157
をひきます。赤いおり紙からひいた
ので，赤いおり紙のほうが多いです。
$$\begin{array}{r} \overset{1}{2}\overset{2}{\cancel{3}}4 \\ -157 \\ \hline 77 \end{array}$$

❹ 乗れる人数から，乗っている人数
をひきます。
$$\begin{array}{r} \overset{4}{\cancel{5}}\overset{1}{\cancel{2}}0 \\ -395 \\ \hline 125 \end{array}$$

## 8 大きい数の筆算　17ページ

❶ (1) 6129　(2) 7631
　 (3) 5400　(4) 9561
　 (5) 3121　(6) 7687
　 (7) 7667　(8) 542

❷ 式…2950+528=3478
　 答え…3478円

❸ (1) 式…3569+4120=7689
　　 答え…7689人
　 (2) 式…4120−3569=551
　　 答え…551人

◁) **ポイント**

❶ けた数が増えても，筆算のしかたは変わりません。
くり上がり，くり下がりに気をつけて計算しましょ
う。

(1)
$$\begin{array}{r} \overset{1}{2}4\overset{1}{5}1 \\ +3678 \\ \hline 6129 \end{array}$$
(6)
$$\begin{array}{r} \overset{8}{\cancel{9}}\overset{9}{\cancel{0}}\overset{5}{\cancel{6}}2 \\ -1375 \\ \hline 7687 \end{array}$$
(8)
$$\begin{array}{r} \overset{6}{\cancel{7}}\overset{9}{\cancel{0}}\overset{9}{\cancel{0}}0 \\ -6458 \\ \hline 542 \end{array}$$

❷ ぼうしのねだんとハンカチのね
だんをたします。千の位のくり上
がりに注意しましょう。
$$\begin{array}{r} \overset{1}{2}950 \\ +\quad528 \\ \hline 3478 \end{array}$$

❸ (1) 土曜日と日曜日の入園者数を
たします。
$$\begin{array}{r} 3569 \\ +4120 \\ \hline 7689 \end{array}$$

(2) ちがいをもとめるので，ひき算
を使います。3569と4120では，
4120のほうが大きいので，
4120から3569をひきます。
$$\begin{array}{r} \overset{3}{\cancel{4}}\overset{0}{\cancel{1}}\overset{1}{\cancel{2}}0 \\ -3569 \\ \hline 551 \end{array}$$

## 9 時こくと時間①　19ページ

❶ (1) ① 20，10　② 11時10分
　 (2) ① 10，40　② 9時50分

❷ (1) 30，15
　 (2) 45分

❸ 30分

◁) **ポイント**

❶ (1) ちょうどの時こくをもとに考えます。10時
40分から11時までは20分だから，11時の10
分後の時こくです。

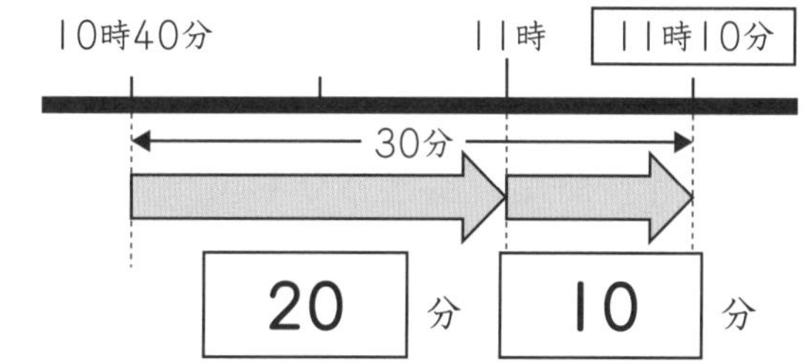

(2) 10時ちょうどから10時40分までは40分だ
から，10時の10分前の時こくです。

❷ 2時30分から3時ちょうどまでは30分，3時
ちょうどから3時15分までは15分です。合わせ
て，45分です。

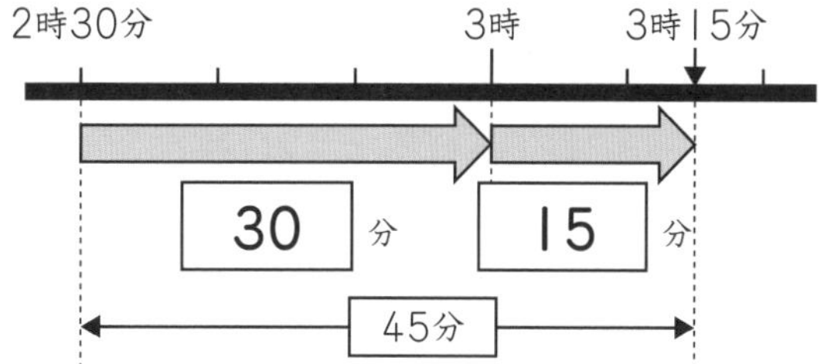

❸ ❶❷と同じようにちょうどの時こくをもとに考
えます。7時55分から8時までは5分，8時から
8時25分までは25分です。合わせて，30分です。

## 10 時こくと時間② 21ページ

❶ (1)80 (2)1，35
(3)120 (4)1，10
(5)135 (6)105
(7)2，30 (8)220

❷ 10時40分

❸ (1)**分**
(2)**時間**
(3)**秒**
(4)**分**

**ポイント**

❶1時間＝60分，1分＝60秒です。
(1)1時間20分＝60分＋20分＝80分
(2)60分＝1時間だから，95分を60分と35分に分けて，1時間35分です。
(3)2分＝60秒＋60秒＝120秒
(4)60秒＝1分だから，70秒を60秒と10秒に分けて，1分10秒です。
(5)2時間＝60分＋60分＝120分
2時間15分＝120分＋15分＝135分
(6)1分45秒＝60秒＋45秒＝105秒
(7)120分＝2時間だから，150分を120分と30分に分けて，2時間30分です。
(8)3分＝180秒
3分40秒＝180秒＋40秒＝220秒
❷60分＝1時間であることから考えます。9時20分の60分後は，10時20分で，10時20分の20分後は10時40分です。
❸時計やストップウォッチを使って，1秒，1分，1時間がどのくらいの時間かをたしかめましょう。

## 11 長さ① 23ページ

❶ ①4m10cm ②4m35cm
③11m82cm ④12m9cm

❷ (1)**まきじゃく** (2)**ものさし**
(3)**まきじゃく** (4)**ものさし**

❸ (1)2000
(2)3900
(3)5
(4)6，700
(5)8，50

❹ (1)mm
(2)m
(3)km
(4)cm

**ポイント**

❶まきじゃくの10，20，30，…の数字はcmを表し，小さな1目もりが1cmを表しています。
❷ものさしは，短いものの長さをはかるときに使います。まきじゃくは長いものの長さや丸いもののまわりの長さをはかるときに使います。
❸(1)1km＝1000mなので，2km＝2000mです。
(2)3km900m＝3000m＋900m＝3900m
(3)1km＝1000mなので，5000m＝5kmです。
(4)6000m＝6kmなので，
6700m＝6km700mです。
(5)8000m＝8kmなので，8050m＝8km50mです。
❹1km＝1000m，1m＝100cm，
1cm＝10mmです。
実さいの長さのたんいをあてはめながら長さを考えましょう。

## 12 長さ② 25ページ

❶ (1)式…810m＋620m＝1430m
答え…1430m
(2)式…790m＋670m＝1460m
1460m＝1km460m
答え…1km460m

❷ (1)1，700 (2)1，500
(3)3，50 (4)700
(5)2，100 (6)900
(7)1，760

**ポイント**

❶(1)道にそってはかった長さを道のりといいます。
(2)1000m＝1kmに気をつけて，1460mを1km460mと直しましょう。
❷(1)(5)同じたんいの数どうしを計算します。
(2)800m＋700m＝1500m＝1km500m
(3)1km250m＋1km800m＝2km1050m
＝3km50m
3km50m＝3050mで，百の位が0になることに注意しましょう。
(4)1km−300m＝1000m−300m＝700m
(6)1km500m−600m＝1500m−600m
＝900m
1000m−600m＝400m
400m＋500m＝900mと考えることもできます。
(7)2km80m−320m＝1km1080m−320m
＝1km760m
たんいをmに直して計算してもよいです。
2080m−320m＝1760m＝1km760m
2km80m＝2080mで，百の位が0になることに注意しましょう。

## 13 暗算　27ページ

❶ (上からじゅんに)7，70，7，11，81
❷ (1)76　(2)90　(3)98　(4)72
(5)84　(6)62　(7)93　(8)74
❸ (上からじゅんに)13，50，13，7，57
❹ (1)61　(2)28　(3)54　(4)24
(5)38　(6)32　(7)39　(8)97

**ポイント**

❶「何十といくつ」に分けています。
❷(1)40＋30＝70，5＋1＝6だから，70＋6＝76
(2)20＋60＝80，2＋8＝10だから，80＋10＝90
68を70と考えて，22＋70＝92で2多いから，92－2＝90と暗算(あんざん)することもできます。
(3)70＋10＝80，9＋9＝18だから，80＋18＝98
(4)30＋30＝60，7＋5＝12だから，60＋12＝72
(5)50＋20＝70，8＋6＝14だから，70＋14＝84
(6)10＋40＝50，3＋9＝12だから，50＋12＝62
(7)60＋20＝80，6＋7＝13だから，80＋13＝93
(8)40＋20＝60，9＋5＝14だから，60＋14＝74
❸3から6をひけないので，93を80と13に分けています。
❹(2)80－60＝20，11－3＝8だから，20＋8＝28
(3)60－10＝50，10－6＝4だから，50＋4＝54
16を20と考えて，70－20＝50で4少ないから，50＋4＝54と暗算することもできます。
(4)70－50＝20，13－9＝4だから，20＋4＝24
(5)40－10＝30，16－8＝8だから，30＋8＝38
(6)40－10＝30，8－6＝2だから，30＋2＝32
(7)50－20＝30，14－5＝9だから，30＋9＝39
(8)100－10＝90，10－3＝7だから，
90＋7＝97

## 14 あまりのあるわり算①　29ページ

❶ (上からじゅんに)9，2，12，1，3，2
❷ (1)4あまり1　(2)2あまり2
(3)6あまり3　(4)5あまり5
❸ 式(しき)…71÷8＝8あまり7
答え…8，7
❹ 式…47÷6＝7あまり5
答え…(上からじゅんに)7，5

**ポイント**

❶3人に3こずつ分けると，3×3＝9(こ)
11－9＝2(こ)あまります。
4人に3こずつ分けると，3×4＝12(こ)
12－11＝1(こ)たりません。
よって，3人に分けられて，2こあまります。
❷わり算のあまりは，わる数より小さくなります。
(1)2×4＝8，9－8＝1だから，
9÷2＝4あまり1です。
(2)6×2＝12，14－12＝2だから，
14÷6＝2あまり2です。
(3)4×6＝24，27－24＝3だから，
27÷4＝6あまり3です。
(4)9×5＝45，50－45＝5だから，
50÷9＝5あまり5です。
❸たとえば，12mのリボンから3mのリボンは何本とれるかをもとめる式は，12÷3＝4となり，答えは4本です。
あまりがあるときも同じように，わり算でもとめられます。
❹たとえば，10まいの画用紙を5人で同じ数ずつ分けるときの1人分の数をもとめる式は，
10÷5＝2となり，答えは2まいです。
あまりがあるときも同じように，わり算でもとめられます。

## 15 あまりのあるわり算②　31ページ

❶ (上からじゅんに)5，1，5，1，16
❷ (1)○
(2)7あまり2
(3)4あまり4
(4)7あまり1
❸ 式(しき)…32÷5＝6あまり2　答え…6回
❹ 式…46÷6＝7あまり4
(7＋1＝8)　答え…8日
❺ 式…67÷8＝8あまり3
(8＋1＝9)　答え…9箱(はこ)

**ポイント**

❶□÷○＝△あまり☆　は，
○×△＋☆＝□　でたしかめられます。
❷(1)～(3)はあまりがわる数より小さいので，❶と同じように答えをたしかめましょう。
(1)7×2＋5＝19だから，正しいです。
(2)3×8＋1＝25だから，正しくありません。
(3)9×4＋2＝38だから，正しくありません。
(4)あまりが，わる数より大きいので，正しくありません。
正しい答えは，50÷7＝7あまり1です。
❸あまりの意味(いみ)を考えます。あまりの2まいでは，くじを引くことができないので，くじを引けるのは6回です。
❹6題(だい)ずつ7日とくと，4題のこります。のこりの4題をとくのに，もう1日かかりますので，とき終(お)わる日数を7＋1＝8ともとめています。
❺8箱に8こずつボールを入れると，3こあまります。のこりの3こを入れるのに，もう1箱いりますので，必要(ひつよう)な箱の数を8＋1＝9ともとめています。

## 16 大きい数① 33ページ

❶ (1)**三万七千五百**
(2)**六十八万三百九十一**
(3)**四百九万二千**
(4)**八千三百十万六百七十**
❷ (1)508000
(2)2069043
(3)70000200
(4)48030059
❸ (1)(上からじゅんに)6，3，8，4
(2)(上からじゅんに)9，5，3，2
❹ (1)790100
(2)25006000
(3)47000
(4)300000

**ポイント**

❶右から4けたずつ区切ると，読みやすくなります。

(4)

| | | | | | | | |
|---|---|---|---|---|---|---|---|
| 8 | 3 | 1 | 0 | 0 | 6 | 7 | 0 |
| 千 | 百 | 十 | 一 | 千 | 百 | 十 | 一 |
| | | | 万 | | | | |

❷0になる位に注意しましょう。

(4)

| | | | | | | | |
|---|---|---|---|---|---|---|---|
| 千 | 百 | 十 | 一 | 千 | 百 | 十 | 一 |
| | | | 万 | | | | |
| 4 | 8 | 0 | 3 | 0 | 0 | 5 | 9 |

❸(2)0がある場合には注意します。

❹(2)

| | | | | | | | |
|---|---|---|---|---|---|---|---|
| 千 | 百 | 十 | 一 | 千 | 百 | 十 | 一 |
| | | | 万 | | | | |
| 2 | 5 | 0 | 0 | 6 | 0 | 0 | 0 |

(3)(4)1000を10こ集めた数は10000，100こ集めた数は100000です。

## 17 大きい数② 35ページ

❶ (1)6000，16000
(2)130万(1300000)，
270万(2700000)
(3)880万(8800000)，
1050万(10500000)
(4)6700万(67000000)，
8600万(86000000)
❷ (1)>　(2)<　(3)>　(4)<
❸ (1)8000　(2)2000　(3)48

**ポイント**

❶(1)目もり10こで10000を表しているから，1目もりは1000を表します。
(2)(3)目もり10こで100万を表しているから，1目もりは10万を表します。
(4)目もり10こで1000万を表しているから，1目もりは100万を表します。
❷(1)～(3)大きい位の数からくらべていきます。
(4)1億は1000万を10こ集めた数です。
❸(1)一万の位が4，千の位が8です。
(2)わかりづらいときは，数直線をかいて考えましょう。

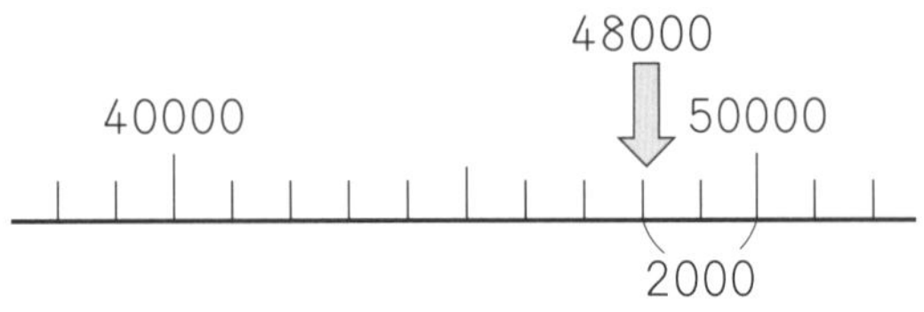


(3)1000を10こ集めた数は10000です。

## 18 大きい数③ 37ページ

❶ (1)530　(2)28
(3)4000　(4)170000
(5)600
❷ (1)11000
(2)27000
(3)130万(1300000)
(4)370万(3700000)
❸ 式…40万＋270万＝310万
(400000＋2700000＝3100000)
答え…310万円(3100000円)
❹ 式…130000−90000＝40000
(13万−9万＝4万)
答え…(上からじゅんに)**オーブンレンジ，**
**40000(4万)**

**ポイント**

❶(1)10倍すると位が1つずつ上がり，右に0を1こつけた数になります。
(2)(5)10でわると位が1つずつ下がり，右の0を1ことった数になります。
(3)100倍すると位が2つずつ上がり，右に0を2こつけた数になります。
(4)1000倍すると位が3つずつ上がり，右に0を3こつけた数になります。
❷(1)1000が，3＋8＝11(こ)です。
(2)1000が，42−15＝27(こ)です。
(3)1万が，60＋70＝130(こ)です。
(4)1万が，900−530＝370(こ)です。
❸バイクのねだんと自動車のねだんをたします。
❹ねだんのちがいをもとめるので，ひき算を使います。
90000(9万)と130000(13万)では，130000(13万)のほうが大きいです。

## 19 1けたの数をかけるかけ算① 39ページ

❶ (上からじゅんに)2，2，8，80
❷ (上からじゅんに)5，5，10，1000
❸ (1)60 (2)540 (3)350
(4)1200 (5)6300 (6)4000
❹ 式…60×8＝480 答え…480円
❺ 式…300×5＝1500 答え…1500まい

**ポイント**

❶20×4の答えは，2×4＝8の10倍になります。
❷500×2の答えは，5×2＝10の100倍になります。
❸(1)3×2＝6だから，30×2の答えは6の10倍です。
(2)9×6＝54だから，90×6の答えは54の10倍です。
(3)5×7＝35だから，50×7の答えは35の10倍です。
(4)4×3＝12だから，400×3の答えは12の100倍です。
(5)7×9＝63だから，700×9の答えは63の100倍です。
(6)8×5＝40だから，800×5の答えは40の100倍です。0の数に注意しましょう。
❹1本のねだん×買う数＝代金 です。
6×8＝48だから，60×8の答えは48の10倍です。
❺1たばのまい数×たばの数＝全部のまい数 です。
3×5＝15だから，300×5の答えは15の100倍です。

## 20 1けたの数をかけるかけ算② 41ページ

❶ (1)63 (2)28 (3)90
(4)84 (5)48 (6)66
(7)80 (8)88 (9)62
(10)24 (11)99 (12)66
❷ 式…11×8＝88 答え…88人
❸ 式…32×3＝96 答え…96こ
❹ 式…21×4＝84 答え…84cm

**ポイント**

❶一の位からじゅんに計算します。

```
(1)   21     (3)   30
    ×  3         ×  3
    ----         ----
      63           90

(5)   12     (6)   11
    ×  4         ×  6
    ----         ----
      48           66

(8)   44     (10)  12
    ×  2         ×  2
    ----         ----
      88           24

(11)  11     (12)  33
    ×  9         ×  2
    ----         ----
      99           66
```

❷～❹筆算は，位をたてにそろえて書きます。

❷1チームの人数×チームの数＝全部の人数 です。

```
   11
×   8
-----
   88
```

❸1ふくろのあめの数×ふくろの数＝全部のあめの数 です。

```
   32
×   3
-----
   96
```

❹1本の長さ×テープの数＝全体の長さ です。

```
   21
×   4
-----
   84
```

## 21 1けたの数をかけるかけ算③ 43ページ

❶ (1)52 (2)81 (3)96
(4)50 (5)95 (6)74
(7)276 (8)427 (9)210
(10)584 (11)156 (12)380
❷ 式…24×3＝72 答え…72dL
❸ 式…82×4＝328 答え…328円
❹ 式…16×7＝112 答え…112ページ

**ポイント**

❶くり上がりに気をつけましょう。

```
(1)    1     (4)    1
      13           25
    ×  4         ×  2
    ----         ----
      52           50

(7)          (9)    1
      92           42
    ×  3         ×  5
    ----         ----
     276          210

(10)   2     (12)   2
      73           95
    ×  8         ×  4
    ----         ----
     584          380
```

❷～❹筆算は，位をたてにそろえて書きます。

❷1つの水とうに入っているジュースのかさ×水とうの数＝全部のかさ です。

```
    1
   24
×   3
-----
   72
```

❸1つのねだん×買う数＝代金 です。

```
   82
×   4
-----
  328
```

❹1日に読むページ数×日数＝読むページ数の合計 です。

```
    4
   16
×   7
-----
  112
```

## 22 1けたの数をかけるかけ算④　45ページ

❶ (1)639　(2)840　(3)690
(4)924　(5)785　(6)987
(7)3264　(8)2457　(9)4032
(10)4752　(11)1300　(12)6916

❷ 式…147×5＝735　答え…735円

❸ 式…620×8＝4960　答え…4960円

❹ 式…595×3＝1785　答え…1785人

### ポイント

❶一の位からじゅんに計算します。くり上がりに気をつけましょう。

(1)
```
  213
×   3
-----
  639
```

(3)
```
   3
  115
×   6
-----
  690
```

(5)
```
  23
  157
×   5
-----
  785
```

(7)
```
   2
  816
×   4
-----
 3264
```

(9)
```
   3
  504
×   8
-----
 4032
```

(12)
```
  65
  988
×   7
-----
 6916
```

❷〜❹筆算は，位をたてにそろえて書きます。

❷1パックのねだん×買う数＝代金　です。

```
  23
  147
×   5
-----
  735
```

❸大人1人の入園りょう×人数＝入園りょうの合計　です。

```
  1
  620
×   8
-----
 4960
```

❹1せきに乗れる人数×船の数＝乗れる人数の合計　です。

```
  21
  595
×   3
-----
 1785
```

## 23 かけ算のきまり　47ページ

❶ (上の式)80，3
(下の式)3，2

❷ (1)(上からじゅんに)15，30
(2)(上からじゅんに)10，30

❸ (1)48　(2)630　(3)450
(4)720　(5)530　(6)3200
(7)3600　(8)5400

### ポイント

❶先に計算するところに，かっこがついています。1箱の代金を先にもとめる計算のしかたは，
80×3＝240，240×2＝480
これを1つの式で表すと，
(80×3)×2となります。
おかしの数を先にもとめる計算のしかたは，
3×2＝6，80×6＝480
これを1つの式で表すと，
80×(3×2)となります。

❷3つの数のかけ算では，はじめの2つの数を先に計算しても，あとの2つの数を先に計算しても，答えは同じになります。

❸すぐに計算し始めるのではなく，一度式を見て，どこから計算したらかんたんか，見通しを立てる習慣をつけましょう。

(1)6×4×2＝6×(4×2)＝6×8＝48
(2)70×3×3＝70×(3×3)＝70×9＝630
(3)45×5×2＝45×(5×2)＝45×10＝450
(4)90×2×4＝90×(2×4)＝90×8＝720
(5)2×5×53＝(2×5)×53＝10×53＝530
(6)800×2×2＝800×(2×2)＝800×4＝3200
(7)3×2×600＝(3×2)×600＝6×600＝3600
(8)900×2×3＝900×(2×3)＝900×6＝5400

## 24 倍の計算　49ページ

❶ 式…8×3＝24　答え…24m

❷ 式…32÷8＝4　答え…4倍

❸ 式…54÷6＝9　答え…9m

❹ 式…8×2×3＝48　答え…48m

### ポイント

❶文章をしっかり読み取ることが大切です。
赤のテープの長さ×何倍＝青のテープの長さ　です。

❷白のテープの長さ÷赤のテープの長さ＝何倍　です。
8×□＝32　の□をもとめる問題と考えることもできます。

❸緑のテープの長さ÷何倍＝ピンクのテープの長さ　です。
□×6＝54　の□にあてはまる数をもとめる問題と考えることもできます。

❹
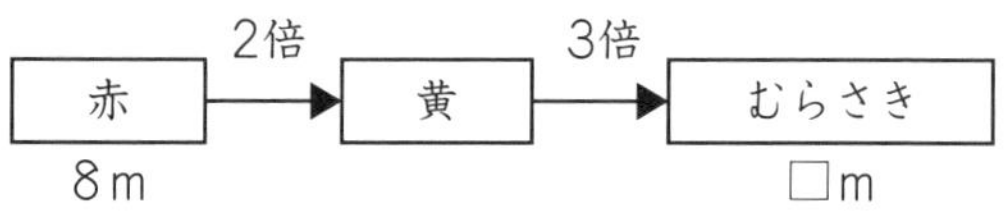


黄のテープの長さを先にもとめる場合，
黄のテープの長さは，8×2＝16(m)
むらさきのテープの長さは，16×3＝48(m)
何倍になるかを先にもとめる場合，
むらさきのテープの長さは，赤のテープの長さの，
2×3＝6(倍)
むらさきのテープの長さは，
8×6＝48(m)
1つの式で表すと，8×2×3＝48となります。
(8×2)×3＝48や8×(2×3)＝48としてもよいです。

答え

## 25 重さ① 51ページ

❶ (1)340g
(2)780g
(3)900g
(4)1560g
❷ (1)2500
(2)6030
(3)4
(4)8，170
❸ 3200
3，200

**ポイント**

❶1目もりが何gを表しているのか読み取れるようにしましょう。

(1)(2)目もり10こで100gなので，いちばん小さい1目もりは10gを表しています。

(3)(4)目もり20こで200gなので，いちばん小さい1目もりは10gを表しています。

❷(1)1kg＝1000gなので，2kg＝2000gです。2000gと500gで2500gです。

(2)1kg＝1000gなので，6kg＝6000gです。6000gと30gで6030gです。百の位の「0」を書き忘れないように注意しましょう。

(3)1000g＝1kgなので，4000g＝4kgです。

(4)1000g＝1kgなので，8000g＝8kgです。8kgと170gで8kg170gです。

❸目もり10こで1kgなので，いちばん小さい1目もりは100gを表しています。1000g＝1kgです。

## 26 重さ② 53ページ

❶ (1)700
(2)1，500
(3)2，300
(4)600
(5)900
❷ (1)3000
(2)2070
(3)5
❸ (1)g (2)kg
(3)g (4)t
❹ 式…700g＋500g＝1200g
答え…1kg200g
❺ 式…1kg600g－700g＝900g
答え…900g

**ポイント**

❶1kg＝1000gです。

(2)900g＋600g＝1500g＝1kg500g

(3)1kg500g＋800g＝1kg1300g＝2kg300g

(5)1kg300g－400g＝1300g－400g＝900g

❷(1)1t＝1000kgなので，3t＝3000kgです。

(2)1t＝1000kgなので，2t＝2000kgです。2000kgと70kgで2070kgです。

(3)1000kg＝1tだから，5000kg＝5tです。

❸1kg＝1000g，1t＝1000kgです。また，1円玉1まいの重さが1gです。はかりや体重計を使って，身のまわりのものの重さをはかってみましょう。

❹バットとグラブの重さの合計をもとめるので，たし算を使います。

❺全部の重さ－かごの重さ＝りんごの重さ　です。

## 27 円と球① 55ページ

❶ (1)中心 (2)半径 (3)直径
❷ (1)2 (2)8 (3)9
❸ (1)円 (2)14
❹ (1)6cm (2)18cm

**ポイント**

❶1つの円では，半径はすべて同じ長さです。

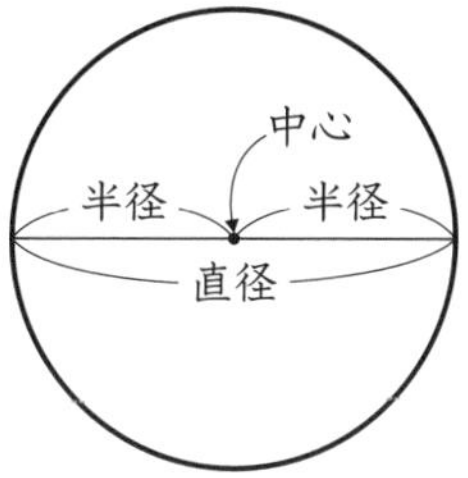


❷(2)直径は半径の2倍の長さになります。
4×2＝8(cm)

(3)直径を半分(2でわる)にすると，半径の長さがわかります。18÷2＝9(cm)

❸球を半分に切ったとき，その切り口の円の中心，半径，直径をそれぞれ球の中心，半径，直径といいます。

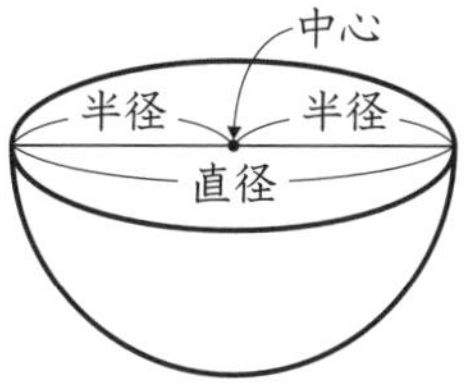


(2)上の図より，球の直径も半径の2倍の長さになります。7×2＝14(cm)

❹(1)ボールの直径2つ分の長さが12cmになります。直径は，12÷2＝6(cm)

(2)ⓐの長さは，ボールの直径3つ分の長さになるので，6×3＝18(cm)です。

## 28 円と球② 57ページ

❶ (1)

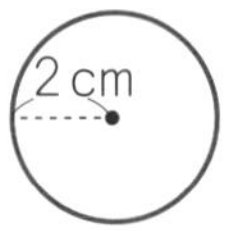


(2)

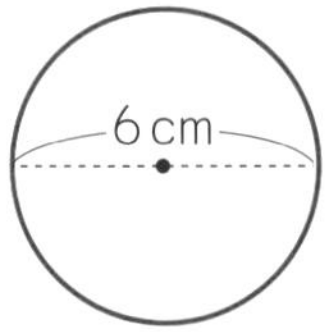


❷

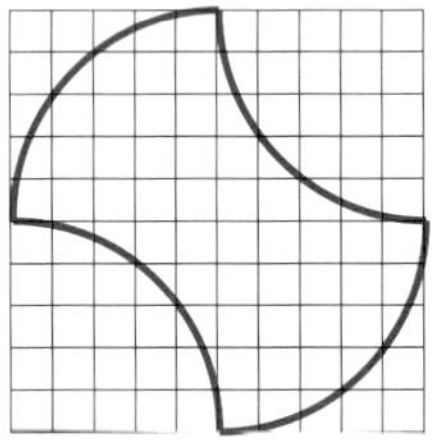

❸

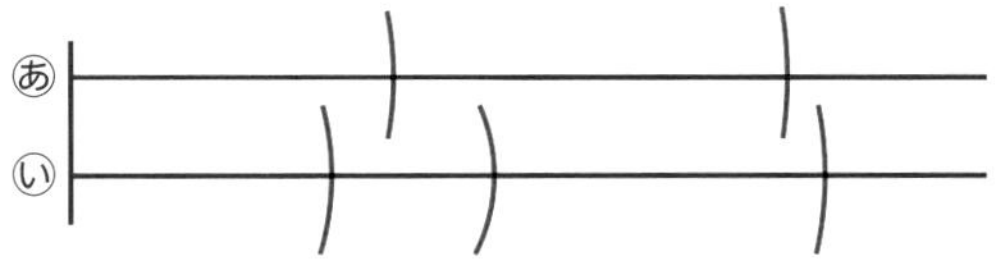


い

**ポイント**

❶(2)半径が3cmの円をかきます。

❷右の図の・を中心として円をかきます。

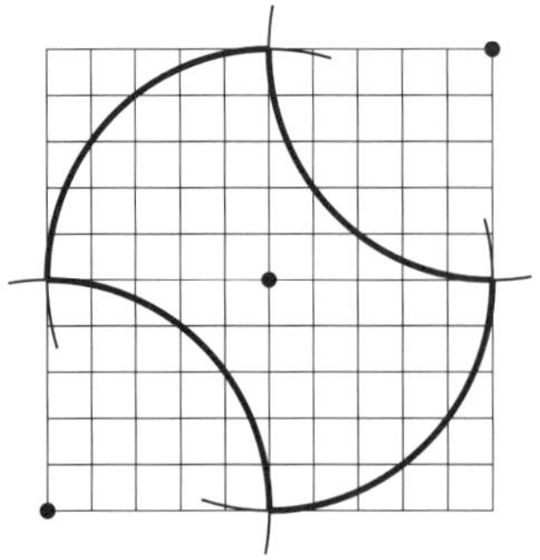

## 29 小数① 59ページ

❶ (上からじゅんに)0.1, 7, 0.7

❷ (1)1.2
(2)4.5

❸ (1)3
(2)0.6
(3)2.8
(4)1, 9
(5)0.7
(6)5.4
(7)9, 2
(8)30.6

**ポイント**

❶0.7, 1.3のような数を小数, 0, 1, 2, 3, …のような数を整数といいます。

❷(1)1Lと0.2Lを合わせて1.2Lです。

(2)10mm＝1cmなので, 1mm＝0.1cmです。

❸(1)1L＝10dLなので, 0.1L＝1dLです。

(2)10dL＝1Lなので, 1dL＝0.1Lです。

(3)1dL＝0.1Lなので, 8dL＝0.8Lです。2Lと0.8Lで2.8Lです。

(4)0.1L＝1dLなので, 0.9L＝9dLです。

(5)10mm＝1cmなので, 1mm＝0.1cmです。

(6)1mm＝0.1cmなので, 4mm＝0.4cmです。5cmと0.4cmで5.4cmです。

(7)0.1cm＝1mmなので, 0.2cm＝2mmです。

(8)1mm＝0.1cmなので, 6mm＝0.6cmです。30cmと0.6cmで30.6cmです。

## 30 小数② 61ページ

❶ あ0.4　い1.6　う2.3　え3.1

❷

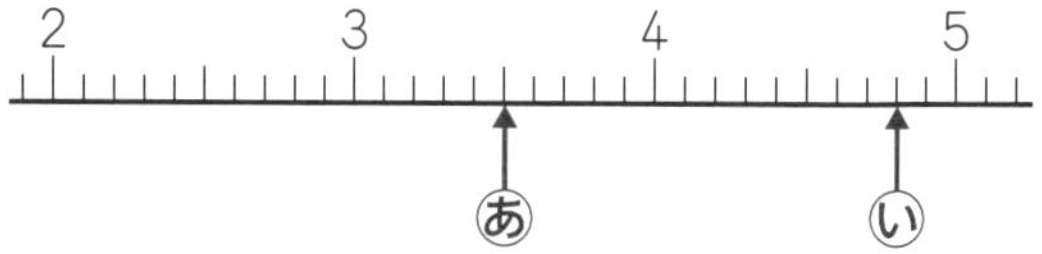


❸ (1)3, 8
(2)57
(3)1.6
(4)9

❹ (1)>　(2)<
(3)<　(4)>
(5)<　(6)>

**ポイント**

❶❷いちばん小さい1目もりは0.1を表しています。

❷では, 矢印の下にあ, いの記号を入れるようにしましょう。

❸(2)1は0.1を10こ集めた数です。5は0.1を50こ, 0.7は0.1を7こ集めた数です。

(3)0.1を10こ集めた数は1, 0.1を6こ集めた数は0.6です。1と0.6で1.6です。

(4)0.1を10こ集めた数は1なので, 0.1を90こ集めた数は9です。

❹(1)0.4は0.1の4こ分, 0.3は0.1の3こ分です。

(2)0.9は1より小さい数, 1.1は1より大きい数です。

(3)6.7は7より小さい数, 7.2は7より大きい数です。

(4)0.8は1より小さい数です。

(5)3.5は3より大きい数です。

(6)0.1は0より大きい数です。

答え

## 31 小数③ 63ページ

❶ (上からじゅんに)3，6，3，0.9

❷ (1)1.4 (2)1.6
(3)0.8 (4)3.7

❸ (1)4.3 (2)9
(3)5.9 (4)0.8

❹ 式(しき)…2.4＋5＝7.4 答え…7.4kg

❺ 式…1.5−0.6＝0.9 答え…0.9L

**ポイント**

❶0.1のいくつ分かで考えると，整数(せいすう)と同じように計算できます。

❷(1)5＋9＝14なので，0.1の14こ分です。
(2)12＋4＝16なので，0.1の16こ分です。
(3)16−8＝8なので，0.1の8こ分です。
(4)5−2＝3なので，3と0.7で3.7です。

❸整数と同じように計算して，上の小数点にそろえて答えの小数点をうちます。

(1)
$$\begin{array}{r} {}^{1}\\ 2.8\\ +\ 1.5\\ \hline 4.3 \end{array}$$

(2)
$$\begin{array}{r} {}^{1}\\ 3.6\\ +\ 5.4\\ \hline 9.\not{0} \end{array}$$

小数点以下(いか)が0になったときは0とします。

(3)
$$\begin{array}{r} {}^{8}\\ \not{9}.7\\ -\ 3.8\\ \hline 5.9 \end{array}$$

(4)
$$\begin{array}{r} {}^{6}\\ \not{7}.1\\ -\ 6.3\\ \hline 0.8 \end{array}$$

一の位(くらい)がないときは，0を書きます。

❹はじめにあった重(おも)さ＋買ってきた重さ＝全部(ぜんぶ)の重さ です。

❺はじめにあったかさ−飲(の)んだかさ＝のこりのかさ です。

## 32 分数① 65ページ

❶ (1)$\frac{1}{4}$ (2)2
(3)$\frac{3}{4}$ (4)4

❷ (1)$\frac{2}{5}$L (2)$\frac{4}{7}$L
(3)$\frac{5}{6}$m (4)$\frac{3}{4}$m

❸ (1)< (2)>
(3)< (4)＝

**ポイント**

❶$\frac{○}{□}$の□を分母(ぶんぼ)，○を分子(ぶんし)といいます。

(4)$\frac{4}{4}$＝1です。

❷(1)1Lを5等分(とうぶん)した2こ分のかさです。
(2)1Lを7等分した4こ分のかさです。
(3)1mを6等分した5こ分の長さです。
(4)1mを4等分した3こ分の長さです。

❸(1)$\frac{3}{5}$は$\frac{1}{5}$の3こ分，$\frac{4}{5}$は$\frac{1}{5}$の4こ分です。
(2)$\frac{2}{9}$は$\frac{1}{9}$の2こ分です。
(3)$\frac{7}{8}$は$\frac{1}{8}$の7こ分，1は$\frac{1}{8}$の8こ分です。
(4)分母と分子が同じ分数は1になります。

## 33 分数② 67ページ

❶ (1)$\frac{3}{4}$ (2)$\frac{7}{8}$ (3)$\frac{2}{5}$ (4)$\frac{5}{6}$
(5)1 (6)1 (7)$\frac{1}{6}$ (8)$\frac{4}{7}$
(9)$\frac{2}{9}$ (10)$\frac{3}{10}$ (11)$\frac{3}{4}$ (12)$\frac{5}{8}$

❷ 式(しき)…$\frac{3}{9}+\frac{2}{9}=\frac{5}{9}$ 答え…$\frac{5}{9}$kg

❸ 式…$\frac{7}{10}+\frac{3}{10}=1$ 答え…1L

❹ 式…$1-\frac{2}{5}=\frac{3}{5}$ 答え…$\frac{3}{5}$m

**ポイント**

❶分数も，整数(せいすう)や小数と同じように，$\frac{1}{□}$のいくつ分かで，計算することができます。

(1)1＋2＝3なので，$\frac{1}{4}$の3こ分です。

(5)(6)分母と分子が同じ分数は1に直しましょう。

(5)$\frac{2}{3}+\frac{1}{3}=\frac{3}{3}=1$ (6)$\frac{7}{9}+\frac{2}{9}=\frac{9}{9}=1$

(7)5−4＝1なので，$\frac{1}{6}$の1こ分です。

(11)$1=\frac{4}{4}$として計算します。$1-\frac{1}{4}=\frac{4}{4}-\frac{1}{4}=\frac{3}{4}$

(12)$1=\frac{8}{8}$として計算します。$1-\frac{3}{8}=\frac{8}{8}-\frac{3}{8}=\frac{5}{8}$

❷りんごの重(おも)さとももの重さをたします。

❸ペンキのかさをたします。

❹もとの長さ−切り取(と)った長さ＝のこりの長さです。

## 34 分数③　69ページ

❶ (上) $\frac{7}{10}$, $\frac{11}{10}$
(下)0.4, 0.9

❷ (1)0.2　(2)0.8
(3)$\frac{3}{10}$　(4)$\frac{5}{10}$

❸ (1)＜　(2)＜　(3)＝
(4)＞　(5)＜　(6)＞

❹ (1)$\frac{1}{4}$→1→$\frac{5}{4}$
(2)$\frac{7}{10}$→1.4→$\frac{16}{10}$→2

**ポイント**

❶1を10等分した1つ分は，分数で表すと$\frac{1}{10}$，小数で表すと0.1です。0より大きく1より小さい数は，分数・小数の2つの表し方があります。

❸$\frac{1}{10}$＝0.1なので，分数は$\frac{1}{10}$の何こ分，小数は0.1の何こ分かを考えて，大きさをくらべましょう。

(1)$\frac{5}{10}$は$\frac{1}{10}$の5こ分，0.6は0.1の6こ分です。

(2)$\frac{9}{10}$は$\frac{1}{10}$の9こ分，1は$\frac{1}{10}$(0.1)の10こ分です。

(4)$\frac{7}{10}$は$\frac{1}{10}$の7こ分，0.5は0.1の5こ分です。

(6)$\frac{12}{10}$は$\frac{1}{10}$の12こ分，0.9は0.1の9こ分です。

❹(1)1は$\frac{1}{4}$の4こ分です。

(2)2は$\frac{1}{10}$の20こ分，1.4は0.1の14こ分です。

## 35 三角形と角①　71ページ

❶ (1)あ，か(じゅん番はちがっていても○)
(2)う，え(じゅん番はちがっていても○)

❷ (1)3
(2)2

❸ (1)
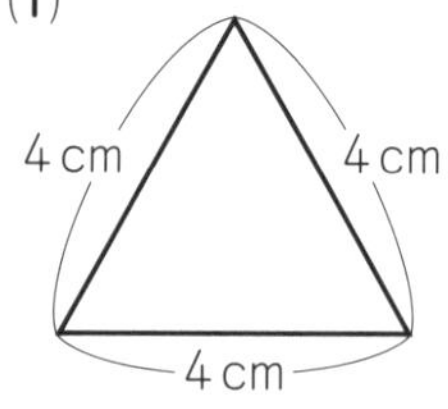


(2)
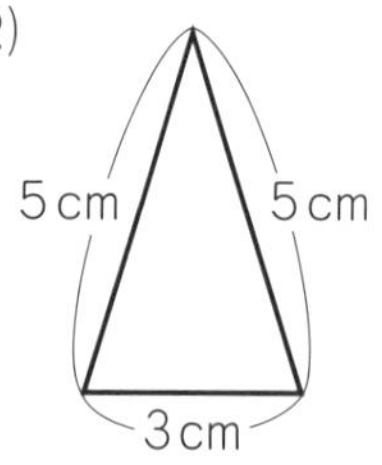


**ポイント**

❶3つの辺の長さが等しい三角形を正三角形といいます。また，2つの辺の長さが等しい三角形を二等辺三角形といいます。
コンパスを使って，辺の長さをくらべましょう。

❸(1)(かき方のれい)
①じょうぎを使って4cmの辺をかきます。
②コンパスを4cmに開いて，①の辺のはしをそれぞれ中心として2つの円の一部をかきます。
③②の2つの円が重なったところと辺のはしをそれぞれむすびます。

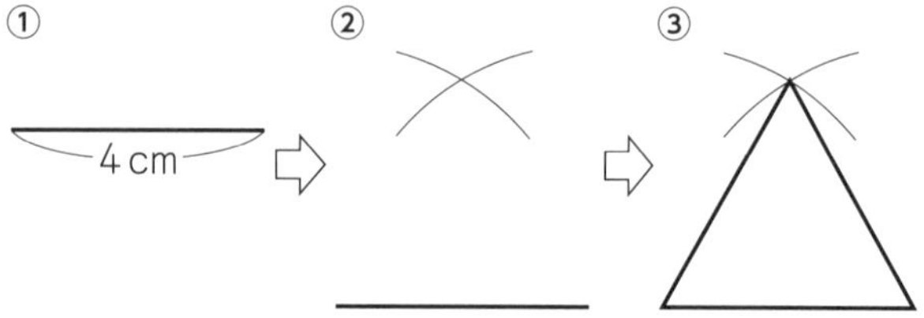


(2)も，(1)と同じ手じゅんでかくことができます。
①じょうぎを使って3cmの辺をかきます。
②コンパスを5cmに開いて，①の辺のはしをそれぞれ中心として円の一部をかきます。
③②の2つの円が重なったところと辺のはしをそれぞれむすびます。

## 36 三角形と角②　73ページ

❶ あ→う→え→い

❷ お

❸ (1)**二等辺三角形(直角二等辺三角形)**
(2)**正三角形**

❹ 14cm

**ポイント**

❶三角じょうぎの角とくらべるとわかりやすいです。

❷三角じょうぎの角を重ねて，角の大きさをくらべてみましょう。
あといの角の大きさは等しいです。
また，うとかの角の大きさは等しく，直角です。
角の大きさが小さいじゅんにならべると，
お → あ,い → え → う,か　となります。

❸(1)2つの辺の長さは等しいので，二等辺三角形です。また，1つの角が直角になる二等辺三角形を直角二等辺三角形ともいいます。
(2)3つの辺の長さが等しいので，正三角形です。

❹正三角形は3つの辺の長さが等しい三角形です。広げてできた正三角形は右の図のようになります。重なったウからウまでの長さは7＋7＝14(cm)になるので，**アウ**の長さも14cmになります。

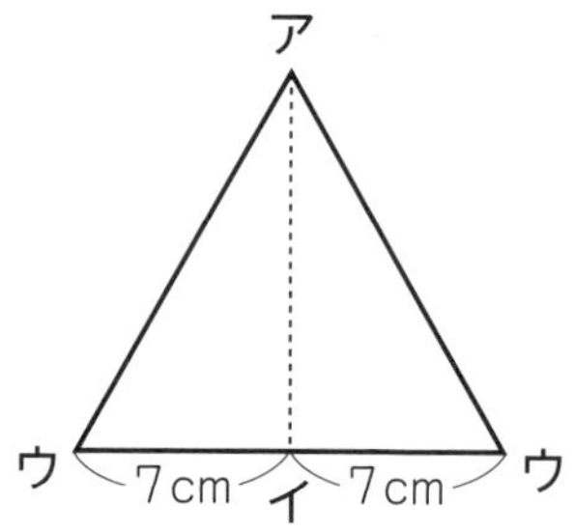

## 37 2けたの数をかけるかけ算① 75ページ

❶ (上からじゅんに)2, 6, 60
❷ (1)280
(2)540
(3)400
(4)390
(5)960
(6)5600
❸ 式…5×40=200　答え…200円
❹ 式…34×20=680　答え…680g
❺ 式…90×30=2700　答え…2700円

**ポイント**

❶3×2=6, 3×20=3×2×10なので, かける数が10倍になると, 答えも10倍になります。
❷(1)4×70=4×7×10=28×10=280
(2)9×60=9×6×10=54×10=540
(3)8×50=8×5×10=40×10=400
(4)13×30=13×3×10=39×10=390
(5)24×40=24×4×10=96×10=960
(6)かけられる数が10倍になるときも, 答えは10倍になります。
かけられる数が10倍, かける数も10倍になると, 答えは10×10=100(倍)になります。
70×80=7×10×8×10=56×100=5600
❸1まいの金がく×まい数=全部の金がく　です。
❹1まいの重さ×まい数=全部の重さ　です。
❺1このねだん×買う数=代金　です。

## 38 2けたの数をかけるかけ算② 77ページ

❶ (1)672　(2)594　(3)299
(4)504　(5)936　(6)775
(7)720　(8)960　(9)377
❷ 式…24×12=288　答え…288まい
❸ 式…15×26=390　答え…390dL
❹ 式…18×34=612　答え…612人

**ポイント**

❶たてのそろえ方に注意しましょう。くり上がりのある筆算はまちがいやすいのでくり返し練習しましょう。

(1) $\begin{array}{r} 21 \\ \times\ 32 \\ \hline 42 \\ 63\phantom{0} \\ \hline 672 \end{array}$　(2) $\begin{array}{r} 54 \\ \times\ 11 \\ \hline 54 \\ 54\phantom{0} \\ \hline 594 \end{array}$　(5) $\begin{array}{r} 12 \\ \times\ 78 \\ \hline 96 \\ 84\phantom{0} \\ \hline 936 \end{array}$

(7) $\begin{array}{r} 16 \\ \times\ 45 \\ \hline 80 \\ 64\phantom{0} \\ \hline 720 \end{array}$　(8) $\begin{array}{r} 30 \\ \times\ 32 \\ \hline 60 \\ 90\phantom{0} \\ \hline 960 \end{array}$　(9) $\begin{array}{r} 29 \\ \times\ 13 \\ \hline 87 \\ 29\phantom{0} \\ \hline 377 \end{array}$

❷1ふくろのまい数×ふくろの数=全部のまい数　です。

$$\begin{array}{r} 24 \\ \times\ 12 \\ \hline 48 \\ 24\phantom{0} \\ \hline 288 \end{array}$$

❸1本のかさ×本数=全部のかさです。

$$\begin{array}{r} 15 \\ \times\ 26 \\ \hline 90 \\ 30\phantom{0} \\ \hline 390 \end{array}$$

❹1列にならんだ人数×列の数=全校じ童の数　です。

$$\begin{array}{r} 18 \\ \times\ 34 \\ \hline 72 \\ 54\phantom{0} \\ \hline 612 \end{array}$$

## 39 2けたの数をかけるかけ算③ 79ページ

❶ (1)1242　(2)2262　(3)4536
(4)952　(5)6461　(6)2760
(7)2040　(8)3127　(9)6264
❷ 式…54×28=1512　答え…1512まい
❸ 式…32×15=480　答え…480まい
❹ 式…63×97=6111　答え…6111円

**ポイント**

❶くり上がりに気をつけましょう。

(1) $\begin{array}{r} 46 \\ \times\ 27 \\ \hline 322 \\ 92\phantom{0} \\ \hline 1242 \end{array}$　(2) $\begin{array}{r} 39 \\ \times\ 58 \\ \hline 312 \\ 195\phantom{0} \\ \hline 2262 \end{array}$　(5) $\begin{array}{r} 91 \\ \times\ 71 \\ \hline 91 \\ 637\phantom{0} \\ \hline 6461 \end{array}$

(6), (7)は一の位の0を忘れないようにしましょう。

(6) $\begin{array}{r} 60 \\ \times\ 46 \\ \hline 360 \\ 240\phantom{0} \\ \hline 2760 \end{array}$　(7) $\begin{array}{r} 24 \\ \times\ 85 \\ \hline 120 \\ 192\phantom{0} \\ \hline 2040 \end{array}$　(9) $\begin{array}{r} 87 \\ \times\ 72 \\ \hline 174 \\ 609\phantom{0} \\ \hline 6264 \end{array}$

❷1箱のまい数×箱の数=全部のまい数　です。

$$\begin{array}{r} 54 \\ \times\ 28 \\ \hline 432 \\ 108\phantom{0} \\ \hline 1512 \end{array}$$

❸1さつに使う紙の数×ノートの数=全部の紙の数　です。

$$\begin{array}{r} 32 \\ \times\ 15 \\ \hline 160 \\ 32\phantom{0} \\ \hline 480 \end{array}$$

❹1このねだん×買う数=代金です。

$$\begin{array}{r} 63 \\ \times\ 97 \\ \hline 441 \\ 567\phantom{0} \\ \hline 6111 \end{array}$$

## 40 2けたの数をかけるかけ算④ 81ページ

❶ (1)1716 (2)6003 (3)12988
(4)35476 (5)11430 (6)24768
(7)30108 (8)15022 (9)48300
❷ 式…129×36＝4644 答え…4644g
❸ 式…275×14＝3850 答え…3850mL
❹ 式…363×50＝18150 答え…18150円

**ポイント**

❶くり上がりに気をつけましょう。2けたをかける筆算は，1けたをかける筆算のくり返しでできます。

(1)
```
   143
 ×  12
   286
  143
  1716
```
(3)
```
   382
 ×  34
  1528
 1146
 12988
```
(5)
```
   635
 ×  18
  5080
  635
 11430
```
(7)
```
   579
 ×  52
  1158
 2895
 30108
```
(8)
```
   406
 ×  37
  2842
 1218
 15022
```
(9)
```
   805
 ×  60
 48300
```

❷1この重さ×こ数＝全部の重さ です。

```
   129
 ×  36
   774
  387
  4644
```

❸1日に飲むかさ×日数＝飲むかさの合計 です。

```
   275
 ×  14
  1100
  275
  3850
```

❹1本のねだん×買う数＝代金 です。

```
   363
 ×  50
 18150
```

## 41 □を使った式 83ページ

❶ (1)13＋□＝21 (2)8
❷ (1)□－9＝28 (2)37
❸ (1)□×4＝48 (2)12
❹ オ

**ポイント**

❶(1)はじめの数＋もらった数＝全部の数 です。

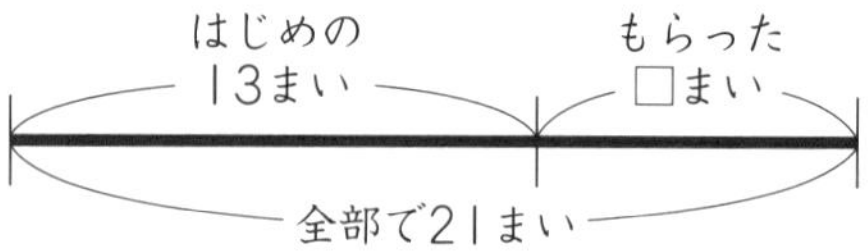


(2)図から考えると，□＝21－13 □＝8

❷(1)はじめの人数－帰った人数＝のこりの人数です。

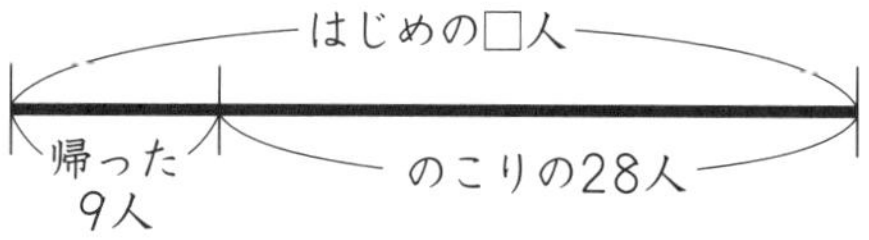


(2)図から考えると，□＝9＋28 □＝37

❸(1)1箱に入っている数×箱の数＝全部の数 です。

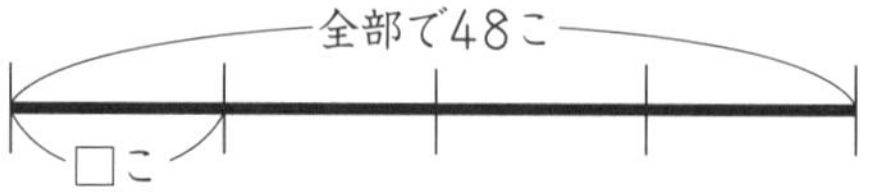


(2)図から考えると，□＝48÷4 □＝12

❹全部のみかんの数を□こととします。

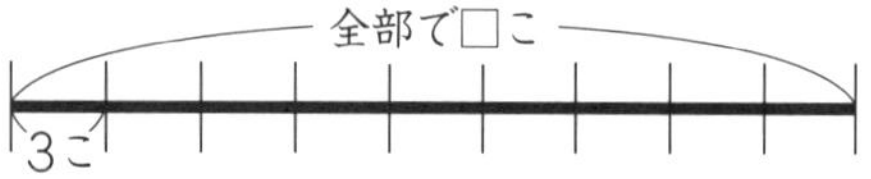


□にあてはまる数をもとめると，
□＝3×9 □＝27

## 42 表とグラフ① 85ページ

❶ (1)

| | |
|---|---|
| 算数 | 正 丅 |
| 図画工作 | 正 正 |
| 音楽 | 正 |
| 体育 | 正 一 |
| その他 | 正 丅 |

(2)

| 教科 | 人数(人) |
|---|---|
| 算数 | 7 |
| 図画工作 | 10 |
| 音楽 | 5 |
| 体育 | 6 |
| その他 | 7 |
| 合計 | 35 |

(3)

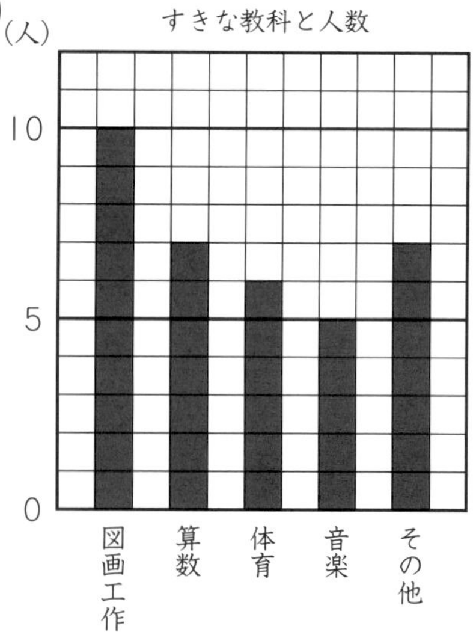


**ポイント**

❶(1)数えもれがないように，数えたものに印をつけるなどしましょう。
(3)グラフを多いじゅんにならべると，ぼうの長さで何が多いか少ないかがわかりやすくなります。

答え

## 43 表とグラフ②　87ページ

❶ (1) ｜目もりの大きさ…**5分**
　ぼうが表している大きさ…**25分**
(2) ｜目もりの大きさ…**10cm**
　ぼうが表している大きさ…**70cm**

❷ (1)**2本**
(2)**14本**
(3)**92本**

**ポイント**

❶(1)目もり２こ分で１０分なので，１目もりは５分を表しています。
(2)目もり５こ分で50cmなので，１目もりは10cmを表しています。
❷(1)目もり５こ分で１０本なので，１目もりは２本を表しています。
(2)水曜日と金曜日のちがいは，目もり７こ分なので，2×7＝14(本)です。
(べつの考え方)
金曜日は26本，水曜日は12本なので，ちがいは，26−12＝14(本)です。
(3)月曜日から金曜日までの売れた本数をたすと，
14＋22＋12＋18＋26＝92(本)です。

## 44 表とグラフ③　89ページ

❶ (1)**7人**
(2)**9人**

❷ 生まれたきせつ調べ(１組～３組)　(人)

| きせつ＼組 | 1組 | 2組 | 3組 | 合計 |
|---|---|---|---|---|
| 春 | 8 | 9 | 9 | 26 |
| 夏 | 9 | 6 | 8 | 23 |
| 秋 | 10 | 8 | 7 | 25 |
| 冬 | 5 | 9 | 7 | 21 |
| 合計 | 32 | 32 | 31 | 95 |

**ポイント**

❶(1)３組のたての列と「からあげ」の横の列が重なるところの数を読み取りましょう。
(2)「カレーライス」と答えた人数の合計は27人，「フルーツポンチ」と答えた人数の合計は18人です。人数のちがいは，27−18＝9(人)です。
❷春に生まれた人数の合計は，8＋9＋9＝26(人)
夏に生まれた人数の合計は，9＋6＋8＝23(人)
秋に生まれた人数の合計は，10＋8＋7＝25(人)
冬に生まれた人数の合計は，5＋9＋7＝21(人)
３年生の人数の合計は，
１組から３組の人数をたすと，
32＋32＋31＝95(人)
また，春，夏，秋，冬の人数をたすと，
26＋23＋25＋21＝95(人)
どちらで計算しても同じになることをたしかめましょう。

## 45 まとめのテスト❶　91ページ

❶ (1)30　(2)0　(3)7　(4)6
(5)0　(6)10　(7)20　(8)31

❷ (1)902　(2)1213　(3)344
(4)89　(5)5924　(6)4819

❸ (1)10，10　(2)35
(3)1，45　(4)6020
(5)1，800　(6)2，400

**ポイント**

❶(2)どんな数に0をかけても，答えは0になります。
(5)0を，0でないどんな数でわっても，答えは0になります。
(7)10をもとに考えます。4÷2＝2だから，10が2こで20です。
(8)93は90と3です。90÷3＝30，3÷3＝1だから，30と1で31です。
❷くり上がり，くり下がりに気をつけましょう。

(5)
```
   3185
 +2739
 ------
   5924
```

(6)
```
   6407
 -1588
 ------
   4819
```

❸(1)9時30分から10時までは30分だから，10時の10分後の時こくです。
(2)7時45分から8時までは15分，8時から8時20分までは20分です。合わせて，35分です。
(4)1km＝1000mです。
(5)950m＋850m＝1800m＝1km800m
(6)4km100m−1km700m
＝3km1100m−1km700m＝2km400m
たんいをmに直して計算してもよいです。
4100m−1700m＝2400m＝2km400m

## 46 まとめのテスト② 93ページ

❶ (1)82　(2)78
(3)5あまり2　(4)7あまり3
(5)400　(6)1800

❷ (1)70200500　(2)40
(3)6300　(4)900

❸ (1)78　(2)966　(3)3180

❹ 式…78×5×2=780　答え…780円

❺ 式…12×4=48　答え…48まい

### ポイント

❶(1)(2)暗算で計算できるようにしましょう。

❷(1)0になる位に注意しましょう。

| 千 | 百 | 十 | 一 | 千 | 百 | 十 | 一 |
|---|---|---|---|---|---|---|---|
| | | | 万 | | | | |
| 7 | 0 | 2 | 0 | 0 | 5 | 0 | 0 |

(2)1000を10こ集めた数は10000です。

❸くり上がりに気をつけましょう。

❹5×2を先に計算するとかんたんになります。
78×5×2=78×(5×2)=78×10=780
2つの式にしてもよいです。
(ペンの本数を先にもとめる計算のしかた)
5×2=10，78×10=780
(1ふくろの代金を先にもとめる計算のしかた)
78×5=390，390×2=780

❺図をかいて考えましょう。

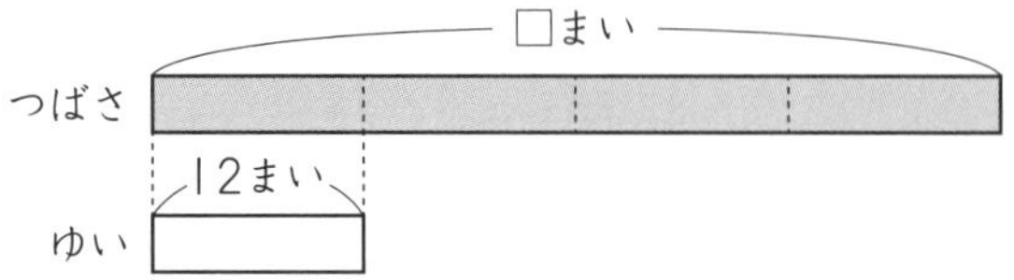


つばささんの持っているカードはゆいさんの持っているカードの4つ分になるので，かけ算を使ってもとめます。

## 47 まとめのテスト③ 95ページ

❶ 1740
1，740

❷ (1)3，2
(2)1.8

❸ 4cm

❹ (1)6.1　(2)0.8
(3)1　(4)$\frac{5}{9}$

❺ $\frac{1}{10}$ → 0.3 → $\frac{7}{10}$ → 0.9 → 1

❻ (1)**二等辺三角形**
(2)㋑，㋒(じゅん番はちがっていても○)

### ポイント

❶目もり20こで200gなので，いちばん小さい1目もりは10gを表しています。

❷(1)1cm=10mmなので，0.1cm=1mmです。
(2)10dL=1Lなので，1dL=0.1Lです。

❸ボールの直径2こ分の長さが16cmです。
直径は，16÷2=8(cm)
半径は直径の半分なので，8÷2=4(cm)

❹(1)
$$\begin{array}{r} 3.2 \\ +\ 2.9 \\ \hline 6.1 \end{array}$$
(2)
$$\begin{array}{r} 8.4 \\ -\ 7.6 \\ \hline 0.8 \end{array}$$

(3)$\frac{3}{5}+\frac{2}{5}=\frac{5}{5}$，$\frac{5}{5}$は1と等しいので，$\frac{5}{5}=1$です。

❺$\frac{1}{10}$=0.1です。

❻2つの辺の長さが等しい三角形を二等辺三角形といいます。二等辺三角形では，2つの角の大きさが等しくなっています。

## 48 まとめのテスト④ 97ページ

❶ (1)416　(2)4366　(3)30000

❷ 式…24×60=1440　答え…14m40cm

❸ (1)26−□=15
(2)**11まい**

❹ (1)**5分**
(2)**15分**
(3)**3時間25分**

### ポイント

❶くり上がりに気をつけましょう。

❷100cm=1mなので，1440cm=14m40cmです。

❸(1)はじめの数 − 食べた数 = のこりの数　です。

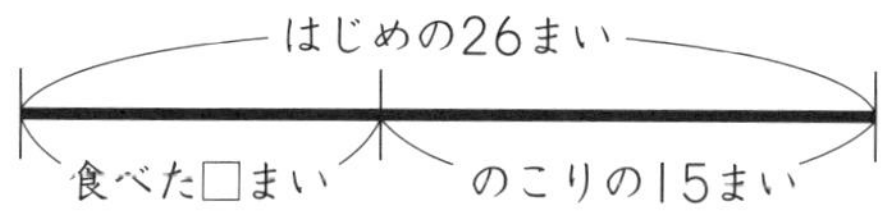


(2)食べた数は，はじめの数からのこっている数をひくことでもとめられるので，
□=26−15　□=11

❹(1)目もり2こ分で10分なので，1目もりは5分を表しています。
(2)水曜日と木曜日のちがいは，目もり3こ分なので，5×3=15(分)です。
または，水曜日は50分，木曜日は35分なので，50−35=15(分)ともとめることもできます。
(3)月曜日から金曜日までの勉強をした時間をたすと，
40+25+50+35+55=205(分)
1時間=60分なので，205分=3時間25分

答え

# 英語

## 1 アルファベット（大文字） 99ページ

❶

❷ (1) F Ⓖ Ⓗ I

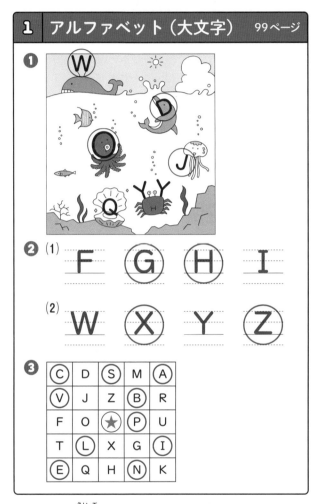

(2) W Ⓧ Y Ⓩ

❸

| | | | | |
|---|---|---|---|---|
| Ⓒ | D | Ⓢ | M | Ⓐ |
| Ⓥ | J | Z | Ⓑ | R |
| F | O | ★ | Ⓟ | U |
| T | Ⓛ | X | G | Ⓘ |
| Ⓔ | Q | H | Ⓝ | K |

**読まれた英語**

❶W, D, O, J

❷(1)G, H (2)X, Z

❸C, N, E, P, B, V, I, L, S, A

**ポイント**

EとF, MとN, OとQ, PとR, VとWのように形がにているアルファベットに注意しましょう。

## 2 アルファベット（小文字） 101ページ

❶

❷

❸

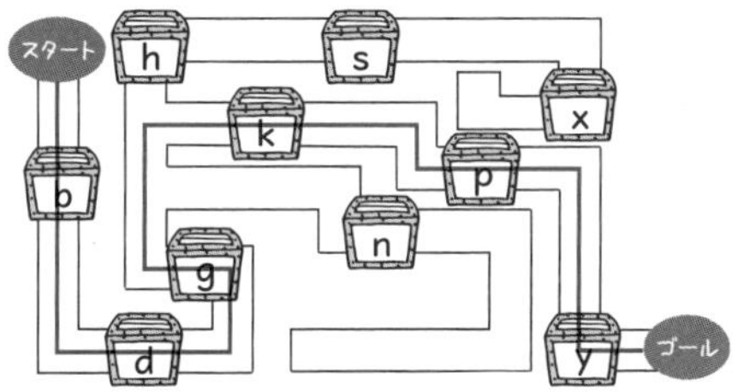


**読まれた英語**

❶t, f, r, m

❷(1)q (2)u

❸b, d, g, k, p, y

**ポイント**

bとd, pとqは向きをまちがえないようにしましょう。大文字と形がちがうものに注意しましょう。

## 3 あいさつをしよう 103ページ

❶ (1)イ (2)ア

❷ (1)ア (2)イ

❸ (1)ウ (2)エ (3)イ (4)ア

**読まれた英語と意味**

❶(1)See you.「また会いましょう」

(2)Hello.「こんにちは」

❷(1)I'm happy.「ぼくはうれしいです」

(2)I'm sleepy.「わたしはねむいです」

❸(1)How are you?「調子はどうですか」

(2)I'm from America.「わたしはアメリカ出身です」

(3)Goodbye.「さようなら」

(4)I'm hungry.「わたしはおなかがすいています」

**ポイント**

あいさつにはGood morning.「おはようございます」, Hello.「こんにちは」, Hi.「やあ」, Goodbye.「さようなら」, See you.「また会いましょう」などがあります。

気持ちやじょうたいを表すたん語はfine「元気な」, happy「楽しい, 幸せな」, good「よい」, sleepy「ねむい」, hungry「空ふくな」, tired「つかれた」, sad「悲しい」, great「すばらしい, すごい」などがあります。

調子や気持ちをたずねるときはHow are you?「調子はどうですか」と言います。

答えるときはI'm fine.「わたしは元気です」などと調子をつたえます。

出身地をつたえるときは, I'm from ～.「わたしは～出身です」と言います。

## 4 数をたずねよう 105ページ

❶ (1)
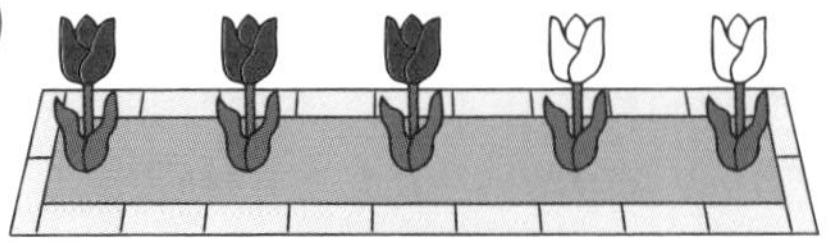
(2)
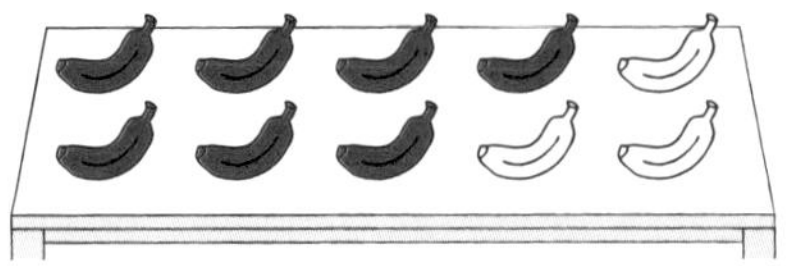
(3)

❷ (1)ア　(2)イ

❸
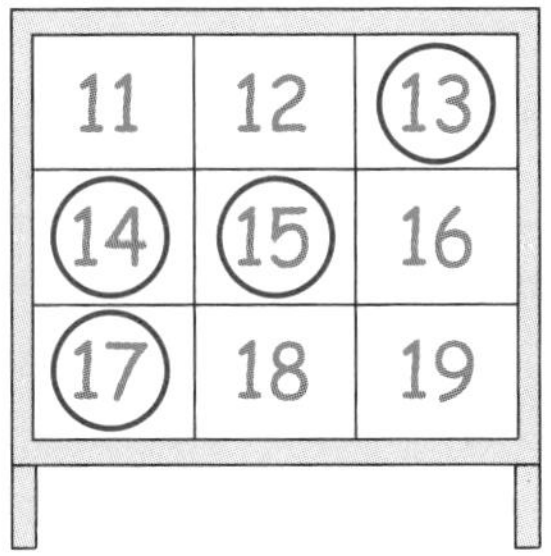


♫読まれた英語と意味

❶(1)three「3」 (2)seven「7」 (3)nine「9」

❷(1)How many apples?「リンゴはいくつありますか」Two apples.「リンゴは2つあります」
(2)How many birds?「鳥は何羽いますか」Ten birds.「鳥は10羽います」

❸thirteen「13」 fifteen「15」
fourteen「14」 seventeen「17」

🔈 ポイント

数をたずねるときはHow many ～?「～はいくつありますか」と言います。答えるときは数を使って言います。
数を表すたん語はone「1」, two「2」, three「3」, four「4」, five「5」, six「6」, seven「7」, eight「8」, nine「9」, ten「10」, eleven「11」, twelve「12」, thirteen「13」, fourteen「14」, fifteen「15」, sixteen「16」, seventeen「17」, eighteen「18」, nineteen「19」, twenty「20」などがあります。

## 5 すきなものをつたえよう 107ページ

❶
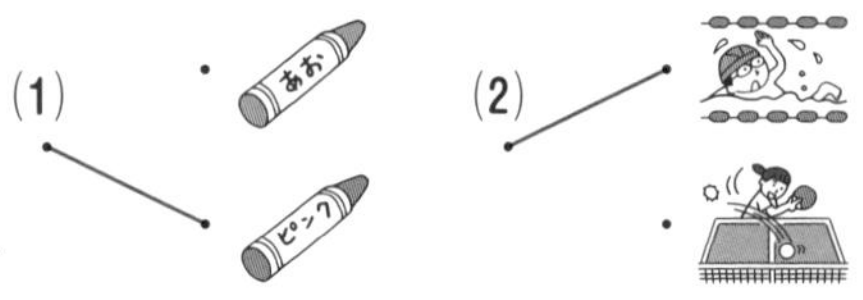


❷ かい答しょうりゃく

❸ (1)①**黄色**　②**ドッジボール**
(2)①**むらさき色**　②**サッカー**

❹ (1)ア　(2)イ

♫読まれた英語と意味

❶(1)pink「ピンク色」 (2)swimming「水泳」

❷I like green.「わたしは緑色がすきです」
I don't like baseball.「わたしは野球がすきではありません」

❸(1)①Do you like yellow, Meg?「あなたは黄色がすきですか，メグ」Yes, I do.「はい，すきです」 ②Do you like soccer, Meg?「あなたはサッカーがすきですか，メグ」No, I don't.「いいえ，すきではありません」I like dodgeball.「わたしはドッジボールがすきです」 (2)①Do you like yellow, John?「あなたは黄色がすきですか，ジョン」No, I don't.「いいえ，すきではありません」I like purple.「ぼくはむらさき色がすきです」 ②Do you like soccer, John?「あなたはサッカーがすきですか，ジョン」Yes, I do.「はい，すきです」

❹(1)What do you like?「あなたは何がすきですか」I like basketball.「ぼくはバスケットボールがすきです」 (2)What do you like?「あなたは何がすきですか」I like orange.「わたしはオレンジ色がすきです」

🔈 ポイント

❷I like ～.「わたしは～がすきです」, I don't like ～.「わたしは～がすきではありません」と言うことができます。

❸すきかどうかをたずねるときはDo you like ～?「あなたは～がすきですか」と言います。答えるときはYes, I do.「はい，すきです」, No, I don't.「いいえ，すきではありません」と言います。

❹何がすきかたずねるときは，What do you like?「あなたは何がすきですか」と言います。
色を表す単語はred「赤色」, blue「青色」, green「緑色」, yellow「黄色」, pink「ピンク色」, black「黒色」, white「白色」, orange「オレンジ色」, purple「むらさき色」, brown「茶色」などがあります。

## 6 これは何？ 109ページ

❶ (1)

(2)

❷
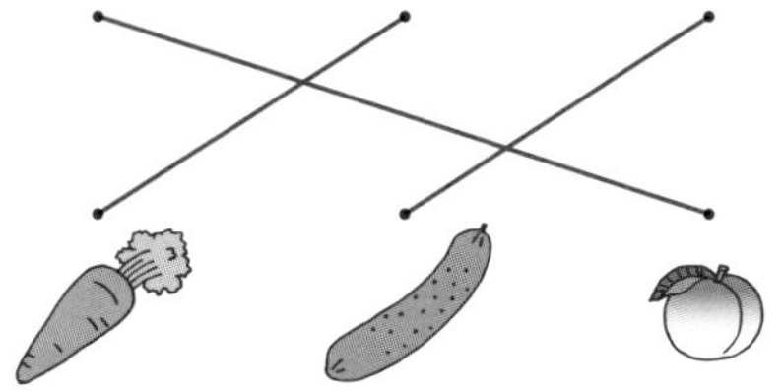


❸ かい答しょうりゃく

❹ (1)×　(2)○

♬ 読まれた英語と意味
❶(1)onion「タマネギ」
(2)pineapple「パイナップル」
❷(1)peach「モモ」 (2)carrot「ニンジン」
(3)cucumber「キュウリ」
❸What's this?「これは何ですか」
It's a banana.「それはバナナです」
❹(1)What's this?「これは何ですか」
It's a lemon.「それはレモンです」
(2)What's this?「これは何ですか」
It's a green pepper.「それはピーマンです」

ポイント
What's this?「これは何ですか」にはIt's (a) ～.「それは～です」と答えます。
くだもの・野さいを表すたん語はapple「リンゴ」, strawberry「イチゴ」, tomato「トマト」, grapes「ブドウ」, melon「メロン」などがあります。

## 7 あなたはだれ？ 111ページ

❶ (1)○ (2)× (3)○
❷ かい答しょうりゃく
❸ (1)イ (2)ア
❹ ウ

♬ 読まれた英語と意味
❶(1)dog「イヌ」 (2)rabbit「ウサギ」
(3)horse「ウマ」
❷(1)Who are you?「あなたはだれですか」
(2)I'm a tiger.「ぼくはトラです」
❸(1)Are you a panda?「あなたはパンダですか」
Yes, I am.「はい，そうです」 (2)Are you a cow?「あなたはウシですか」 No, I'm not.「いいえ，ちがいます」I'm an elephant.「ぼくはゾウです」
❹Who are you?「あなたはだれですか」I'm a bear.「ぼくはクマです」

ポイント
❷❹相手がだれかをたずねるときはWho are you?「あなたはだれですか」と言い，答えるときはI'm (a) ～.「わたしは～です」と言います。
❸Are you ～?「あなたは～ですか」にはYes, I am.「はい，そうです」, No, I'm not.「いいえ，ちがいます」と答えます。
動物を表すたん語はdog「イヌ」, cat「ネコ」, panda「パンダ」, mouse「ネズミ」, bear「クマ」, elephant「ゾウ」, horse「ウマ」, cow「ウシ」, snake「ヘビ」, tiger「トラ」, sheep「ヒツジ」, gorilla「ゴリラ」などがあります。

## 8 まとめのテスト 113ページ

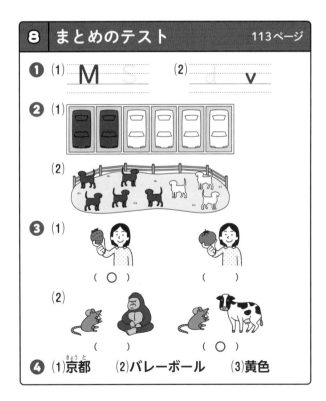

❶ (1) M s (2) d v
❷ (1)

(2)

❸ (1)

( ○ ) ( )
(2)

( ) ( ○ )
❹ (1)京都 (2)バレーボール (3)黄色

♬ 読まれた英語と意味
❶(1)M (2)v
❷(1)How many cars?「車は何台ありますか」
Two cars.「2台の車があります」 (2)How many dogs?「イヌは何びきいますか」Five dogs.「5ひきのイヌがいます」
❸(1)What's this?「これは何ですか」
It's a strawberry.「それはイチゴです」
(2)Who are you?「あなたはだれですか」
I'm a cow.「ぼくはウシです」
❹I'm from Kyoto.「わたしは京都出身です」
I like volleyball.「わたしはバレーボールがすきです」I don't like yellow.「わたしは黄色がすきではありません」

ポイント
❷数をたずねるときはHow many ～?「～はいくつありますか」と言います。答えるときは数を使って言います。
❸近くにあるものをたずねるときはWhat's this?「これは何ですか」と言い，答えるときはIt's (a) ～.「それは～です」と言います。相手がだれかをたずねるときはWho are you?「あなたはだれですか」と言い，答えるときはI'm (a) ～.「わたしは～です」と言います。
❹I'm from ～.は「わたしは～出身です」という意味で，出身地をつたえるときに使います。I like ～.は「わたしは～がすきです」という意味で，すきなものをつたえるときに使います。I don't like ～.は「わたしは～がすきではありません」という意味で，すきではないものをつたえるときに使います。

# 理科

## 1 しぜんのかんさつ 115ページ

❶ (1)**ア**
(2)**ウ**
(3)①**目**　②**太陽**
(4)②
❷ (1)**エ**
(2)Ⓘ**イ**　Ⓤ**ア**　Ⓔ**ウ**
(3)①

**ポイント**

❶(1)虫めがねを使うと，小さいものを大きく見ることができます。
(2)虫めがねで動かすことのできるものを見るときは，見るものを動かします。また，動かすことのできないものを見るときは，虫めがねを目の近くに持って，見るものに近づいたりはなれたりします。
(3)目をいためるので，虫めがねで太陽をぜったいに見てはいけません。
(4)どくをもっている生きものがいるので，きけんな生きものにはさわらないようにします。
❷(1)かんさつカードには，Ⓐの部分にかんさつした生きものの名前を書き，かんさつした日づけ，調べたこと，スケッチ，気づいたことなども記ろくします。かんさつした日の天気を記ろくしてもよいです。
(2)生きものの形や色，大きさなどに注目してかんさつします。
(3)生きものの形や色，大きさなどのすがたには，にているところと，ちがっているところがあります。

## 2 たねまき 117ページ

❶ (1)Ⓐ**イ**　Ⓘ**エ**
(2)ホウセンカ…**ア**　ヒマワリ…**イ**
(3)①
❷ (1)**子葉**
(2)2
❸ (1)Ⓘ
(2)Ⓐ
(3)**ウ→ア→イ**

**ポイント**

❶(1)ヒマワリのたねはたてに長い形をしていて，たてに白と黒の線があるものが多いです。ホウセンカのたねは黒っぽく，丸い形をしています。
(2)ホウセンカのような小さなたねは，ちょくせつ土にまき，うすく土をかけます。ヒマワリのような大きなたねは，指であなを開けてたねをまき，土をかけます。
(3)たねをまいたあとは，土がかわかないように水をやります。
❷(1)たねからさいしょに出てきた葉は子葉といいます。
(2)ホウセンカの子葉は2まいあります。ヒマワリやアサガオ，マリーゴールドなどの子葉も2まいです。
❸(1)ヒマワリのはじめに出てきた子葉はⒾで，子葉のあとに出てくるⒶの葉は，子葉とはちがう形をしています。
(2)Ⓐの葉は，ヒマワリが育つにつれて，数がふえていきます。
(3)ヒマワリのたねをまくと，たねからめが出て，2まいの子葉が開き，葉が出てきます。

## 3 チョウの育ち方と体のつくり① 119ページ

❶ (1)**ア**
(2)**ア**
(3)**ウ**
(4)**よう虫**
(5)**イ**
❷ (1)①**○**　②**×**　③**○**
(2)**イ**
(3)**ア**

**ポイント**

❶(1)モンシロチョウはキャベツやコマツナの葉，アゲハはミカンやサンショウの葉にたまごをうみつけます。
(2)(3)モンシロチョウのたまごは1mmくらいの小さな黄色いつぶで，しだいにこい黄色になります。
(4)(5)たまごをしばらくかんさつすると，たまごからよう虫が出てきて，からを食べます。からを食べ終わると，葉を食べ始めます。
❷(1)たまごやよう虫はキャベツの葉につけたまま動かしてカップの中に入れます。また，あたたかくなりすぎないよう，太陽の光が直せつ当たるところにはおかないようにします。えさの葉は，しおれる前に，毎日，とりかえるようにします。
(3)モンシロチョウのよう虫はキャベツの葉を食べます。ミカンやサンショウの葉はアゲハのよう虫が食べます。

答え

## 4 チョウの育ち方と体のつくり② 121ページ

❶ (1)エ
(2)さなぎ
(3)エ
(4)ウ
❷ (1)しょっ角
(2)Ⓘ頭　㋒むね　㋓はら
(3)㋒
(4)6

🔈 ポイント

❶(1)よう虫は皮をぬぐたびに，体が大きくなります。
(2)よう虫は体に糸をかけて動かなくなり，やがて，皮をぬいでさなぎになります。
(3)さなぎは何も食べず，数日間，動きません。しだいに，はねのもようがすけて見えてきます。
(4)さなぎになって1週間ぐらいたつと，さなぎの中でせい虫の体にかわって出てきます（せい虫になるまでの期間は，あたたかいと短く，寒いと長くなります）。
❷(1)モンシロチョウのせい虫の頭には，目や口，しょっ角があります。しょっ角はまわりのようすを知るために役に立ちます。
(2)モンシロチョウのせい虫の体には，頭，むね，はらの3つの部分があります。
(3)(4)モンシロチョウのせい虫には，むねに6本のあしがあります。

## 5 こん虫の育ち方と体のつくり① 123ページ

❶ (1)㋐頭　Ⓘむね　㋒はら
(2)イ
(3)こん虫
❷ (1)6
(2)3
(3)①○　②×
(4)㋐，Ⓘ（じゅん番はちがっていても○）

🔈 ポイント

❶(1)モンシロチョウのせい虫と同じように，トンボのせい虫の体も頭，むね，はらの3つの部分に分かれています。
(2)モンシロチョウのせい虫と同じように，トンボのせい虫の頭には目と口があり（ア），むねに4まいのはねがついています（ウ）。また，はらにはいくつかのふしがあります（エ）。しょっ角がついているのは，頭です（イ）。
(3)体が頭，むね，はらの3つに分かれ，むねに6本のあしがある虫をこん虫といいます。
❷(1)(2)㋐のカブトムシはこん虫なので，むねに6本のあしがあり，せい虫の体は頭，むね，はらの3つに分かれています。
(3)①バッタの頭には目としょっ角があるので正しいです。
②バッタははらではなくむねにあしとはねがついているのでまちがっています。
(4)カブトムシ，バッタは体が3つに分かれ，あしが6本あるのでこん虫です。ダンゴムシはあしが14本で6本よりも多く，クモは体が2つに分かれてあしが8本あるので，こん虫ではありません。

## 6 こん虫の育ち方と体のつくり② 125ページ

❶ (1)ウ
(2)ア
❷ (1)㋒
(2)ア
(3)ぬぐ。
(4)さなぎ
(5)ア
❸ (1)ア，ウ（じゅん番はちがっていても○）
(2)イ

🔈 ポイント

❶(1)トンボのよう虫（やご）は水の中で見られます。
(2)トンボのよう虫はさなぎにならずに，せい虫になります。このような育ち方を不完全へんたいといいます。
❷(1)カブトムシのよう虫は㋒です。㋐はナナホシテントウ，Ⓘはモンシロチョウのよう虫です。
(2)カブトムシのよう虫は土の中で見られます。（正かくには，ふよう土やたいひの中で，かれ葉が土のようになったものを食べて生活します。）
(3)(4)カブトムシのよう虫は食べものを食べて，2回皮をぬいで大きくなります。そして，3回目に皮をぬいだときにさなぎになります。
(5)カブトムシのように，たまご→よう虫→さなぎ→せい虫のじゅんじょで育つのはモンシロチョウです。このような育ち方を完全へんたいといいます。トンボ，バッタ，セミはさなぎにならずに，たまご→よう虫→せい虫のじゅんじょで育ちます。
❸(1)こん虫はかくれることができる場所があって，食べもののある場所に多くいます。
(2)バッタはかくれることができてとびはねてにげやすく，食べものである草があるので，草むらでよく見られます。

## 7 植物の育ちとつくり　127ページ

❶ (1)**ア**
(2)**ウ**
(3)**ア**
(4)**イ**

❷ (1)**(う)**
(2)**(あ)葉　(い)くき　(う)根**
(3)**いえる。**

❸ **イ**

**ポイント**

❶(1)何日もかけてしばらくかんさつすると，ホウセンカの高さは高くなります。
(2)(3)ホウセンカ全体が大きく育つと，くきは太くなり，葉の数はふえています。
(4)ヒマワリの葉はハートの形，ホウセンカの葉は細長い形をしています。植物によって，葉の形はちがっています。
❷(1)～(3)植物の体はどれも，葉，くき，根からできています。(あ)は葉，(い)はくき，(う)は根です。葉はくきについています。根はくきの下にあり，土の中に広がっています。
❸植物をビニルポットから花だんに植えかえるとき，ビニルポットから出した植物は土がついたまま植えます。そのあと，たっぷりと水をやります。

## 8 風のはたらき　129ページ

❶ (1)**あった。**
(2)**ア**
(3)**風**
(4)**(あ)**

❷ (1)**かわった。**
(2)①**○**　②**×**

❸ (1)**風力**
(2)**ウ**

**ポイント**

❶(1)手に風が当たると，おされるような手ごたえがあります。風が強いほど，手ごたえは大きくなります。
(2)風を車に当てると，車は風の方向に動きます。
(3)風の力は，車を動かすことができます。
(4)風を受けて車を動かすはたらきをしたのは，風が当たった紙コップの部分です。
❷(1)風の強さによって，車の進むきょりはかわります。
(2)①風の力はものを動かすことができるので正しいです。
②風が強いほど，車はよく進むのでまちがっています。
❸(1)風の力でプロペラを回して電気をつくる発電を風力発電といいます。
(2)ヨット（**ア**）は風の力で進み，ふうりん（**イ**）は風の力で音が出て，こいのぼり（**エ**）は風の力で泳ぎますが，水車（**ウ**）は水の力で回ります。

## 9 ゴムのはたらき　131ページ

❶ (1)**あった。**
(2)**もどった。**
(3)**(い)**
(4)**わゴム**
(5)**長くのばしたとき…ア**
**短くのばしたとき…イ**

❷ (1)**[例]長くなった。**
(2)**イ**
(3)①**[例]長くなる。**　②**[例]短くなる。**

**ポイント**

❶(1)車を引いてわゴムをのばすと，引っぱられるような手ごたえがあります。わゴムを長くのばすほど，手ごたえは大きくなります。
(2)のばしたわゴムには，もとにもどろうとする力がはたらきます。
(3)車をおさえた手をはなすと，車はわゴムをのばした方向と反対の方向に動きます。
(4)のばしたわゴムは，車を動かすことができます。
(5)わゴムを長くのばすと車の進むきょりは長くなり，短くのばすと車の進むきょりは短くなります。
❷(1)表より，わゴムを10cmのばしたときより20cmのばしたときのほうが車の進むきょりは長くなっています。
(2)わゴムを15cmのばすと，車の進むきょりは，わゴムを10cmのばしたときより長く，20cmのばしたときより短くなると考えられます。よって，4mくらいになります。
(3)①のばす長さが同じとき，わゴムの本数をふやすと，車の進むきょりは長くなります。
②のばす長さが同じとき，わゴムを太いものにすると，車の進むきょりは長くなります。よって，細いものにすると短くなります。

## 10 花のかんさつ　133ページ

❶ (1)**ア**
(2)**ウ**
(3)**ア**
(4)**イ**
❷ (1)**ヒマワリ**
(2)**ア**
(3)**イ**
(4)ヒマワリ…**ウ**　ホウセンカ…**ア**

**ポイント**

❶(1)夏までかんさつすると，ホウセンカの高さは高くなっています。
(2)ホウセンカ全体が大きく育つと，葉の数はふえています。
(3)ホウセンカは夏になると花がさきます。どんな植物も，花がさく前につぼみができます。
(4)ホウセンカはラッパのような形の花をさかせます。**ア**はヒマワリの花，**ウ**はアサガオの花です。
❷(1)夏になると，ヒマワリもホウセンカも草たけが高くなります。ホウセンカとくらべると，ヒマワリはかなり大きくなります。ホウセンカは40～50cmくらいになりますが，ヒマワリは2mより高くなるものもあります。
(2)夏になると，ヒマワリは葉の数がふえます。
(3)夏になると，ヒマワリのくきは太くなります。
(4)ヒマワリは黄色の花（内がわのたねができる部分はオレンジ色や茶色），ホウセンカは赤色や白色の花をさかせます。

## 11 植物の一生　135ページ

❶ (1)**ウ**　(2)**イ**
(3)**ウ**　(4)**ア**
(5)**たね**
❷ 1番目…（う）　3番目…（あ）
❸ (1)**子葉**
(2)**つぼみ**
(3)**実**

**ポイント**

❶(1)花がさいてからは，ホウセンカはあまり成長しません。
(2)秋になって実ができると，ホウセンカの葉は黄色っぽくなります。
(3)ホウセンカ（**ウ**）では，黄緑色の小さな実がくきからぶら下がっています。ヒマワリ（**ア**）では，くきの先にたくさんの実ができます。マリーゴールド（**イ**）では，花がさき終わると，先がしぼんで茶色くなり，実ができます。
(4)ホウセンカの実は花のさいていたところにできます。そのため，くきからたくさんぶら下がっています。
(5)実ができてしばらくすると，ホウセンカはかれて，実の中にたくさんのたねができています。
❷たねをまくと，まず，たねから子葉が出ます（う）。しだいに草たけが高くなり，くきは太く，葉の数は多くなり根ものびます（え）。つぼみができ，花がさきます（あ）。その後，実ができて，しばらくするとかれます（い）。
❸(1)たねからさいしょに出た葉は，子葉といいます。
(2)どの植物も，花がさく前にはつぼみができます。
(3)秋になると，花がさいていたところに実ができます。

## 12 太陽とかげ①　137ページ

❶ (1)**（う）**
(2)**しゃ光板（しゃ光プレート）**
(3)**イ**
(4)**太陽の光（日光）**
(5)**（え）**
(6)**ウ**
❷ (1)**ア**
(2)①**反対**　②**前**　③**うしろ**

**ポイント**

❶(1)(6)かげは太陽の反対がわにできるので，木のかげと反対がわの（う）の向きに太陽が見えます。
(2)(3)太陽を直せつ見ると目をいためるので，しゃ光板を使ってかんさつします。
(4)かげは太陽の光をさえぎるものがあるときにできます。
(5)太陽の光をさえぎってできるいろいろなもののかげは，同じ向きにできます。
❷(1)かげは，太陽の光をさえぎるものがあるときにできるので，晴れた日のほうがかげができやすく，かげふみで遊ぶことができます。
(2)太陽と同じがわににげると，自分のせなかがわにかげができるため，うしろから追いかけてくるおににかげをふまれやすくなります。太陽と反対がわににげると，自分の前のほうにかげができるため，うしろから追いかけてくるおににかげをふまれにくくなります。

## 13 太陽とかげ② 139ページ

❶ (1)(あ)
(2)**ウ**
(3)①**東**　②**南**　③**西**
(4)**太陽**

❷ (1)**ほういじしん**
(2)**北**
(3)①○　②×

**ポイント**

❶(1)(3)太陽は東のほうから南の空を通って西のほうへ動くので，午前10時には(あ)のいち，正午には(い)のいち，午後2時には(う)のいちに太陽が見えます。
(2)かげは太陽と反対がわにできます。(え)のかげができるときの太陽は(う)のいちで，午後2時のかげだとわかります。
(4)かげは太陽と反対がわにできるため，太陽のいちが(あ)→(い)→(う)と動くと，かげの向きは(か)→(お)→(え)とかわります。
❷(1)ほういを調べる道具をほういじしんといいます。
(2)ほういじしんのはりが止まったとき，色がぬってあるはりの先は北をさします。
(3)ほういじしんを使うときは，はりが自由に動くよう，水平にしてゆらさないように持ち，はりの動きが止まるまで待ちます。はりが止まると，色がぬってあるはりの先と文字ばんの「北」の向きを合わせて，調べるもののほういを読み取ります。

## 14 太陽の光と温度① 141ページ

❶ (1)**ウ**
(2)**イ**

❷ (1)(い)
(2)**ウ**

❸ (1)(あ)15　(い)18
(う)20　(え)16
(2)午前9時…(い)　正午…(う)

**ポイント**

❶(1)日なたの地面は明るく，日かげの地面は暗いです。
(2)日なたの地面はかわいていて，日かげの地面は少ししめっています。
❷(1)温度計はえきが動かなくなってから，目もりを真横から読みます。
(2)地面の温度を調べるには，地面にあさいみぞをつくって温度計のえきだめをさしこみ，土をうすくかけてはかります。このとき，日なたでは日光が直せつ温度計をあたためてしまうので，日光が当たらないように温度計におおいをします。
❸(1)えきの先が目もりのどの線にあるかを読み取ります。
(2)地面は日光であたためられるので，日かげより日なたのほうが，地面の温度は高くなっています。そのため，午前9時では(あ)より温度の高い(い)が，正午では(え)より温度の高い(う)が日なただとわかります。

## 15 太陽の光と温度② 143ページ

❶ (1)例 **まっすぐに進む。**
(2)1番目に明るい…(え)
2番目に明るい…(い)
(3)①×　②○　③×

❷ (1)**イ**
(2)**ウ**
(3)①**明るく**　②**あたたかく**

**ポイント**

❶(1)かがみに当ててはね返した日光は，まっすぐに進みます。
(2)(あ)は1まい，(い)は2まい，(う)は1まい，(え)は3まいのかがみではね返した日光が集まっています。はね返した日光を多く集めるほど日光が当たったところは明るくなるので，(え)がもっとも明るく，次に(い)が明るくなります。
(3)はね返した日光を多く集めるほど日光が当たったところの温度は高くなります。(い)の温度が28℃なので，(あ)，(う)の温度は28℃よりひくく，(え)の温度は28℃より高くなります。
❷(1)日光を集めた部分は，明るくなります。
(2)日光を集めた部分は，あたたかくなります。
(3)日光を集めた部分を小さくするほど明るく，あたたかくなります。紙がこげるくらい温度が高くなるので，人の体や服などに集めた日光を当ててはいけません。

## 16 音のせいしつ 145ページ

❶ (1)例 **ふるえている。**
(2)例 **ふるえている。**
(3)例 **音が出なくなる。**
(4)**ア**
❷ (1)①例 **大きくなった。**
②例 **小さくなった。**
(2)①**ア**　②**イ**
❸ (1)**イ**
(2)例 **ふるえている。**

**ポイント**

❶(1)(2)ものから音が出ているとき，ものはふるえています。
(3)(4)トライアングルを手でおさえると，ふるえが止まり，音が出なくなります。
❷(1)たいこは強くたたくと大きい音，弱くたたくと小さい音が出ます。
(2)大きい音が出ているとき，たいこのふるえは大きくなるので紙の動き方も大きくなります。小さい音が出ているとき，たいこのふるえは小さくなるので紙の動き方も小さくなります。
❸(1)糸電話は糸をたるませず，しっかりとはって使わなければなりません。
(2)音をつたえているとき，音をつたえている糸はふるえています。

## 17 電気の通り道① 147ページ

❶ (1)**回路**
(2)**あ＋**　**い－**
(3)**フィラメント**
(4)**できる。**
❷ **あ**
❸ (1)①**×**　②**○**　③**×**
(2)**エ**

**ポイント**

❶(1)わになっている電気の通り道を回路といいます。
(2)かん電池はとび出しているほうが＋きょく，平らになっているほうが－きょくです。
(3)図のうの部分をフィラメントといい，フィラメントに電気が通ると豆電球に明かりがつきます。
(4)ソケットを使わなくても，２本のどう線を豆電球の下と横につけると，豆電球に明かりをつけることができます。
❷どう線をつなぐときには，両方のビニルのおおいを取ってから中のどう線をそれぞれねじり，どう線どうしをしっかりねじり合わせます。
❸(1)①１本のどう線がきょくではないところにつながっているので，明かりはつきません。
②どう線がかん電池の＋きょくと－きょくにつながっているので，明かりがつきます。
③２本のどう線がともにかん電池の＋きょくにつながっているので，明かりはつきません。
(2)かん電池の＋きょくと－きょくのどちらにもつながって，電気の通り道がわになるようにつながると，豆電球に明かりがつきます。

## 18 電気の通り道② 149ページ

❶ (1)①**×**　②**○**　③**○**
④**×**　⑤**×**　⑥**○**
(2)**イ**
(3)①**金ぞく**　②**通す**
❷ **ウ**

**ポイント**

❶(1)鉄や銅，アルミニウムなどは電気を通しますが，紙や木，ガラス，ゴム，プラスチックなどは電気を通しません。ゴムでできているわゴム，紙でできているノート，プラスチックでできているペットボトルは，電気を通さず，豆電球に明かりはつきません。
(2)豆電球に電気が通ると明かりがつきます。豆電球に明かりがついたとき，つないだものは電気を通すことがわかります。
(3)鉄や銅，アルミニウムなどを金ぞくといい，金ぞくは電気を通します。
❷アルミニウムは電気を通しますが，空きかんの色がぬってある部分にどう線をつないでも，豆電球に明かりがつかなかったことから，かんの表面は電気を通さない，金ぞくでないものでおおわれていることがわかります。

## 19 じしゃく① 151ページ

❶ (1)①× ②○ ③×
④× ⑤× ⑥○
(2)鉄
❷ (1)引きつける。
(2)①× ②○

**ポイント**

❶(1)(2)鉄はじしゃくに引きつけられますが，鉄いがいのアルミニウムや銅などの金ぞくやガラス，木などはじしゃくに引きつけられません。
❷(1)じしゃくと鉄のクリップの間に下じきをはさんでも，クリップはじしゃくに引きつけられたことから，じしゃくは，はなれていてもクリップを引きつけることがわかります。また，じしゃくとクリップの間に鉄いがいのものをはさんでもクリップを引きつけることがわかります。
(2)下じきが1まいのときにじしゃくが引きつけるクリップの数が16こでもっとも多く，下じきが3まいになると，じしゃくはクリップを引きつけられなくなります。このことから，じしゃくがクリップを引きつける力は，じしゃくとクリップのきょりが大きいと小さくなり，じしゃくとクリップのきょりが小さいと大きくなります。

## 20 じしゃく② 153ページ

❶ (1)しりぞけ合う。
(2)N
(3)①ちがう ②同じ
❷ (1)あ，お（じゅん番はちがっていても○）
(2)う
❸ (1)イ
(2)引きつけられる。
(3)いえる。

**ポイント**

❶(1)(3)じしゃくの両はしの部分をきょくといい，きょくにはNきょくとSきょくがあります。1つのじしゃくではNきょくの反対がわはかならずSきょくです。じしゃくでは，同じきょくどうしはしりぞけ合い，ちがうきょくどうしは引き合います。
(2)Sきょくと引き合っていることから，Sきょくとはちがうきょくである，Nきょくであることがわかります。
❷(1)鉄を引きつける力が強いのはきょくの部分です。きょくはじしゃくのはしのほうの部分なので，あとおです。
(2)じしゃくの真ん中の部分は鉄を引きつけません。
❸(1)あのくぎをじしゃくからはなしても，いのくぎはあのくぎについたままです。
(2)(3)じしゃくからはなしたあのくぎに，クリップは引きつけられます。このことから，あのくぎはじしゃくになっているといえます。

## 21 ものの重さ 155ページ

❶ (1)0
(2)グラム
(3)あウ いウ うウ
(4)かわらない（同じ）
❷ (1)体積
(2)木
(3)アルミニウム
(4)ちがう（かわる）

**ポイント**

❶(1)はかりは水平なところにおき，数字を0にしてから使います。
(2)重さは，g（グラム）というたんいで表されます。1グラムを1gと書きます。
(3)ねん土の形をどのようにかえても，重さは120gのままかわりません。いのようにいくつかに分けても合わせた重さはかわりません。
(4)ねん土いがいでも，ものの形がかわっても，ものの重さはかわりません。
❷(1)もののかさのことを体積といいます。
(2)～(4)同じ体積でも，もののしゅるいがちがうと，重さがちがいます。表から，重さの数字がいちばん小さい木がいちばん軽いものです。また，重さの数字がいちばん大きいアルミニウムがいちばん重いものです。アルミニウムは金ぞくの中では軽いほうで，同じ体積の鉄や銅はもっと重くなります。

## 22 まとめのテスト① 157ページ

❶ (1)ホウセンカ…(あ)　ヒマワリ…(え)
(2)イ

❷ (1)1番目…(あ)　3番目…(う)
(2)(え)
(3)(う)

❸ (1)はら
(2)こん虫
(3)ア

**ポイント**

❶(1)ホウセンカのたね（(あ)）は小さく，丸い形をしています。ヒマワリのたね（(え)）はたてに長い形をしていてたてに白と黒の線があります。(い)はマリーゴールド，(う)はアサガオのたねです。
(2)たねからさいしょに出てくる葉を子葉といい，ホウセンカの子葉は2まいです。
❷(1)モンシロチョウはたまご→よう虫→さなぎ→せい虫のじゅんに育つので，(あ)→(え)→(う)→(い)になります。
(2)モンシロチョウはよう虫（(え)）のときにくり返し皮をぬいで大きくなります。
(3)モンシロチョウはさなぎ（(う)）のときには何も食べず，数日間，動きません。
❸(1)ショウリョウバッタのせい虫の体は，頭，むね，はらの3つの部分に分かれています。
(2)ショウリョウバッタのように，体が3つに分かれていて，むねに6本のあしがある虫をこん虫といいます。チョウやトンボのなかまもこん虫です。
(3)ショウリョウバッタは，さなぎにならず，たまご→よう虫→せい虫のじゅんに育ちます。

## 23 まとめのテスト② 159ページ

❶ ①○　②×　③○

❷ (1)1番目…(い)　3番目…(え)
(2)イ

❸ (1)東
(2)エ
(3)ア
(4)ア

**ポイント**

❶①のばしたり，ねじったりしたゴムはもとの形にもどろうとするので正しいです。
②風を当てるとものを動かすことができるのでまちがっています。
③たこは風を受けて上がるので正しいです。
❷(1)ホウセンカが育つとき，草たけが高くなり，葉の数がふえます。よって，ホウセンカの育つじゅんは，(い)→(あ)→(え)→(う)になります。
(2)花がさいたあとのホウセンカは実ができ，しばらくするとかれます。そして，実の中にたねができます。
❸(1)南のほうを向いて左がわが東，右がわが西です。
(2)かげの向きは西のほうから北，東のほうへ動きます。正午のかげの向きはほぼ北の向きになるので，午前10時のかげの向きが(う)，正午のかげの向きが(い)になります。
(3)かげは太陽の反対がわにできます。午前10時のかげが(う)の向きにできるのは，午前10時の太陽が真南にある正午の太陽より東の方向にあるからです。
(4)地面は日光であたためられるので，正午の日なたの地面の温度は，午前10時のときより上がっています。また，日かげの地面の温度はほとんどかわりません。

## 24 まとめのテスト③ 161ページ

❶ (1)ふるえている。
(2)イ

❷ ウ

❸ (1)電気を通すもの…(い)，(う)
（じゅん番はちがっていても○）
じしゃくに引きつけられるもの…(う)
(2)①×　②○

❹ ①×　②○　③×

**ポイント**

❶(1)ものから音が出ているとき，ものはふるえています。
(2)ふるえを止めると音は止まるので，シンバルを手で強くおさえてふるえを止めます。
❷ものの重さは，細かく切ったり形をかえたりしてもかわりません。
❸電気を通すものは金ぞくなので，銅のくぎとはさみの鉄の部分です。
じしゃくに引きつけられるものは鉄なので，はさみの鉄の部分だけです。
❹かん電池の＋きょくと－きょくのどちらにもつながって，電気の通り道がわのようになると，豆電球に明かりがつきます。

# 社会

## 1 身近な地いきのようす① 163ページ

❶ (1)方位じしん　(2)北
❷ (1)あ西　い南　う東　(2)北
❸ (1)西　(2)エ
(3)ア，ウ（じゅん番はちがっていても○）

**ポイント**

❶(1)(2)正かくな方位を知りたいときは，方位じしんを使います。方位じしんのはりはじしゃくでできており，色がぬってあるほうが北をさすようになっています。方位じしんを使うときは，まず，北はどちらの方角かたしかめます。方位じしんは，かたむいたところにおくと正しい方角をしめさないことがあります。かならず平らなところにおいて使うようにしましょう。
❷(1)(2)地図上で方位をしめす記号を，方位記号といいます。地図はふつう，北を上にしてかかれています。地図をかくときには，地図の上を北にしたり，北をしめす方位記号をかきこんだりします。
❸方位や道のようす，目じるしとなるたて物などを絵でかいた地図のことを絵地図といいます。絵地図をつくるときは，紙の上のほうを北にします。小学校や自分の家などを中心にして，そのまわりに目立つたて物や山など，かんさつしたことをかき表します。
(1)(2)絵地図の左上にある方位記号は，上が北であることをしめしています。このことから，地図の左がわが西，下が南であることがわかります。
(3)イ…病院は川ではなく，大通りぞいにあります。エ…ゆうびん局のまわりには，住たくが集まっています。

## 2 身近な地いきのようす② 165ページ

❶ (1)①消防しょ　②神社　③図書館
(2)①✕　②〶
(3)ア，エ（じゅん番はちがっていても○）
❷ (1)3
(2)はくぶつ館（びじゅつ館）
(3)①×　②×　③○　④○

**ポイント**

❶(1)(2)地図記号はたて物や土地の使われ方，鉄道などを，それぞれ決まった記号で表したものです。もとになったものを知っておくとわかりやすいです。

| 地図記号 | もとになったもの |
|---|---|
|  学校 | 漢字の「文」の形。 |
|  交番 | けいさつかんがもっているけいぼうが，2本まじわった形。 |
|  消防しょ | 火を消すために，昔使われていた道具の形。 |
|  神社 | 神社の入り口などに立っている，とりいの形。 |
|  図書館 | 本を開いた形。 |
|  工場 | 工場のきかいに使われる歯車の形。 |

(3)イ・ウ…地図記号では，家の持ち主や，くらしている人の数はわかりません。
❷(1)寺の地図記号は卍です。
(2)はくぶつ館やびじゅつ館のたて物の形が表されています。
(3)①学校から見て，駅は西にあります。
②消防しょは，線路の東がわにあります。

## 3 身近な地いきのようす③ 167ページ

❶ (1)①田　②畑　③かじゅ園
(2)公共しせつ
(3)①エ　②イ　③ア
❷ (1)う
(2)①○　②×　③×

**ポイント**

❶(1)①「田」は，いねをかり取ったあとのようすを記号にしたものです。
③「かじゅ園」は，りんごやみかんなどの形を記号にしたものです。
(2)(3)公共しせつには，次のようなものがあります。

| | |
|---|---|
| 市役所 | 市民のくらしにかかわる仕事をしている。 |
| ゆうびん局 | 手紙を出したり，切手やはがきを買ったりできる。 |
| 消防しょ | 消防士がはたらき，火事から町を守る仕事をしている。 |
| 交番 | けいさつの人がはたらき，まちやみんなのくらしの安全を守る仕事をしている。 |
| 図書館 | たくさんの本やしりょうがおいてあり，地いきの人がかりることができる。 |
| 公民館 | その地いきに住む人たちがりようできる。 |

❷(1)あは寺，いは神社，うは消防しょ，えは工場の地図記号です。
(2)②川のまわりには，田（Ⅱ）が広がっていることがわかります。
③学校（文）のまわりには，家や畑（∨）が広がっています。

答え

## 4 市のようす① 169ページ

❶ (1)**7**
(2)**中央**
(3)①**ア** ②**ウ**
❷ (1)**4**
(2)①**○** ②**○** ③**×** ④**×**

🔈 **ポイント**

❶(1)福岡市には，東区，博多区，中央区，南区，城南区，西区，早良区の7つの区があることがわかります。
(2)市役所の地図記号は◎です。太さがちがう二重丸で表されます。
(3)東西南北だけよりもくわしく方位を表す八方位では，北・北東・東・南東・南・南西・西・北西のいずれかでしめされます。
❷(1)港の地図記号は⚓です。船をとめる「イカリ」を記号にしたものです。
(2)①高速道路は，市の西がわにも通っています。
②博多駅には，新かん線，地下鉄が通っています。また，そのほかの鉄道も通っています。
③玄界島には，ひこうきがおりられる空港がないので，ひこうきで行くことはできません。そのかわり港があるので，玄界島へ行くときには船を利用します。
④福岡空港には新かん線の駅はありません。地下鉄や車を利用します。

## 5 市のようす② 171ページ

❶ (1)**南東**
(2)**横浜線**
(3)**ア，ウ**（じゅん番はちがっていても○）
❷ (1)**3**
(2)①**○** ②**×** ③**×** ④**○**

🔈 **ポイント**

❶(1)北と西の間は北西，北と東の間は北東，南と西の間は南西，南と東の間は南東といいます。東西南北の四方位に北西，北東，南西，南東を加えた方位を八方位といい，四方位よりもくわしい方位を表すことができます。
(2)この地図では，東海道新かん線，東海道本線，横浜線，東急東横線が通っています。中山駅は，ＪＲ横浜線の駅です。
(3)イ…横浜駅には横浜市営地下鉄と鉄道が通っていますが，新かん線は通っていません。新かん線が通る駅は新横浜駅です。
エ…市内には，首都高速や東名高速道路が通っています。
❷(1)はくぶつ館の地図記号は🏛です。
(2)①「店が集まっているところ」に中華街があります。
②鉄道（ＪＲ）の駅は2つあります。
③海ぞいには工場の地図記号（⚙）は見られません。
④神奈川県けいさつ本部は県庁のすぐ北がわにあります。

## 6 市のようす③ 173ページ

❶ (1)**しゅくしゃく**
(2)**図書館**
(3)**イ，エ**（じゅん番はちがっていても○）
❷ (1)**工場**
(2)①**イ** ②**ウ**
(3)**ウ，エ**（じゅん番はちがっていても○）

🔈 **ポイント**

❶(1)じっさいのきょりをちぢめることによって，広いはんいを，地図に表すことができます。
(2)🕮は，図書館の地図記号です。
(3)ア…学校のまわりでは，北がわと南がわに店が多いことがわかります。
ウ…川にはさまれたところには，寺があります。田や畑は学校の東がわと南がわに見られます。
❷(1)海ぞいに多く見られる⚙は工場の地図記号です。
(2)(3)海ぞいの地いきは，海岸線がまっすぐになっていることがわかります。これは，人によって海をうめ立ててつくられた土地だからです。これらの地いきは，船で原料やせい品を運ぶのにべんりであるため港がつくられ，そばには多くの工場がつくられています。工場からトラックで物を運びやすくするために，道路も整びされています。

## 7 農家の仕事① 175ページ

❶ (1)ぼうグラフ
(2)いちご
(3)1
❷ (1)9
(2)みつばち
❸ (1)①○　②×　③○　④×
(2)例 長い期間，やさいをしゅうかくできる。

**ポイント**

❶(2)ぼうの長さが生産がくの大きさを表しているので，いちばん長いいちごが，生産がくがいちばん多いことがわかります。
(3)たてじくの目もりを読み取ります。
❷(1)育てたいちごのなえは9月に植えています。
(2)いちごの実をつくるには，花に花ふんをつけることがひつようです。みつばちはみつを集めるために花の間をとびまわるので，自然に花に花ふんがついて，実ができます。
❸(1)①シートをかぶせて育てると，こまつななどの葉やさいは害虫がつくのをふせげます。また，シートがあると土があたたまり，やさいをはやく育てることもできます。
②やさいをしゅうかくできる時期は，やさいによってちがうので，それぞれのやさいに合わせた時期にたねまきをします。
③きれいでおいしいやさいを食べてもらうための農家のくふうです。
④安全なやさいをつくるため，農薬はできるだけ少なくしています。
(2)ビニールハウスは，まわりにビニールをはった温室のことです。ビニールハウスを使うと，長くしゅうかくできることが，カレンダーからわかります。

## 8 農家の仕事② 177ページ

❶ (1)4
(2)5
(3)①○　②○　③×　④×
❷ (1)直売所，おろし売り市場
（じゅん番はちがっていても○）
(2)ア，エ（じゅん番はちがっていても○）

**ポイント**

❶(1)この農家では，こまつな，トマト，にんじん，はくさいの4しゅるいのやさいをつくっています。
(2)こまつなは，生長がはやいため，1年に5回育てることができます。たねまきを何回かに分けて行うようにすると，しゅうかくの時期がずれるので，つづけて出荷できます。
(3)③にんじんは，8月から10月にかけてなえの世話をして，10月から1月にかけてしゅうかくします。
④はくさいは，11月から2月の秋から冬にかけてしゅうかくします。
❷(1)畑でしゅうかくされたれんこんは，トラックで直売所やおろし売り市場に運ばれます。直売所は，農家の人が直せつやさいなどをもちこんで売る場所です。おろし売り市場は，農家の人がやさいなどをもちこみ，ねだんをつける場所です。おろし売り市場へ運ばれたれんこんは，市内のスーパーマーケットやほかの市や県に運ばれます。
(2)イ…わたしたちは，スーパーマーケットや直売所などを通して，れんこんを買います。
ウ…スーパーマーケットではれんこんをつくっていません。

## 9 工場の仕事① 179ページ

❶ (1)東
(2)18
(3)①イ　②ア　③イ
④ア　⑤イ　⑥イ
❷ (1)①○　②×　③×　④○
(2)例 せいけつさをたもつため。

**ポイント**

❶(1)地図では，丸の大きさと数字で工場の数を表しています。いちばん多いのは東区，2番目に多いのは博多区です。
(2)西区の工場の数は18です。
(3)「1日につくるおかしの数」「おいしいおかしのつくり方」「おかしの原料のしゅるい」「工場ではたらいている人の数」は，見て調べるよりも，工場の人に聞いたほうが正しく調べられます。聞いてくることには，ほかに「くふうしたり，気をつけたりしていること」があげられます。
❷(1)②図から，おかしをやき上げるときは，大きなきかいを使っていることがわかります。
③おかしの生地は，大きなきかいで形をつくってからやき上げています。
(2)食品をつくる工場ではたらく人は，安全な食品をお客さんに食べてもらうために，身のまわりをせいけつにするようにしています。白い作業服を着たり，マスクをつけたりするくふうをしています。

## 10 工場の仕事② 181ページ

❶ (1)50
(2)60
(3)①ア　②エ　③カ
❷ (1)北海道
(2)小麦，グリンピース
(じゅん番はちがっていても○)
❸ イ，エ (じゅん番はちがっていても○)

**ポイント**

❶(1)地図から，駅の近くにあるのは，50年ほど前の工場の場所だとわかります。
(2)地図から，60年ほど前は，原料となる魚がすぐに手に入りやすい，港の近くにあったことがわかります。
(3)60年ほど前にくらべると，今の工場は海から遠く，高速道路の近くにあることがわかります。これは，広い土地が広がり，地下水が手に入りやすいためです。また，高速道路を使ってトラックで原料やせい品を運ぶのにべんりだからでもあります。
❷(1)地図から，ほたて貝は北海道から工場に仕入れていることがわかります。ほかにも，たまねぎは北海道などから，ぶた肉は栃木県などから仕入れています。
(2)原料は，外国から船で運ばれてくるものもあります。小麦はカナダとアメリカから，グリンピースはニュージーランドから仕入れていることがわかります。
❸食品をつくる工場では，せい品を安心して食べてもらうために，気をつけて作業をしています。白い服を着ることで，よごれたらすぐわかるようにしています。このほかに，手ぶくろをはめて，せい品をちょくせつさわらないようにもしています。

## 11 店ではたらく仕事① 183ページ

❶ (1)(あ)
(2)4
(3)イ，エ (じゅん番はちがっていても○)
❷ (1)(あ)イ　(い)ア　(う)ウ
(2)①(い)　②(う)
(3)[例]雨の日でも買い物しやすい。

**ポイント**

❶(1)(2)買い物に行く回数がいちばん多かった店は，●の数がいちばん多い店です。スーパーマーケット①は10こ，スーパーマーケット②は7こ，コンビニエンスストアは4こ，となり町の大型ショッピングモールは3この●があることがわかります。
(3)駅前の八百屋はやさいをせん門であつかう店，魚屋は魚をせん門であつかう店です。アとウはコンビニエンスストアの説明です。
❷(1)(2)八百屋や魚屋などの，いろいろな店が集まっている場所を商店がいといいます。1つ1つの店が協力して，お客さんを集めたり，買い物しやすくしたりするくふうをしています。大型ショッピングモールには，食品や家具などのいろいろなしゅるいの店が1つのたて物に多く集まっています。広いちゅう車場があり，たくさんの車をとめることができるので，車での買い物をするのにべんりです。コンビニエンスストアは，べんとうやおかしだけでなく，生活にひつようなさまざまな品物を売っています。多くの店が年中無休で24時間開いており，早朝や夜おそくでも買い物することができます。
(3)道に屋根があると，雨の日でもかさをささずに買い物することができます。商店がいにつくられている屋根を，アーケードといいます。

## 12 店ではたらく仕事② 185ページ

❶ (1)①エ　②イ　③ア　④ウ
(2)イ
❷ (1)①ウ　②エ　③ア　④イ
(2)ウ

**ポイント**

❶(1)スーパーマーケットの売り場だけでなく，売り場の外でもたくさんの人がさまざまな仕事をしています。
①お客さんにレシートをわたすのは，レジではたらいているエの人です。近ごろは，お客さんが自分でレジを行うところもあります。
②取りやすいように品物をならべているのは，売り場ではたらいているイの人です。お客さんが見やすい場所に品物をおくなどのくふうをしています。
③店にならべるそうざいをつくっているのは，売り場の外にあるそうざいをつくるところではたらくアの人です。できたてのべんとうやそうざいを食べてもらうため，1日に何回かに分けてつくるくふうをしています。
④魚をさまざまな大きさに切り分けているのは，魚を加工する場所ではたらくウの人です。お客さんが買いたい量に合わせて魚を切り分けています。
❷(1)スーパーマーケットでは，お客さんのねがいにこたえて，さまざまなくふうをしています。お客さんにきてもらうための取り組みです。
(2)絵の中のちゅう車場には，車いすにのった人のマークがえがかれています。これは，しょうがいのある人せん用のちゅう車場です。しょうがいのある人がすぐに店内に入れるように，店の入り口の近くにつくられています。スーパーマーケットでは，だれもが買い物をしやすくなるようにくふうをしています。

## 13 店ではたらく仕事③ 187ページ

❶ (1)①レタス　②りんご　③バナナ
(2)北海道
(3)牛肉
(4)産地

❷ (1)福島県
(2)にんじん，じゃがいも
（じゅん番はちがっていても○）
(3)中国
(4)イ，エ（じゅん番はちがっていても○）

ポイント

❶(1)(2)品物のつくられた場所やとれた場所は，ここではねふだの上部に書かれています。
(3)牛肉は，アメリカ産とオーストラリア産の2つがあります。
(4)産地が書いてあれば，どこでつくられているものかがわかります。品物の産地は，ねふだのほか，だんボール，ふくろ，品物にはられたシールに書かれていることもあります。
❷(1)(2)「国内から」の地図から，ももは福島県，にんじんやじゃがいもは北海道から仕入れていることがわかります。
(3)「外国から」の地図から，にんにくは中国から仕入れていることがわかります。
(4)ア…ももは福島県から仕入れていますが，キウイフルーツはニュージーランドから仕入れています。国内だけでなく，外国からも仕入れていることがわかります。
ウ…魚は外国ではなく長崎県から仕入れていることがわかります。

## 14 火事からくらしを守る① 189ページ

❶ (1)2012
(2)イ

❷ ①×　②×　③○

❸ (1)今木，小野（じゅん番はちがっていても○）
(2)（左から順に）8，30
(3)ア，ウ（じゅん番はちがっていても○）

ポイント

❶(1)金沢市の火事のけん数は，2012年がもっとも多く100けんをこえていることがわかります。
(2)2012年はおよそ100けん，2021年はおよそ75けんであることから，へっていることがわかります。
❷①グラフの中に火事の合計は75けんとあることから，×になります。
②グラフを見ると，たばこよりも放火が原いんの火事のけん数の方が多いことがわかります。
❸(1)4日目に「当番」なのは今木さんと小野さんです。「非番」というのは，おもに当番を終えた日のことをいいます。火事がいつおきてもすぐにかけつけられるように，休みは交代でとります。
(2)当番の日は朝8時30分から，次の日の朝8時30分まで，24時間はたらいていることがわかります。
(3)イ…当番の日は24時間はたらくので×になります。
エ…表の中には，全員が休みになる日はないことがわかります。火事はいつおこるかわからないので，消防しょの人はいつでも出動できるようにくふうをしています。

## 15 火事からくらしを守る② 191ページ

❶ (1)119
(2)通信指令室
(3)①ア　②ウ
(4)①オ　②イ　③ウ　④ア

❷ イ，エ（じゅん番はちがっていても○）

ポイント

❶(1)(2)119番にかけると，その地いきの中心となる消防しょにおかれている通信指令室につながります。通信指令室のコンピューター画面には，電話をかけた人のいる場所の地図がうつし出され，火事のげん場や，いちばん近い消防しょがすぐにわかるようになっています。
(3)まず，火事か救急かをつたえます。そのほか，「場所はどこか」，火事なら「もえているものは何か」などをつたえることも大切です。
(4)①れんらくを受けた消防しょは，消防自動車を出動させ，げん場にかけつけます。
②けが人がいる場合は，ちりょうをしてもらうため，病院にれんらくします。
③消火のときには，水をたくさん使うため，水道局にれんらくをします。
④火事がおこったときには，消防自動車を道に止めて消火活動を行います。新しい事故がおこるのをふせぐため，けいさつが交通整理を行います。
❷消防しょではたらく人は，火事がないときは，くん練や消防せつびの点けんを行っています。これは，火事がおこったときに，すぐに消火活動ができるようにするためのくふうです。アはけいさつの仕事，ウは農家の仕事です。

## 16 火事からくらしを守る③ 193ページ

❶ (1)①ウ　②イ　③ア
(2)①ア　②エ　③ウ
❷ (1)①○　②×　③○
(2)ウ

**ポイント**

❶(1)(2)①消火器は，ピン（せん）を引きぬき，レバーをにぎると消火用の薬品がふき出します。発生してすぐの小さな火事を消すのに役立ちます。
②火さいけいほう器は，まわりの温度が一定の高さまで上がったりけむりがふれたりすると，はんのうし，大きな音を出して，火事がおこっているかもしれないということを知らせます。
③学校など屋内にある消火せんは水道管につながっていて，消火活動をするとき，水をたくさん出すことができます。消火せんのホースはとても長いので，はなれたところの火事へも，放水できるようになっています。
❷(1)②防火水そうは5か所にせっちされています。
③道路にはたくさんの消火せんがせっちされていることがわかります。どこで火事がおきても，すぐに消火できるようにするためです。
(2)消防団の人たちは，ふだんはべつの仕事をしていますが，火事などにそなえてくん練や火事をふせぐための取り組みをしています。消防団の人たちは，消防しょの人たちと協力して，自分たちの町を守るために活動しています。

## 17 事故や事件からくらしを守る① 195ページ

❶ (1)①イ　②エ　③ア　④ウ
(2)交通整理
❷ (1)①イ　②ア　③エ　④ウ
(2)①横だん歩道　③カーブミラー

**ポイント**

❶(1)①地いきのパトロールは，夜だけでなく，昼も行っています。昼は1人ぐらしのお年寄りの家をたずねることもあります。
②自転車で2人乗りをしたり，夜，走っているときにライトをつけていなかったりすると，交通の取りしまりのたいしょうになります。
③交番には，道がわからなくなってたずねてくる人もいます。そのような人に道あん内をします。
(2)交通整理は，事故や火事がおこったときも行われます。自動車や自転車，人の流れを整理します。
❷(1)(2)①歩行者が安全に道路をわたることができるように，横だん歩道はかかれています。
②点字ブロックです。進行方向を線でしめすものや，階段の前，横だん歩道の前などで注意を点でしめすブロックがあります。
③カーブミラーです。かがみになっているので，曲がり角など見通しのわるいところで，自動車や自転車がきているかどうか，かくにんできるようになっています。
④おしボタンしん号きです。ボタンをおすことで，歩行者がわの信号が青しん号になります。

## 18 事故や事件からくらしを守る② 197ページ

❶ (1)110
(2)①い　②え　③う
❷ (1)①○　②×　③○　④×
(2)ルール

**ポイント**

❶(1)事故や事件のときには110番，火事のときや急病人・けが人がいるときには119番に通報します。
(2)①近くの交番やけいさつしょから，けいさつかんがかけつけ，事故の原いんを調べたり，交通整理をしたりします。また，事故のげん場は，人や車でこんざつします。
③救急車は消防しょから，ひつようなときに出動します。
❷(1)①事故の数は，左のグラフのたてじくの数を読み取ります。
②事故の数がいちばん多いのは2016年で，2018年は2番目に多くなっています。
④事件の数がいちばん少ないのは2019年です。
(2)身のまわりのきまりや，やくそくのことをルールといいます。自転車はべんりな乗り物ですが，交通ルールをきちんと守ることが，安全なくらしを送るうえで大切です。

## 19 事故や事件からくらしを守る③ 199ページ

❶ (1)安全マップ（防犯マップ）
(2)①イ　②ア　③エ　④ウ
❷ (1)こども110番
(2)①○　②×　③○　④×
(3)交番

**ポイント**

❶(1)安全マップは，学校や地いきでつくられ，子どもたちが事故や事件にまきこまれることをふせぐのに役立っています。
(2)①②見通しがわるい道やせまい道は，事故や事件にまきこまれやすいだけでなく，まきこまれたときに発見されにくいというきけんもあります。
③車が多い道では事故がおこりやすいので，注意することが大切です。
④公園に行く子どもが多いことから，ポスターがはってあると考えられます。
❷(1)「こども110番の家」には，ゆうびん局やお店などがとうろくしていて，入り口などにステッカーがはられています。身にきけんを感じたり，こまったことがあったりしたときなどに，安心して立ちよることができる場所です。「こどもひなんじょ」などとよぶ地いきもあります。
(2)①町内会の人，学校のＰＴＡなど，地いきの人たちもパトロールをしています。
②④けいさつの仕事です。
(3)交番にいるけいさつかんは，パトロールをしたり，道あん内をしたりしています。また，交番では落とし物の受けつけなどもしています。

## 20 くらしのうつりかわり 201ページ

❶ (1)①ア→ウ→イ
②イ→ア→ウ
③ウ→イ→ア
(2)①イ　②エ　③ア
❷ (1)①○　②○　③×
(2)元号（年号）

**ポイント**

❶(1)(2)①音楽をきくための道具は，レコードを回転させてならすレコードプレーヤーから，今はデータで音をならすデジタルプレーヤーになりました。ラジカセは，「ラジオカセットレコーダー」のりゃくで，ラジオやカセットテープを聞くことができるとともに，レコーダーとして，音声をろく音することができます。
②昔の人は，かまどにまきをくべて火をおこし，その上になべやかまをおいて，ごはんをたいたり，料理をしたりしていました。ごはんをたくのは，やがて電気がまとなり，自動すいはんきへとかわりました。
③昔は，井戸からひつような分だけ水をくみ，せんたく板とたらいを使って1つ1つ手あらいでせんたくしました。やがて，せんたくきが使われるようになりましたが，さいしょはレバーを回して，手動でだっ水をしていました。今はせんたくからだっ水までスイッチをおすだけで全自動でできるようになり，かんそうまでできるせんたくきもあります。
❷(1)道具は，だれでもかんたんに，時間をかけずに使えるものが多くなっています。また，電気が使われるようになってきました。
(2)元号にはほかに，明治や大正などがあります。

## 21 地いきのうつりかわり 203ページ

❶ (1)①○　②○　③×
(2)ア
❷ (1)ア
(2)①×　②×　③○

**ポイント**

❶(1)①［今の明石市］の地図から，鉄道ぞいを中心に，家や店の多いところが，昔よりもふえていることがわかります。
②［70年から60年ほど前の明石市］の東がわには畑がありますが，［今の明石市］には畑はなく，家や店が多いところにかわっています。
③工場の数は昔よりもふえています。
(2)外国から旅行にきた人には，市のようすはわかりません。市のようすを調べたあとは，うつりかわりを年表などにまとめるとわかりやすくなります。
❷(1)川越駅を利用する人の数は，4万8312人から12万6508人にふえていることがわかります。
(2)川越市の人口は，2015年がもっとも多く，そのあとはへっていくことがグラフからわかります。
①2005年から人口はふえたりへったりしているので×です。
②65才以上の人口はふえつづけているので×です。近年，65才以上の人口はふえ，14才以下の人口がへる，「少子高れい化」が進んでいます。

## 22 まとめのテスト❶ 205ページ

❶ (1)あ田　い神社
(2)①○　②○　③×　④×
❷ (1)市役所
(2)①×　②○　③○

**ポイント**

❶(1)田の地図記号は，いねをかり取ったあとのようすを記号にしたもの，神社の地図記号は，入り口などに立っている，とりいの形を記号にしたものです。
(2)③公園のとなりにあるのは消防しょです。
④地図に方位をしめす記号がないときは，地図の上が北になります。そのため，西は駅の左がわです。病院の地図記号は⊕で，この地図記号は駅前の通りを左（西）に進むと右手にあります。
❷(1)市役所には，市民がそうだんできるまど口もあります。
(2)①図書館は，博多駅のまわりのほかにもたくさんあります。
②地図の上が北になるため，動物園から見て南西は左下になります。Yは消防しょの地図記号です。
③海ぞいには，福岡都市高速道路が通っています。

## 23 まとめのテスト❷ 207ページ

❶ (1)ウ→ア→イ
(2)①○　②○　③×　④○
❷ (1)イ，ウ（じゅん番はちがっていても○）
(2)①×　②×　③○　④×

**ポイント**

❶(1)いたみやすいやさいやくだものは，しゅうかくしたあと，なるべく新せんなままスーパーマーケットなどへとどけられるようにくふうされています。しゅうかくしたらすぐに，ていねいにたばねたり，パックやはこにつめたりしたあと，新せんなうちにトラックで運ばれます。
(2)②工場の中のきかいや商品は，じっさいに使っているもののため，かってにさわってはいけません。
③工場の見学のときには，友だちと話をするのではなく，しずかに見学し，工場の人の話を聞きましょう。
❷(1)ア…駅の近くにある商店がいのよいところです。
エ…コンビニエンスストアのよいところです。
(2)①ピーマンは，茨城県と宮崎県の２県から仕入れています。
②たまねぎは北海道や佐賀県，じゃがいもは北海道と，遠い地いきから仕入れています。
④にんじんはこの地図にはのっていないためわかりません。近くの県から仕入れているものには，なすやこまつながあげられます。

## 24 まとめのテスト❸ 209ページ

❶ (1)①119　②通信指令室
(2)①エ　②ア
(3)①×　②○　③○
❷ (1)①×　②○　③○　④×
(2)横だん歩道
❸ (1)かまど
(2)ＩＨ電気台

**ポイント**

❶(1)(2)地いきの消防しょの中心となる通信指令室は，火事の通報を受けると，けいさつしょや病院など，関係するところにれんらくをします。
(3)消防団は，ふだんはべつの仕事をしていて，火事のときなどに消火活動を行います。
❷(1)①④消防しょの人の仕事です。
(2)横だん歩道は，歩行者が安全に道路をわたることができるように，かかれています。
❸(1)かまどは，火を自分でおこして，まきをくべて使います。かまでごはんをたいたり，なべで食べ物をにたきしたりするときに使われました。
(2)全自動せんたくきはせんたくをする電気せい品，電気ストーブは室内をあたためる電気せい品です。

# 国語

## 1 漢字① 211ページ

❶ (1)**なら** (2)**しよう**
(3)**やっきょく** (4)**やす**
(5)**はいそう** (6)**たす**
(7)**かいてん** (8)**はなぢ**
(9)**きみ，は**

❷ (1)詩 (2)文章 (3)次
(4)返 (5)路線 (6)屋上
(7)具 (8)旅館 (9)羊，育

**ポイント**

❶(5)「配送」は「配たつして送りとどける」という意味です。
(8)「鼻血」は「はなじ」と書かないように注意しましょう。「はな」＋「ち」と分けて考えるとおぼえやすくなります。
❷(9)「育」の訓読みは「そだ（てる）」のほかに「そだ（つ）」「はぐく（む）」もあります。

## 2 漢字② 213ページ

❶ (1)**しょくじ** (2)**くさぶえ**
(3)**しょうひん** (4)**みじか**
(5)**ぜんぶ** (6)**の**
(7)**びょうどう** (8)**かかり**
(9)**おも，にもつ**

❷ (1)住 (2)決意 (3)地面
(4)王宮 (5)問題 (6)研究
(7)昔話 (8)銀行 (9)坂道，転

**ポイント**

❶(4)「短い」の送りがなは「い」です。「かい」ではないので注意しましょう。
❷(1)「住」の訓読みはほかに「す（まう）」があります。

## 3 詩① 215ページ

❶ (1)①**ほんまにほんまやで** ②**イ**
(2)**なわとび**
(3)**ア**

**ポイント**

❶(1)①問題になっている九字のほかにも，「でけたんや」（2行目と6行目），「でけへんね」（10行目と12行目）ということばがくり返されています。
②同じことばをくり返し使うのは，そのことばを強調するためです。うそをついているのではなく，本当にできたことをしんじてほしいから，くり返して強めています。
(2)「でけたんや」のあとにそれぞれ「けあがり」，「さかあがり」，「なわとび」とあります。このように，ことばのじゅん番を入れかえることを，「とうち法」といいます。本来ならばあとに来ることばを，先にもってくることによって，強調することができます。
(3)「なんでか　しらん」（なぜかはわからない）とあることから，**イ**はふさわしくありません。「みんな」が知っている人か知らない人かははっきりとは書いてありませんので，**ウ**ではなく**ア**がふさわしいです。

答え

## 4 物語① 場面の様子 217ページ

❶ (1)**よむこと，かくこと**
　(じゅん番はちがっていても○)
(2)**ウ**
(3)**おぼえ，あるいて**
(4)**らんぼう**

**ポイント**

❶(1)「うれしくて、うれしくて」の前に「はじめてもじをならいました」「よむこともできます。かくこともできます」とあります。
(2)アの「しりもち」は，「なにか」とぶつかって地面におしりをつけて転んでしまうことです。イの「いろはにほへと」は，かっちゃんがくり返していたことばです。
(3)文章のさい後のかっちゃんのせりふに注目しましょう。「いろはにほへと」を「いっしょうけんめいおぼえながらあるいていた」と言っているので，いっしょうけんめいおぼえていたから上の空になって，さむらいとぶつかったのだとわかります。
(4)かっちゃんがさむらいにたいして，「いたいよう、らんぼうだなあ！」と言っていたことから考えます。

## 5 国語辞典の使い方 219ページ

❶ (○をつけるところ)
(1)**遊ぶ**　(2)**来る**　(3)**ていねい**
❷ (1)**読む**　(2)**する**　(3)**さわやか**
(4)**まぶしい**
❸ (○をつけるところ)
(1)**友だち**　(2)**公園**　(3)**プリン**
(4)**カーテン**　(5)**きょうりゅう**
❹ (右からじゅんに)
(1)**1，2，3**　(2)**3，1，2**
(3)**2，3，1**　(4)**1，2，3**

**ポイント**

❶国語辞典には，見出し語が言い切りの形でのっています。
(1)――線のすぐあとに「。」をつけて考えます。「遊ば(ない)」「遊ぼ(う)」なども「遊ぶ」が形をかえたものです。
(2)「来い」も「来る」が形をかえたものです。
(3)「ていねい」などのじょうたいやせいしつを表すことばは，「ていねいな」「ていねいに」としても形のかわらない部分が国語辞典にのっています。
❷(3)「さわやか」で意味が通ります。
(4)「まぶし」では意味が通りません。
❸(1)「とも」と「ゆう」を五十音じゅんでくらべます。
(2)「こう」までは同じです。
(3)字数が少ないほうが先に出てきます。
(4)「カーテン」ののばす音の部分は、発音するとおりに「かあてん」とおきかえます。
(5)「きょうり」までは同じです。
❹(1)「かあ」「とう」「ばあ」でくらべます。
(2)小さい音も大きい音と同じように考えます。
(3)「きつ(っ)」までは同じです。
(4)「゛」だく点のついていないほうが先に出てきます。

## 6 漢字の音と訓 221ページ

❶ (1)**イ**　(2)**ア**　(3)**イ**　(4)**ア**
❷ (○でかこむところ)
(1)**そう**　(2)**こく**　(3)**げつ**
(4)**ぜん**　(5)**せん**　(6)**すう**
❸ (1)**あそ**　(2)**ととの**　(3)**そだ**
(4)**すみ**　(5)**ふで**
❹ (1)**イ**　(2)**イ**　(3)**ア**　(4)**イ**
(5)**ア**

**ポイント**

❶(1)送りがながついていることが多いです。
(2)中国語の読み方がもとになっているためです。
(3)たとえば「山」という漢字(中国語では「サン」)に日本語の「やま」という読み方をあてたということです。
(4)「サン」「シン」などさい後の音が「ン」である読み方は音読みです。
❷(1)「草原」は音読み、「草原」は訓読みです。
(2)意味がわかりづらい読み方をえらびます。
(5)「ン」で終わる「セン」が音読みです。
(6)「数字」「分数」などのじゅく語の場合は音読みです。
❸(1)音読みは「ユウ」です。
(2)ほかに「ととの(える)」という送りがなもあります。
(3)「はぐく(む)」「そだ(てる)」も訓読みです。
(4)音読みは「タン」です。
(5)音読みは「ヒツ」です。
❹(1)音読みは「シ」です。
(2)「くる(しい)」などの訓読みもあります。
(3)訓読みは「いま」です。
(4)音読みは「ショク」です。
(5)訓読みは「ば(ける)」「ば(かす)」です。

## 7 せつ明文① だん落の役わり 223ページ

❶ (1)**えさ，何も食べず**
(2)**イ**
(3)**体温，心ぱく数**
(4)**ウ**

**ポイント**

❶(1)冬みんする動物のれいとして，[2]だん落でエゾシマリス，[3]だん落でヤマネについてせつ明しています。この二つのだん落から，ちがいが書かれている部分をさがします。
(2)［　　］の前には「冬の間は何も食べず、秋に体内にたくわえたしぼうを使って、半年もねむりつづけるのです」とあり，［　　］のあとには「秋にはいっぱい食べて太ることが、生きのびるためのじょうけんなのです」とあります。前の部分があとの部分の理由になっているので，イの「だから」があてはまります。
(3)チッチについては，[5]だん落と[6]だん落でせつ明されています。どのように冬みんしているのか書かれている部分をさがすと，[6]だん落のさい後に「体温と心ぱく数を下げて、……ねむっているのです」とあります。
(4)[5]だん落のさい後に，「なぜ、そんなに生きられるのでしょうか？」と新しいぎ問が投げかけられていることに注目しましょう。

## 8 漢字③ 225ページ

❶ (1)**のうぎょう** (2)**はっけん**
(3)**ふか** (4)**もう**
(5)**だいり** (6)**こおり**
(7)**そうだん** (8)**ばんごう**
(9)**まつ，しら**

❷ (1)動 (2)漢和 (3)表
(4)遊 (5)由来 (6)横
(7)皿 (8)事実 (9)病院，急

**ポイント**

❶(6)「氷」は「こうり」と書かないように注意しましょう。
❷(2)「漢」の部首は「さんずい」です。

## 9 漢字④ 227ページ

❶ (1)**たいよう** (2)**きもの**
(3)**しゃしん** (4)**つか**
(5)**すみび** (6)**う**
(7)**けんどう** (8)**いちびょう**
(9)**れんしゅう，にばい**

❷ (1)豆 (2)様子 (3)庭
(4)整 (5)都合 (6)委員
(7)悲 (8)洋服 (9)家族，登

**ポイント**

❶(2)「着」の訓読みは「き（る）」ですが，「物」という字につくと「き」と読むので注意しましょう。

## 10 物語② 登場人物のとくちょう 229ページ

❶ (1)**手つだってくれる**
(2)**かわいい，ぽっちゃり**
(3)**きょとん**
(4)**ア**

**ポイント**

❶(1)つぼみさんが言ったひとりごとの内ようは，「せめて、……だれか、手つだってくれるひとがいないかしら……」ですので，つぼみさんがほしいのは「手つだってくれる」ひとだとわかります。
(2)美月について書かれている部分に注目しましょう。台所のドアのむこうで「かわいい声がしました」とあり，ドアをあけると「色白のぽっちゃりとしたむすめ」がたっていたとあります。
(3)美月がつぼみさんに話しかけたあとに，「つぼみさんが、きょとんとすると」とあります。
(4)美月は「お手つだいにきました」と言っています。さらにそのあとで，美月は「だれか、手つだってくれるひとがいないかしら」というつぼみさんの声を「耳がいいから、きいてしまったんです」と話しています。

## 11 俳句 231ページ

❶ (1)ウ
(2)名月
(3)③秋　④春
(4)雪，二の字

**ポイント**

❶(1)俳句は，ふつう「五・七・五」の十七音からできています。一音ずつ数えて区切りましょう。
(2)俳句には「季語」という，季節を表すことばを入れる決まりがあります。②の句の中の「名月」は，秋を表す季語です。
(3)俳句の中にある季語をさがして考えます。③の季語は「きりぎりす」で，今でいうコオロギのことを指します。季節は秋です。ちなみに，今のきりぎりすは，昔は「はたおり」とよばれていたそうです。④の季語は「桜」で，季節は春です。
(4)「雪の朝」，きれいな雪についた「下駄の跡」がいくつも漢数字の「二の字」のようにのこっている様子を表した俳句です。

## 12 こそあど言葉① 233ページ

❶ (1)イ　(2)ア　(3)エ　(4)ウ
❷ (線を引くところ)
(1)こちら　(2)あそこ　(3)どの
(4)そちら　(5)どう
❸ (○でかこむところ)
(1)どこ　(2)こんな　(3)そう
(4)あの　(5)それ
❹ (1)イチゴ　(2)しおり

**ポイント**

❶(1)相手に近いものを指します。
(2)自分に近いものを指します。
(3)指すものや遠近がはっきりしないときに使うことばです。
(4)「あ」で始まる「あの」「あそこ」「あちら」も同様に自分からも相手からも遠いものを指します。
❷(1)「こちら」「こっち」は方向を表します。
(2)「あそこ」は場所を表します。
(3)「どの」は物事を表します。
(4)「それ」や「そっち」をていねいに表すことばです。
(5)じょうたいを表します。「すれば」まで線を引かないように気をつけましょう。
❸(1)「……で買ったのですか。」に自ぜんにつながることばをえらびましょう。とくに文まつの「ですか」に注目するとよいです。
(4)「あのとき」はげんざいからはなれたかこのことを指します。
(5)あわ立てたたまごを指しています。
❹(1)文章の中でこそあど言葉が使われているときは，指すものがその前に書かれていることが多いです。
(2)「本にしおりが……」という文は，主語は「しおり」で，しおりについてたずねている文です。

## 13 詩② 235ページ

❶ (1)ア
(2)手
(3)①ウ　②ウ

**ポイント**

❶(1)「かぼちゃのつる」の「細い先」は「竹をしっかりにぎって」います。「小さなその先たん」「赤子のような」とも表げんされていることから，小さくて弱い様子を表しているとわかります。
(2)□のあとに「開いて」とあり，詩のさい後の行で「つかもうとしている」とあるので，何かをつかむために開く体の一部，つまり「手」があてはまるとわかります。
(3)①「かぼちゃのつる」の先たんという人でないものに，「にぎって（にぎる）」「つかもう（つかむ）」という人の動作の表げんを使っているので，ウがあてはまります。ウのようなくふうのことを「ぎ人法」といいます。
②「かぼちゃのつる」が，人が手をしっかりにぎったり手をのばすようにぐんぐんとのびていったりする様子を表していることから考えます。

## 14 へんとつくり① 237ページ

❶ (1)イ (2)エ (3)ア
❷ (1)ウ (2)エ (3)ア (4)イ
❸ (1)詩 (2)板 (3)頭 (4)動 (5)妹
❹ 転，波，社，畑（じゅん番はちがっていても○）

### ポイント

❶(2)「ひへん」は，「にちへん」とよばれることもあります。
(3)「しめすへん」は，神様におそなえものをささげるための祭だんの形である「示」がへん形してできた部分です。
❷(2)「おおざと」は，人が住む場所にかん係がある部分です。同じ形が漢字の左がわにある場合は「こざとへん」とよびます。
❹「くるまへん」は，馬車や昔のせん車にかん係する部分で，「転」はもともとは馬車やせん車の車りんがころころと転がるという意味の漢字です。

## 15 ローマ字 239ページ

❶ (1)a (2)ki (3)su (4)te
(5)no (6)kya (7)nyu
(8)pyo (9)n (10)bo
❷ (1)s (2)r (3)y
❸ (1)うえき (2)にっぽん (3)とうきょう
❹ (1)gyûniku (2)kîro(kiiro)
(3)kitte (4)denwa
(5)sen'en (6)otôto

### ポイント

❶(7)「にゅ」の「に」は「ナ行」なので，「ナ行」を表す「n」と「ゆ」を表す「yu」を組み合わせます。
❷(1)「さ」は「サ行」なので，「サ行」を表す「s」を「a」と組み合わせます。
❸(2)「Ni」のあとの「p」が二字つづけて使われているときは，「にっ」と小さな「っ」がつづきます。
(3)「o」の上に「^」がついているので，「Tô」は「トー」とのばします。ひらがなでは「とう」と表します。
❹(2)「い」の音をのばすときは「î」と「ii」の二通りの表し方があります。
(5)「sen」と「en」の間に「'」を入れましょう。入れわすれると「せねん」と読めてしまいます。

## 16 修飾語① 241ページ

❶ (1)主語…ア 述語…ウ
(2)主語…イ 述語…エ
(3)主語…ウ 述語…オ
❷ (1)イ (2)ウ (3)イ
❸ (1)ア (2)イ (3)ア
❹ (1)ウ (2)ア (3)エ (4)イ

### ポイント

❶述語は文のさい後にあることが多いです。まず述語をさがしてからその動作をする主語をさがしましょう。
(1)述語は「走る」です。だれが「走る」のかと考えると，「犬が」が主語だとわかります。
(2)述語は「さいた」です。何が「さいた」のかと考えると，「花も」が主語だとわかります。
(3)述語は「ほめられた」です。何が「ほめられた」のかと考えると，「絵が」が主語だとわかります。
❷修飾語は修飾される語の前にあります。
(1)「たくさん」がどんなじょうたいを表すかというと，「ある」です。
(2)「水そうの」どこかというと，「中」です。
(3)「赤い」何かというと，「玉」です。
❸(1)どんな「子ども」かと考えると，「小さな」子どもだとわかります。
(2)どのように「流れる」かと考えると，「しずかに」流れるのだとわかります。
(3)どんな「色」かと考えると，「きれいな」色だとわかります。
❹(1)何を「くれた」のかを考えましょう。
(3)どれくらい「ごぼうを」買ったのかを考えましょう。
(4)どんな「空を」見上げたのかを考えましょう。

## 17 ことわざ・故事成語① 243ページ

❶ （〇でかこむところ）

(1)**はち**　(2)**かえる**

(3)**さる**　(4)**虫**

❷ (1)**ア**　(2)**イ**

❸ (1)**オ**　(2)**ウ**　(3)**エ**

(4)**カ**　(5)**イ**　(6)**ア**

❹ (1)**ウ**　(2)**エ**

**ポイント**

❶(1)「ふ運なことの上に，さらにふ運なことが起こる」という意味です。

(2)「子は親とせいしつや才のうがにる」という意味です。

(3)「どんなに上手な人でもしっぱいすることがある」という意味です。

(4)「人のこのみはそれぞれにちがうものだ」という意味です。

❷(1)「物事を用心深く行う」という意味です。

(2)「よいことはためらわずに急いでやるべき」という意味です。

❹(1)「五十歩にげるのも百歩にげるのも，にげたことにはかわりがないこと」，つまり，「どちらも同じようなものであること」という意味です。

(2)「当事者があらそっている間に，第三者がりえきをえること」という意味です。

## 18 漢字の使い分け① 245ページ

❶ (1)①返　②帰

(2)①赤　②明

(3)①放　②話

❷ (3) せきをアける　(2) 戸をアける　(1) 夜がアける

明　空　開

❸ （〇でかこむところ）

(1)**速**　(2)**売**　(3)**買**　(4)**生**

(5)**仕**　(6)**合**　(7)**上**　(8)**大**

❹ (3) 仕事をオえる　(2) 手にオえない　(1) 目でオえない

負　追　終

**ポイント**

❶(2)「明」には，「あかるい・はっきりしている」のほかに，「夜があける」という意味もあります。

❷(2)「開」には，「とじていたものがひらく」という意味があります。

❸(1)「速い」は，「走るのが速い」のように，「スピード」という意味合いで使います。

(7)「上る」は，「下から上に行く」という意味のほかに，「とりあげられる」という意味でも使われます。

❹(2)「負う」は「せおう」という意味です。「手に負えない」は，自分の力ではあつかいきれないという意味の慣用句です。

## 19 物語③　登場人物の気持ち 247ページ

❶ (1)**チョコレート，はんぶんこ**

(2)**イ**

(3)**ア**

**ポイント**

❶(1)「じんざはチョコレートはすきではなかった。けれども，目をほそくしてうけとった」とあります。すきではないものであっても，男の子が自分と「はんぶんこ」してくれたことが「うれしかった」とわかります。

(2)じんざは男の子を「ねむらないでまって」いました。そして，男の子の話を「のりだして」聞いていたことから，男の子の話を楽しみにしていたことがわかります。

(3)あとの男の子のせりふから考えましょう。おかあさんがたいいんすることと，男の子がサーカスを見に来ることがわかります。どちらも男の子にとってはうれしいことです。

## 20 せつ明文② 文のつながり 249ページ

❶ (1)①ウ ②ア
(2)走る，とぶ（じゅん番はちがっていても○），投げる
(3)イ
(4)ウ

**ポイント**

❶(1) ① の前にある「ぎ手」と，あとにある「ぎ足」は，入れかえても文の意味がかわりません。したがって，どちらか一方をえらぶことを表すことば「あるいは」が入ります。 ② の前には「スポーツ用のぎ手やぎ足」が「のう力を発きできるようにつくられています」とあります。あとには「りく上きょうぎ用のぎ足」のくふうが具体てきに書かれているので，具体れいがあとにつづくことを表すアの「たとえば」が入ります。

(2)「その」が指す内ようは，「その」より前に書いてあることが多いです。前を見ると「走る、とぶ、投げるなどの動き」とあります。

(3)「こうした」の内ようも「こうした」より前に書いてあることが多いです。「りく上きょうぎ用のぎ足は……さまざまなくふうがされています」とあります。

(4)第一だん落では，ぎ足をつけることによって「足の一部をうしなった人でも、自分の力で歩くことができるように」なることをせつ明しています。さらに，りく上きょうぎ用のぎ足にはさまざまなくふうがされているため，しょうがい者も走ったりとんだりするきょうぎを行うことができるようになったということが，この文章からわかります。よって「できる」と同じ意味のことばが入ります。

## 21 慣用句 251ページ

❶ (1)犬 (2)牛
❷ (1)顔 (2)頭 (3)耳 (4)目
(5)口 (6)足
❸ (1)青 (2)白
❹ (1)ウ (2)オ (3)エ (4)ア
(5)イ

**ポイント**

❶(1)「犬のとおぼえ」は「おくびょうな人がかげでいばる」，「犬も食わない」は「人からいやがられる，相手にされない」という意味です。

(2)「牛の歩み」は「のろのろとおそいこと」，「牛のよだれ」は「少しずつつづくこと」という意味です。

❷(2)にた意味の慣用句に「頭をかかえる」があります。

❸(1)「青菜にしお」は「元気をうしなってしょげかえる」という意味です。「青二才」は「年がわかくてけいけんが足りない男の人」を見下すときに使います。

(2)「白を切る」は「本当は知っているのに知らないふりをする」，「白い目で見る」は「悪意のこもったつめたい目で人を見る」という意味です。

## 22 漢字⑤ 253ページ

❶ (1)かせき (2)どうわ
(3)しめい (4)でんちゅう
(5)はこ (6)く
(7)およ (8)れっとう
(9)は，お
❷ (1)緑 (2)鉄橋 (3)形式
(4)悪 (5)勝負 (6)中身
(7)終 (8)反対 (9)筆，持

**ポイント**

❶(2)「童」は「子ども」という意味です。

(3)「指名」とは，「その人の名前をあげて指定すること」という意味です。

❷(1)「緑」とは，「緑色」を指すほかに「植物」という意味もあります。

(5)「負」の訓読みは「ま（ける）」「ま（かす）」「お（う）」です。

(8)「反」の訓読みは「そ（る）」「そ（らす）」です。

## 23 漢字⑥ 255ページ

❶ (1)**いたまえ** (2)**こうふく**
(3)**む** (4)**てちょう**
(5)**さ** (6)**れい**
(7)**しょゆう** (8)**えき**
(9)**じょうきゃく，ま**

❷ (1)植 (2)両足 (3)起
(4)拾 (5)寒波 (6)放流
(7)学級 (8)石油 (9)球，投

**ポイント**

❶(1)「板前」とは，日本りょう理のりょう理人のことです。
(3)「向」の訓読みはほかに「む（く）」「む（ける）」「む（かう）」があります。
(9)「乗」の訓読みは「の（る）」「の（せる）」です。
❷(1)「植」の訓読みはほかに「う（わる）」があります。
(3)「起」の訓読みはほかに「お（こる）」「お（こす）」があります。
(6)「放」の訓読みは「はな（す）」「はな（つ）」「はな（れる）」「ほう（る）」です。音読みは「ホウ」です。「ほう」と読む場合は，訓読みと音読みの両方があります。「流」の訓読みは「なが（れる）」「なが（す）」です。

## 24 短歌 257ページ

❶ (1)**秋**
(2)**ばらのめ**
(3)（右からじゅんに）**君，雪**
(4)**ア**

**ポイント**

❶(1)季節を表すことばをさがします。「金色」の「銀杏」がちっていることから，銀杏が金色になる季節，つまり秋だとわかります。
(2)「くれなゐ」とはあざやかな赤色のことです。あざやかに赤みがかった「ばらのめ」が二尺ほどの長さに伸びて細いえだとなり，その針に，やわらかく春雨がふっている様子を見たままに表している短歌です。
(3)「君がため」，つまり大切に思う人のために春の野に出てきて若菜をつんでいます。まだ寒さののこる春のため，雪がわたしのそでにしんしんと降りつづいている様子を表しています。「若菜」とは春の七草のことで，大切な人が元気でいることをねがう気持ちがつたわってきます。
(4)「光のどけき」は，日の光がおだやか，という意味です。日の光がさすおだやかな春の日であることがわかります。また，「花の散るらむ」とあることから，花が散っている様子を表していることがわかります。ちなみに，「しづ心なく」は落ちついた心がなく，という意味で，あわただしい様子を表しています。

## 25 物語④ 人物の行動の理由 259ページ

❶ (1)**ウ**
(2)（右からじゅんに）**おこづかい，ほしいもの**
(3)**いちばんいい**

**ポイント**

❶(1)よっちゃんのことばを聞いて，「わたし」は「さすが、よっちゃん、あったまいい」と言っています。このことから，ウの「感心した」があてはまります。
(2)「そんなこと」の前後に「だから今年は、ぜったい」「ないように」とあります。このことから，前の年の行動を反せいし，今年はそれを生かそうとする気持ちが読み取れます。前に書かれている「去年のお祭り」でのできごとから，しっぱいした行動としてあてはまるものをさがします。
(3)「ひとつひとつのお店」を見て回るのは，よっちゃんの，「全部のお店を見て、それから、いちばんいいものを買おうね」ということばを受けての行動であるため，この部分が理由だとわかります。

## 26 手紙（案内じょう）の書き方　261ページ

❶ (1)林あやか，おじいちゃん
(2)歌の発表会
(3)ウ
(4)ア

ポイント

❶この手紙は，歌の発表会を案内するためのものです。案内を目てきとするため，いつ，どこで，何をするのかといった，ひつようなじょうほうを相手にわかりやすくつたえることが大切です。
(1)「おじいちゃんへ」とあるので，手紙を出す相手は「おじいちゃん」だとわかります。また，手紙のさい後に「林あやか」とあります。自分の名前はさい後に書くので，「林あやか」さんからの手紙だとわかります。
(2)「今度、歌の発表会があります」とあり，日時や場所など，発表会についてのくわしいせつ明が書かれていることに注目します。
(3)前文に書かれている「秋晴れが気持ちよい季節」に合う月をえらびます。手紙の前文には季節や自ぜんに心をとめて，親しい人を思いやることばを書きます。
(4)後半に「楽屋で会いましょう」と書いているので，相手が楽屋に来られるように，場所や行き方を書き足したほうがよいとわかります。

## 27 こそあど言葉②　263ページ

❶ (1)その　(2)どの　(3)この
(4)あの
❷ (1)あれ　(2)これ　(3)どれ
❸ (1)とれたての野さいはおいしい
(2)手をふっている少年
(3)白い鳥
(4)一通の手紙
(5)新せんなくだもの

ポイント

❶(1)話し手からは遠く，聞き手（「君」）に近いものを指しています。
(2)色をぬるペンがまだはっきり決まっていないので「どの」をえらびます。
(3)手紙はまだ配られる前で話し手の手もとにあるので，「この」があてはまります。
(4)話し手（「ぼく」）からも聞き手からも遠いものを指しています。
❷(1)話し手と聞き手の両方から遠いものを指しているので「あれ」が正しいです。
(2)ノートは話し手が持っているので「これ」が正しいです。
(3)先に読む本がまだ決まっていないので「どれ」が正しいです。
❸(1)母がいつも言っていることをさがします。
(2)（　）の前の「校庭で」につながることばをさがします。
(5)何を使ってミックスジュースをつくろうとしているのか，「スーパーマーケットで買ってきた」につながることばを書きます。

## 28 漢字⑦　265ページ

❶ (1)こうそく　(2)みなとまち
(3)きし　(4)お
(5)そそ　(6)いしゃ
(7)しゅご　(8)はこ
(9)はたけ，はじ
❷ (1)暗　(2)九州　(3)期間
(4)暑　(5)中央　(6)集
(7)消　(8)宿　(9)受，取

ポイント

❶(1)「速」の訓読みは「はや（い）」「はや（める）」「はや（まる）」です。
(7)「主」の訓読みは「ぬし」「おも」です。
(9)「始」の訓読みはほかに「はじ（まる）」があります。
❷(4)「暑い」は，気温が高いという意味のときに使います。「暖かい」とちがって，とても気温が高いじょうたいを指します。
(6)「集」の訓読みはほかに「あつ（まる）」があります。
(7)「消」の訓読みはほかに「き（える）」があります。
(8)「宿」の訓読みはほかに「やど（る）」「やど（す）」があります。
(9)「受」の訓読みはほかに「う（かる）」があります。

## 29 漢字⑧ 267ページ

❶ (1)**ね** (2)**ひょうめん**
(3)**ししゅ** (4)**せいめい**
(5)**あたた** (6)**さっきょく**
(7)**いき** (8)**きがる**
(9)**かわ，ゆ**

❷ (1)湖 (2)世界 (3)苦手
(4)美 (5)勉強 (6)予定
(7)金庫 (8)役目 (9)階，進

**ポイント**

❶(2)「表」の訓読みは「おもて」「あらわ（す）」「あらわ（れる）」です。
(5)「温」の訓読みはほかに「あたた（か）」「あたた（まる）」「あたた（める）」があります。ものや気持ちがあたたかいときに使います。
(6)「曲」の訓読みは「ま（がる）」「ま（げる）」です。
❷(3)「苦」の訓読みはほかに「くる（しい）」「くる（しむ）」「くる（しめる）」「にが（い）」があります。
(6)「定」の音読みはほかに「ジョウ」があります。訓読みは「さだ（める）」「さだ（まる）」です。
(9)「進」の訓読みはほかに「すす（める）」があります。

## 30 へんとつくり② 269ページ

❶ (1)**イ** (2)**エ** (3)**ウ**

❷ (1)晴 (2)柱 (3)顔 (4)科
(5)畑

❸ 駅，次，理（じゅん番はちがっていても○）

❹ (1)部首…日 名前…**ウ**
(2)部首…糸 名前…**ア**
(3)部首…攵 名前…**オ**

**ポイント**

❸できあがった漢字「駅」は「うまへん」，「次」は「あくび」，「理」は「おうへん（たまへん）」が部首です。「次」は「つくり」が部首のため，組み合わせ方がほかの二つとはちがいます。
❹(1)「明」「時」「曜」という漢字になります。「ひへん（にちへん）」は，太陽や時間にかん係があります。
(2)「絵」「組」「紙」という漢字になります。「いとへん」は，「糸や糸でつくられたもの」にかん係があります。
(3)「教」「数」「放」という漢字になります。「のぶん（ぼくにょう，ぼくづくり）」は，「手にぼうを持ってたたく様子」を表したもので，「動きを表す」ものにかん係があります。

## 31 せつ明文③ 具体れい 271ページ

❶ (1)**大人のマネ**
(2)①**エ** ②**ア**
(3)**イ**
(4)**子どもを育てる**

**ポイント**

❶(1)「お母さんのマネ」や「駅員のマネ」をまとめたことばとして「大人のマネ」ということばがあることに注目しましょう。
(2)「お母さんのマネ」や「駅員のマネ」と同じ内ようの遊びをえらびます。
(3)指ししめすことば「この」の内ようは，「この」より前に書いてあることが多いです。「このけいけん」と1～2行前にある「このけいけん」は同じ内ようを指します。その前の部分を読むと「赤ちゃんザルにきょう味を持ち、だっこしたがります」とあるので，**イ**があてはまるとわかります。
(4)筆者は「ごっこ遊びは、いわばもぎ練習です」とのべています。そのあとで，ほにゅう動物がごっこ遊びから「『子どもを育てる』という……もっとも重要なぎじゅつ」を学ぶとのべています。

## 32 修飾語② 273ページ

❶ (1)**ア**　(2)**ア，イ**　(3)**イ，ア，イ**
(4)**ア，ア，イ，イ**

❷ (1)**ア，イ**　(2)**ウ，ア，ウ，イ**
(3)**ウ，ウ，ア，イ**

❸ (1)**美しい**　(2)**箱に**
(3)**妹の，くまの**（じゅん番はちがっていても○）

**ポイント**

❶それぞれの文の□のことばは修飾語です。修飾語は主語や述語のほか，同じ修飾語に係るべつの修飾語をくわしくするはたらきがあります。
(3)「はげしい」は，何がはげしいのかと考えると，「雨が」に係ることがわかります。「夜に」「ざあざあと」どうしたと考えると，「ふりました」に係ることがわかります。
❷(3)「明るい」は「色の」に係る修飾語で，修飾語「色の」をさらにくわしくしています。
❸(1)どんな「人に」かと考えると，「美しい」人にだとわかります。この文のように主語が書かれていない文もあります。
(2)どこに「むすばれる」かと考えると，「箱に」むすばれるとわかります。
(3)どんな「ぬいぐるみ」かと考えると，「妹の（妹が所有している）」ぬいぐるみで，「くまの（くまの形をした）」ぬいぐるみだとわかります。

## 33 ことわざ・故事成語② 275ページ

❶ (1)**オ**　(2)**ア**　(3)**イ**　(4)**エ**
(5)**ウ**

❷ (1)まちがっている字…**天**　正しい字…**点**
(2)まちがっている字…**岩**　正しい字…**石**

❸ (1)**ウ**　(2)**イ**　(3)**ア**　(4)**エ**

❹ (1)**うり**　(2)**木**　(3)**雨**

**ポイント**

❶(1)「思いがけない目にあう」という意味です。
(2)「おさないときについた習かんは年を取ってもかわらない」という意味です。
(3)「ちゅうこくや意見を言ってもむだである」という意味です。
(4)「何をされても平気である」という意味です。
(5)「よ計なことをして，悪いことになる」という意味です。
❸(1)「かちを知らない者にとっては，役に立たない」という意味です。
(2)「どんなに上手な人でもしっぱいすることがある」という意味です。
(3)「きき目や手ごたえがない様子」という意味です。
(4)「じっくりと待てばチャンスがめぐってくる」という意味です。

## 34 漢字の使い分け② 277ページ

❶ (3)たん生日カイ　(2)世カイ一高い山　(1)夏のカイ水よく

海　界　会

❷ （○でかこむところ）
(1)**指名**　(2)**味方**　(3)**強化**
(4)**前進**　(5)**回送**　(6)**消火**
(7)**医院**　(8)**飲用**

❸ (1)①**親**　②**新**
(2)①**事**　②**地**
(3)①**歌**　②**家**

❹ (3)キシャする時間　(2)キシャになる　(1)キシャに乗る

帰社　汽車　記者

**ポイント**

❶(1)「海水よく」は，「海の水をあび，泳ぐこと」です。
(2)「世界」とは，地球上のあらゆる場所をふくんだ土地や空間のことです。
(3)「会」には，「あう・あつまる」という意味があります。
❷(1)先生に「名」を「指」されたという意味です。
(5)一度送られてきたものをべつの場所に送るという意味です。
(6)「火」を「消」すという意味です。

(8)「飲」む「用」の水という意味です。
❸(3)②「家」には「一族の住むところ」という意味があります。
❹(3)「帰社」は「会社に帰る」という意味です。

## 35 せつ明文④　要点　279ページ

❶ (1)**ウ**
(2)**羽がない**
(3)**地上に巣をつくる**
(4)①**○**　②**×**　③**○**

**ポイント**

❶(1)ニワトリはうまれて数か月かけて羽がはえますが，空高くとべないので，**ア・イ**はあてはまりません。
(2)「空をとぶことはできません」のあとに，「なぜかというと」ということばがつづいています。このあとを読んでその理由を考えましょう。
(3)「ニワトリと同じなかま」は，すぐあとに書いてある「キジやヤマドリやライチョウ」です。これらの鳥はニワトリと同じように「うまれるとすぐに歩きまわって、えさをひろいます」とあり，これも同じなかまのとくちょうといえます。ただ，答えの字数が八字であることから，このだん落のさい後の「～のがとくちょうです」に着目し，その前の部分を書きぬきましょう。
(4)①は「ツバメは、……うまれたひなは赤子で」とあるので，合っています。②は「ツバメやモズなどは、高いところに巣をつくり」とあるので，合っていません。③は「赤子がいちにんまえに……巣の中で親にやしなわれます」とあるので，合っています。

## 36 送りがな　281ページ

❶ (1)**かさ，おも**　(2)**つ，き**
(3)**はぐく，そだ**　(4)**にが，くる**
(5)**く，た**
❷ (1)**える**　(2)**む**　(3)**きる**
❸ (1)**下る**　(2)**交わる**　(3)**細かく**
(4)**入れる**　(5)**開く**
❹ (1)**線を引くところ…乗る**
**正しい言葉…乗せる**
(2)**線を引くところ…起る**
**正しい言葉…起きる**

**ポイント**

❶訓読みがいくつかある漢字は，送りがなに注意して読み方を考えます。
(2)漢字は同じでも「着く」と「着る」では意味がちがうので注意します。
(3)「育む」は「育てる」よりもあいじょう深く大切にする意味をふくんだことばです。
(5)「食う」は「食べる」よりもていねいでなく，やや らんぼうな言い方として使われることばです。
❷(1)「植物」をヒントにして草が「生える」などと考えます。
(2)りえきを「生む」，作品を「生む」と使います。
❸(1)「下りる」「下る」「下がる」など，送りがなによって漢字の読み方がかわります。
(2)「交じる」とまちがえないようにします。
(3)「細」は「ほそ（い）」「ほそ（る）」「こま（か）」という訓読みもあります。
(4)「入る」のように送りがなが「る」になると，「はい（る）」「い（る）」の二通りの読み方になります。
(5)「開く」はほかに「あ(く)」という読み方もあります。
❹(1)「列車は」が主語なので「乗る」ではなく「乗せる」です。

## 37 まとめのテスト❶　283ページ

❶ (1)**そそ**　(2)**かせき**
(3)**なら**　(4)**みなとまち**
❷ (1)**転**　(2)**期間**
(3)**整**　(4)**鉄橋**
❸ (1)**主語…イ**　**述語…ウ**
(2)**主語…ア**　**述語…エ**
❹ (1)**ア**　(2)**ア**

**ポイント**

❶(1)「注」には，「チュウ」という音読みもあり，「注目」「注文」などのじゅく語で使われます。
(4)「港」の部首は，水を表す「氵（さんずい）」です。船の通る水路という意味があります。音読みは「コウ」で，「空港」や「出港」というじゅく語があります。
❷(2)「期」の部首は，「つき」です。
(3)「整」には，「セイ」という音読みがあります。「整理」「整列」というじゅく語で使われます。五画目を書くときには，さい後はしっかり止めましょう。
❸(2)述語は「くれた」です。だれが「くれた」のか考えると，「友人は」が主語だとわかります。もし，「友人からわたしは手紙をもらった」であれば，述語は「もらった」で，主語は「わたしは」になります。
❹(1)「強い者にさらに強さがくわわる」という意味を表します。
(2)「下手ではあるが，ある物事にねっ心に取り組みつづけること」という意味です。

## 38 まとめのテスト② 285ページ

**❶** (1)**きがる** (2)**はこ**
(3)**ぜんぶ** (4)**さ**

**❷** (1)横 (2)由来
(3)羊 (4)勉強

**❸** (1)**馬** (2)**虫**

**❹** (1)①階 ②界
(2)①歯 ②葉

**ポイント**

❶(3)「全」には「まった（く）」「すべ（て）」という訓読みがあります。書くときに「全」の「王」を「玉」と書かないように気をつけましょう。

(4)「去」には「キョ」「コ」という音読みがあります。「去年」は「きょねん」,「過去」は「かこ」と，じゅく語によって読み方がかわるので注意しましょう。

❷(3)「羊」は，五画目の横画をわすれないようにしましょう。また，五画目を書くときには上の二本の横画よりも長く書きましょう。さい後の六画目は上につき出さないように気をつけましょう。

(4)「勉」の部首は「ちから」です。八画目を書くときは，はらいにしないように気をつけましょう。

❸(1)「馬の耳にねんぶつ」は「どんなによいことでも理かいできないものや，聞く気のない人間には意味がない」という意味です。「馬が合う」は「気が合う」という意味です。

(2)「虫が知らせる」は「なんとなく予感がする」という意味です。「虫がいい」は「自分勝手なこと」という意味です。

❹(1)「階」には「上下を行き来するだんだん」という意味があります。

## 39 まとめのテスト③ 287ページ

**❶** (1)**春**
(2)**池**
(3)**ア**
(4)**かえる，合図**
(5)**もうすぐ**

**ポイント**

❶(1)「今日は、すいせんが、今年はじめてラッパをふく日」「冬の間ねむっていた、かえるたちが、目をさます」日だとあるので，季節は「春」です。

(2)文章のいちばんはじめの部分に「池のそばのすいせん」とあります。

(3)前後に「ありたちが、サカサカ走ってきました」「だって、まちきれないもの」「ね、早く、ラッパをふいて」とあります。また「おはよう。おはよう」と二度くり返していることにも注意しましょう。朝早くに走ってくるほど，ありたちは待ちきれない思いでいるのです。そわそわした，はやる気持ちにふさわしい読み方は**ア**です。

(4)「なぜラッパをふくかというとね」につづく部分に着目しましょう。「かえるたちが、目をさます、合図のラッパなのです」と書かれています。

(5)すいせんは，「お日さまの高さ」や「風のはやさ」をしらべたり，「ラッパをぷー」とふいたりしながら，「ときどき、もうすぐだというように」うなずいています。ねむっているかえるを起こすのにちょうどよいときを見きわめているのです。

## 40 まとめのテスト④ 289ページ

**❶** (1)**におい，走る**
(2)**イ**
(3)**イ**
(4)**野せい**

**ポイント**

❶(1)[2]だん落にオオカミの特長が，[3]だん落に犬の特長が書かれています。その二つを読みくらべて，にたことばをさがしましょう。[2]だん落に「わずかなにおいでえものを見つけ」「走るのがすき」とあります。また，[3]だん落に「走るのがすき」「においにびん感」とあります。ここから，「におい」にびん感で「走るのがすき」という二つをとらえましょう。

(2)[4]だん落のはじめに「ですから」とあることに注意しましょう。「ですから」は，前にのべられた内ようを受けて，つなげるときに使われることばです。[3]だん落に書かれた犬の特長をふまえて，[4]・[5]だん落には，「人間が犬にさせる仕事」がどのようなものかが書かれています。

(3)「こうした」が指す内ようを[5]だん落からさがしましょう。**ア**は，りょう犬はえものをおそうが，牧羊犬は羊をおそうてきとたたかうと書かれているのであやまりです。**ウ**は，「羊」ではなく「えもの」を見つけると書かれているのであやまりです。

(4)[4]だん落に「人間が犬にさせる仕事も、たいていは、こうした犬の野せいのせいしつを生かしたもの」と書かれています。また，[5]だん落にも「こうした仕事では、かりうどとしての犬のもともとのせいしつが、ほとんどそのまま利用されている」と，にた内ようが書かれています。犬の仕事は犬がもともともつ「野せい」のせいしつを生かしたものである，というのがこの文章の内ようの中心です。